Rainer Gievers

Das Praxisbuch
E-Mail für Einsteiger

Eine verständliche Einführung in die E-Mail-Nutzung auf PC, Handy und Tablet

www.das-praxisbuch.de

Vorwort

Dieses Buch werden Sie nicht ohne Grund in den Händen halten. Vielleicht waren Sie darüber genervt, dass Sie von jemandem nach Ihrer – nicht vorhandenen – E-Mail-Adresse gefragt wurden, oder Sie haben festgestellt, dass Sie vieles per E-Mail schneller erledigen könnten.

Wie arbeiten Sie dieses Buch am besten durch? Wenn Sie einen PC oder ein Notebook besitzen, empfehlen wir:

- Kapitel *2 E-Mail-Grundlagen* dient dem Einstieg in das Thema.
- Im Kapitel *3 E-Mail-Konto einrichten und nutzen* richten Sie ein Outlook.com-E-Mail-Konto ein.
- Außerdem sollten Sie Kapitel *4 E-Mail in der Praxis* durcharbeiten.
- In manchen Fällen lohnt es sich, auf dem PC ein E-Mail-Programm zu nutzen, das Kapitel *5 Windows Mail auf Windows 10* erläutert.
- Falls Sie Ihr zuvor angelegtes Outlook.com-E-Mail-Konto auch auf dem Handy oder Tablet nutzen möchten, lesen Sie bitte in den Kapiteln *6 E-Mail mit Windows Phone, 8 E-Mail mit Android* oder *9 E-Mail mit iPhone* weiter.

Nutzen Sie dagegen nur ein Handy oder Tablet, empfehlen wir Ihnen:

- Kapitel *6 E-Mail mit Windows Phone* (falls Sie ein Handy mit Windows Phone besitzen)
- Kapitel *8 E-Mail mit Android* (falls Sie ein Handy mit Android besitzen)
- Eine Besonderheit stellt das Google-Konto auf Android-Geräten dar, auf das Kapitel *7 Gmail* eingeht.
- Als iPhone-Besitzer empfehlen wir Ihnen Kapitel *9 E-Mail mit iPhone*.

Bitte beachten Sie, dass sich einige Beschreibungen in diesem Buch wiederholen, denn das Buch sind so aufgebaut, dass jedes Kapitel in sich abgeschlossen ist.

Sollten Sie nach der Lektüre dieses Buchs trotzdem noch einige Fragen haben, können Sie sie im Diskussionsforum des Gicom Verlags (*www.das-praxisbuch.de*) loswerden. Falls Sie im Buch irgendwo einen Fehler entdecken, schicken Sie bitte eine E-Mail an *info@das-praxisbuch.de*.

Rainer Gievers, im Januar 2016

1. Auflage, Januar 2016

1. Inhaltsverzeichnis

Hinweis

ISBN 978-3-945680-26-1

Buchdruck: Gicom Druckservice (*www.gicom.com*)

Aufbau der Kapitel

- Damit Sie erkennen, welche Bildschirmkopie zu welchem Erläuterungstext gehört, sind die Texte mit Zahlen (❶,❷,❸) durchnummeriert.
- Webadressen, Menübezeichnungen und verwiesene Kapitel sind *kursiv* gesetzt.
- Verschachtelte Menüs werden durch »/« gekennzeichnet. Somit bedeutet zum Beispiel ⁝*Einstellungen*, dass Sie das Menü aktivieren und dort auf *Einstellungen* gehen.
- Auch Verzeichnis- und Dateinamen, sowie Webadressen sind in Kursivschrift gesetzt.
- Alle Anwendungen, die auf dem PC laufen, lassen sich nicht nur mit der Maus, sondern auch mit Tastenkombinationen bedienen. Dabei heißt beispielsweise »mit Alt Gr und Q-Taste...«, dass Sie gleichzeitig Alt Gr und Q auf der Tastatur drücken und dann loslassen. Auch wenn die Buchstaben, wie hier das »Q« im Buch groß geschrieben sind, dürfen Sie dabei nicht die ⇧ (Hochstell)-Taste drücken.

In den Rahmen sind weiterführende Infos zum jeweiligen Thema untergebracht.

2. E-Mail-Grundlagen

2.1 Was ist E-Mail?

Der Begriff »E-Mail« stammt aus dem englischsprachigen Raum und kann mit »elektronische Post« übersetzt werden. Übrigens sagt man in Deutschland »die E-Mail«, auch wenn im süddeutschen Raum und der Schweiz teilweise »das E-Mail« üblich ist.

In Deutschland wurde die erste E-Mail 1984 verschickt, aber schon seit den 1960er Jahren gab es vergleichbare Möglichkeiten zur elektronischen Daten- und damit Nachrichtenübermittlung. Im Massenmarkt ist die E-Mail in Deutschland erst Mitte der 1990er Jahre angekommen, nachdem die Telekom den eigenen Kunden einen Internetzugang über den damaligen Bildschirmtext-Dienst ermöglichte.

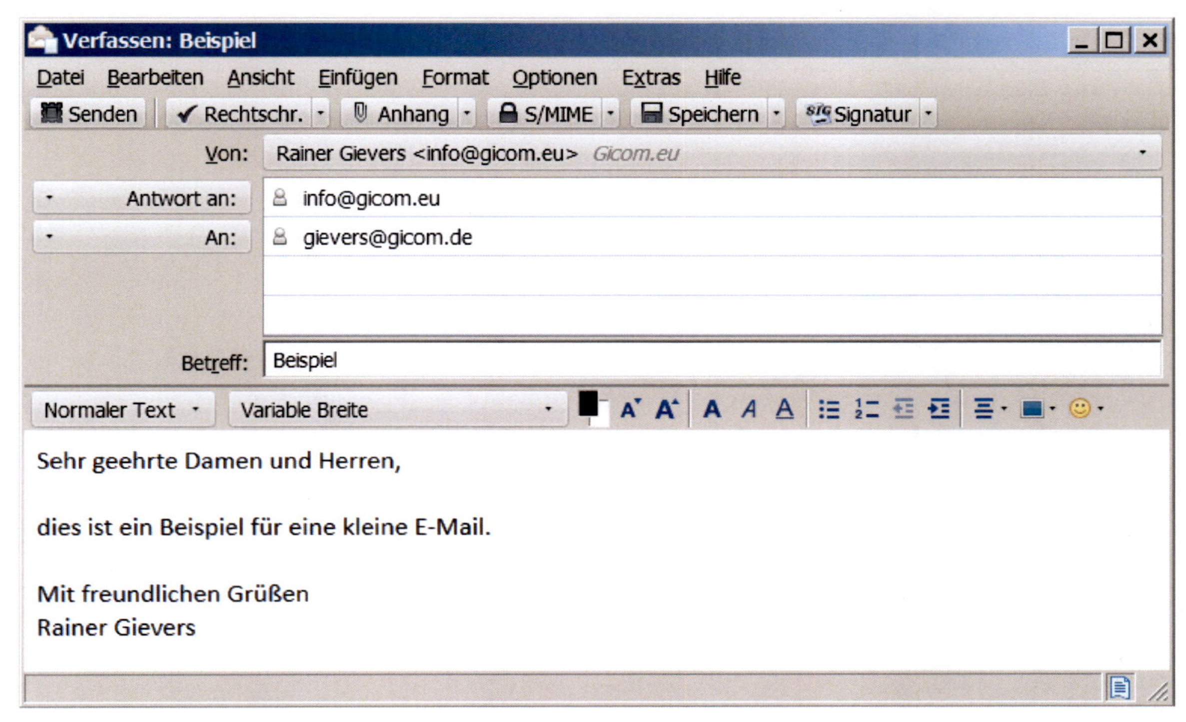

Beispiel für eine E-Mail, die in einem E-Mail-Programm erstellt wurde.

Die E-Mail-Verarbeitung (in diesem Buch werden wir künftig den Begriff »Nachricht« gleichwertig zu »E-Mail« verwenden) läuft natürlich elektronisch ab. Sie lässt sich aber trotzdem gut mit einem per Post verschickten Brief vergleichen. Wie beim Brief gibt es einen Sender, einen Empfänger und den verschickten Text.

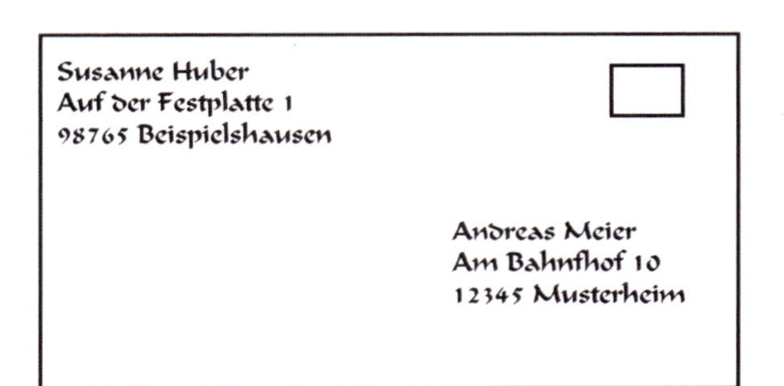

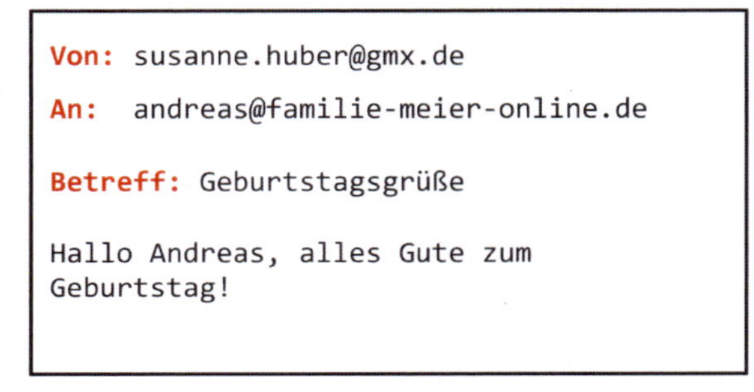

Die Analogie zur Briefpost bietet sich bei der E-Mail an.

Während Sie bei einem Brief eine mehrzeilige Zieladresse angeben müssen, ist dies bei der E-Mail einfacher gelöst, denn dort besteht der Adressat nur aus einigen wenigen Buchstaben mit einem »@« zwischendrin. Statt »*Andreas Meier, Am Bahnhof 10, 12345 Musterheim*« reicht die Angabe *andreas@familie-meier-online.de*.

Ein Vorteil der E-Mail gegenüber der Briefpost ist der schnelle Versand, denn Ihre Nachricht erreicht den Empfänger meist innerhalb weniger Sekunden. Ihr Brief ist dagegen 1 bis 2 Tage unterwegs. Auf der anderen Seite heißt der schnelle Nachrichtenversand nicht automatisch, dass der Empfänger Ihre E-Mail auch sofort liest, denn dafür muss er sich ja an seinen Computer setzen und die Nachrichten abrufen.

2.2 Aufbau einer E-Mail

Bevor wir dazu kommen, wie Sie eine eigene E-Mail-Adresse erhalten, sollten wir uns anschauen, woraus sie sich zusammensetzt. Die hier vermittelten Kenntnisse sind wichtig, damit Sie später die für Sie passende E-Mail-Adresse auswählen können.

In unserem Beispiel möchten wir *susanne.huber@gmx.de* genauer untersuchen. Alle E-Mail-Adressen sind im Format *Lokalteil@Domain* gleich aufgebaut. *susanne.huber* ist hier der Lokalteil, *gmx.de* die Domain (gesprochen: »Domän«). Mit einer Postadresse verglichen, wäre *susanne.huber* die Hausadresse, während *gmx.de* die Empfängerstadt darstellt.

Genauso wie in einer Stadt viele Menschen wohnen, kann es zu einer Domain auch mehrere E-Mail-Adressen geben, im Beispiel von *gmx.de* (einem E-Mail-Anbieter) sind es sogar mehrere Millionen!

Mit Domains sind Sie übrigens schon häufig in Berührung gekommen, denn jede sogenannte Website, die Sie in einem Webbrowser aufrufen, besteht aus einer Domain, zum Beispiel *www.bild.de*, *www.spiegel.de* oder *www.t-online.de*. Den Domains zugeordnet sind dann die E-Mail-Adressen.

Genau genommen ist eine Domain nur der Name ohne das *www*, also *bild.de* statt *www.bild.de*, usw. Aber so technisch genau brauchen wir in diesem Buch nicht sein.

Die meisten Websites lassen sich übrigens auch ohne das *www* aufrufen. Geben Sie beispielsweise *bild.de* statt *www.bild.de* im Browser ein.

Das »@« in der E-Mail-Adresse wird als »Klammeraffe« oder kurz »at« ausgesprochen. Auf der PC-Tastatur müssen Sie dafür Alt Gr und Q-Taste gleichzeitig betätigen.

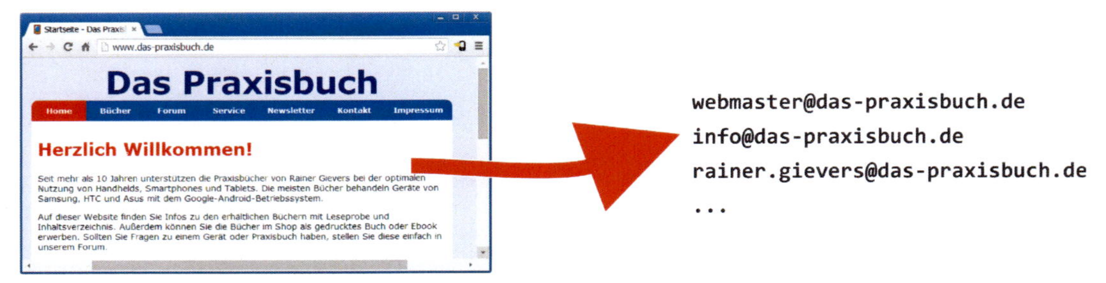

Beispiel: Die Praxisbuch-Website unter der Domain www.das-praxisbuch.de besitzt mehrere E-Mail-Adressen, die natürlich alle auf das-praxisbuch.de enden.

Aus der Beziehung zwischen Domain und E-Mail-Adressen ergibt sich folgerichtig, dass es keine E-Mail-Adressen ohne zugehörige Domain gibt. Wenn Ihnen also jemand seine E-Mail-Adresse nennt, ohne seine Website anzugeben, so können sie diese einfach herausfinden: Im Beispiel von *info@das-praxisbuch.de* geben Sie *www.das-*

praxisbuch.de in der Adresszeile Ihres Browsers ein (meistens darf man übrigens das vorangestellte »www.« auch weglassen).

2.3 Woher bekommt man eine E-Mail-Adresse?

Es existieren mehrere Möglichkeiten, an eine E-Mail-Adresse zu gelangen.

Sofern Sie für/in einem Unternehmen mit Kundenkontakt arbeiten, dürfte Ihnen bereits automatisch eine E-Mail-Adresse eingerichtet worden sein. Von einer privaten Nutzung raten wir Ihnen aber aus verschiedenen Gründen, auf die wir noch im Kapitel *2.5 E-Mail im Unternehmen* eingehen, dringend ab.

2.3.1 Kostenlose Anbieter

Die einfachste Option ist die Verwendung eines kostenlosen E-Mail-Anbieters, beispielsweise GMX, Web.de, Outlook.com, Gmail oder T-Online. Die kostenlosen Anbieter werden auch als Freemailer (engl. Freiversender) bezeichnet.

In diesem Buch werden wir uns Outlook.com als kostenlosen Anbieter genauer ansehen.

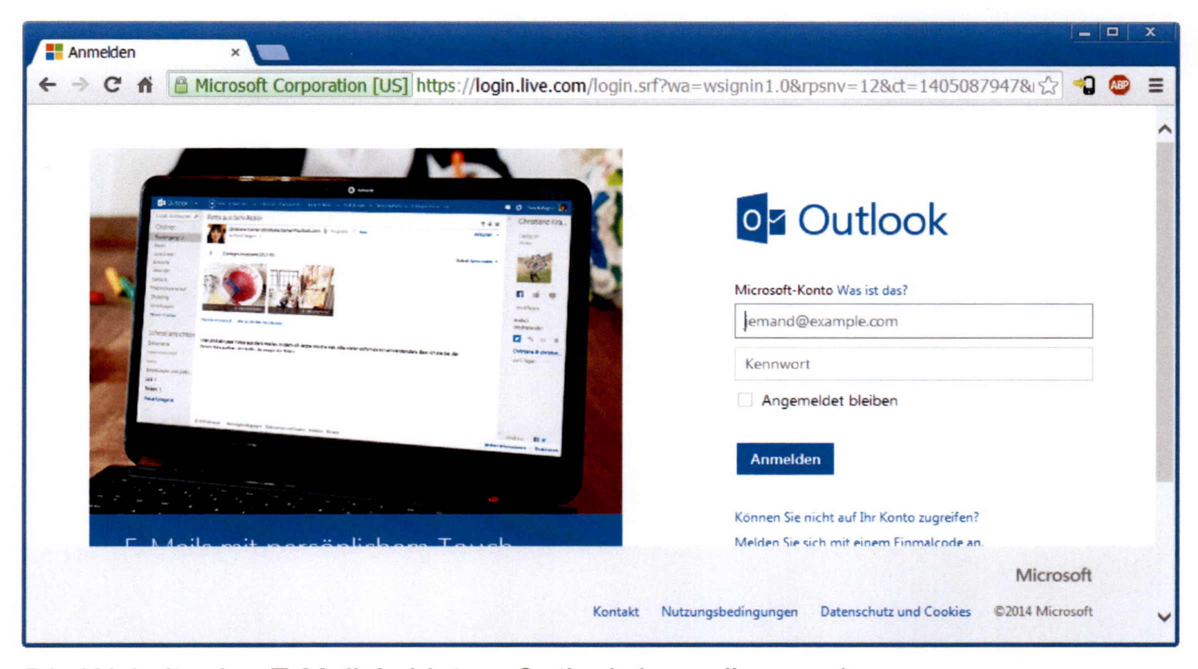

Die Website des E-Mail-Anbieters Outlook (www.live.com).

Eine Sonderrolle spielt das von Google betriebene Gmail (auch als Google Mail bezeichnet): Jeder, der ein Handy oder Tablet mit Android nutzt, muss ein Google-Konto und damit einhergehend eine E-Mail-Adresse einrichten. Die wenigsten dürften aber Ihre aufgezwungene Gmail-E-Mail-Adresse aktiv nutzen.

Die Unterschiede zwischen den verschiedenen kostenlosen E-Mail-Anbietern sind unseres Erachtens für Gelegenheitsnutzer nicht besonders groß. Standard ist meistens mindestens ein Gigabyte Speicherplatz (= 1 Milliarde Zeichen). Wenn man bedenkt, dass die meisten E-Mails nur wenige Kilobyte (= 1000 Zeichen) groß sind, muss man nur selten alte Nachrichten löschen. Dies hängt aber von den Nutzungsgewohnheiten ab.

Weil jede E-Mail-Adresse nur einmal vergeben werden kann, sind die guten Adressen meistens schon weg. Dazu zählen kurze wie *karl@outlook.de* aber auch Klarnamen, beispielsweise *karl.meier@outlook.de.* Behelfen kann man sich dann durch das Verwenden von Zahlen *(karl.meier63@outlook.de)* oder zusätzlichen Buchstaben *(familie-karl-*

meier@outlook.de). Sinnvollerweise wird Ihnen der E-Mail-Anbieter bei der Erstanmeldung entsprechende Vorschläge machen. Bei einigen Anbietern wie Outlook.com sind darüber hinaus weitere E-Mail-Domains wie *outlook.com* und *hotmail.com* verwendbar.

Sofern eine E-Mail-Adresse bereits vergeben ist, schlagen die E-Mail-Anbieter bei der Registrierung Alternativen vor.

Ein nur ungern von E-Mail-Anbietern erwähntes Feature ist die E-Mail-Vorhaltezeit, denn belegter Speicherplatz kostet dem Anbieter Geld. Manchmal ist die Vorhaltezeit auf wenige Wochen oder Monate voreingestellt und muss erst vom Anwender auf einen unbegrenzten Zeitraum umgeschaltet werden.

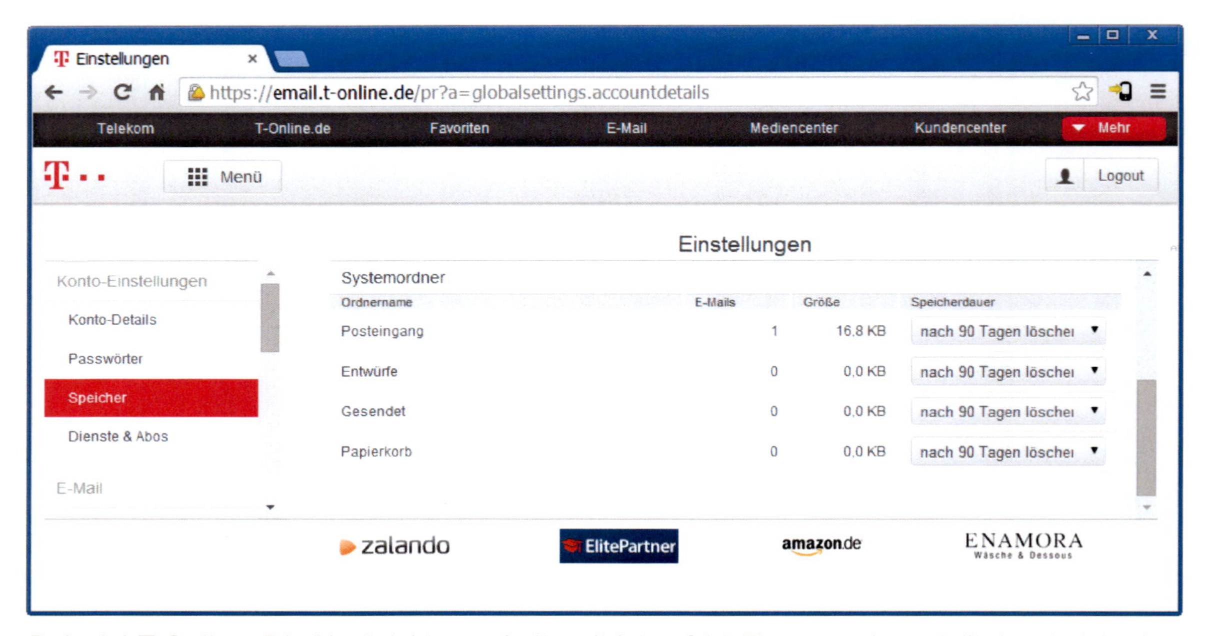

Beispiel T-Online: Die Nachrichtenvorhaltezeit ist auf 90 Tage voreingestellt, lässt sich aber auf »unbegrenzt« umstellen.

Nutzen Sie Ihre E-Mail-Adresse nur extrem selten, wird sie eventuell vom Anbieter deaktiviert. Auch ist es auch nicht auszuschließen, dass ein E-Mail-Anbieter sein Angebot einschränkt, Teile davon kostenpflichtig macht oder seinen Dienst ganz einstellt. Aufgrund der Konkurrenzsituation ist eine Leistungseinschränkung aber eher unwahrscheinlich, denn in diesem Fall dürften die Kunden schnell zu anderen Anbietern wechseln.

Die Finanzierung erfolgt ausschließlich durch Werbung, die in der Weboberfläche der kostenlosen E-Mail-Dienste angezeigt wird. Einige Anbieter senden ihren Kunden zudem regelmäßig einen E-Mail-Newsletter, den man nicht abbestellen kann. Zur Finanzierung der E-Mail-Dienste tragen Kunden bei, die kostenpflichtige Sonderfunktionen buchen, sei es zusätzlicher Speicherplatz oder eine eigene E-Mail-Domain.

Ein großer Vorteil der kostenlosen E-Mail-Anbieter ist der Umstand, dass eine fast anonyme Nutzung möglich ist. Dies gilt natürlich nur, sofern Sie keine »sprechende« E-Mail-Adresse, beispielsweise *max.meier@e-mail-anbieter.de* einrichten.

Die Nachteile der kostenlosen E-Mail-Anbieter im Überblick:

- Gewünschter E-Mail-Name meist bereits vergeben.
- Häufig begrenzte Vorhaltezeit für ältere Nachrichten.
- Penetrante Werbung im Webbrowser.
- E-Mail-Anbieter kann seinen Dienst einstellen oder Funktionen einschränken.

Die Vorteile der kostenlosen E-Mail-Anbieter im Überblick:

- Man sollte nie vergessen, dass die E-Mail-Adresse nichts kostet!
- Haben die falschen Leute Ihre E-Mail-Adresse, so kündigen Sie sie und registrieren einfach eine neue.
- Es ist eine fast anonyme Nutzung möglich.

2.3.2 Eigene Domain

Eine E-Mail-Adresse mit eigener Domain, zum Beispiel *max@mustermann.de,* steht für Prestige und Seriösität. Deshalb werden Sie auch kaum Unternehmen finden, deren Mitarbeiter eine T-Online- oder GMX-E-Mail-Adresse nutzen. Nebenbei können Sie die damit verbundene Domain zum Aufbau Ihrer eigenen Website verwenden.

Leider ist es inzwischen sehr schwer, an eine vernünftig klingende Domain zu kommen, denn jede Domain kann nur einen Besitzer haben, der damit auch über die darauf vergebenen E-Mail-Adressen wacht. In Deutschland sind inzwischen rund 15,7 Millionen Domains mit der Endung ».de« vergeben worden, weshalb alle möglichen Familiennamen inzwischen als Domain vergeben sein dürften. Abhilfe schaffen dann Kombinationen wie *mueller-web.de* oder *mueller9.de.* Auf die Domain-Problematik gehen wir später noch ein.

Nach dem Erwerb einer Domain haben Sie die völlige Kontrolle, welche und wieviele E-Mail-Adressen Sie dafür vergeben. Bei der Wahl des sogenannten Lokalteils sind Sie frei, egal ob Sie *hanswurst@mustermann.de* oder *mail7@mustermann.de* einrichten. Sie können also alle Freunde und Familienmitglieder mit E-Mail-Adressen versorgen.

Die Kosten für eine Domain und den damit verbundenen Speicherplatz und die Funktionen liegen je nach Ihren Ansprüchen bei wenigen Euro pro Monat. Beachten Sie, dass häufig die Anzahl der einrichtbaren E-Mail-Adressen beschränkt ist. Etwas Geld sparen Sie, wenn Sie auf eine Website verzichten und zu einem reinen E-Mail-Tarif mit Domain greifen.

Der Vorteil der eigenen Domain:

- E-Mail-Adressen mit eigener Domain erscheinen seriöser, was vor allem für Geschäftsleute wichtig ist.
- Eigene Website auf der gewählten Domain möglich.

- Leistungsfähigkeit und Zusatzfunktionen des eigenen E-Mail-Kontos kann man anhand des gewählten Domain-Pakets selbst festlegen.

Die Nachteile der eigenen Domain:

- Je nach gewähltem Domain-Paket entstehen Kosten von bis zu 10 Euro pro Monat.
- Man muss sich selbst um Einrichtung und Pflege der E-Mail-Adressen kümmern.

> Der Autor dieses Buchs gehört zu den Glücklichen, die ihren eigenen Familiennamen in der E-Mail-Adresse führen – *rainer@gievers.de.* Dies ist dem Umstand zu verdanken, dass er sie schon vor ca. 18 Jahren registriert hat, als das Internet in Deutschland noch in den Kinderschuhen steckte. Damals war eben noch einiges besser!

Jeder Webhoster hat spezielle E-Mail-Tarife im Programm, die teilweise weniger als 1 Euro pro Monat kosten.

2.4 Die richtige E-Mail-Adresse wählen

Grundsätzlich ist es Ihnen überlassen, welche E-Mail-Adresse Sie wählen. Bei E-Mail-Adressen mit eigener Domain raten wir aber eher zu einem seriösen Format, also *max@mustermann.de* statt *schnucki@mustermann.de.*

Eine kostenlose E-Mail-Adresse darf dagegen ruhig abstrakt sein, um eine Rückverfolgung zu erschweren. Dies ist sinnvoll, falls Sie Diskussionsforen zu unbequemen Themen (beispielsweise zu sozial geächteten Krankheiten) im Internet frequentieren. Sofern Sie dort keine persönlichen Daten preisgeben, wird niemand herausfinden können, dass Sie beispielsweise hinter *muweb123@gmx.de* stecken.

2.4.1 Domains mit eigener E-Mail-Adresse

Bei der Registrierung einer für E-Mails zu nutzenden Domain müssen Sie auf jeden Fall die Markenrechte beachten. Domains wie *windows-freunde.de, nutella-freak.de* oder *bahlsen-ohne-keks.de* könnten potenziell eine teure Abmahnung des Markeninhabers nach sich ziehen. Tippen Sie gegebenenfalls die Namensbestandteile zur Kontrolle in einer Suchmaschine wie *www.google.de* ein. Auch wenn bereits Websites wie »*windows.de*«, »*nutella.de*« oder »*bahlsen.de*«, um im Beispiel zu bleiben, von Firmen verwendet werden, könnte dies auf potenzielle Markenprobleme hinweisen. Sicher sind Sie dagegen mit Ihrem Familiennamen, gegebenenfalls mit einer Ergänzung, also *mueller-familie.de*, *mueller-web.de* oder *mueller-familie-online.de*.

Wir haben bisher immer von ».de«-Domains gesprochen. ».de« ist eine sogenannte Top-Level-Domain (Top Level = engl. höchste Stufe). Daneben existieren dutzende weitere Top-Level-Domains, die ursprünglich ganz bestimmten Zwecken dienten:

- .de, .uk, .es, .ca, usw.: Domain für Deutschland, Großbritannien, Spanien, Kanada, usw.
- .eu: Europäisches Unternehmen
- .com: Kommerzielle, von Unternehmen genutzte Domain.
- .org: Domain für Organisationen.
- .info: Domain für Informationsanbieter
- .biz: Domain für Unternehmen

Der ursprüngliche Einsatzzweck der Top-Level-Domains ist inzwischen verloren gegangen, das heißt, es spricht nichts dagegen, wenn Sie zum Beispiel mit *mustermann-familie.com* eine .com-Domain registrieren.

Relativ neu sind folgende Domains: *.travel, .berlin, .club, .email, .ruhr, .marketing, .expert, .solar, .computer, .camp,* usw. Der von Ihnen zur Domain-Anmeldung genutzte Webhoster bietet beim Registrierungsprozess eine entsprechende Liste zur Auswahl an. Beachten Sie, dass nicht jeder Webhoster alle möglichen Domains im Programm hat.

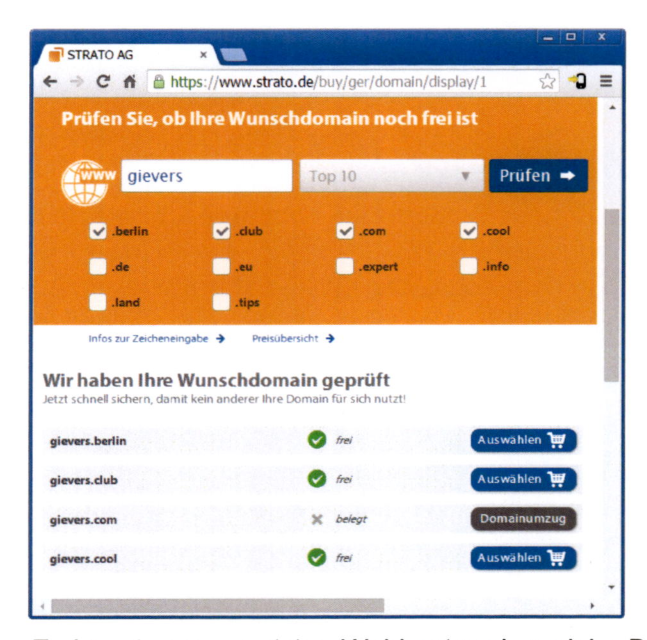

Es hängt vom genutzten Webhoster ab, welche Domains sie dort registrieren können.

Eine Anmerkung noch zum Schluss: Von ganz speziellen Ausnahmen abgesehen, können

Sie Ihre E-Mails nur bei demjenigen Webhoster verwalten, bei dem Sie die Domain registriert haben. Gefällt Ihnen die dort gebotene E-Mail-Benutzeroberfläche nicht, können Sie Ihre Domain allerdings zu einem anderen Webhoster umziehen. Es lohnt sich also, dass Sie sich auf der Website des Webhosters vor der Domain-Registrierung informieren, welche E-Mail-Funktionen sie zu erwarten haben.

2.4.2 Erlaubte Namen

Erlaubt ist, was gefällt. Das gilt auch für Ihre E-Mail-Adresse. Zu beachten sind nur einige Kleinigkeiten.

Groß- und Kleinschreibung spielt keine Rolle. *Hans.Musterman@Familie-Mustermann.de* hat die gleiche Bedeutung wie wenn Sie alles klein schreiben. Es empfiehlt sich aber grundsätzlich Kleinschreibung zu verwenden, damit Sie nicht ihre Kommunikationspartner verwirren.

Nicht verwenden sollten Sie Umlaute, denn einige E-Mail-Programme haben damit Probleme. Haben Sie außerdem Kontakt mit ausländischen Kommunikationspartnern, wissen diese die Umlaute vielleicht nicht zuzuordnen beziehungsweise können sie auf ihrer Tastatur nicht eingeben. Verwenden Sie also statt *rüdiger.müller@outlook.de* besser *ruediger.mueller@outlook.de*.

Erlaubt sind neben dem Alphabet auch die Sonderzeichen Punkt, Bindestrich, Unterstrich und Zahlen. Folgende E-Mail-Adressen sind deshalb erlaubt:

- *max.mustermann@outlook.de*
- *familie-mustermann@outlook.de*
- *max_und_susanne@mustermann-familie.de*
- *max.mustermann6@outlook.de*

Eingebürgert hat sich vor allem der Punkt. Wir empfehlen deshalb, Namensbestandteile damit zu trennen, also so wie bei *max.mustermann@outlook.de.* Auf den Unterstrich sollte man dagegen besser verzichten, denn falls Sie mal jemanden Ihre E-Mail-Adresse handschriftlich geben, könnte dieser den Unterstrich mit einem Bindestrich vertauschen und seine E-Mails kämen deshalb nicht bei Ihnen an.

Vorsicht ist auch bei Zahlen in E-Mail-Adressen geboten, denn es könnte eine »2« mit »Z«, eine »5« mit »S« oder eine »0« mit »O« verwechselt werden, wenn Sie mal einem Dritten Ihre E-Mail-Adresse auf einem Bierdeckel aufschreiben.

Im Domain-Namen sind übrigens standardmäßig nur Bindestriche erlaubt. Nicht möglich sind daher beispielsweise *max@mueller.familie.de* oder *max@mueller_familie.de* (über einen Umweg wäre *max@mueller.familie.de* schon realisierbar, bringt Ihnen aber nichts und dürfte nur die E-Mail-Empfänger verwirren).

2.5 E-Mail im Unternehmen

Sofern Sie von Ihrem Arbeitgeber eine eigene E-Mail-Adresse erhalten haben, empfehlen wir, diese ausschließlich dienstlich zu nutzen. Viele, vor allem kleine Unternehmen, machen diesbezüglich zwar keine Vorschriften, man erspart sich aber einiges an Ärger. So ist nie auszuschließen, dass Kollegen Einblick in Ihre Nachrichten nehmen müssen, beispielsweise, wenn Sie mal für einige Tage krank oder im Urlaub sind.

Kritisch wird es, wenn dem Chef bekannt wird, dass Sie E-Mails außerhalb der Arbeitspausen verschickt haben, denn am Zeitstempel in jeder versandten Nachricht lässt sich das Sendedatum ablesen. Ein Problem entsteht auch, wenn Sie Ihren Job wechseln oder verlieren, denn Ihr E-Mail-Konto steht dann (meistens) nicht mehr zur Verfügung. Auf Ihrem Büro-PC gespeicherte private E-Mails sind davon ebenso betroffen, wie auch Ihre privaten E-Mail-Kontaktpartner, die sich wundern, dass sie keine Antwort erhalten.

Weitere Infos zur Problematik finden Sie unter *www.heise.de/resale/artikel/Die-E-Mails-der-Mitarbeiter-1727580.html* und *www.bfdi.bund.de/bfdi_wiki/index.php/E-Mail_und_Internet_am_Arbeitsplatz.*

2.6 Rechtliche Aspekte

E-Mails haben in den letzten Jahren Telex und Telefax als schnelles Kommunikationsmittel abgelöst. Dementsprechend gab es schon zahlreiche Gerichtsprozesse, in der E-Mails als Beweismittel eine Rolle spielten.

Grundsätzlich können Sie vieles, was Sie vielleicht früher telefonisch oder per Fax erledigt haben, auch per E-Mail erledigen. Bei Rechtsgeschäften ist aber Vorsicht angebracht. Zwar schreibt das gute alte Bürgerliche Gesetzbuch bei Verträgen keine Schriftform vor, im Zweifelsfall könnte aber der Vertragspartner sich darauf berufen, eine E-Mail nicht erhalten zu haben. Vor Gericht hängt es dann von den Umständen ab, ob Ihre E-Mail als Beweis anerkannt wird oder nicht. Wichtigen Schriftverkehr sollten Sie daher auch weiterhin per Briefpost als Einschreiben mit Rückschein verschicken. Beachten Sie außerdem, dass in vielen Verträgen die Schriftform für Vertragsänderungen oder Kündigungen ohnehin vorgeschrieben wird.

Der Gesetzgeber hat in einigen Fällen die Schriftform vorgeschrieben, beispielsweise bei arbeitsrechtlichen Kündigungen, bei Widerspruch des Mieters gegen eine Kündigung oder Verbraucherkreditverträgen.

Unter *www.ihk-arnsberg.de/upload/Telefax_Erklaerung_10428.pdf* erhalten Sie weiterführende Informationen zum rechtlichen Status der E-Mail.

2.7 Abrufmöglichkeiten

Die E-Mail-Nutzung ist auf vielfältige Weise möglich:

- Über die Weboberfläche des E-Mail-Anbieters beziehungsweise Webhosters
- Über ein PC-E-Mail-Programm
- Über ein E-Mail-Programm auf Handy oder Tablet

2.7.1 Weboberfläche

Für die meisten Nutzer reicht die vom E-Mail-Anbieter zur Verfügung gestellte Weboberfläche vollkommen aus. Sie hat für Sie den Vorteil, dass Sie von jedem Ort aus auf Ihre Nachrichten zugreifen können, sofern Zugang zu einem PC mit Internetzugang besteht. Im Urlaub könnte das beispielsweise ein Internet-Cafe sein. Die Weboberfläche des E-Mail-Anbieters rufen Sie dann einfach im Webbrowser auf.

Die E-Mail-Weboberfläche wird Sie aber eventuell nicht befriedigen, denn wie bereits erwähnt, ist zum einen die Größe des E-Mail-Postfachs limitiert, zum anderen kann die E-Mail-Vorhaltezeit begrenzt sein. Zudem müssen Sie die lästige Werbung auf der Weboberfläche ertragen und mit den angebotenen E-Mail-Funktionen vorlieb nehmen.

Natürlich darf nicht jedermann auf Ihre beim E-Mail-Anbieter gespeicherten Nachrichten zugreifen. Zugriff auf Ihre E-Mails erhalten Sie erst nach dem sogenannten Einloggen.

Dazu müssen Sie in der Regel Ihre E-Mail-Adresse und ein von Ihnen bei der E-Mail-Ersteinrichtung angegebenes Kennwort eingeben. Empfehlungen zur Passwortwahl gibt Kapitel *2.12 E-Mail-Konto und Passwort*.

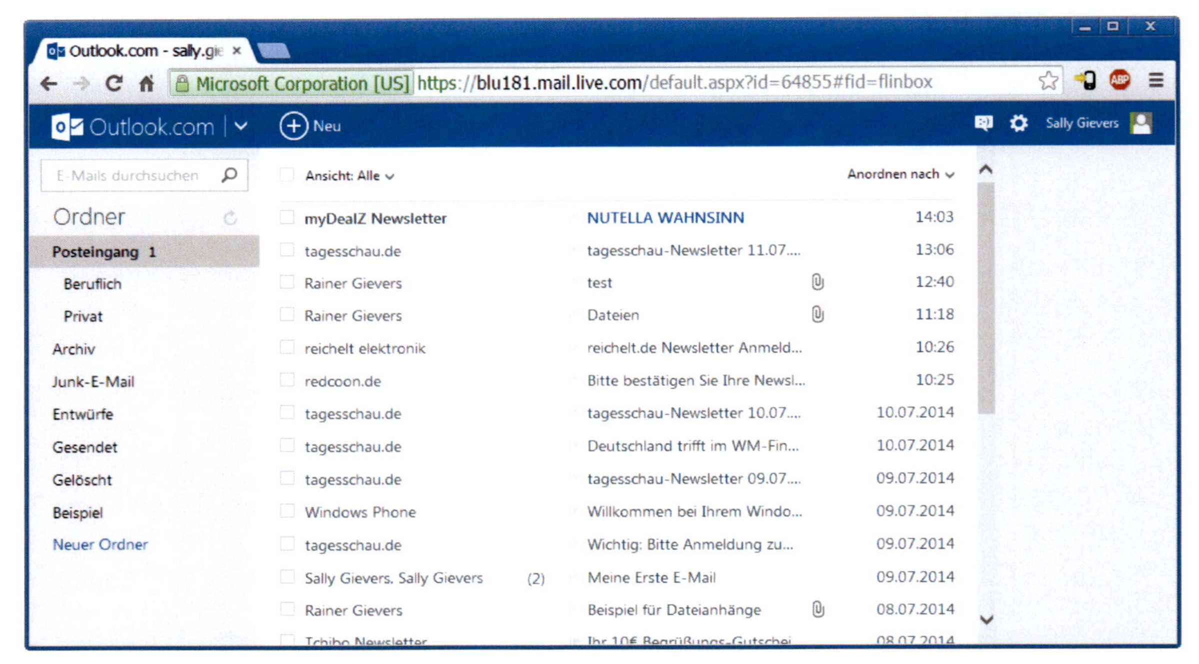

Beispiel für eine Weboberfläche: Outlook.com

2.7.2 E-Mail auf dem PC

PC-Programme zum E-Mail-Abruf installieren Sie einmalig auf Ihrem PC. Nach der meist unkomplizierten Einrichtung laden Sie über das E-Mail-Programm alle Nachrichten auf dem PC herunter, wo Sie sie auch ohne Internetverbindung ansehen können. Standardmäßig löschen die E-Mail-Programme alle abgerufen Nachrichten beim E-Mail-Anbieter. PC-Programme sind deshalb Ideal für Anwender, die sehr viele E-Mails erhalten.

Die Weboberfläche können Sie auch weiterhin neben dem PC-Programm nutzen. Es ist dabei nur zu beachten, dass dort nur die noch nicht vom PC abgerufenen Nachrichten zur Verfügung stehen.

Nutzen Sie E-Mails als Unternehmer, um Angebote und Rechnungen zu verschicken und zu empfangen, müssen Sie ohnehin ein PC-Programm einsetzen, denn der Gesetzgeber schreibt vor, dass man den Geschäftsverkehr manipulationssicher (»Revisionssicher«) speichern muss. Im einfachsten werden Sie Ihre E-Mails auf einer einmal beschreibbaren CD-ROM archivieren. Weitere Infos zu dieser Thematik erhalten Sie von Ihrem Steuerberater.

Ein großer Vorteil der PC-Programme ist die Unabhängigkeit von den E-Mail-Anbietern: Nutzen Sie mehrere Verschiedene, so können Sie aus einem Programm heraus alle auf einmal abrufen.

Aus der Vielzahl an PC-Anwendungen haben wir für dieses Buch Windows Live Mail ausgewählt, die wir später im Buch ausführlich vorstellen.

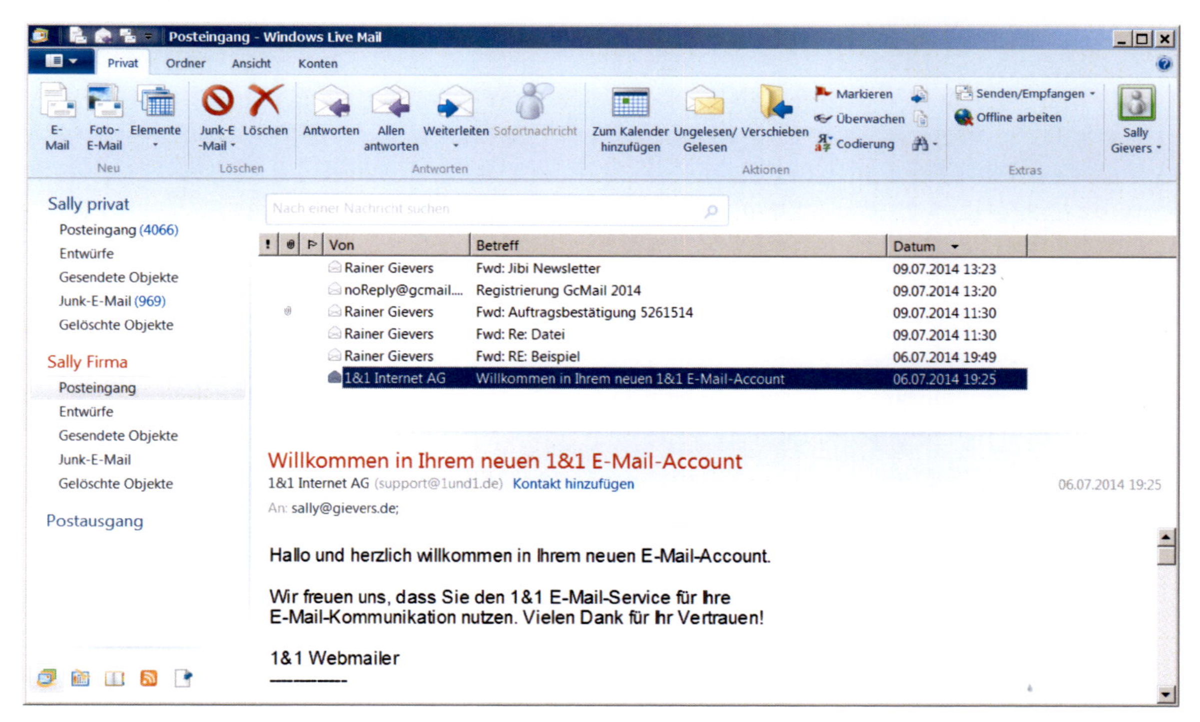

Beispiel für ein E-Mail-Programm auf dem PC.

2.7.3 E-Mail auf Handy oder Tablet

Auch unterwegs ist die E-Mail-Nutzung möglich. Sie benötigen dazu nur ein Handy oder Tablet und einen Internetzugang über das Mobilfunknetz. Viele E-Mail-Nutzer verzichten sogar komplett auf den PC und verwenden ausschließlich ein Mobilgerät.

Das beim Mobilgerät mitgelieferte E-Mail-Programm dürfte für Sie vollkommen ausreichen. Weitere kostenlose und kostenpflichtige Programme können Sie aber jederzeit nachinstallieren.

Grundsätzlich dürfen Sie auch Handy/Tablet gleichzeitig mit einem PC-Programm oder der Weboberfläche nutzen. Je nach Voreinstellung belassen die Mobilgeräte die abgerufenen Nachrichten beim E-Mail-Anbieter, sodass Sie sie anschließend auch mit einem PC-Programm herunterladen können.

In diesem Buch beschreiben wir noch einige E-Mail-Programme für iPhone, Windows- und Android-Handys.

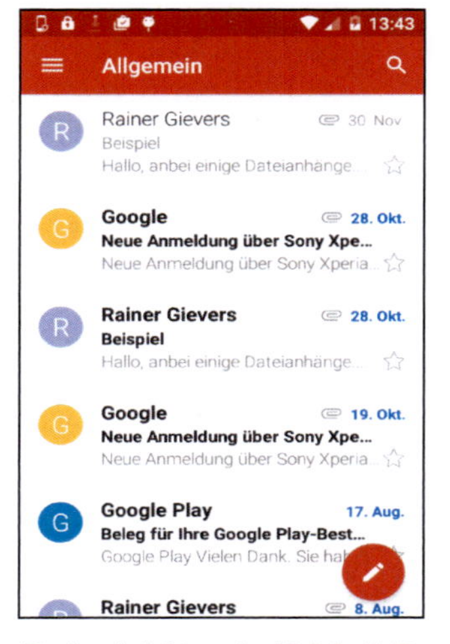

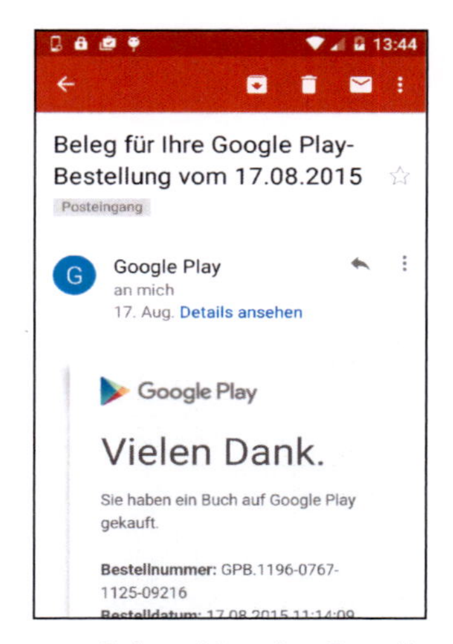

Beispiel für ein E-Mail-Programm auf dem Handy: Gmail.

2.8 Vor- und Nachteile der E-Mail

Die E-Mail hat für den Empfänger im Vergleich zum Telefax (das langsam ausstirbt) den Vorteil, dass mitgesendete Dokumente ohne Qualitätsverlust sofort weiterverarbeitet werden können. Eine effiziente und disziplinierte Organisation im E-Mail-Programm vorausgesetzt, können Sie zudem auf die Druckausgabe verzichten. Anstatt dann Aktenordner zu durchwühlen, finden Sie über die Suchfunktion des E-Mail-Programms oder der Weboberfläche schnell alles wieder.

Im Geschäftsleben hat die E-Mail (und die Verlagerung von Geschäftsprozessen in automatisierten Datenbanken) zu einer Revolution geführt: Im Vergleich zu einem Telefongespräch sind jetzt die Kommunikationspartner nicht gleichzeitig blockiert, sondern können empfangene Nachrichten in Ruhe bearbeiten.

Die Vorteile der E-Mail haben auch dubiose Internetfirmen entdeckt, die regelmäßig weltweit die E-Mail-Postfächer mit Milliarden von Werbemails überschwemmen. Das Aussortieren der unerwünschten Nachrichten wird Ihnen leider etwas Zeit kosten.

Ob der Empfänger Ihrer Nachrichten sie wirklich erhalten und gelesen hat, lässt sich nicht nachvollziehen. Deshalb unterstützen einige E-Mail-Anbieter die Anforderung einer Lesebestätigung. Wir raten aber davon ab, weil die Lesebestätigungsfunktion nicht bei jedem Empfänger aktiv ist und zudem eher ein Hinweis auf die Kontrollwut des Absenders ist. Unser Tipp: Bitten Sie den Empfänger in dringenden Fällen einfach, dass er als Lesebestätigung eine kurze Rückantwort sendet. Damit wissen Sie auch, dass er Ihre Nachricht verstanden und nicht nur aus Versehen angeklickt aber nicht gelesen hat (was bereits für die Lesebestätigung ausreicht).

Beachten Sie, dass einmal von Ihnen versandte Nachrichten nicht mehr zurückholbar sind, das heißt, enthält Ihre Nachricht einen missverständlichen oder gar beleidigenden Inhalt, müssen Sie mit Konsequenzen durch den Empfänger rechnen. Wir halten es deshalb so, dass wir jede Nachricht vor dem Senden mindestens noch einmal Korrektur lesen.

2.9 E-Mail-Etikette

Es kann nicht schaden, an die eigenen E-Mails die gleichen Ansprüche wie an einen Brief zustellen. Deshalb sollten Sie auf Rechtschreibfehler achten (manche E-Mail-Programme bieten eine automatische Rechtschreibprüfung an) und auch die äußere Form wahren.

Wir halten es grundsätzlich so, alle E-Mails an uns namentlich bekannte Personen mit einem »Sehr geehrte Frau xyz« oder »Sehr geehrter Herr xyz« einzuleiten und zum Schluss noch »Mit freundlichen Grüßen [neue Zeile] Rainer Gievers« abzuschließen. Ist der Empfänger nicht namentlich bekannt, verwenden wir »Sehr geehrte Damen und Herren«. Bei Personen mit Doktor- oder Professorentitel, sowie Kirchenpersonal verwenden Sie einfach die auch in Briefen üblichen Bezeichnungen. Beispiele: »Sehr geehrte Frau Dr. Müller«, »Sehr geehrter Herr Professor«. Nach der Anrede geht es übrigens mit Kleinschrift weiter, sofern kein Substativ folgt.

Abhängig davon, wie lange Sie mit jemandem schon in Kontakt stehen, ändert sich auch die Umgangsform. Man geht dann meist auf ein weniger steifes »Hallo Frau Müller« oder »Hallo Herr Meier« über. Die Abschiedsformel kann nun auch »Grüße«, »Schöne Grüße«, »Schönes Wochenende« oder ähnlich lauten. Im Zweifelsfall richten Sie sich einfach nach Ihren Kommunikationspartner, der vielleicht die Anrede mit der Zeit weniger förmlich gestaltet.

Wissen Sie, dass der Empfänger seine Nachrichten zu einer bestimmten Tageszeit abruft, können Sie auch uhrzeitabhängige Grußformeln wie »Guten Abend« oder »Guten Morgen« anwenden.

Bei Freunden und Bekannten würde ein förmlicher Stil natürlich lächerlich wirken. Hier empfehlen wir als Einleitung »Hallo Günther« oder »Hi Sabine« (Letzteres ist allerdings eine eher von Jugendlichen zu erwartende Grußform). Nebenbei hat die Grußformel auch den Vorteil, dass an den falschen Empfänger versandte Nachrichten schneller erkannt werden. Zum Ende schreiben Sie »Schöne Grüße«, »Liebe Grüße«, »Grüße« oder Ähnliches und Ihren Namen. Die Grußformel beginnt immer groß, außer sie ist Bestandteil des vorherigen Satzes und es folgt darauf kein Komma.

Beispiele für korrekte E-Mail-Texte:

```
Sehr geehrte Frau Huber,

bitte rufen Sie mich am Donnerstag zwecks Terminabsprache an.

Mit freundlichen Grüßen
Heiner Müller
```

```
Sehr geehrter Herr Dr. Schmidt,

am Monatsende führen wir unsere jährliche Spendengala durch. Unser Verein würde sich
über Ihr Kommen sehr freuen.

Bis dahin verbleibe ich

mit freundlichen Grüßen
Heiner Müller
```

```
Hallo Sabine,

könntest du mir die Unterlagen noch einmal schicken? Vielen Dank!

Liebe Grüße
Rüdiger
```

Manche Leute verzichten in ihren eigenen Briefen und E-Mails auf die Nennung ihres Doktortitels. In diesen Fällen können Sie sich überlegen, auch in Ihren E-Mails den Titel wegzulassen. Ein rechtlicher Anspruch auf Nennung des »Dr.« besteht übrigens ohnehin nicht, zumal er kein Namensbestandteil ist, sondern nur aus Höflichkeit genannt wird.

Etwas komplizierter ist es bei »Adeligen«. Durch die Abschaffung des Adelsstands nach dem Ersten Weltkrieg sind die ursprünglichen Titel in Familiennamen übergegangen. Bei einer Baronin schreiben Sie beispielsweise die Anrede »Sehr geehrte Baronin von Löwenzahn«, bei einem Freiherr »Sehr geehrter Herr Freiherr von Sandstein«, bei einem Grafen »Sehr geehrter Graf von Finsternis«. Nur für Freiherrrn/Freifrau verwendet man also also das Herr/Frau in der Anrede.

Gehen E-Mails mehrmals an einem Tag zwischen den gleichen Korrespondenzpartnern hin- und her, sollten Sie dagegen auf förmliche Grußformeln verzichten, weil diese nur den Nachrichtentext aufblähen.

www.studis-online.de/Studieren/Richtig_schreiben/anrede_und_gruss.php gibt weitere nützliche Anregungen zur korrekten Anrede in E-Mails.

Eine praktisch lückenlose Aufstellung der Anreden finden Sie auf der Protokoll-Website der Bundesregierung: Klicken Sie auf *www.protokoll-inland.de* einfach *Anschriften und Anreden* an. Für eine kurze Übersicht besuchen Sie dagegen die Webadresse *de.wikipedia.org/wiki/Anrede*.

Viele E-Mail-Programme fügen bei Erstellen einer Antwort die ursprüngliche Nachricht als Zitat mit ein. Es ist sehr empfehlenswert, dass Sie das Zitat nicht entfernen, weil Sie damit Ihrem Gegenüber die Kommunikation erleichtern. Gerade wenn Ihr Gegenüber jeden Tag sehr viele E-Mails von unterschiedlichen Absendern bearbeiten muss, wird er Ihnen dankbar sein, dass er nachlesen kann, worum es eigentlich geht. Nur wenn die Nachricht nach vielem hin und her sehr lang wird, sollten Sie anfangen, alte Zitate in Ihrer Antwort herauszulöschen.

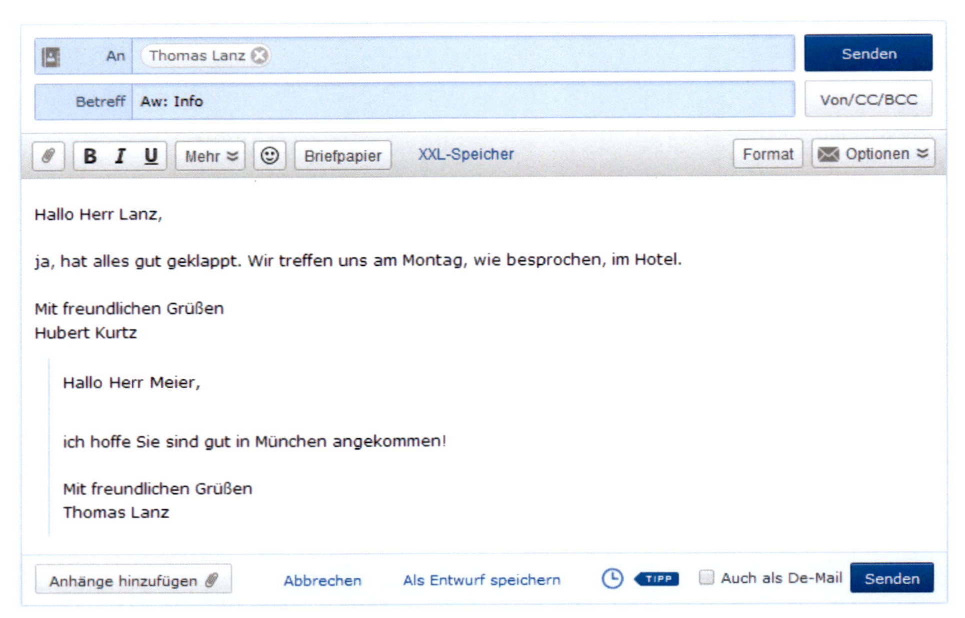

In Ihrer Antwort auf eine Nachricht erscheint der ursprüngliche Nachrichtentext als Zitat.

Der Betreff spielt bei E-Mails eine wichtige Rolle, da ihn der Empfänger als Erstes sieht. Leider vergessen viele einen Betreff einzugeben und vergeben somit die Möglichkeit einer schnellen Rückantwort. Achten Sie daher auf einen aussagekräftigen Betreff, aus dem hervorgeht, worum es Ihnen in der E-Mail geht.

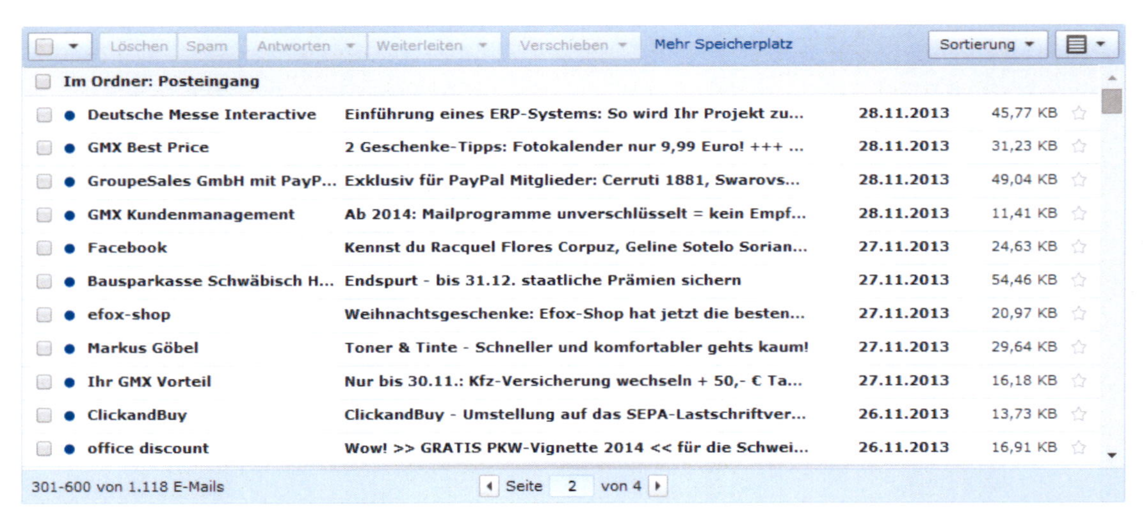

Absendername und Betreff sind das Erste, was der E-Mail-Empfänger zu sehen bekommt. Deshalb sollten Sie einen möglichst sinnvollen Betreff verwenden.

Zu einer guten Umgangsform gehört es, E-Mails vertraulich zu behandeln. Fragen Sie gegebenenfalls beim ursprünglichen Absender nach, wenn Sie seine Nachricht oder Teile davon an einen Dritten weiterleiten möchten.

Eine kurze Antwort mit einem »Danke für deine Nachricht« oder Ähnliches kann nicht schaden und bestätigt, dass Sie eine E-Mail erhalten haben.

Von den Umständen ab hängt die Einrichtung eines sogenannten Auto-Responders (engl. Automatische Antwort). Alle Personen, die Ihnen eine E-Mail schicken, erhalten dann automatisch ohne Ihr Zutun einen von Ihnen festgelegten Text zugesandt. Soetwas ist beispielsweise interessant, wenn Sie im Urlaub sind und für einige Tage nicht selbst antworten können.

E-Mail ist ein relativ schnelles Medium. Situationsabhängig können Sie bei angeschriebenen Firmen meist innerhalb weniger Minuten mit einer Antwort rechnen. Im Privatbereich sollten Sie dagegen schon einen Tag Geduld mitbringen.

Die Etikette in Kurzform:

- Geben Sie immer einen sinnvollen Betreff an.
- Die persönliche Anrede sollte der eines normalen Briefs entsprechen.
- Verwenden Sie korrekte Groß- und Kleinschreibung und vermeiden Sie Rechtschreibfehler.
- Geben Sie die vom Empfänger zur Bearbeitung benötigten Informationen an.
- Senden Sie bei Antworten den ursprünglichen Nachrichtentext als Zitat mit.
- Machen Sie private oder geschäftliche Korrespondenz nicht ohne Nachfrage beim Korrespondenzpartner öffentlich.
- Seien Sie geduldig, wenn es um eine Rückantwort geht.
- Geben Sie Rückmeldung, wenn die Situation dies erfordert.
- Für Rückfragen sollten weitere Kommunikationskanäle, in der Regel die eigene Telefonnummer genannt werden.

2.10 Besonderheiten für Unternehmen und Freiberufler

Im Geschäftsleben sind E-Mails inzwischen nicht mehr wegzudenken, da sie – optimal eingesetzt – gegenüber der früheren Papierform eine effektive Abwicklung von Kundenanfragen gewährleisten.

Muss Ihr Unternehmen regelmäßig Support (engl. Kundenunterstützung) leisten, stößt die konventionelle E-Mail-Verarbeitung allerdings an ihre Grenzen. In solchen Fällen kommt ein Ticketsystem zum Einsatz. Der Kunde nutzt dann entweder ein Kontaktformular auf der Unternehmens-Website oder sendet wie gewohnt seine Anfrage an eine nur vom Ticket-System genutzte E-Mail-Adresse. Das Ticket-System ruft die E-Mails ab und vergibt jeder neuen Anfrage eine Ticket-Nummer, anhand der die Kommunikation einfach nachvollzogen werden kann. Der Support-Mitarbeiter antwortet – sehr vereinfacht dargestellt – über das Ticket-System, welches dem Kunden wiederum eine E-Mail sendet, auf die dieser wiederum Nachfragen stellen kann. Genial am Ticket-Systemen ist, dass jederzeit bekannt ist, welche Fälle noch offen sind, denn bei abgeschlossenen Fällen wird das zugehörige Ticket »geschlossen«. Der Firmenmitarbeiter kann also gezielt bei Kunden nachhaken, deren Ticket immer noch »offen« ist, was mit einem normalen E-Mail-Programm nicht ohne weiteres möglich wäre. Damit einhergehend steigt auch die Kundenzufriedenheit, weil keine Anfrage vergessen wird. Im Internet gibt es zahlreiche Ticket-System-Anbieter, die Sie mit dem Suchwort »Ticket System Software« über eine Suchmaschine wie Google finden.

Sofern Sie mehrere Mitarbeiter haben, sollte es für jeden eine eigene E-Mail-Adresse geben.

Wir empfehlen, in jeder E-Mail, die Ihr Unternehmen verschickt, weitere Kontaktmöglichkeiten, in der Regel mindestens eine Telefonnummer, anzugeben. Dies ist sogar gesetzlich vorgeschrieben. Haben Sie nur eingeschränkte Geschäftszeiten, sollten Sie diese ebenfalls angeben.

Falls Sie vorhaben, zusammen mit Ihrer E-Mail-Adresse auch eine Website einzurichten, werden Sie schon von der Impressumspflicht gehört haben. Auf einer als Impressum gekennzeichneten Webseite müssen Sie Angaben zu Ihrem Unternehmen machen, wozu die Geschäftsadresse, eine Kontakt-E-Mail-Adresse, die Telefonnummer und einige weitere Angaben gehören. Welche dies sind, hängt von Ihrer Branche und der Gesellschaftsform ab (weitere Infos dazu finden Sie beispielsweise unter *www.impressum-recht.de*). Auch in Ihren geschäftlich versandten E-Mails müssen Sie dieses Impressum angeben. Es wäre natürlich mühselig, das Impressum dann immer von Hand einzugeben, weshalb dann die sogenannte Signatur zum Einsatz kommt. Diese wird einmalig von Ihnen angelegt und dann immer automatisch von der Weboberfläche oder dem E-Mail-Programm automatisch am Ende Ihres Nachrichtentextes eingefügt. Nebenbei bietet sich die Signatur an, auf Besonderheiten aufmerksam zu machen, beispielsweise veränderte Öffnungszeiten, Sonderaktionen oder Betriebsurlaub.

Die Weiterverarbeitung von E-Mails wird häufig durch unvollständige Kundenangaben erschwert. Beispielsweise fehlt bei Reklamationen eine genaue Auftragsangabe oder eine Telefonnummer für Rückfragen. Für solche Fälle sollten Sie auf Ihrer Website entsprechende Kontaktformulare einrichten, die sich nur abschicken lassen, wenn der Kunde zum Beispiel seine Telefonnummer oder eine Auftragsbeschreibung eingibt. Nach dem Formularabsenden durch den Kunden erhalten Sie dann eine E-Mail mit den Kundenangaben. Fragen Sie dazu die Person, die Ihren Internet-Auftritt betreut.

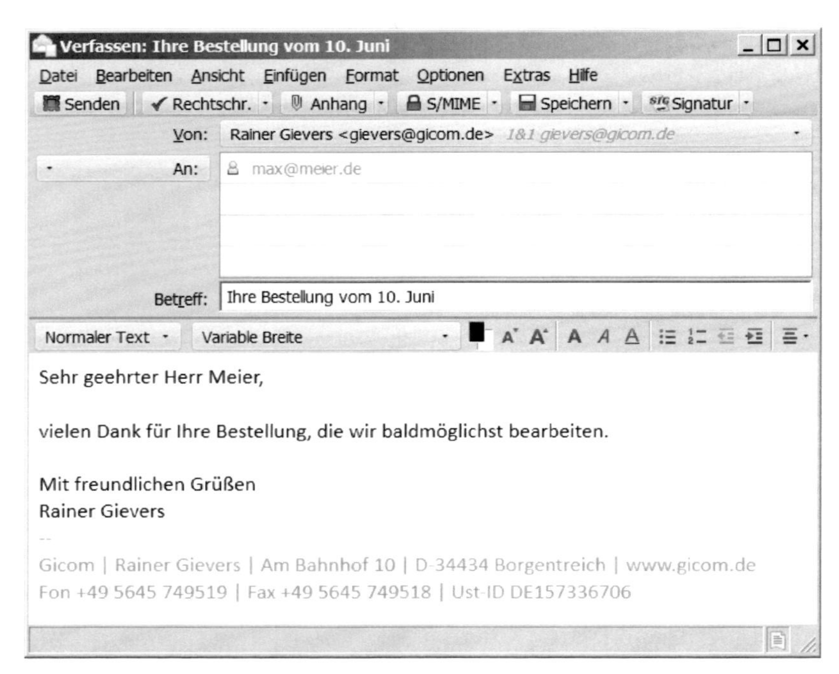

Beispiel für eine Firmen-E-Mail mit korrektem Impressum in der Signatur.

An dieser Stelle möchten wir auch noch auf eine Unart mancher Firmen hinweisen, welche die Signatur für Hinweise folgender Art nutzen:

```
Diese E-Mail enthält vertrauliche und / oder rechtlich geschützte Informationen. Wenn
Sie nicht der richtige Adressat sind oder diese E-Mail irrtümlich erhalten haben,
informieren Sie den Absender und vernichten Sie diese E-Mail. Das unerlaubte Kopieren
und die unbefugte Weitergabe dieser E-Mail ist nicht gestattet.
```

Über so etwas kann man nur schmunzeln, denn allein aus dem Nachrichtenempfang ergeben sich keinerlei Verpflichtungen oder Folgen, auch wenn man tatsächlich mal der falsche Empfänger ist. Anders mag es nur in der Kommunikation zwischen den Mitarbeitern zweier Firmen aussehen, die entsprechende vertragliche Vereinbarungen haben.

Im Geschäftsbereich spielt die schnelle Antwort eine wichtige Rolle für die Kundenzufriedenheit. Ein mindestens stündlicher E-Mail-Abruf sollte deshalb Standard sein. Nutzen Sie ein E-Mail-Programm auf PC oder Mobilgerät, so können Sie einen automatischen Abrufintervall einstellen und werden mit einem »Popup« auf neue Nachrichten aufmerksam gemacht. Hilfreich ist in diesem Zusammenhang der bereits erwähnte »Auto Responder« (engl. Automatische Antwort), ein Mechanismus, um automatisch dem Absender eine Standardantwort wie »Wir haben Ihre Nachricht erhalten und melden uns schnellstmöglich« zu senden.

2.11 DE-Mail

Gerade bei der rechtssicheren Kommunikation mit Ämtern, Rechtsanwälten, Gerichten, usw. ist immer noch der klassische Post-Brief oder persönliche Anwesenheit mit Vorlage von Ausweispapieren nötig. Auch bei der Kommunikation zwischen Unternehmen untereinander und Unternehmen mit Privatpersonen hat die E-Mail den Nachteil, dass keine rechtssichere Empfangsbestätigung wie bei einem Postbrief-Einschreiben gibt und manche Verträge darüber nicht abschließbar sind. Hinzu kommt noch die meist unverschlüsselte E-Mail-Übertragung im Internet und die Möglichkeit, E-Mails zu manipulieren (zum Beispiel gefälschter Absender).

Abhilfe soll die DE-Mail schaffen, für die es derzeit unter anderem bei Web.de (*produkte.web.de/de-mail*), GMX (*www.gmx.net/produkte/de-mail*) und der Telekom (*www.telekom.de/de-mail*) gibt. Nicht zu verwechseln mit der DE-Mail ist übrigens die von der Deutschen Post betriebene E-Post (*www.epost.de*), welche allerdings ähnliche Funktionen bietet.

Die Anbieter machen derzeit aggressive Werbung für die DE-Mail und das aus guten Grund, denn jede versandte DE-Mail mit Abholbestätigung oder Absenderbestätigung kostet dem Absender Geld.

Aber was bekommt man dafür geboten? Zusammen mit einer eigenen DE-Mail-Adresse erhalten Sie Zugang zu einer Weboberfläche, über die Sie Ihre Nachrichten verschicken beziehungsweise abrufen. Da die Kommunikationswege bei der DE-Mail verschlüsselt ablaufen, ist der Nachrichtenaustausch nur mit anderen DE-Mail-Nutzern möglich, das heißt, Sie werden auch weiterhin auf eine »normale« E-Mail-Adresse angewiesen sein. Sollte mal ein Empfänger keine DE-Mail-Adresse nutzen, können Sie diesem auch einfach ein Postbrief-Einschreiben schicken. Ähnlich wie bei einem Post-Einschreiben stehen weitere Versandoptionen bei DE-Mail zur Verfügung:

- Standardversand: Entspricht der einer normalen E-Mail. Der Versand ist kostenlos.
- Persönlich und vertraulich (Bestätigung des Versands mit hohem Authentisierungsniveau): Der Empfänger kann die Nachricht nur lesen, wenn er mit einem mit hohem Authentisierungsniveau angemeldet ist. Absender und Empfänger erhalten darüber eine Bestätigung.
- Abholbestätigung (Einschreiben): Absender und Empfänger erhalten eine Bestätigung, dass die De-Mail im Postfach des Empfängers eingegangen ist.
- Absenderbestätigung: Der Absender erhält über den Versand eine Bestätigung.

Wir raten derzeit von der DE-Mail für Privatpersonen, ab. Gegen die DE-Mail sprechen derzeit neben den Kosten auch die wenigen Möglichkeiten, sie sinnvoll zu nutzen (die wenigsten Ämter oder Firmen haben eine DE-Mail-Adresse). Außerdem entspricht der Rechtsstatus der DE-Mail der eines Briefes. Das heißt, wenn Sie nicht alle paar Tage Ihr DE-Mail-Postfach überprüfen, könnten Sie wichtige Nachrichten mit Fristsetzung verpassen. Wenn man sich überlegt, wie selten Amtsvorgänge abzuwickeln sind, stellt sich ohnehin die Sinnfrage für DE-Mail.

Für Firmen sieht es dagegen bei der DE-Mail anders aus, da sich hiermit eventuell Kosten bei der Kommunikation mit Geschäftspartner sparen lassen.

Für DE-Mail wird sehr aggressiv geworben. Von der »0« als Kostenangabe bei der Werbung des Anbieters GMX sollte man sich aber nicht täuschen lassen, denn die Ersteinrichtung kostet 5,99 Euro. Wenn Sie die Zusatzfunktion »DE-Mail Einschreiben« (DE-Mail mit Abholbestätigung) nutzen, bezahlen Sie pro Nachricht 0,78 Euro.

Ein interessantes, von der DE-Mail abweichendes Konzept verfolgt die Deutsche Post mit der E-Post (*www.epost.de*), welche in den Briefdienst integriert ist: Neben dem verschlüsselten Versand an andere E-Post-Nutzer können Sie auch an Sie adressierte Briefe von der Post einscannen und an Ihre E-Post-E-Mail-Adresse schicken lassen. Umgekehrt veranlassen Sie über E-Post den Versand von Einschreiben.

2.12 E-Mail-Konto und Passwort

Für den Zugriff auf Ihr E-Mail-Konto benötigen Sie einen sogenannten Login (meist Ihre E-Mail-Adresse) und ein Passwort. Letzteres wählen Sie bei der E-Mail-Registrierung selbst aus.

Ideal sind zusammengesetzte Wörter mit Groß- und Kleinschreibung, Zahlen und Sonderzeichen, beispielsweise »*Kaffee.Gurke.2014*«. Alternativ können Sie auch jeweils die Anfangsbuchstaben eines längeren Satzes aus Ihrem Lieblingsbuch oder Gedicht verwenden, beispielsweise »*fgide*« für den Anfangssatz »*Fest gemauert in der Erden*« aus dem bekannten Schiller-Gedicht.

Weil Sie das Passwort bei jedem E-Mail-Abruf benötigen, sollten Sie es sich ebenso wie die gewähnte E-Mail-Adresse merken und zur Not aufschreiben (von Letzterem raten wir aus Sicherheitsgründen ab).

3. E-Mail-Konto einrichten und nutzen

Weltweit bieten zahlreiche Unternehmen kostenlose E-Mail-Postfächer mit frei wählbaren E-Mail-Adressen an. Für unsere Beispiele haben wir uns für den Microsoft-E-Mail-Dienst entschieden, von dem wir ausgehen können, dass er auch in einigen Jahren kostenlos angeboten wird.

Ursprünglich wollten wir den deutschen Anbieter GMX (*www.gmx.de*) für unsere Beispiele nutzen. Einerseits ist dieser E-Mail-Dienst im deutschsprachigem Raum sehr beliebt, andererseits versucht der GMX-Betreiber bei jeder Gelegenheit seinen Nutzern kostenpflichtige Dienste »anzudrehen«. Teilweise kommen dabei Methoden zum Einsatz, die unserer Meinung nach unredlich sind. Wir raten deshalb von GMX ab.

Der Name »Outlook.com« dürfte Ihnen vielleicht bekannt vorkommen, denn unter dem Namen »Outlook« verkauft Microsoft eine E-Mail- und Kalendersoftware. Mit Outlook hat Outlook.com aber außer dem Namen und einer ähnlichen Bedienung nicht viel zu tun.

3.1 Anmeldung bei Outlook.com

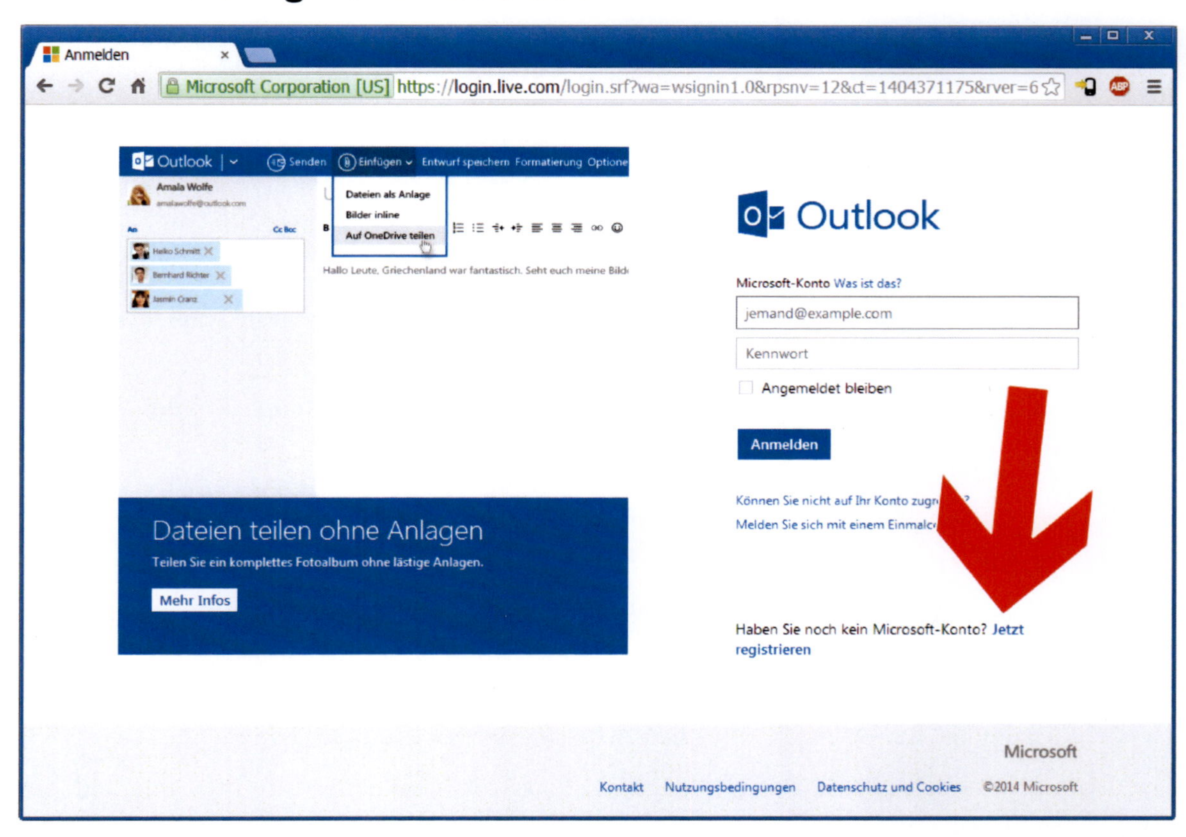

Rufen Sie *www.live.com* (alternativ funktioniert aber auch *www.outlook.de*) in Ihrem Webbrowser auf und klicken Sie auf *Jetzt registrieren.*

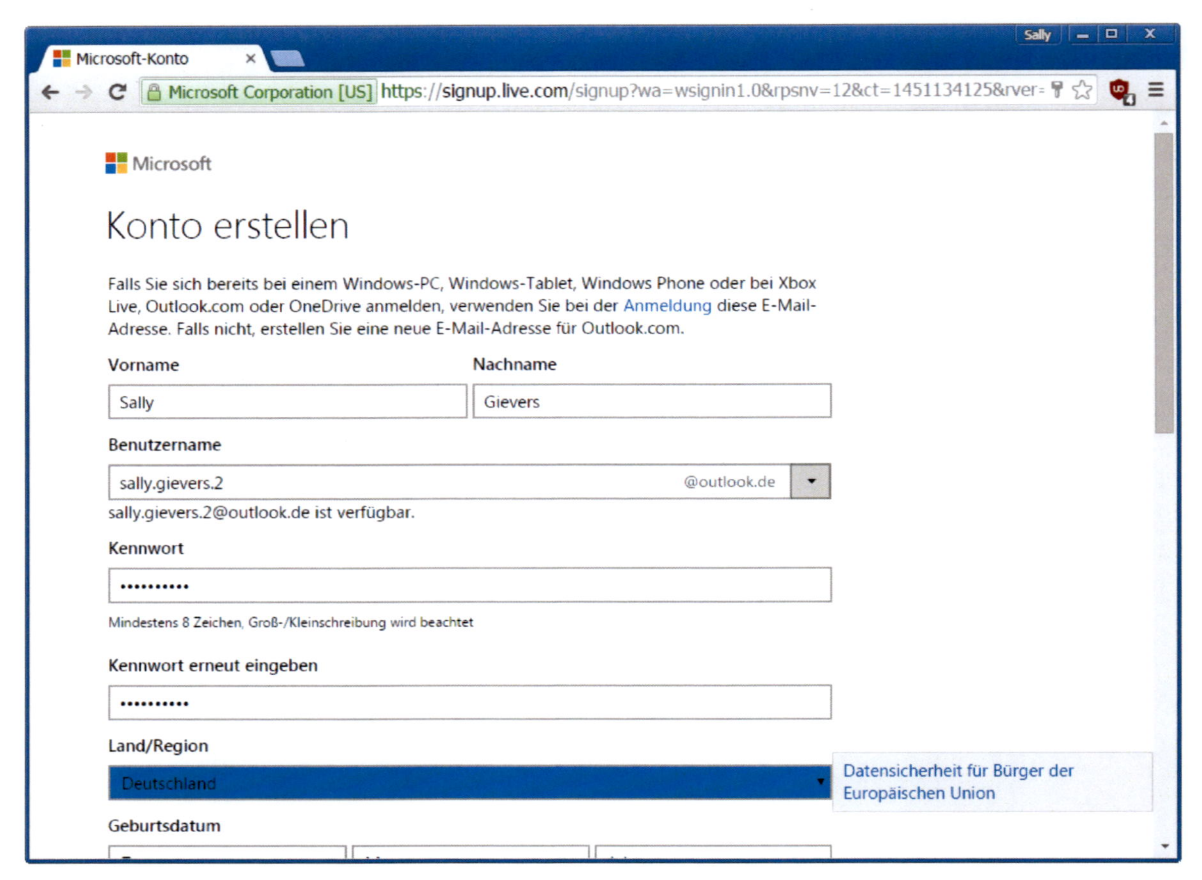

Im nächsten Schritt füllen Sie das Formular aus. Sofern der Benutzername, der gleichzeitig Ihre E-Mail-Adresse darstellt, bereits vergeben ist, macht Microsoft Alternativvorschläge. Wir hatten ja bereits erläutert, dass jede E-Mail-Adresse nur einmal vergeben wird. Zur Not können Sie aber auch bei der E-Mail-Domain zwischen *outlook.de*, *outlook.com* und *hotmail.com* wählen. Beachten Sie auch Kapitel *2.4 Die richtige E-Mail-Adresse wählen*, in der Sie Hinweise zur E-Mail-Adressenwahl erhalten.

Geben Sie in *Kennwort erstellen* beziehungswese *Kennwort erneut eingeben* ein Passwort ein, mit dem Sie sich später Zugriff auf Ihr E-Mail-Postfach verschaffen. Zu den Passwörtern siehe Kapitel *2.12 E-Mail-Konto und Passwort*.

Die folgenden Felder dienen dazu, Ihr E-Mail-Postfach wieder freizuschalten, falls Sie tatsächlich mal Ihr Kennwort vergessen:

- *Ländercode; Telefonnummer*
- *Alternative E-Mail-Adresse*: In dieses Feld können Sie eine bestehende E-Mail-Adresse eintragen, falls Sie bereits eine haben. Verwenden Sie aber auf keinen Fall die E-Mail-Adresse eines Lebenspartners oder Freundes!

Geben Sie zum Schluss den angezeigten Code aus der Sicherheitsabfrage ein und betätigen Sie *Konto erstellen*.

Wenn Sie später mal Ihr Kennwort vergessen haben sollten, können Sie Ihrem E-Mail-Postfach ein Neues vergeben. Dazu gibt Ihnen Microsoft telefonisch eine PIN beziehungsweise sendet an die E-Mail-Adresse einen Link, den Sie anklicken müssen. Dies ist auch der Grund, weshalb Sie keine fremde E-Mail-Adresse eintragen sollten, denn falls Sie mal mit dessen Inhaber im Streit auseinandergehen, könnte er darüber das Kennwort zurücksetzen und damit einfach Ihr E-Mail-Postfach übernehmen.

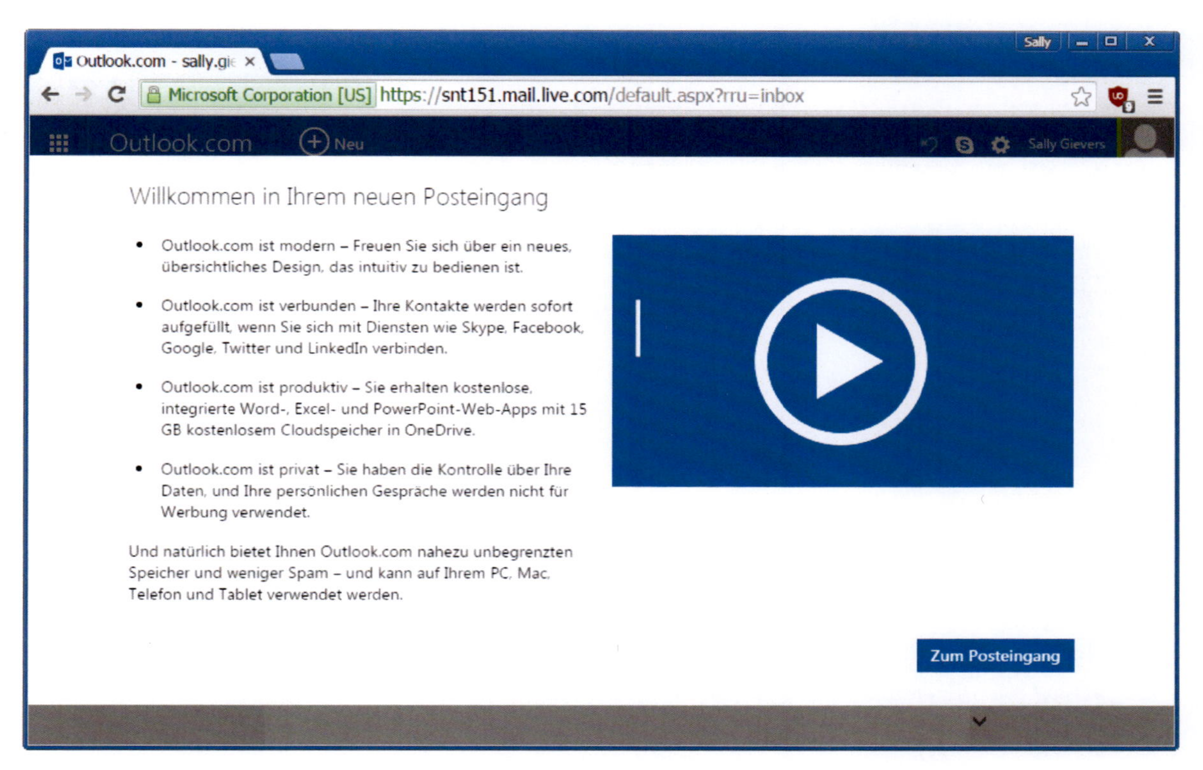

Fertig! Schließen Sie den Willkommensdialog mit *Zum Posteingang.*

3.2 Ein- und Ausloggen

Sie sollten Outlook.com – und auch alle anderen Webmailer – immer ordnungsgemäß beenden, wenn Sie es nicht mehr benötigen. Dies ist besonders wichtig, wenn Sie Outlook.com auf einem fremden Rechner, beispielsweise während des Urlaubs im Internet-Cafe oder auf dem PC eines Bekannten nutzen. Wenn Sie sich nicht von Outlook.com abmelden, könnte jemand anderes Ihr E-Mail-Konto missbrauchen. Ihr Auto würden Sie ja auch in einer fremden Stadt nicht einfach offen stehen lassen, sondern abschließen.

Der Vorgang des an- und Abmeldens wird im Computerbereich auch als »Einloggen« beziehungsweise »Ausloggen« bezeichnet. Nicht nur bei der E-Mail-Nutzung, sondern auch in Online-Shops oder beim Online-Banking sollten Sie sich immer über die entsprechende Schaltleiste ausloggen, um Missbrauch auszuschließen.

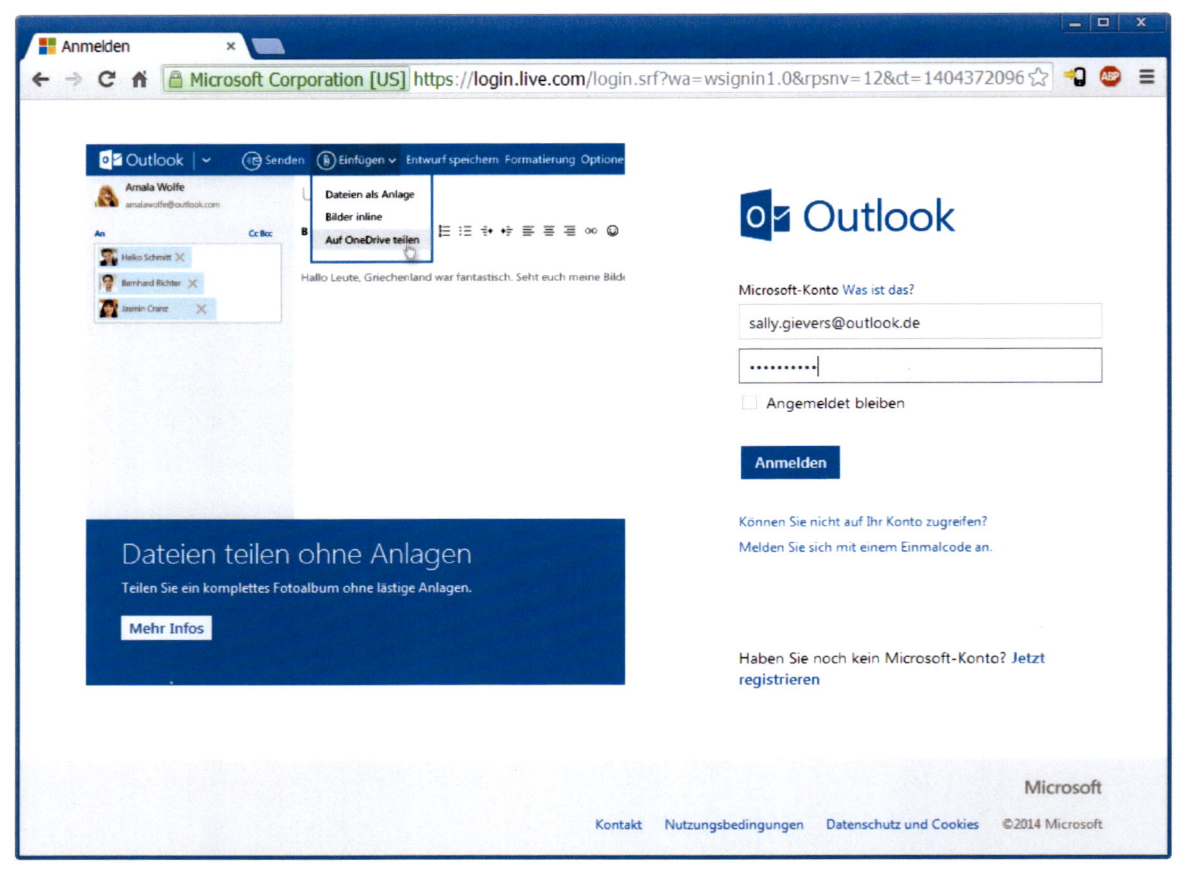

Künftig rufen Sie einfach *www.live.com* (*live.com,* also ohne vorangestelltes *www* geht auch) auf, geben Ihre E-Mail-Adresse (das »@« erhalten Sie durch gleichzeitiges Betätigen von Alt Gr + Q auf der PC-Tastatur) und das Kennwort ein und landen in der E-Mail-Oberfläche.

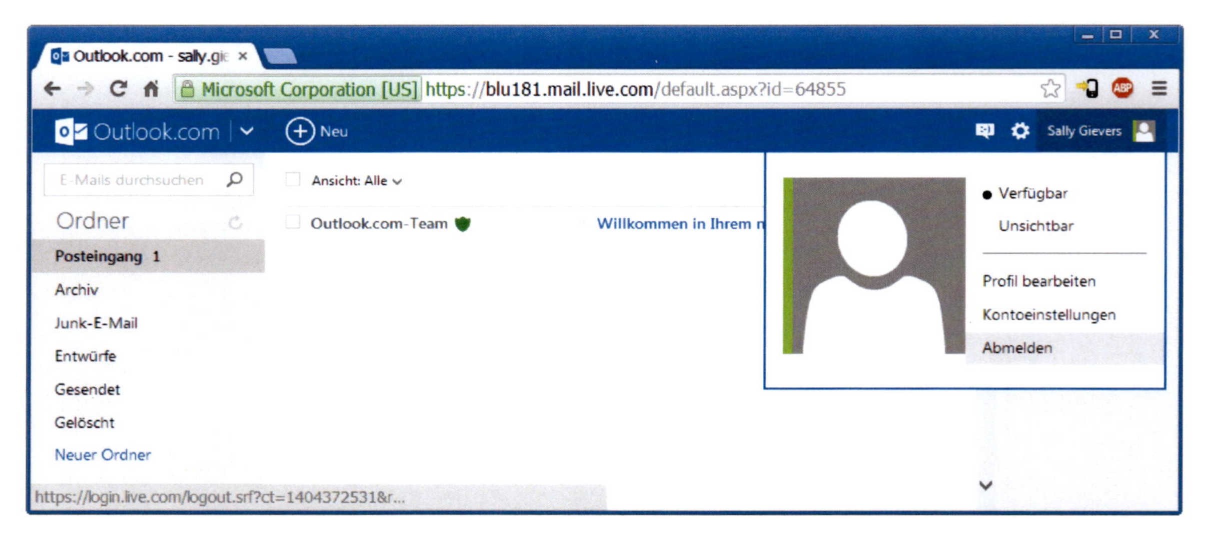

Wichtig: Wenn Sie Outlook.com gerade nicht nutzen, sollten Sie sich immer abmelden, damit Unbefugte nicht auf Ihr E-Mail-Konto zugreifen können. Dazu klicken Sie oben rechts auf Ihren Kontonamen und wählen im Menü *Abmelden.*

Viele Anwender machen es sich einfach und rufen einfach im Browser eine neue Webadresse auf. Man ist dann aber weiterhin bei Outlook.com eingeloggt!

3.3 E-Mail-Oberfläche in der Praxis

Outlook.com lässt sich teilweise wie ein Programm, das direkt auf Ihrem PC läuft, bedienen. Von der im Vergleich zu anderen E-Mail-Anbietern simpel aussehenden Benutzeroberfläche sollten Sie sich aber nicht täuschen lassen, denn viele leistungsfähige Funktionen hat Microsoft in den Menüs versteckt.

Auf der linken Seite listet Outlook.com folgende Ordner auf:

- *Posteingang*: Hier landen alle von Ihnen empfangenen E-Mails
- *Archiv:* Von Ihnen gelesene E-Mails, die Sie aufbewahren möchten.
- *Junk-E-Mail:* Unerwünschte E-Mails (Spam).
- *Entwürfe*: Nachrichten, die Sie bereits vorbereitet, aber noch nicht verschickt haben.
- *Postausgang*: Von Ihnen erstellte E-Mails, die auf den Versand warten.
- *Gesendet*: Verschickte E-Mails
- *Gelöscht*: Von Ihnen beispielsweise aus dem Posteingang gelöschte E-Mails.
- *Neuer Ordner*: Legt einen neuen Ordner an.

Outlook.com erkennt normalerweise automatisch, wenn neue Nachrichten vorliegen und listet diese dann auf. Falls Sie auf eine dringende E-Mail warten, können Sie aber auch die ↻-Schaltleiste (Pfeil) betätigen.

3.3.1 Neue Nachricht schreiben

Über *Neu* (Pfeil) erstellen Sie eine neue E-Mail.

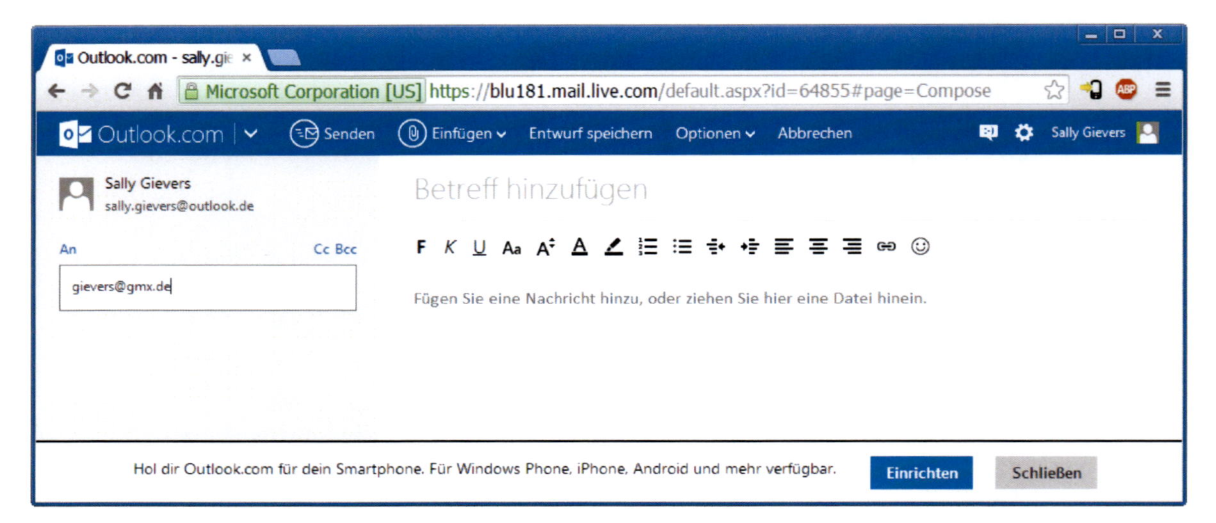

Geben Sie links im Eingabefeld den Empfänger ein. Sofern Sie bereits mit ihm geschrieben haben, wird Outlook.com ihnen unter dem Eingabefeld einige Vorschläge machen, von denen Sie einen per Mausklick übernehmen können.

Testweise können Sie gerne eine Nachricht an *sally.gievers@outlook.de* senden, falls Sie gerade keinen anderen Empfänger zur Hand haben.

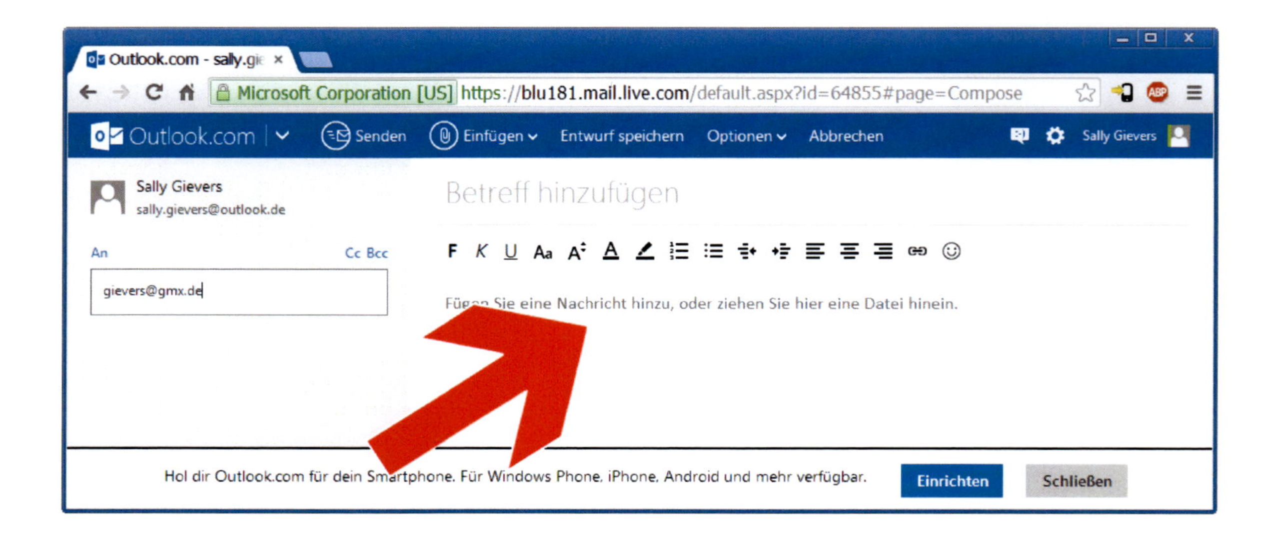

Klicken Sie anschließend in das Nachrichtenfeld auf der rechten Seite.

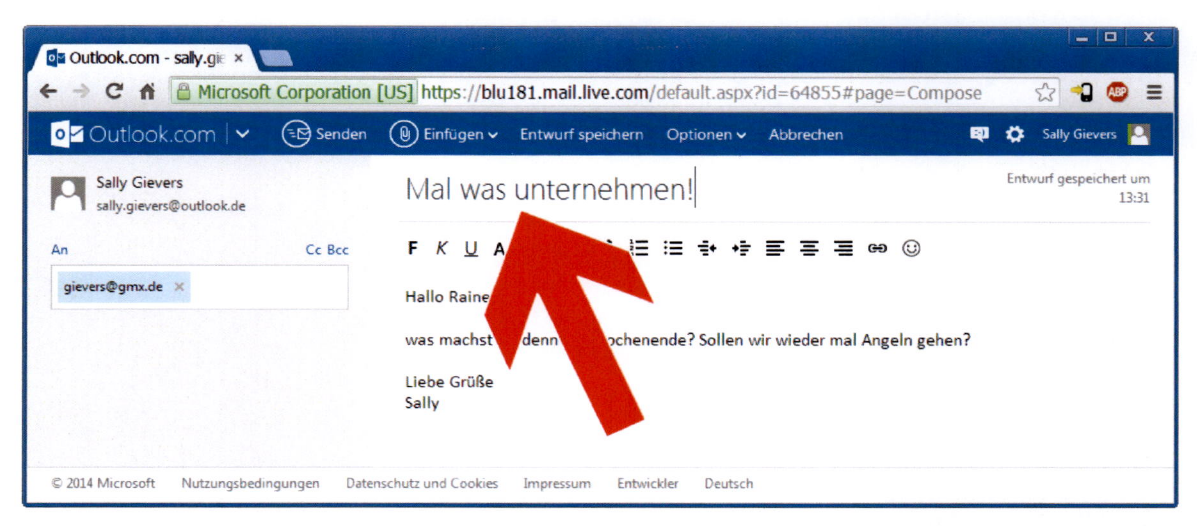

Vergessen Sie nicht, oben in das Betreff-Feld zu klicken und dort eine aussagekräftige Beschreibung einzugeben – Sie wissen ja (siehe Kapitel *2.9 E-Mail-Etikette*), dass der Absender den Betreff zuerst sieht.

Tipp: Anstatt durch Mausklicks können Sie auch einfach mit der ↹-Taste oben links auf Ihrer Tastatur ins jeweils nächste Eingabefeld springen.

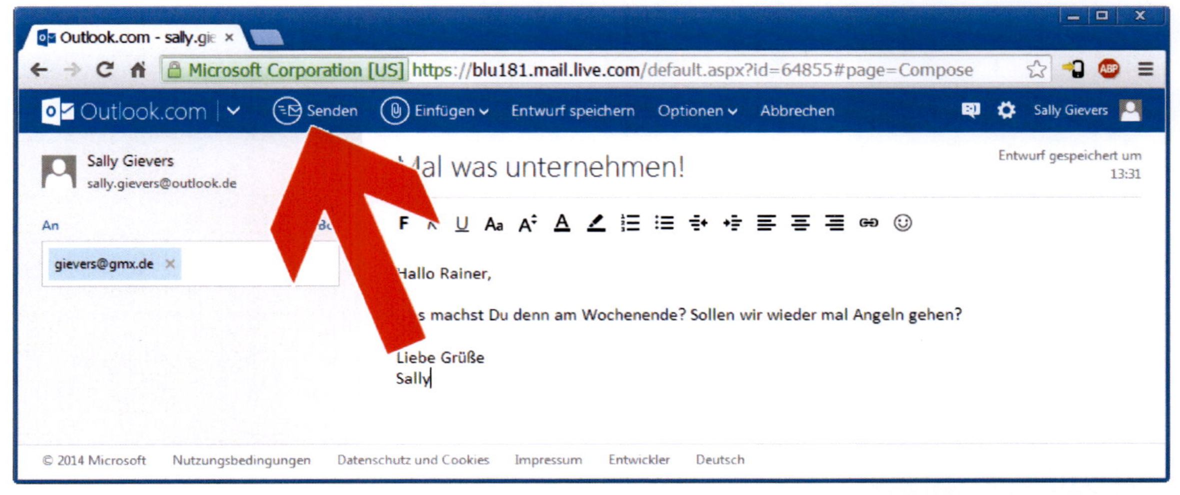

Klicken Sie dann auf *Senden*. Ihre Nachricht ist verschickt und Outlook.com schaltet wieder auf den Posteingang um.

3.3.2 E-Mails lesen und beantworten

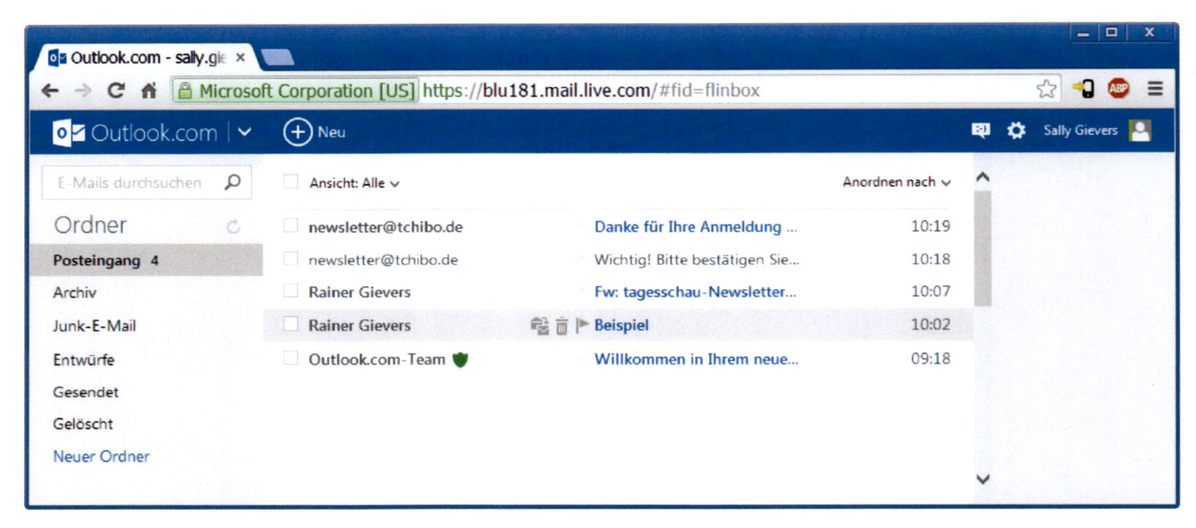

Klicken Sie jetzt eine Nachricht im Posteingang an. In unserem Beispiel handelt es sich dabei um eine von einem anderen Nutzer geschickte Nachricht.

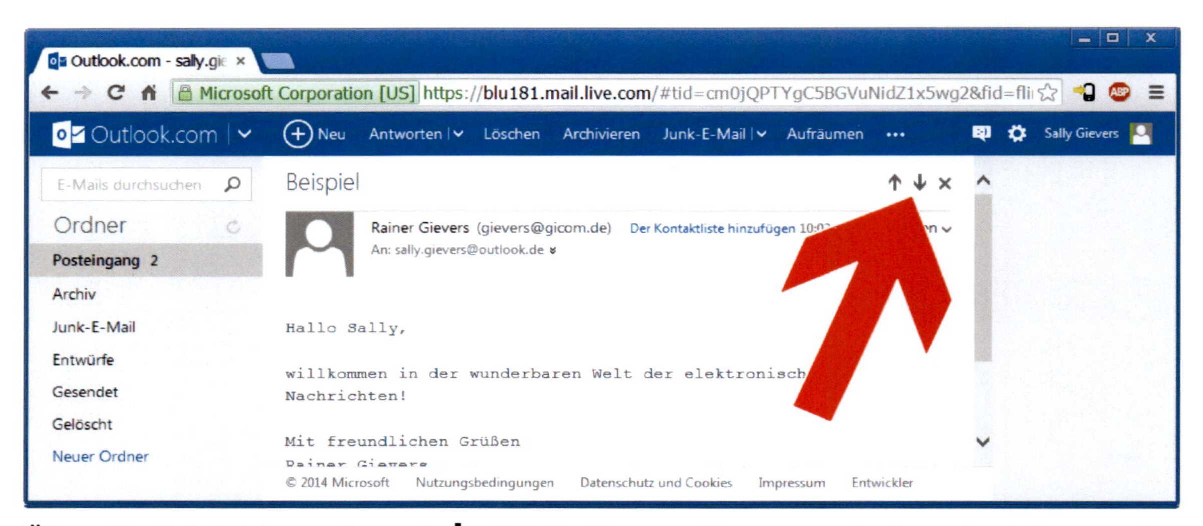

Über die Schaltleisten ↑ und ↓ (Pfeil) blättern Sie zur vorherigen beziehungsweise nächsten Nachricht. ✕ schließt dagegen die Nachricht und kehrt zum Posteingang zurück. Die gleiche Funktion erfüllt aber auch die Esc -Taste auf Ihrer Tastatur.

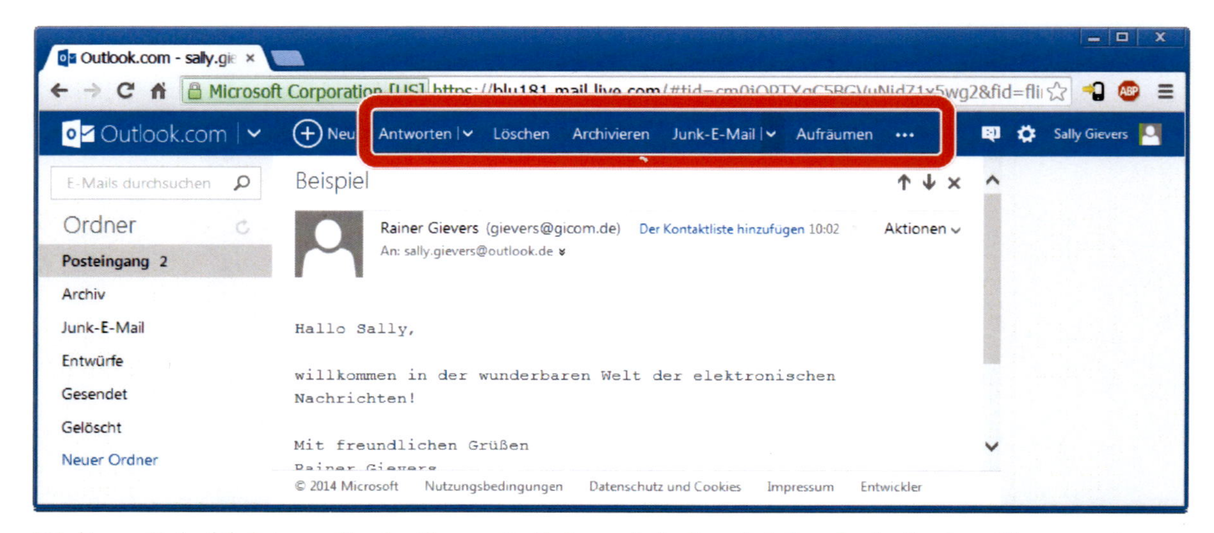

Weitere Schaltleisten, die in Ihrer täglichen Arbeit wichtig sind, finden Sie am oberen Bildschirmrand:

- *Antworten*: Nachricht beantworten.
- *Löschen*: Nachricht aus dem Posteingang entfernen.
- *Archivieren*: Nicht mehr benötigte Nachricht ins Archiv verschieben.
- *Junk-E-Mail*: Nachricht als »unerwünscht« (Spam) in den Junk-E-Mail-Ordner verschieben.
- *Aufräumen*: Einzelne oder alle E-Mails löschen.

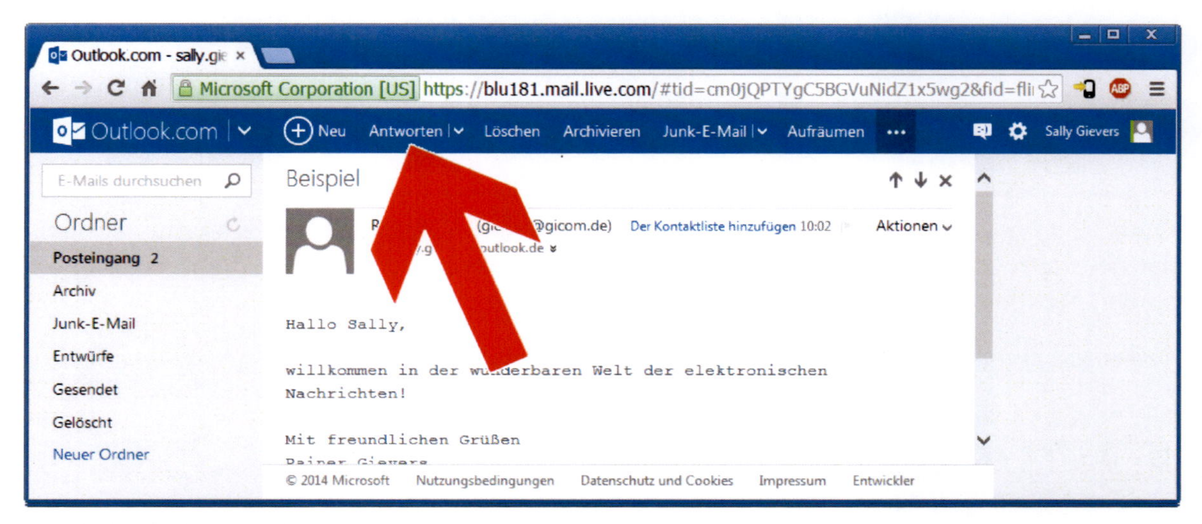

Klicken Sie jetzt auf *Antworten*.

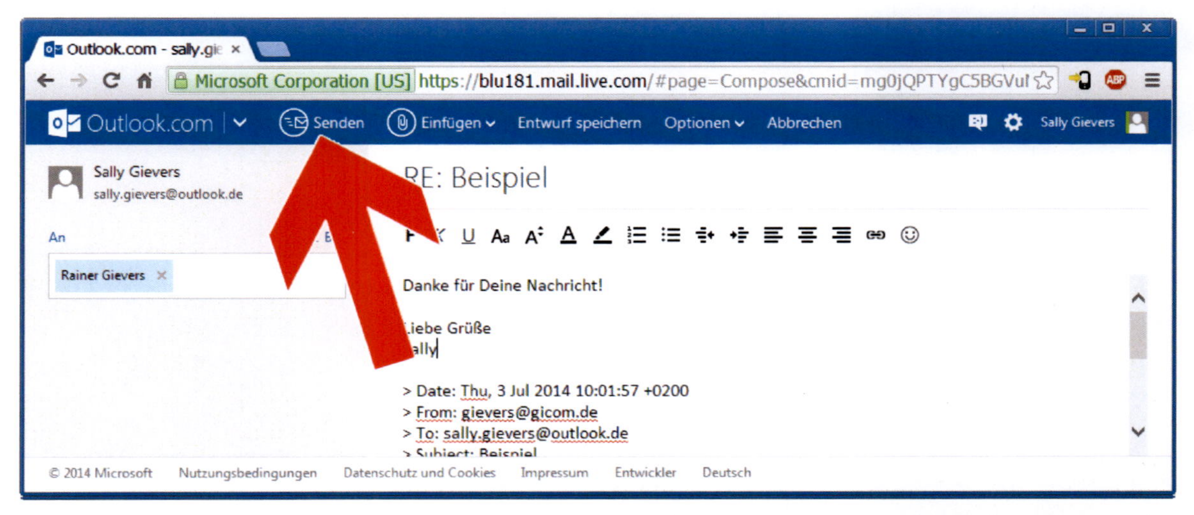

Geben Sie nun Ihren Antworttext ein und verschicken Sie Ihre Nachricht mit *Senden* (Pfeil).

Outlook.com schaltet wieder auf den Posteingang um. Sofern sich der Kommunikationspartner, dem Sie die Nachricht geschrieben hatten, noch nicht im Telefonbuch befindet, sollten Sie ihn mit *Kontakte hinzufügen* darin aufnehmen.

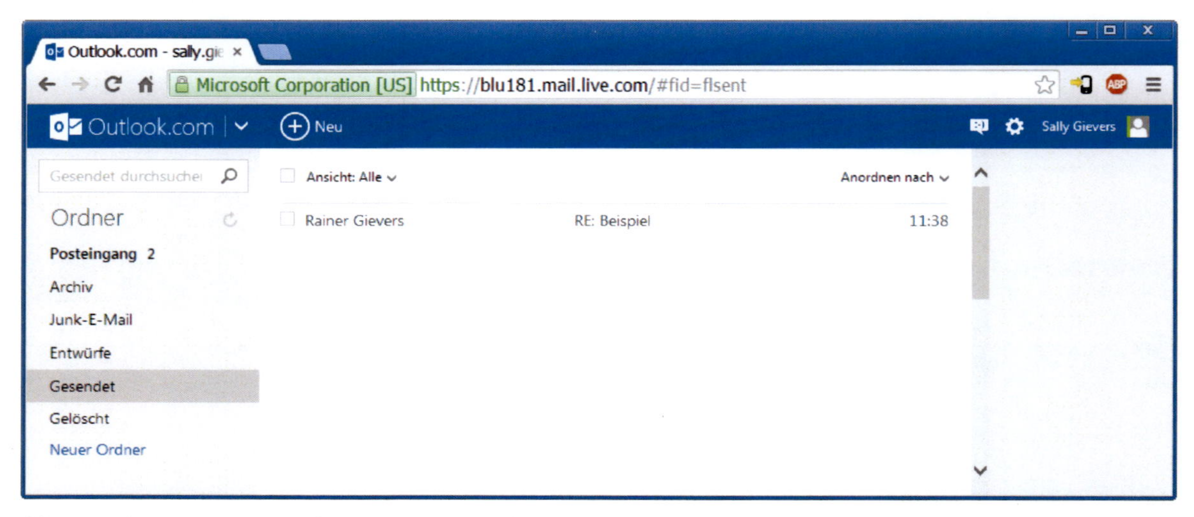

Sie möchten später mal wissen, was Sie jemandem geschrieben haben? Gehen Sie einfach links in der Ordnerauflistung auf *Gesendet* und klicken Sie die betreffende Nachricht an. *Posteingang* klicken Sie an, wenn Sie wieder auf die Liste der empfangenen Nachrichten umschalten möchten.

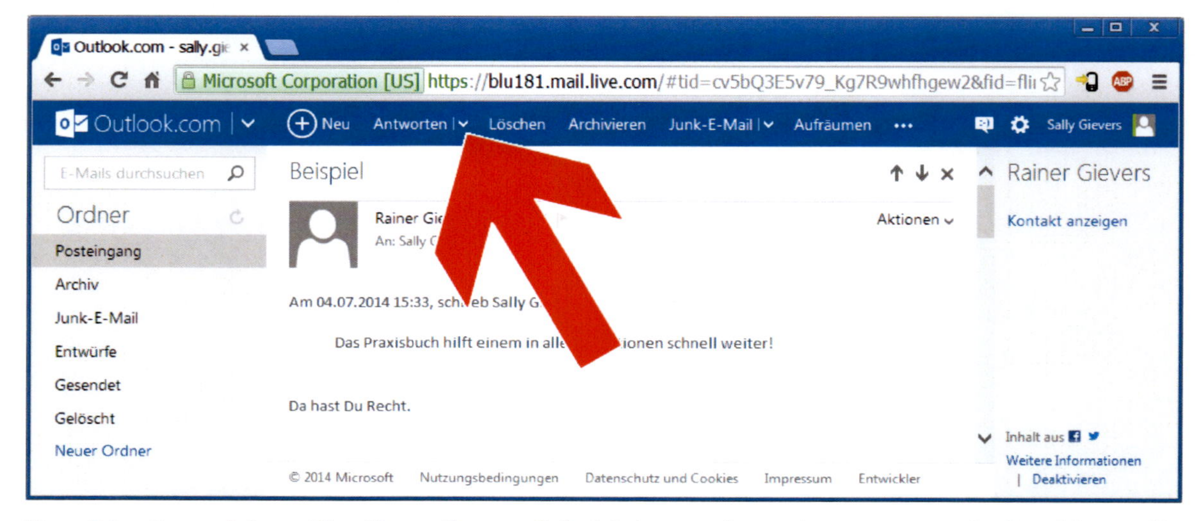

Das Menü, welches Sie über die ✓-Schaltleiste neben *Antworten* aufrufen bietet die

Funktionen:

- *Antworten*
- *Allen Antworten*: Allen antworten, deren E-Mail-Adressen in der Nachricht enthalten sind. Wir raten von dieser Funktion ab, da die Gefahr besteht, dass unbeabsichtigt Dritte Ihre Antwort erhalten.
- *Weiterleiten*: Leitet die Nachricht an einen Dritten weiter.

3.3.3 Konversationen

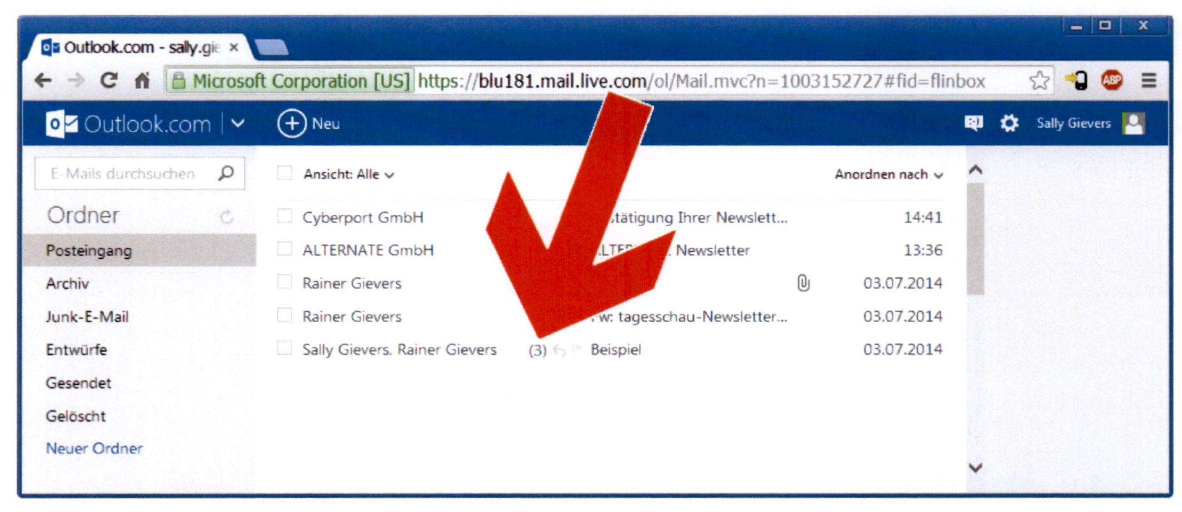

Wenn Sie mit jemandem eine oder mehrere E-Mails als Antwort geschrieben haben, taucht nicht jede Nachricht einzeln auf, sondern wird unter einem Eintrag als »Konversation« zusammengefasst. Hinter dem E-Mail-Eintrag erscheint dann eine Zahl der empfangenen/gesendeten Nachrichten. Klicken Sie mal den Nachrichteneintrag an.

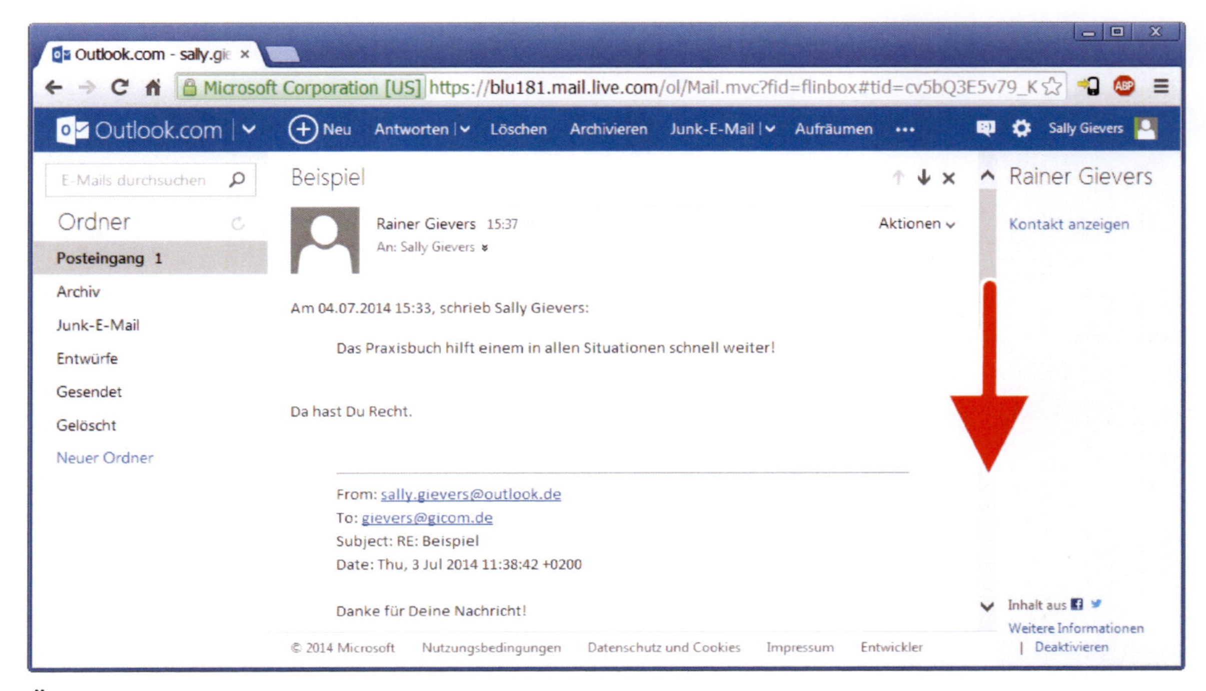

Über den Balken rollen Sie nun durch die Konversationsliste.

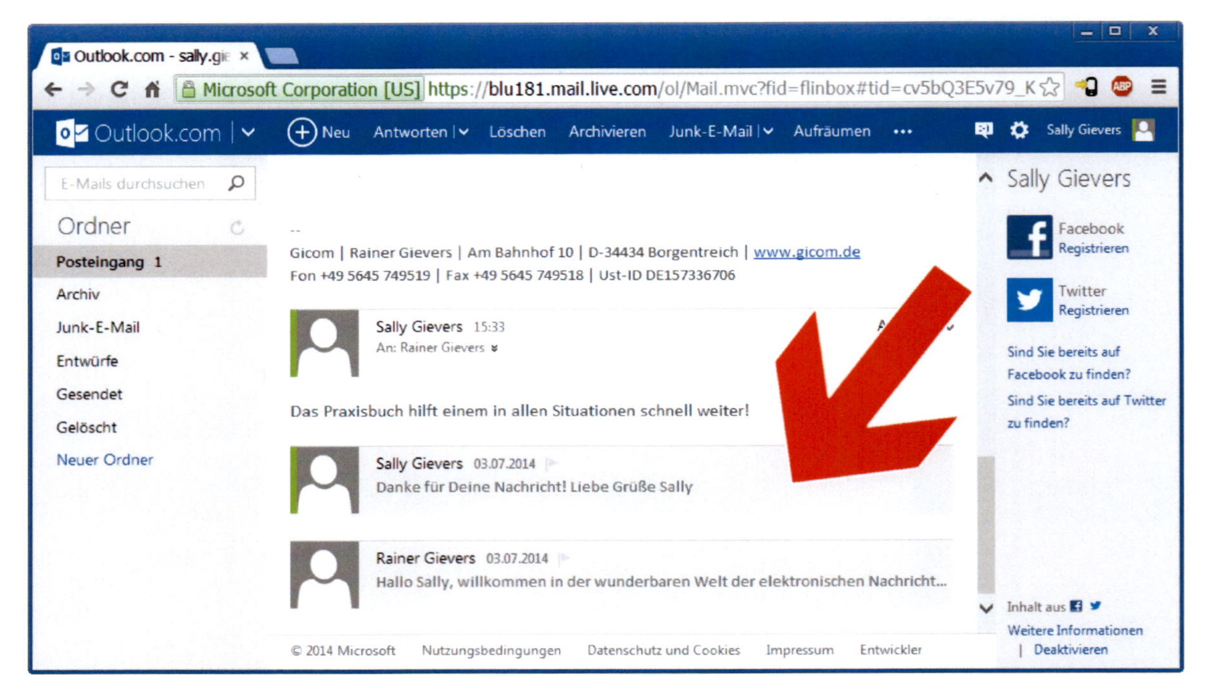

Die zwischen Ihnen und Ihrem Kommunikationspartner ausgetauschten Nachrichten werden zunächst in einer Kurzfassung angezeigt und lassen sich durch Anklicken jeweils ausklappen.

3.3.4 E-Mail löschen

So löschen Sie eine E-Mail direkt aus der Nachrichtenauflistung: Halten Sie den Mauszeiger über der zu entfernenden Nachricht und klicken Sie dann auf 🗑 (Pfeil).

In der Nachrichtenanzeige selbst betätigen Sie dagegen *Löschen* (Pfeil).

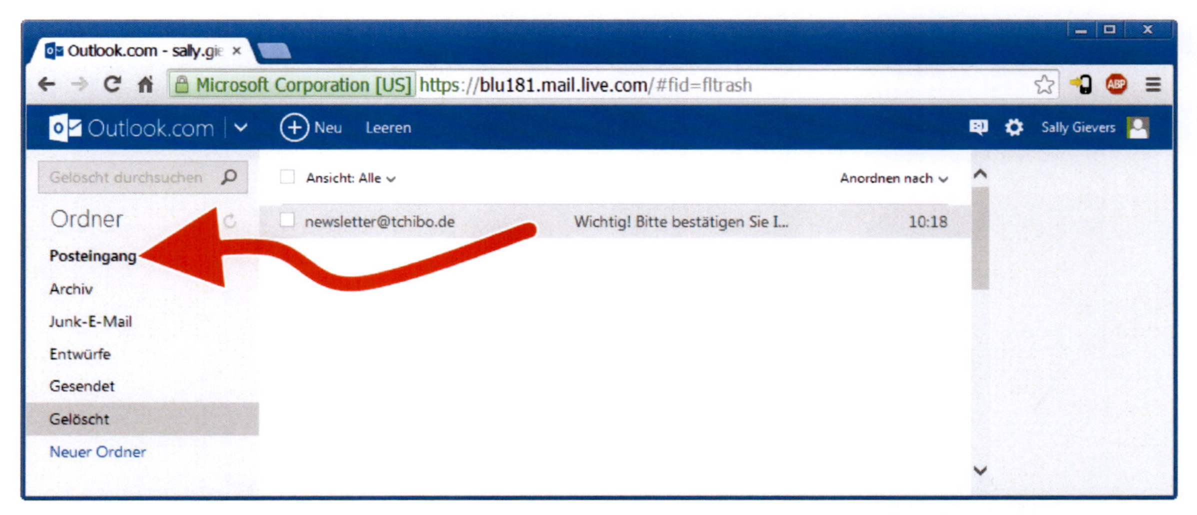

Sie haben sich beim Löschen vertan und möchten die E-Mail doch behalten? In diesem Fall gehen Sie links in der Ordnerauflistung auf *Gelöscht*. Klicken Sie mit der Maustaste auf den Eintrag, lassen Sie aber die Maustaste nicht los, sondern ziehen Sie die Nachricht auf *Posteingang*. Lassen Sie dann die Maustaste los. Die Nachricht befindet sich jetzt wieder im *Posteingang*.

3.3.5 Dateianlagen

Die E-Mail hat schon vor einigen Jahren das klassische Faxgerät abgelöst, wozu neben der unkomplizierten Handhabung auch der Umstand beigetragen hat, dass sich per E-Mail empfangene Texte problemlos auf dem PC weiterverarbeiten lassen. Neben Texten lassen sich auch beliebige Dateien als sogenannte Dateianlagen (»E-Mail-Anhänge«) mitverschicken.

Wir raten vor jedem Versand erst die Dateigröße zu überprüfen. Ist eine Datei größer als ca. 5 Megabyte, empfiehlt es sich, erst beim Empfänger nachzufragen, ob sein E-Mail-Konto den Empfang großer Dateien unterstützt. Sofern Sie mehrere Dateien zu verschicken haben, könnte es zudem sinnvoll sein, diese nicht alle auf einmal einer E-Mail als Dateianhang hinzufügen, sondern mehrere E-Mails mit jeweils einem Dateianhang zu versenden.

Outlook.com selbst unterstützt den Versand von maximal 25 Megabyte großen Dateien.

3.3.5.a Dateien empfangen

Nachrichten mit einem Dateianhang erkennen Sie bereits in der E-Mail-Auflistung im Posteingang anhand des 📎-Symbols (Pfeil).

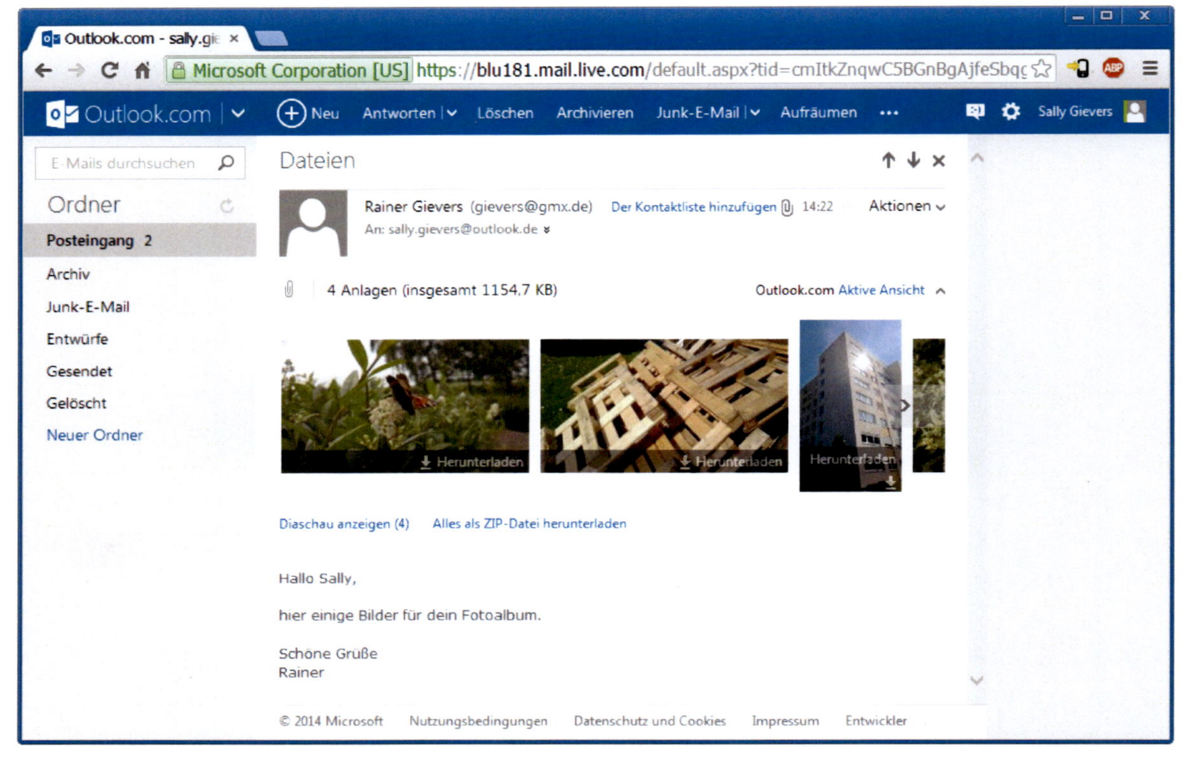

Klicken Sie einen Dateianhang, in diesem Fall ein Bild an, um ihn anzuzeigen beziehungsweise herunterzuladen. Über *Alles als ZIP-Datei herunterladen* laden Sie ein Zip-Archiv mit den Dateien herunter, das Sie auf Ihrem PC öffnen können.

3.3.5.b Dateien senden

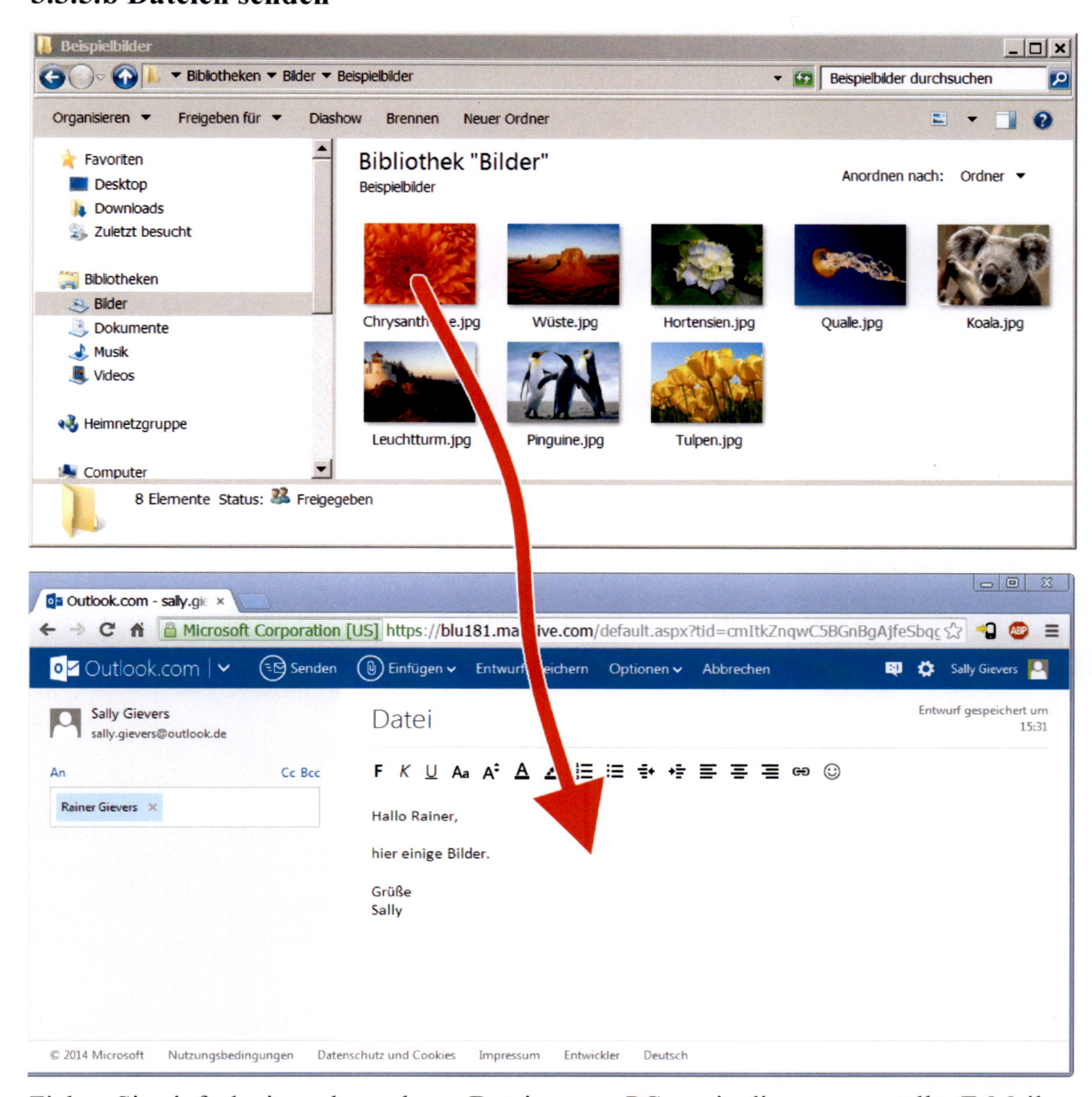

Ziehen Sie einfach eine oder mehrere Dateien vom PC aus in die zuvor erstellte E-Mail.

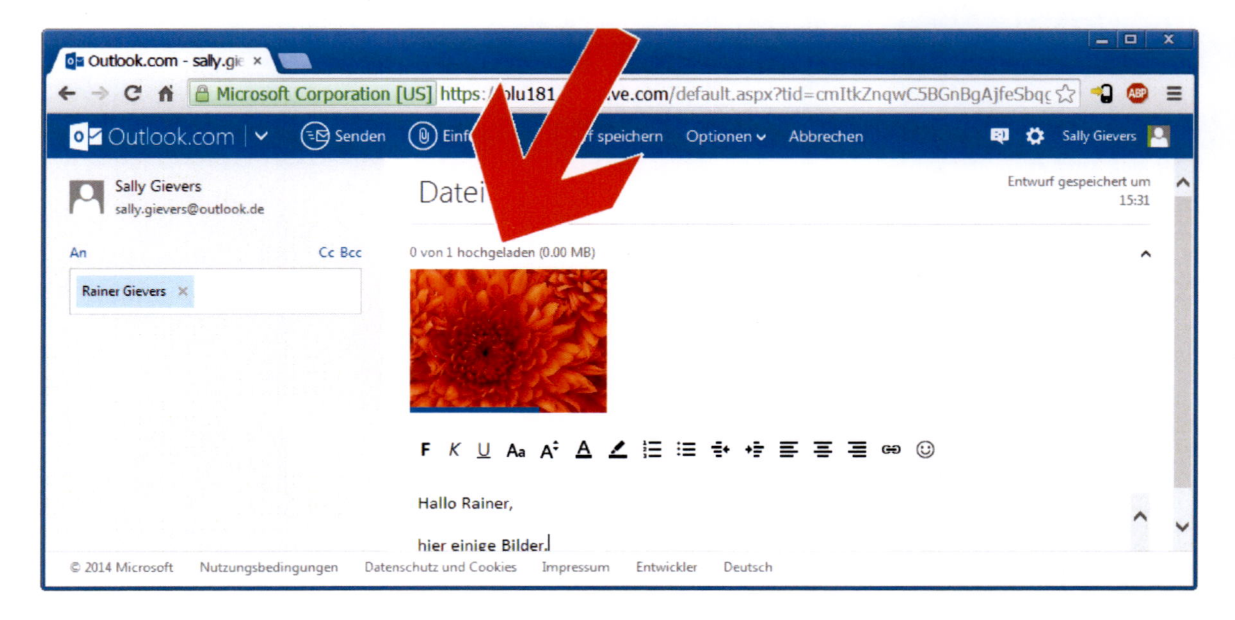

Beachten Sie, dass es einige Minuten dauern kann, bis die Dateien bei Outlook.com hochgeladen sind. Währenddessen erscheint oberhalb der Dateien ein Hinweis (Pfeil). Erst danach können Sie die E-Mail mit *Senden* verschicken.

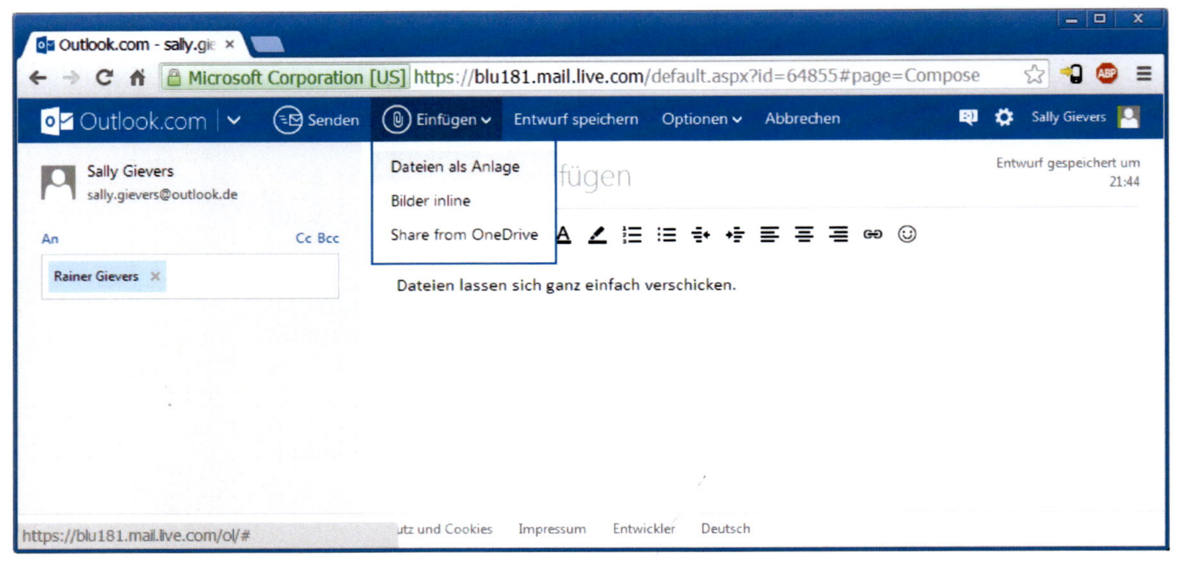

Alternativ klicken Sie oben auf die *Einfügen*-Schaltleiste:

- *Dateien als Anlage:* Öffnet den Windows-Dateidialog, mit dem Sie eine oder mehrere Dateien auswählen.
- *Bilder inline*: Fügt Bilder hinzu, welche der Empfänger direkt im Nachrichtentext sieht (inline = engl. in einer Linie)
- *Share from OneDrive*: Der Empfänger erhält einen Link auf die zuvor im Dateispeicherdienst Microsoft OneDrive hochgeladene Dateien. Auf OneDrive gehen wir in diesem Buch nicht weiter ein (share = engl. teilen).

3.3.6 Empfänger eingeben

Im Gegensatz zu einem Telefax lassen sich E-Mails auch an mehrere Empfänger gleichzeitig senden. Darüber hinaus hat Outlook.com einige Tricks in Petto, welche die Empfängereingabe sehr vereinfachen.

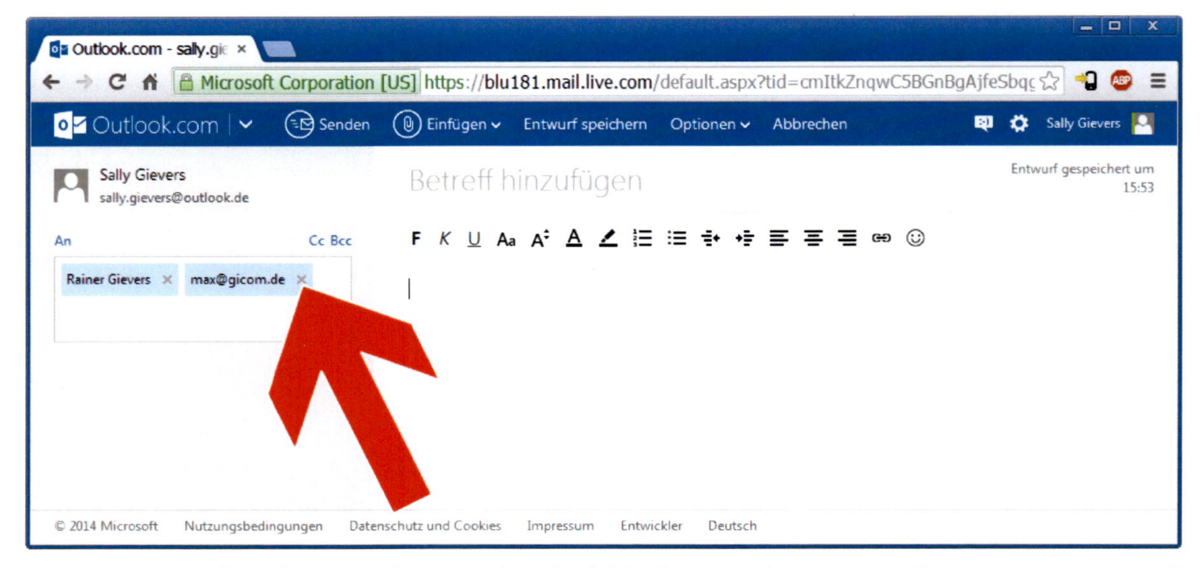

Geben Sie einfach im Empfänger-Eingabefeld einen weiteren Empfänger ein (eventuell vorher neben einem bereits vorhandenen Empfänger klicken). Über die ✕-Schaltleiste (Pfeil) entfernen Sie einen Empfänger wieder.

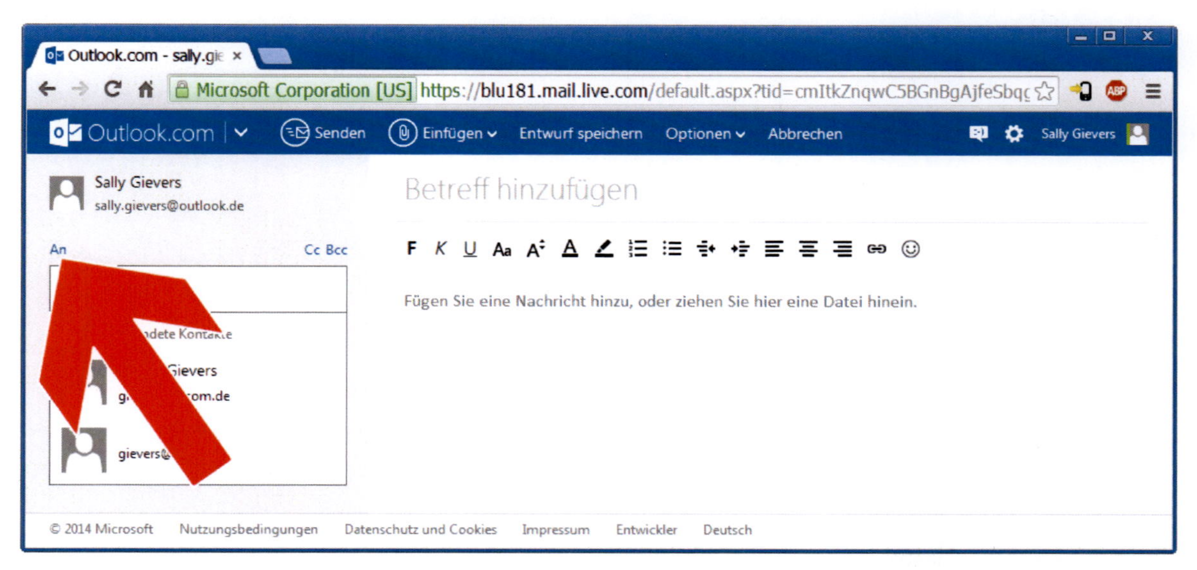

Outlook.com führt ein Telefonbuch, auf das Kapitel *3.3.15 Telefonbuch* genauer eingeht. Über die *An*-Schaltleiste aktivieren Sie es.

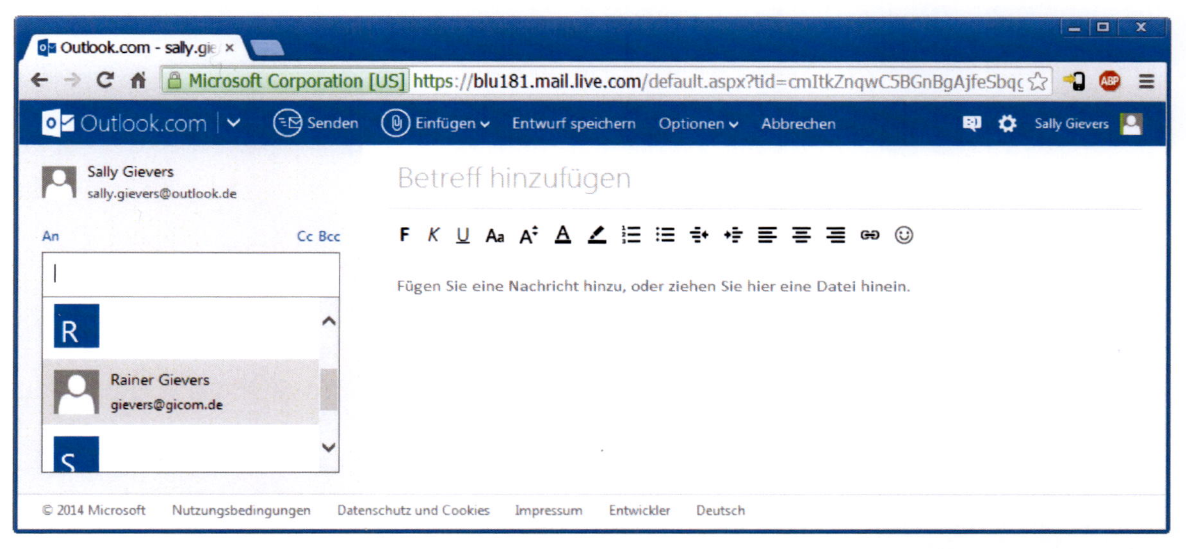

Geben Sie entweder einen Namen ein, zu dem in der Auflistung darunter die Fundstellen angezeigt werden, oder rollen Sie mit der Maus durch die Liste und klicken Sie einen zu übernehmenden Kontakt an.

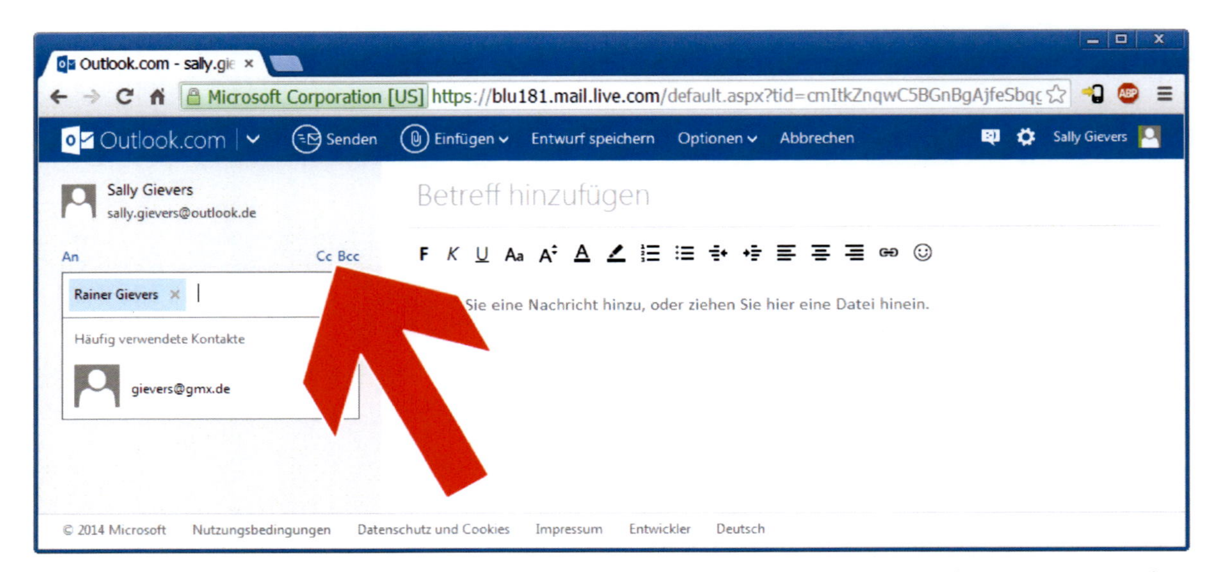

Eine Besonderheit sind die *Cc/Bcc*-Eingabefelder, die Sie durch Antippen von *Cc* beziehungsweise *Bcc* aktivieren:

- *Cc*: Der Begriff Cc steht für »Carbon Copy«, zu deutsch »Fotokopie«. Der ursprüngliche Adressat (im *An*-Eingabefeld) sieht später die unter *CC* eingetragenen weiteren Empfänger. Die *CC*-Funktion ist beispielsweise interessant, wenn Sie ein Problem mit jemandem per E-Mail abklären, gleichzeitig aber auch eine zweite Person von Ihrer Nachricht Kenntnis erhalten soll.
- *Bcc*: Im Bcc (»Blind Carbon Copy«)-Eingabefeld erfassen Sie weitere Empfänger, wobei der ursprüngliche Adressat im *An*-Feld nicht mitbekommt, dass auch noch andere Personen die Nachricht erhalten.

3.3.7 Entwürfe

Manchmal soll eine E-Mail erst zu einem späteren Zeitpunkt verschickt werden. Für diesen Fall greifen Sie auf die Entwürfe-Funktion zurück.

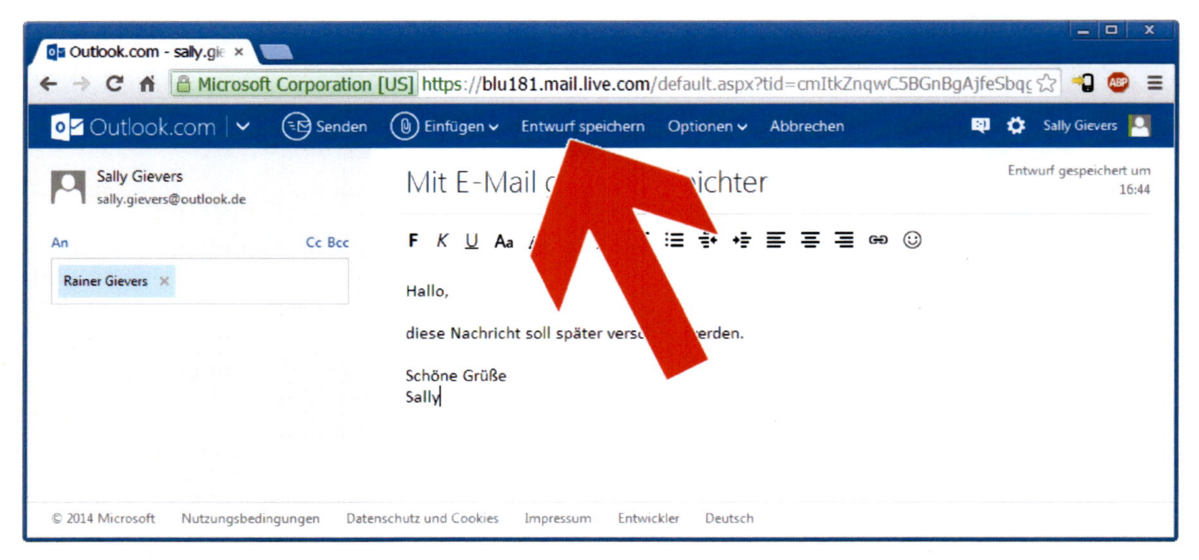

Klicken Sie zuerst auf *Entwurf speichern* und dann auf *Abbrechen*. Sie befinden sich anschließend wieder im Posteingang. Alternativ können Sie auch einfach direkt *Abbrechen* anklicken und werden dann mit einem Popup von Outlook.com gefragt, ob Sie die Nachricht als Entwurf speichern möchten.

Die als Entwurf gespeicherten Nachrichten finden Sie im *Entwürfe*-Ordner, den Sie links anklicken. Anschließend klicken Sie einen Entwurf an.

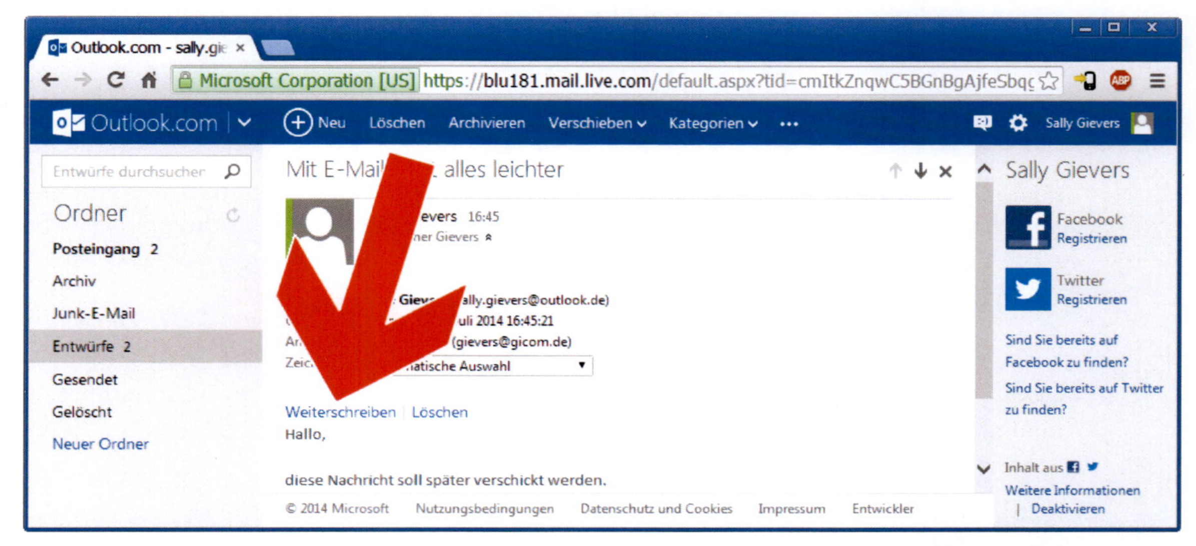

Klicken Sie danach auf *Weiterschreiben,* worauf Sie sich wieder im E-Mail-Editor befinden.

3.3.8 Weitere Funktionen

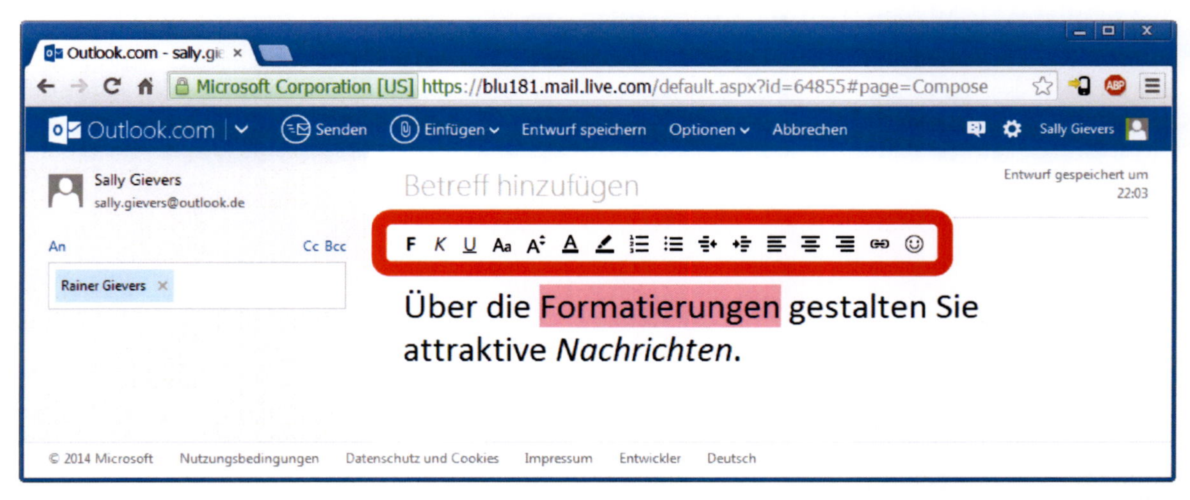

Die Schaltleisten über dem Nachrichtentext bieten zahlreiche Formatierungsmöglichkeiten.

Falls Sie mit der Schriftgröße/Schriftart nicht zufrieden sind, mit der neue E-Mails erstellt werden, können Sie übrigens die Nachrichtenvorlage, wie im Kapitel *3.4.4 Weitere Einstellungen* beschrieben, ändern.

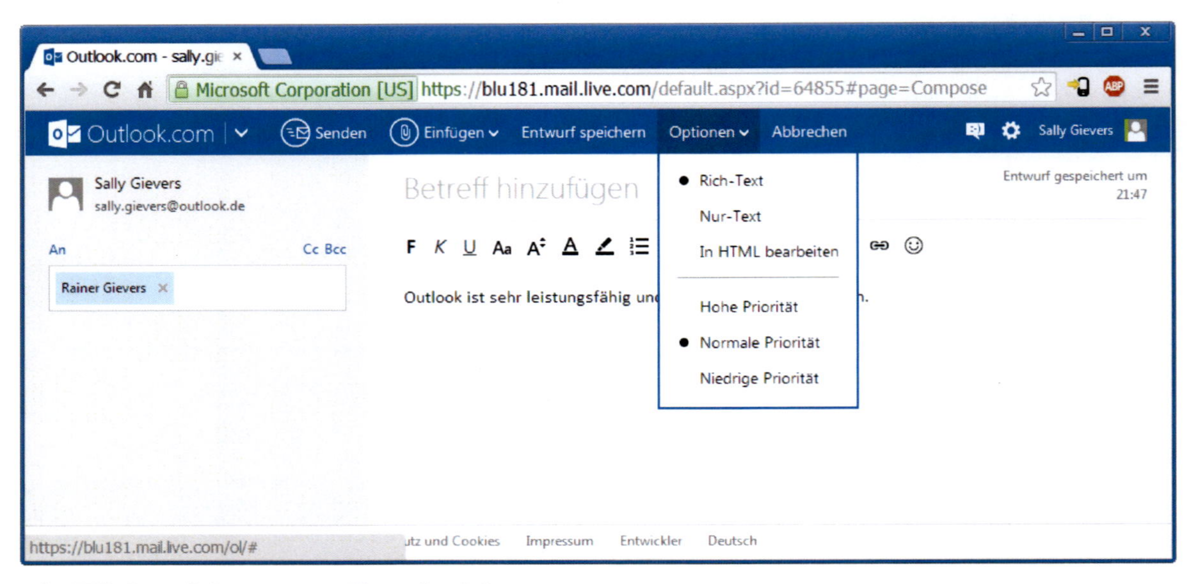

Ein Klick auf *Optionen* öffnet das Menü:

- *Rich-Text*: Im Nachrichtentext dürfen Sie Formatierungen wie Fett- und Kursivschrift, verschiedene Schriftarten und Schriftfarben, usw. verwenden. Dies ist die empfohlene Standardeinstellung.
- *Nur-Text*: Der Nachrichtentext enthält keine Formatierungen.
- *In HTML bearbeiten*: Diese Einstellung ist nur für sehr erfahrene Anwender geeignet, welche alle Freiheiten bei Textformatierungen nutzen möchten. Die Formatierungsbefehle basieren auf der Seitenbeschreibungssprache HTML.
- *Hohe Priorität; Normale Priorität; Niedrige Priorität*: Weist der Nachricht eine Priorität (Hoch, Normal oder Niedrig) zu. Einige E-Mail-Programme werten die Priorität aus und heben dann die Nachricht hervor. Wir empfehlen allerdings, auf diese Funktion zu verzichten.

3.3.9 Stapelvorgänge

Wenn eine Aktion wie Label ändern, Löschen, Markierung hinzufügen, usw. auf mehrere Nachrichten anzuwenden ist, verwenden Sie die Stapelvorgänge.

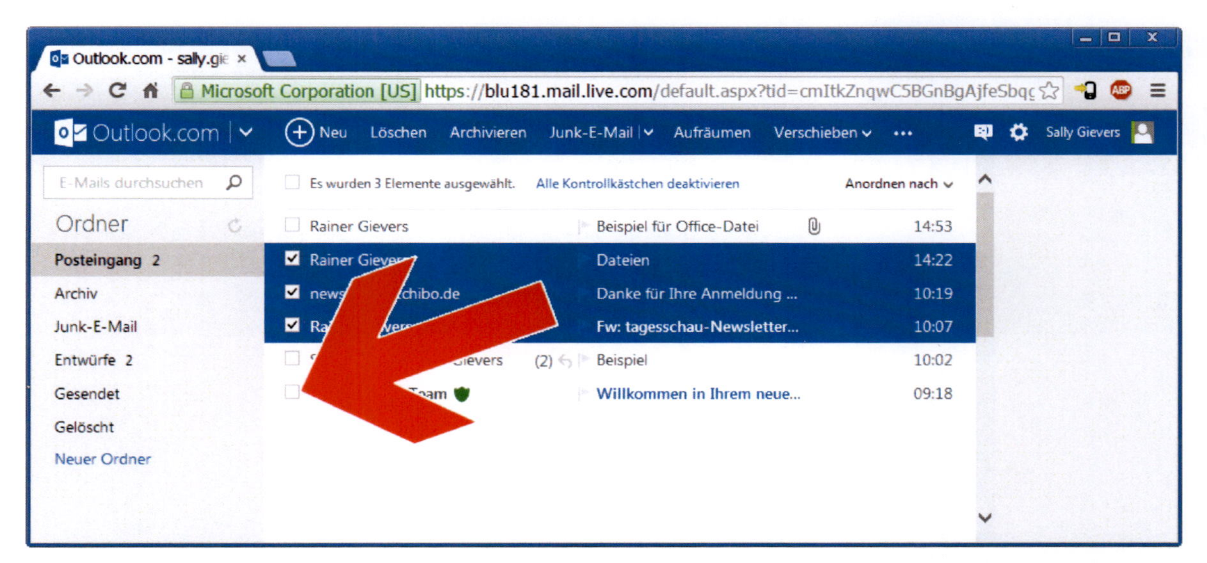

Aktivieren Sie zunächst die Abhakkästchen vor den Nachrichten, die Sie löschen beziehungsweise in einen anderen Ordner verschieben möchten.

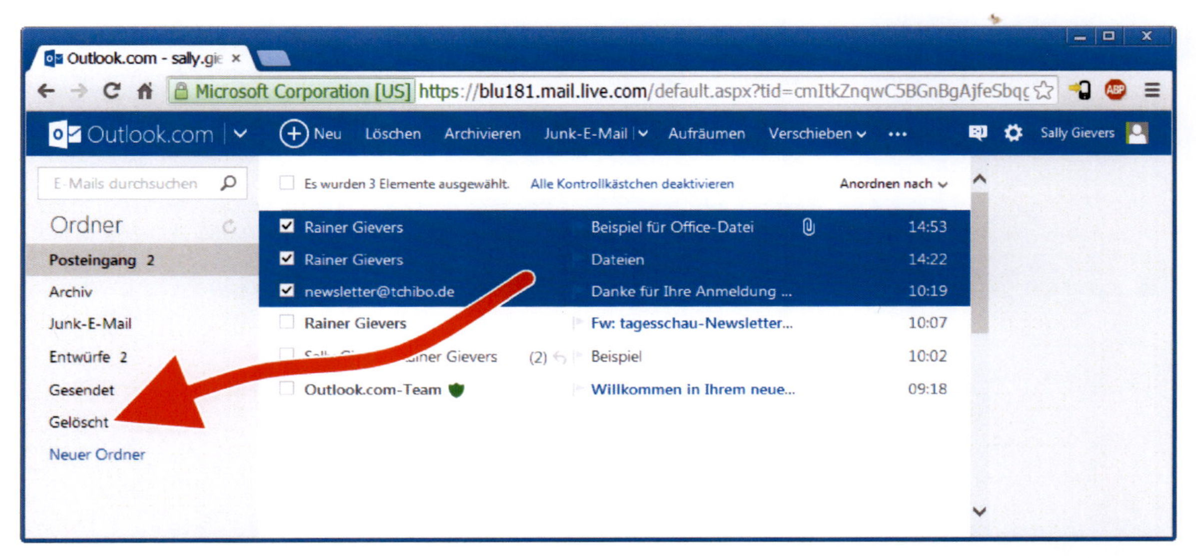

Sie haben nun zwei Möglichkeiten: Entweder betätigen Sie eine der Schaltleisten *Löschen, Archivieren, Junk E-Mail,* usw. am oberen Bildschirmrand, oder Sie ziehen mit gedrückter Maustaste die Nachrichten auf den gewünschten Zielordner.

Über das Abhakkästchen vor *Es wurden x Elemente ausgewählt* (Pfeil) markieren Sie alle

Nachrichten auf einmal, während *Alle Kontrollkästchen deaktivieren alle* Markierungen wieder entfernt.

3.3.10 Suchen

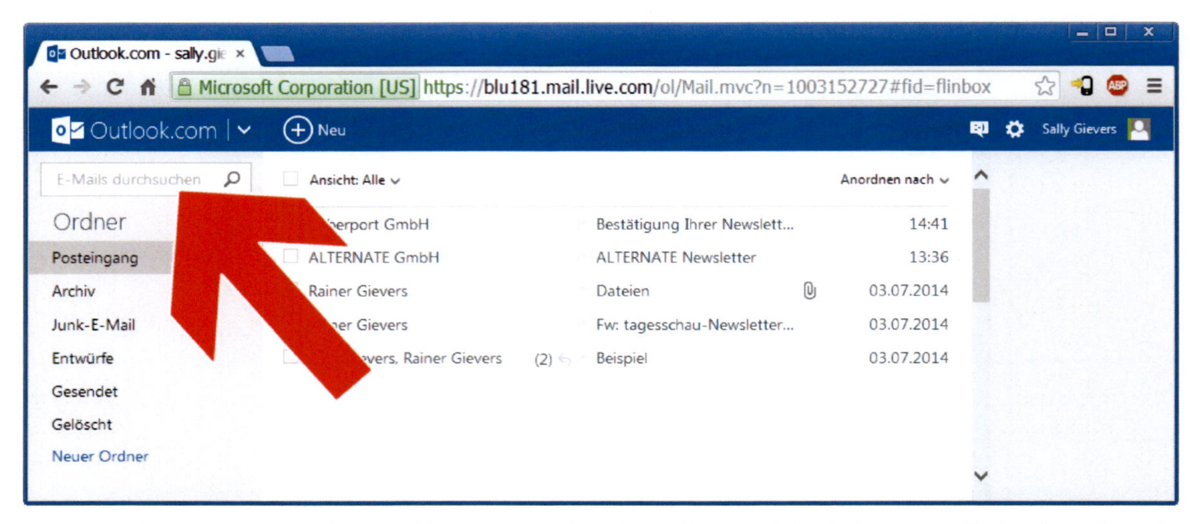

Wenn sehr viele E-Mails vorliegen, macht sich die Suchfunktion nützlich, für die Sie oben links ins Eingabefeld (Pfeil) klicken.

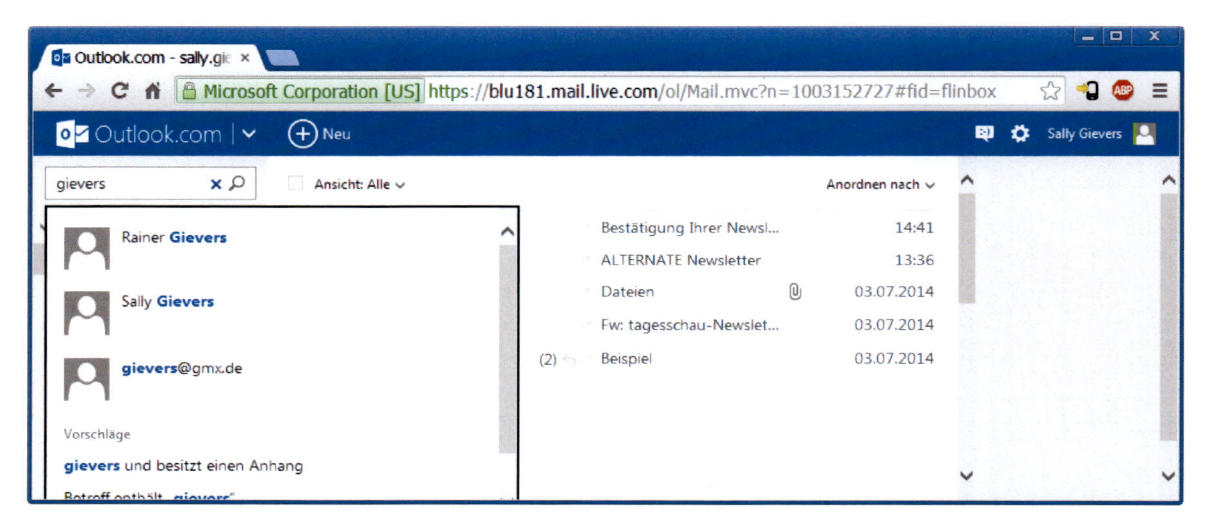

Bereits während der Eingabe listet Ihnen Outlook.com diejenigen Kontakte auf, welche das Suchwort enthalten. Darunter werden zudem Suchvorschläge gemacht. Klicken Sie einen der Kontakte beziehungsweise Vorschläge an, um die Suche durchzuführen. Alternativ betätigen Sie einfach die ↵-Taste, was nach dem von Ihnen eingegeben Wort sucht.

Die Schaltleisten hinter *Filtern nach* ermöglichen es Ihnen die Sortierung der Suchergebnisse anzupassen.

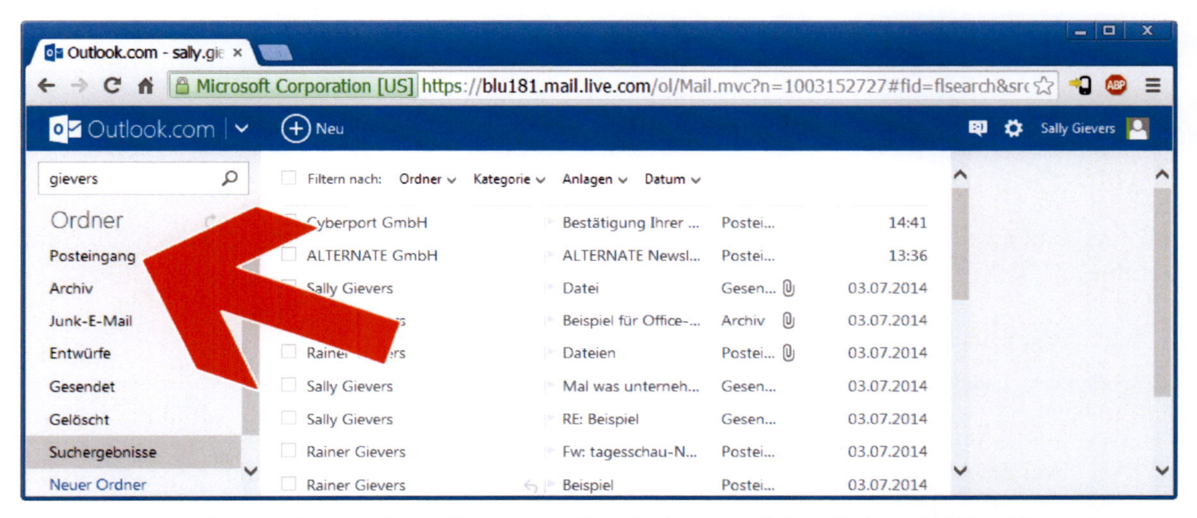

Beenden Sie die Suche, indem Sie einen der Ordner auf der linken Bildschirmseite anklicken.

3.3.11 Favoriten (Markierungen)

Outlook.com unterstützt Markierungen, über die Sie Nachrichten, die Ihnen wichtig sind hervorheben können.

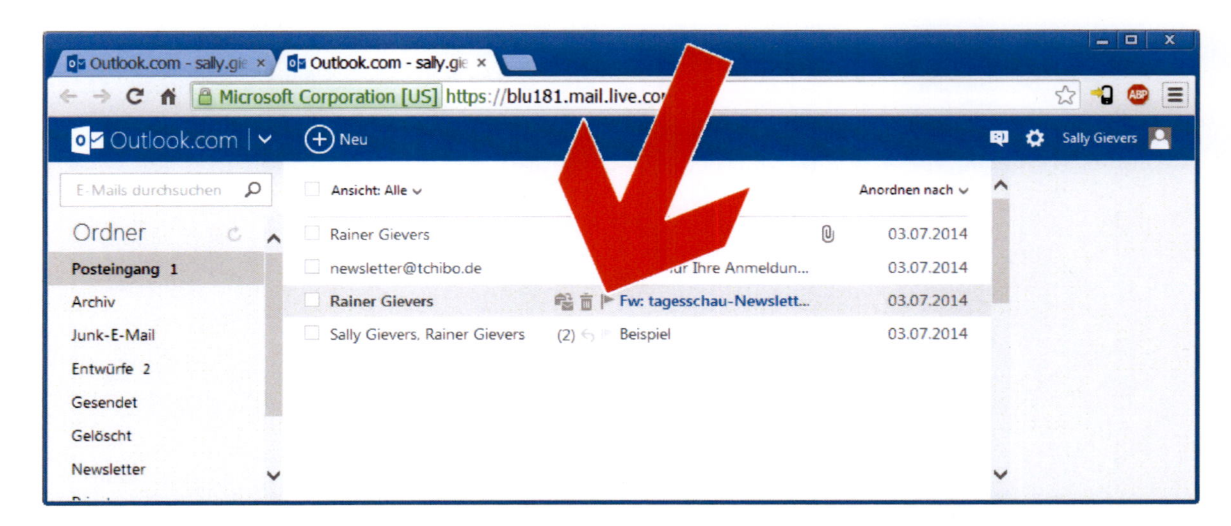

Zum Markieren halten Sie den Mauszeiger über einem E-Mail-Eintrag und klicken ⚑ an.

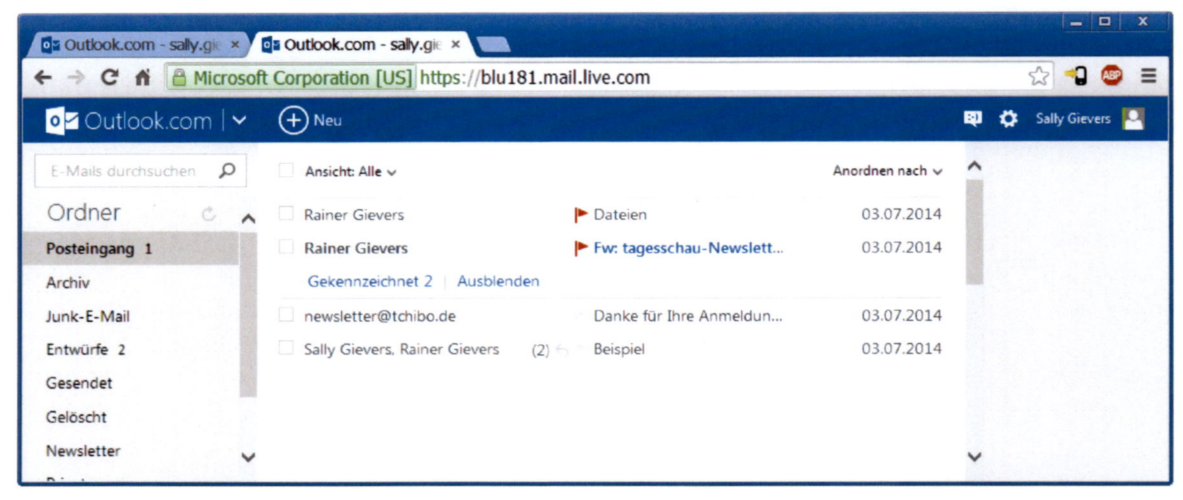

Die markierten Nachrichten zeigt Outlook.com als Erste in der Auflistung an. Erneutes Anklicken von ⚑ entfernt eine Markierung wieder. Über *Gekennzeichnet* schränken Sie die Nachrichtenanzeige auf die markierten Nachrichten ein, während *Ausblenden* beziehungsweise *Einblenden* die Nachrichten aus-/einblendet.

3.3.12 Ordner

Im Laufe der Zeit werden sich in Ihrem E-Mail-Posteingang zahlreiche Nachrichten ansammeln, die Sie aus verschiedenen Gründen nicht löschen möchten.

3.3.12.a Archiv

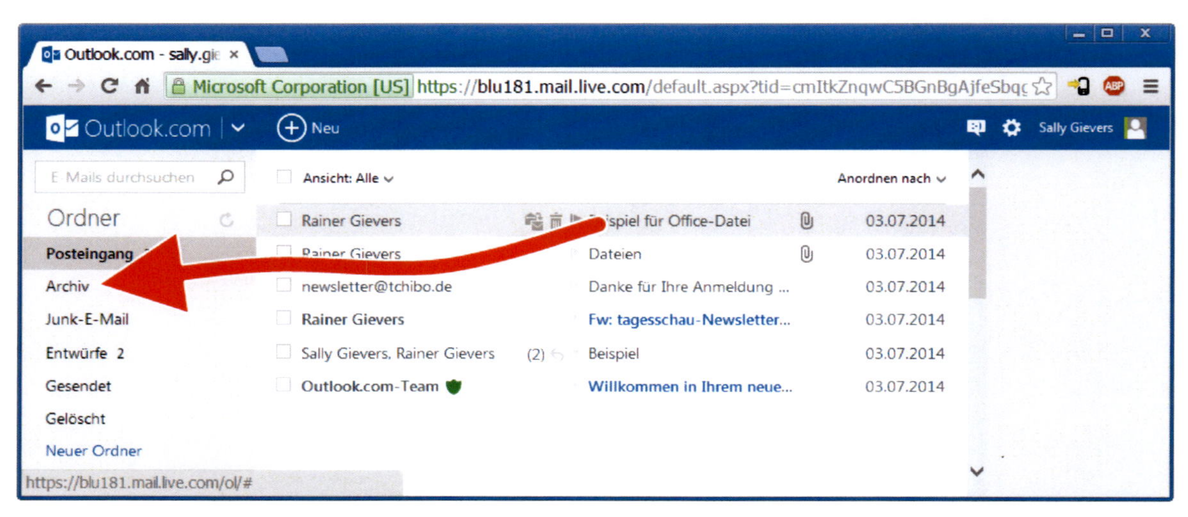

Für die Ablage älterer Nachrichten bietet sich der Archiv-Ordner an. Gehen Sie wie im Kapitel *3.3.9 Stapelvorgänge* beschrieben vor, um dort Nachrichten hineinzuziehen.

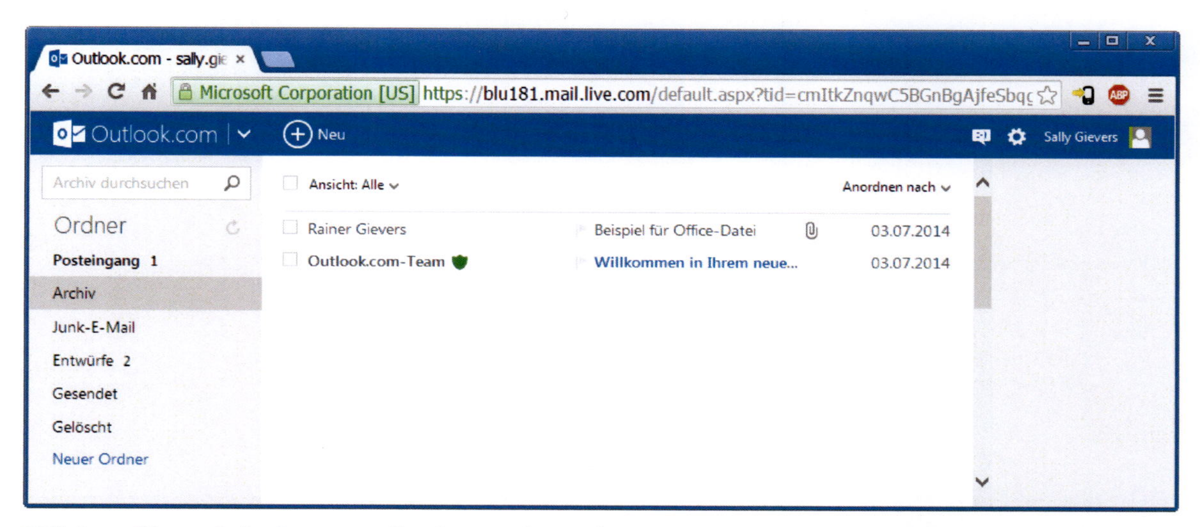

Klicken Sie auf *Archiv*, um die dort aufbewahrten Nachrichten anzusehen.

3.3.12.b Eigene Ordner

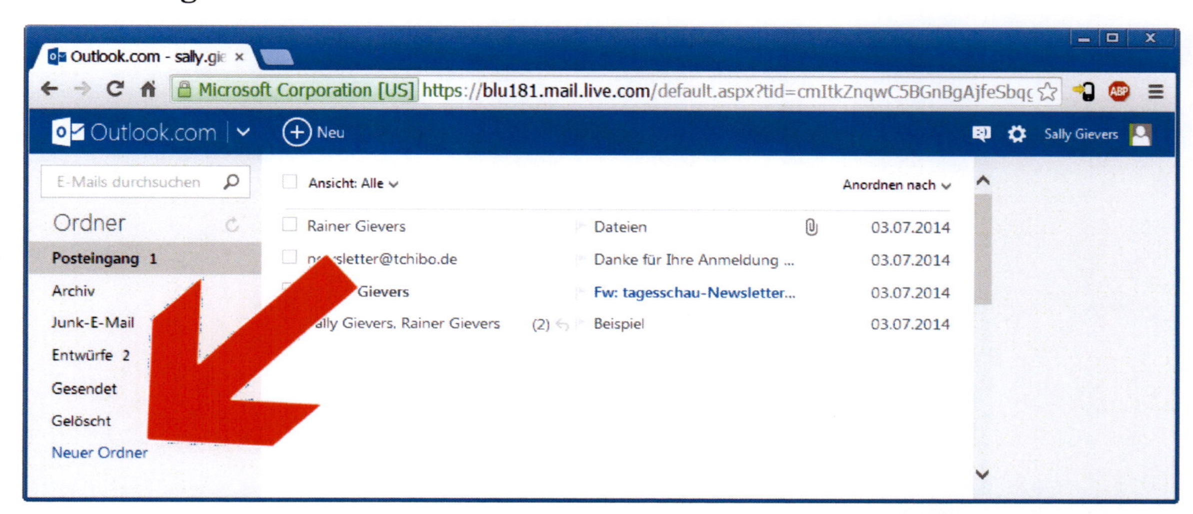

Neuer Ordner (Pfeil) legt einen weiteren Ordner an. Schließen Sie Ihre Eingabe dann mit der ↵-Taste ab. Sie können den neuen Ordner dann, wie bereits bei *Archiv* gezeigt, nutzen.

Wir empfehlen, dass Sie sich Ihre Ordner-Strategie genau durchdenken, bevor Sie sie anlegen. Beispielsweise könnten Sie einen Ordner für Newsletter (siehe Kapitel *4.1 Newsletter*) anlegen, einen für Bestellbestätigungen von Online-Shops oder für E-Mails von bestimmten Personen. Über die im nächsten Kapitel vorgestellten Filter können Sie dann automatisch empfangene Nachrichten in die entsprechenden Ordner verschieben lassen.

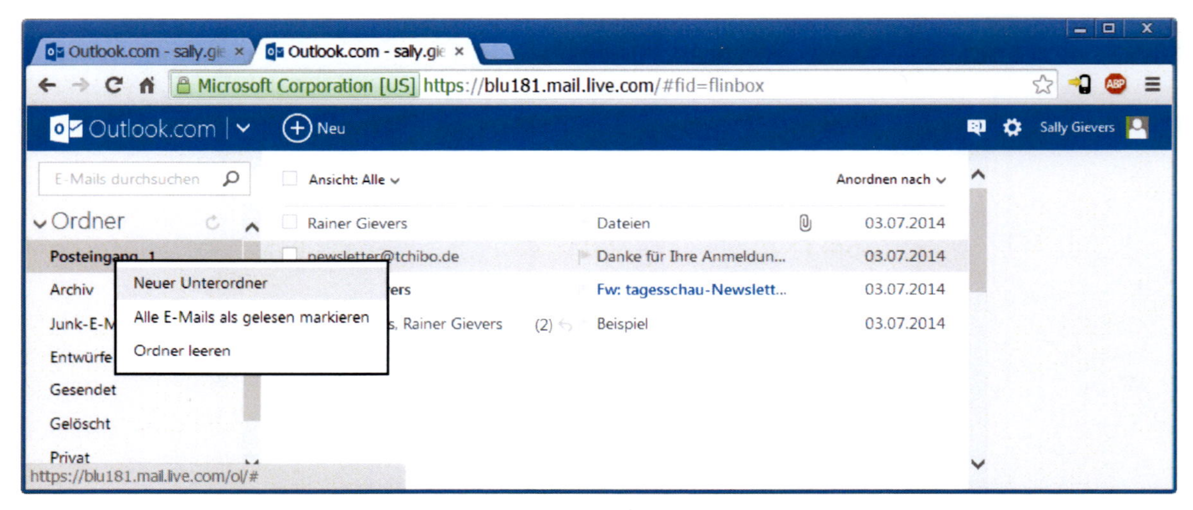

Sowohl im Posteingang als auch in anderen Ordnern lassen sich Unterordner anlegen. Dazu bewegen Sie den Mauszeiger auf einen Ordner, beispielsweise *Posteingang*, auf der linken Seite und drücken die rechte Maustaste. Wählen Sie nun im Popup *Neuer Unterordner* aus.

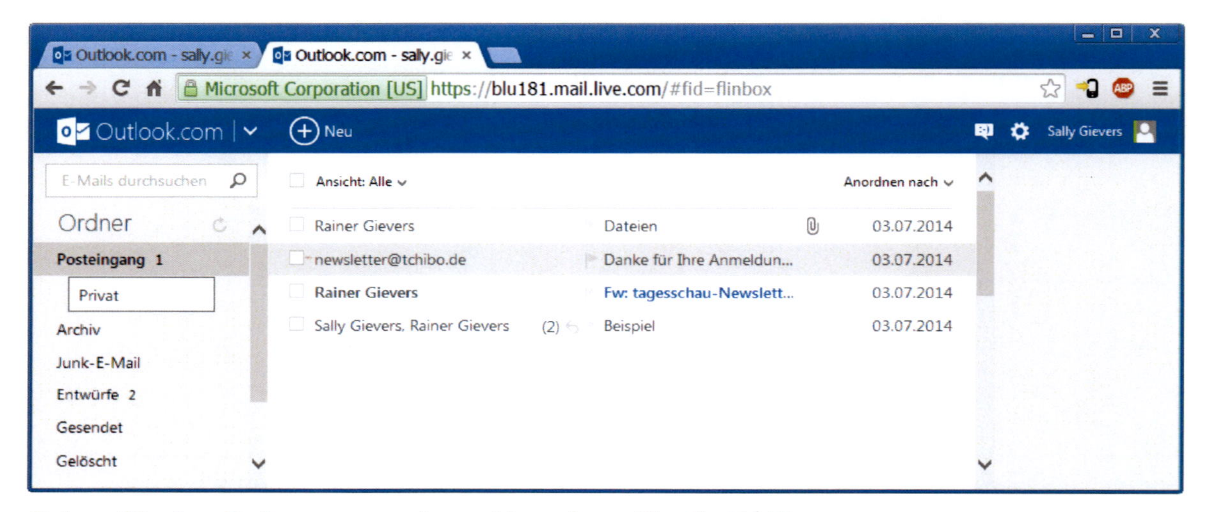

Geben Sie den Ordnernamen ein und betätigen Sie die ↵-Taste.

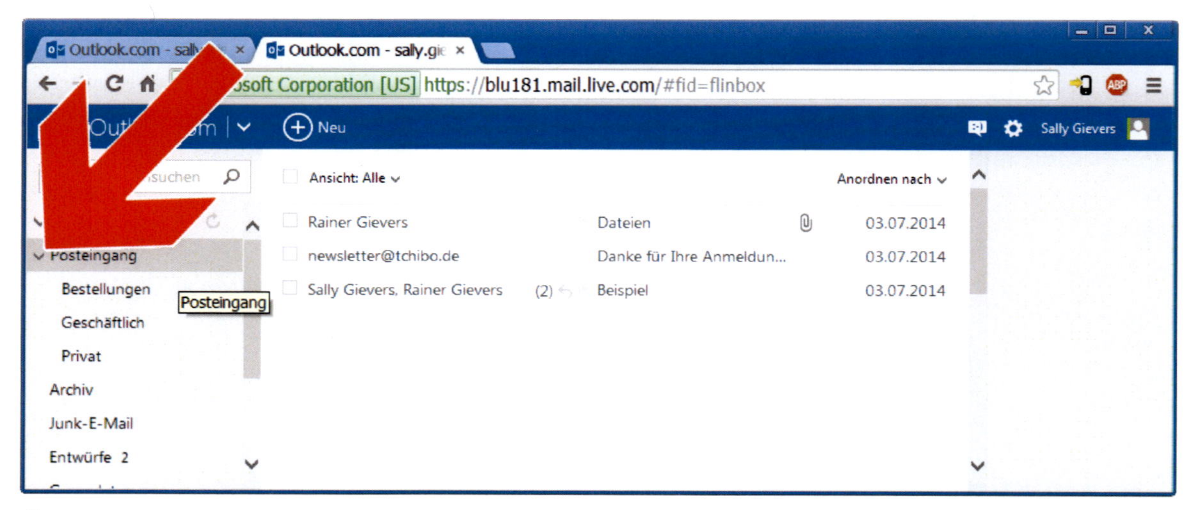

Über die ∨-Schaltleiste, welche erscheint, wenn Sie den Mauszeiger über den Hauptordner, im Beispiel *Posteingang*, halten, können Sie die Unterordner ausblenden. > blendet sie dagegen wieder ein.

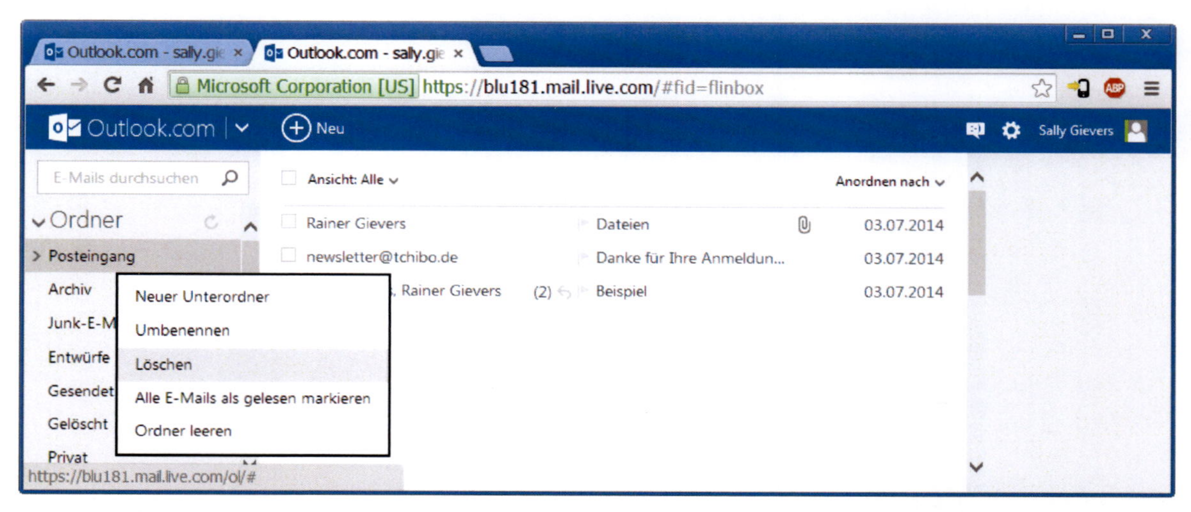

Zum Entfernen eines Ordners oder Unterordners bewegen Sie den Mauszeiger darauf und drücken die rechte Maustaste. Wählen Sie nun im Popup *Löschen*.

3.3.13 Filter

Über Filterregeln automatisieren Sie das Nachrichtenverschieben in andere Ordner.

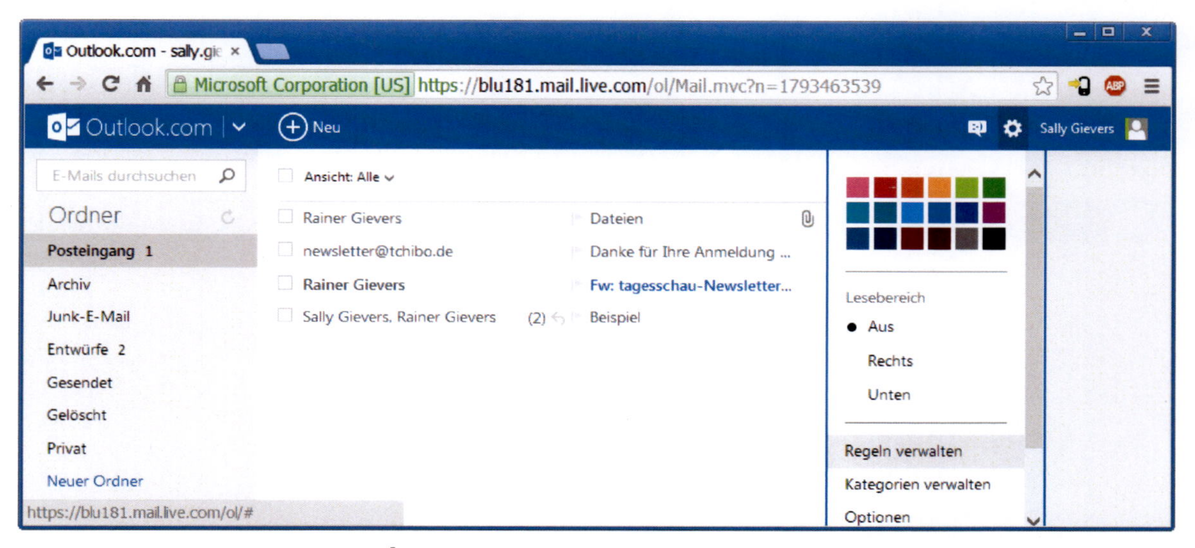

Klicken Sie oben rechts auf ✿ und wählen Sie *Regeln verwalten* aus.

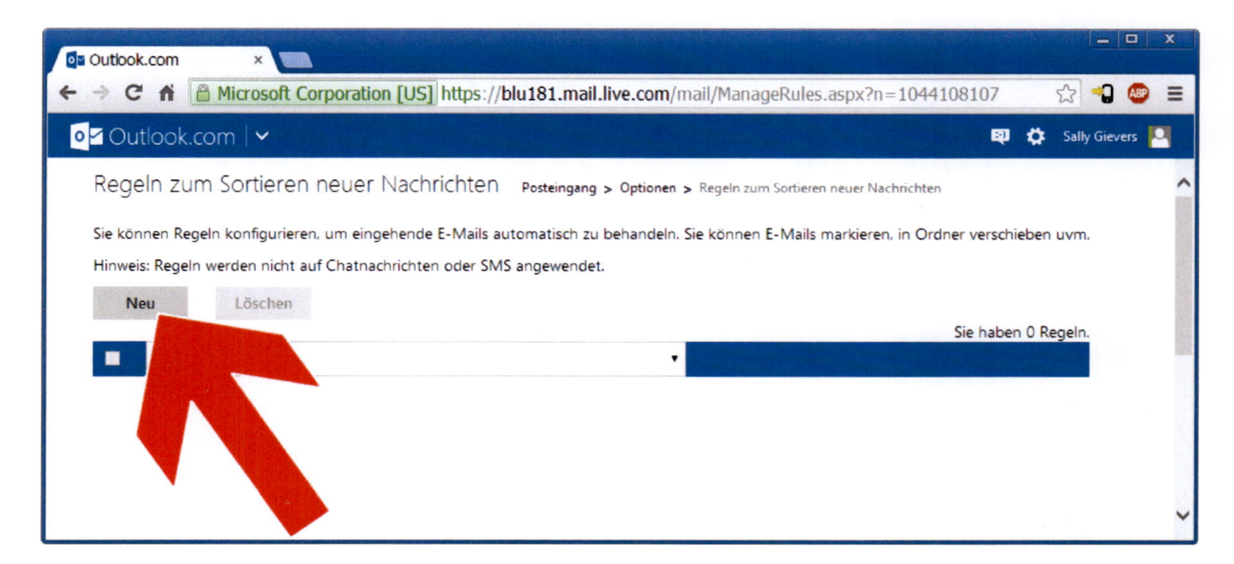

Klicken Sie auf *Neu*, um eine neue Regel anzulegen.

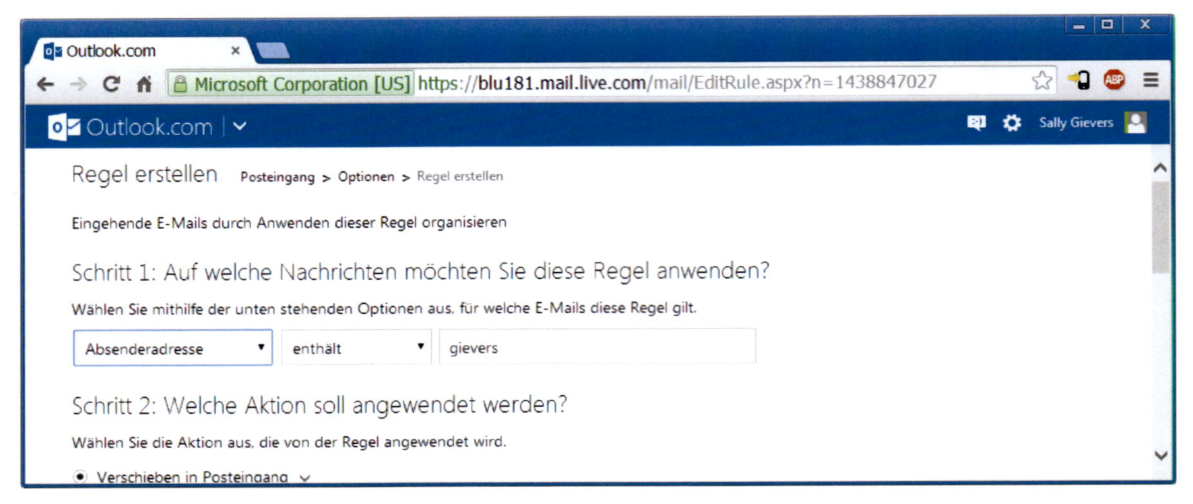

Outlook.com unterstützt sehr komplexe Regeln, die Sie anhand der Auswahlmenüs zusammenklicken. In unserem Beispiel möchten wir alle E-Mails, die in der Absenderadresse (=E-Mail-Adresse) die Zeichenfolge »gievers« enthalten, filtern.

> Der Einfachheit halber unterscheidet Outlook nicht zwischen Groß- und Kleinschreibung.

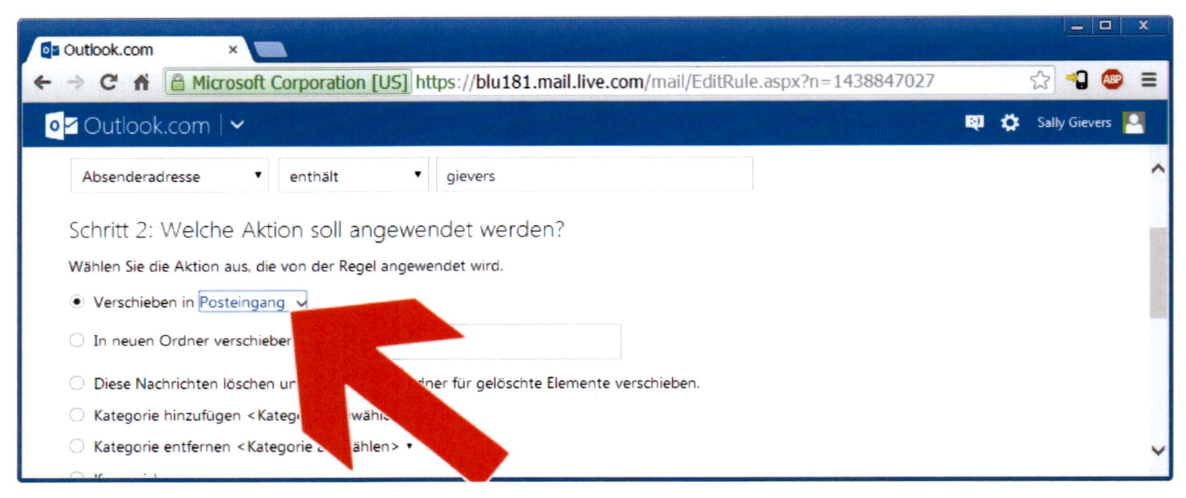

Um den Zielordner auszuwählen, müssen Sie *Posteingang* anklicken...

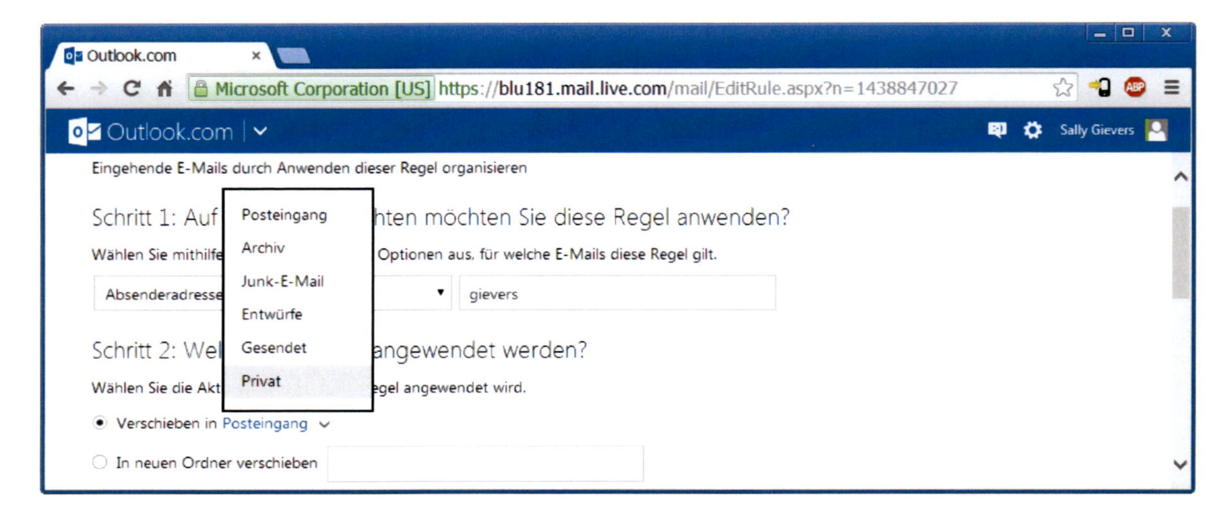

… anschließend wählen Sie den Zielordner, in unserem Beispiel den zuvor im Kapitel *3.3.12.b Eigene Ordner* angelegten Privat-Ordner aus. Betätigen Sie dann unten auf der Webseite *Speichern.*

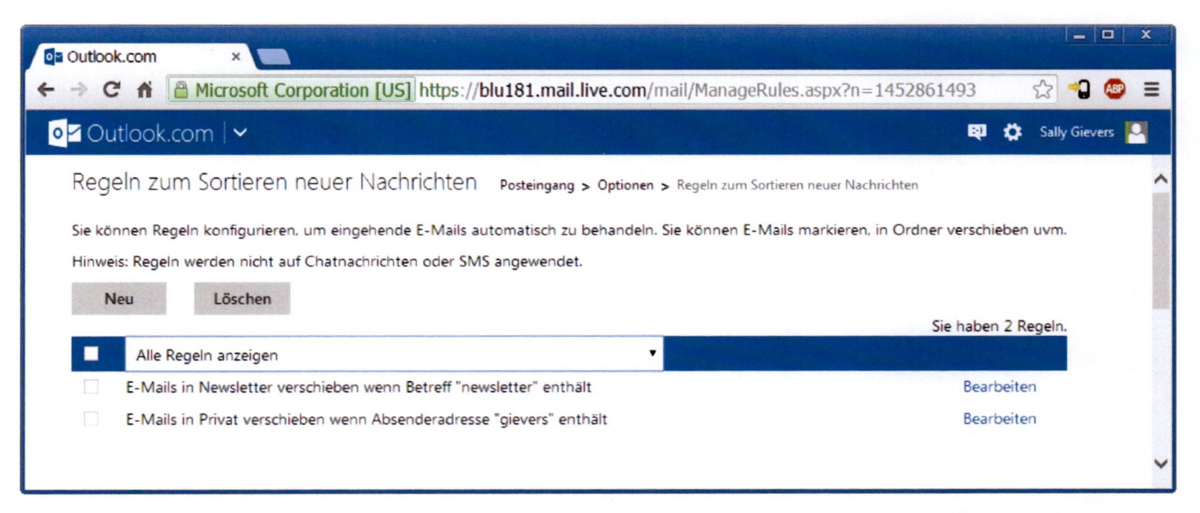

Im *Regeln zum Sortieren neuer Nachrichten* werden die Regeln verwaltet. Klicken Sie jeweils auf *Bearbeiten*, um eine Regel zu ändern. Zum Löschen einer Regel aktivieren Sie dagegen das Abhakkästchen vor der Regel und klicken auf *Löschen.* Mit *Neu* erstellen Sie eine weitere Regel.

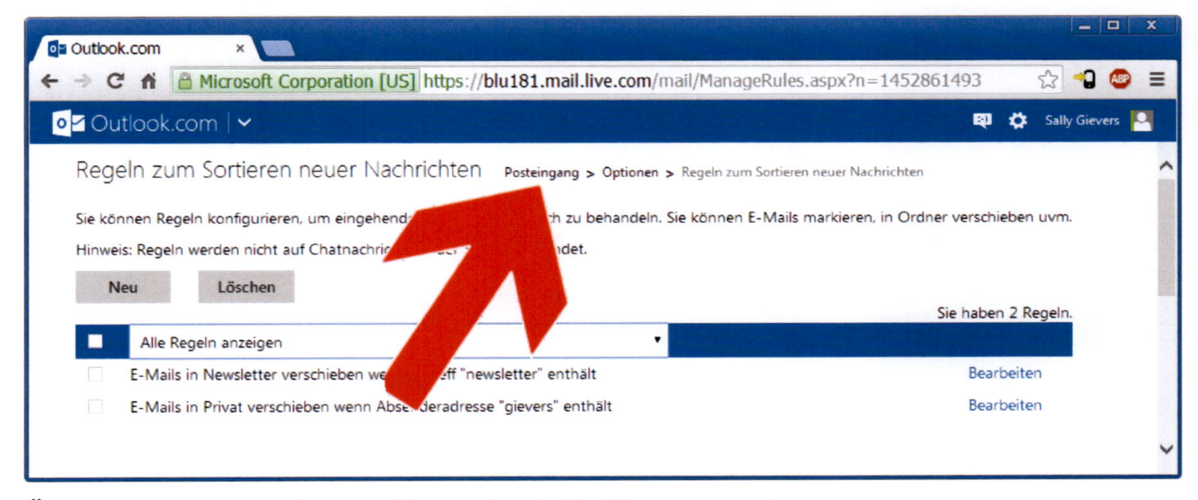

Über *Posteingang* gelangen Sie wieder in Ihr Konto zurück.

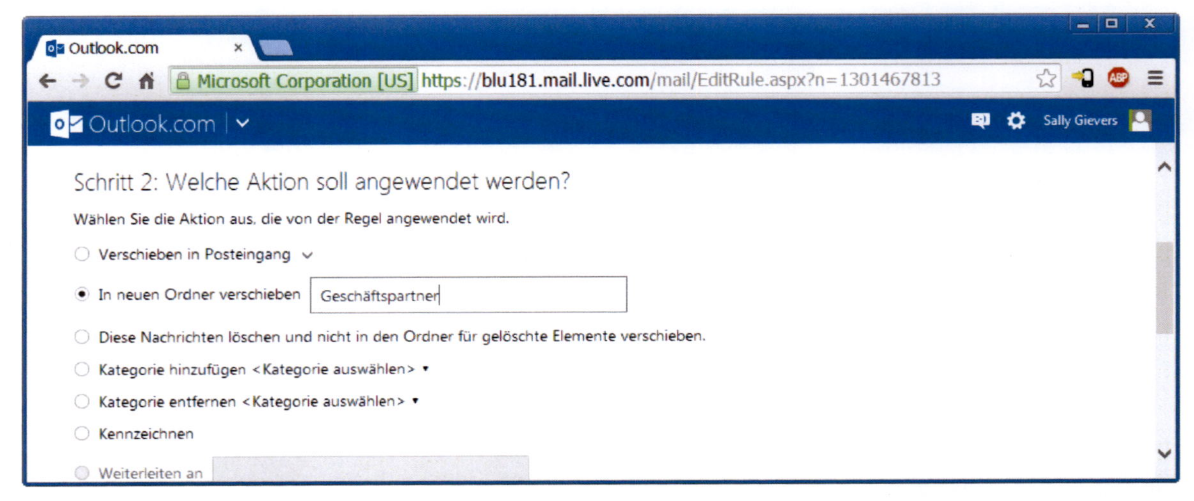

Sehr praktisch ist die Möglichkeit, direkt während der Regelerstellung einen neuen

Ordner anzulegen. Dazu wählen Sie als Aktion *In neuen Ordner verschieben* und geben den Ordnernamen ein.

3.3.14 Spam

Unter Spam versteht man unerwünschte E-Mails. Abhängig davon, ob Sie Ihre E-Mail-Adresse irgendwo mal auf einer Website hinterlassen haben oder durch Zufall ein Spam-Versender Ihre E-Mail-Adresse durch Ausprobieren erraten hat, können pro Tag einige dutzend Spam-E-Mails in Ihrem E-Mail-Konto auflaufen. Im Kapitel *4.5 Spam* gehen wir etwas eingehender auf diese Problematik ein.

Damit Ihre wichtige Kommunikation nicht im ganzen Spam untergeht, verfügt Ihr E-Mail-Konto über einen automatischen Spam-Filter.

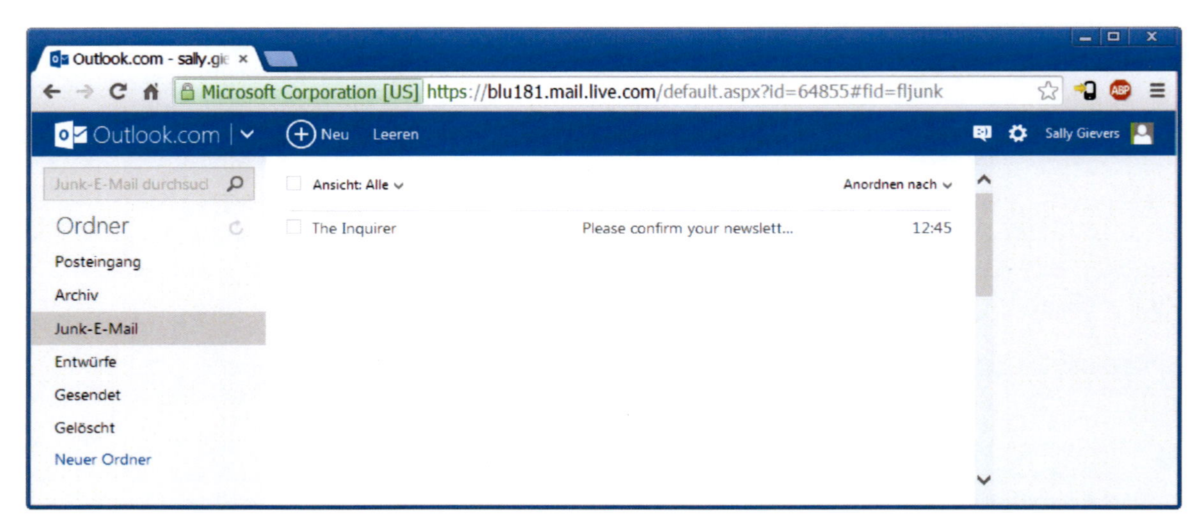

Spam sortiert Outlook.com automatisch in den *Junk-E-Mail*-Ordner ein, den Sie auf der linken Seite auswählen. Dort vorhandene Nachrichten werden nach zehn Tagen gelöscht.

Über die *Junk-E-Mail*-Schaltleiste können Sie in der E-Mail-Ansicht eine Nachricht als Spam markieren.

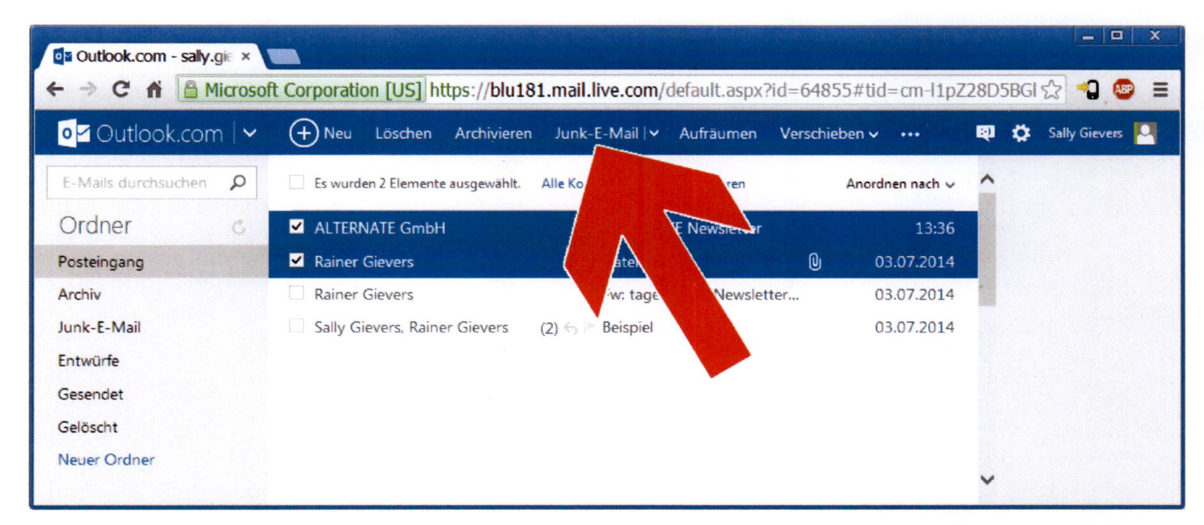

Alternativ haken Sie in der E-Mail-Auflistung eine oder mehrere Nachrichten ab und betätigen dann *Junk-E-Mail.*

Manche Spam-Nachrichten enthalten nicht harmlose Werbung, sondern stammen von Betrügern, die beispielsweise hinter Bankkontodaten oder Zugangspasswörtern von Online-Shops her sind. In solchen Fällen sollten Sie mit ✓ (Pfeil) hinter *Junk-E-Mail* die Menüleiste öffnen und auf *Betrügerischer Phishing-Versuch* gehen. Microsoft wertet dann die E-Mail aus und ergreift gegen die Betrüger Maßnahmen.

> Es ist sehr **wichtig**, dass im *Junk-E-Mail*-Ordner wirklich nur unerwünschte Mails enthalten sind. Outlook vergleicht nämlich eingehende Nachrichten mit denen im Spam-Ordner und ordnet sie als Spam ein, wenn eine große Ähnlichkeit besteht. Schauen Sie deshalb ab und zu mal in Ihren *Junk-E-Mail*-Ordner, und verschieben Sie falsch eingeordnete Nachrichten wieder in den Posteingang.

3.3.14.a Junk-E-Mail-Optionen

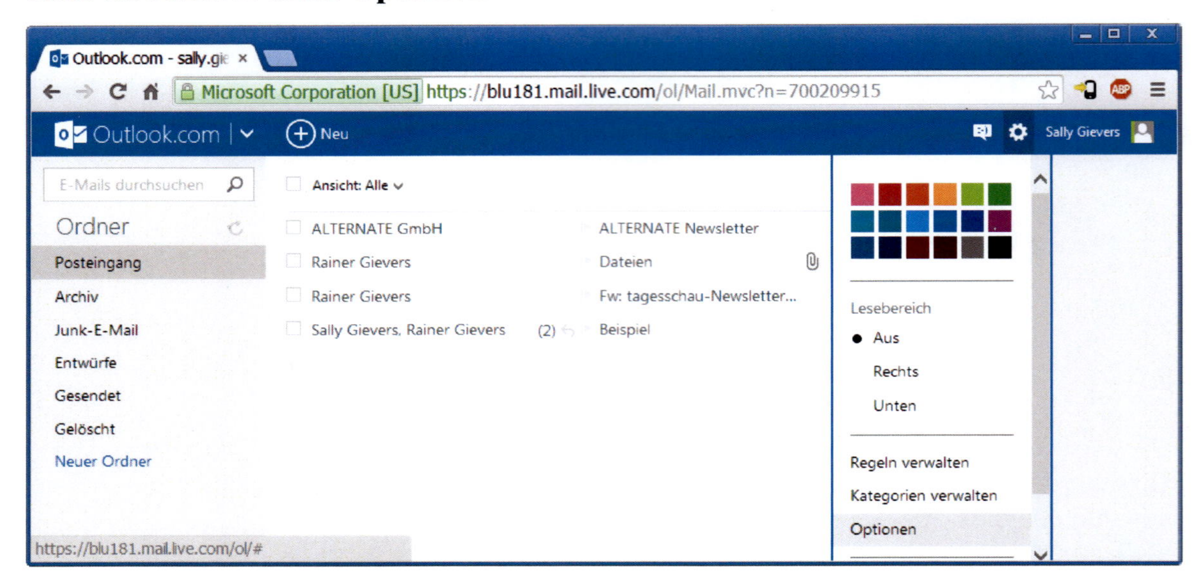

Klicken Sie auf ✿ für das Menü und gehen Sie auf *Optionen.*

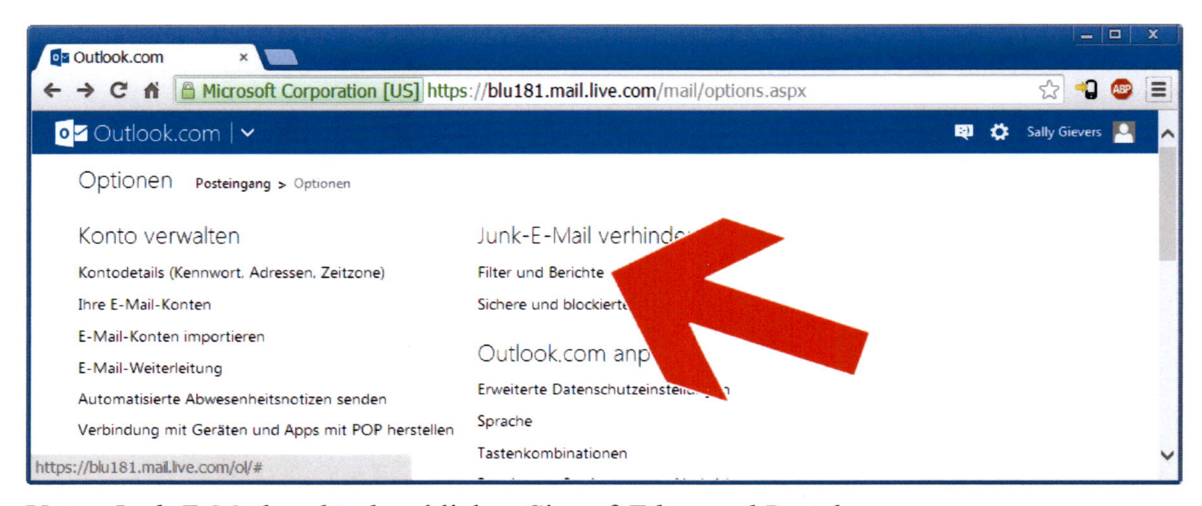

Unter *Junk-E-Mail verhindern* klicken Sie auf *Filter und Berichte.*

Die Einstellungen:

Unter *Auswählen eines Junk-E-Mail-Filters:*

- *Standard:* Spam-E-Mails landen automatisch im Junk-E-Mail-Ordner. Dies ist die Voreinstellung.
- *Exklusiv:* Outlook.com verschiebt alle Nachrichten in den Junk-E-Mail-Ordner. Ausgenommen sind davon unter anderem Telefonbuch-Kontakte (siehe Kapitel *3.3.15 Telefonbuch*) und Outlook-Servicebenachrichtigungen.

Unter *Dem Absender nicht erwünschte E-Mails melden*:

- *Bitten Sie den Absender darum, Sie aus Adressenlisten zu entfernen und Spammer automatisch zu blockieren* (Standardeinstellung)*:* Microsoft fordert setzt sich mit dem Server-Betreiber in Verbindung, über den der Spam verschickt wird und bittet um Blockade des Spams.
- *Absender sollen nicht informiert werden, wenn Sie ihre E-Mails nicht erhalten möchten:* Microsoft unternimmt gegen den Spam-Versender nichts.

Unter *Inhalt von unbekannten Absendern blockieren*:

- *Anlagen, Bilder und Links für Absender mit guten Bewertungen anzeigen* (Standardeinstellung).
- *Anlagen, Bilder und Links für Absender blockieren, die nicht in der Liste sicherer Absender enthalten sind.*

Hierbei geht es darum, ob in E-Mails von Absendern, die nicht in Ihrem Telefonbuch enthalten sind, auch eingebettete Bilder angezeigt werden.

3.3.15 Telefonbuch

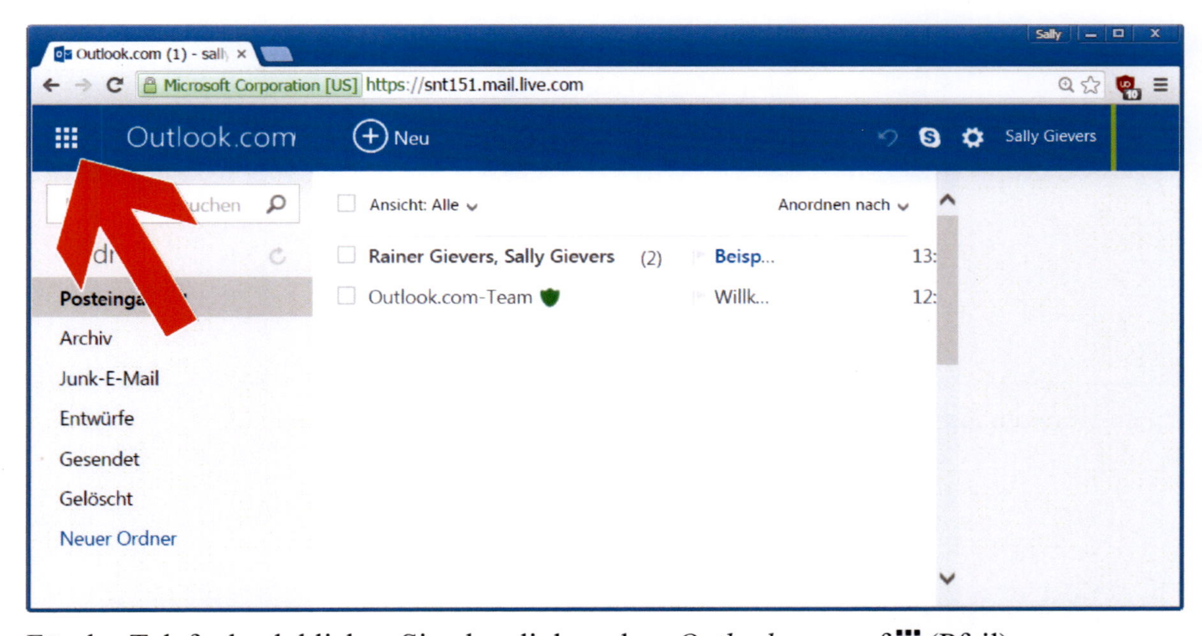

Für das Telefonbuch klicken Sie oben links neben *Outlook.com* auf ⁝⁝⁝ (Pfeil).

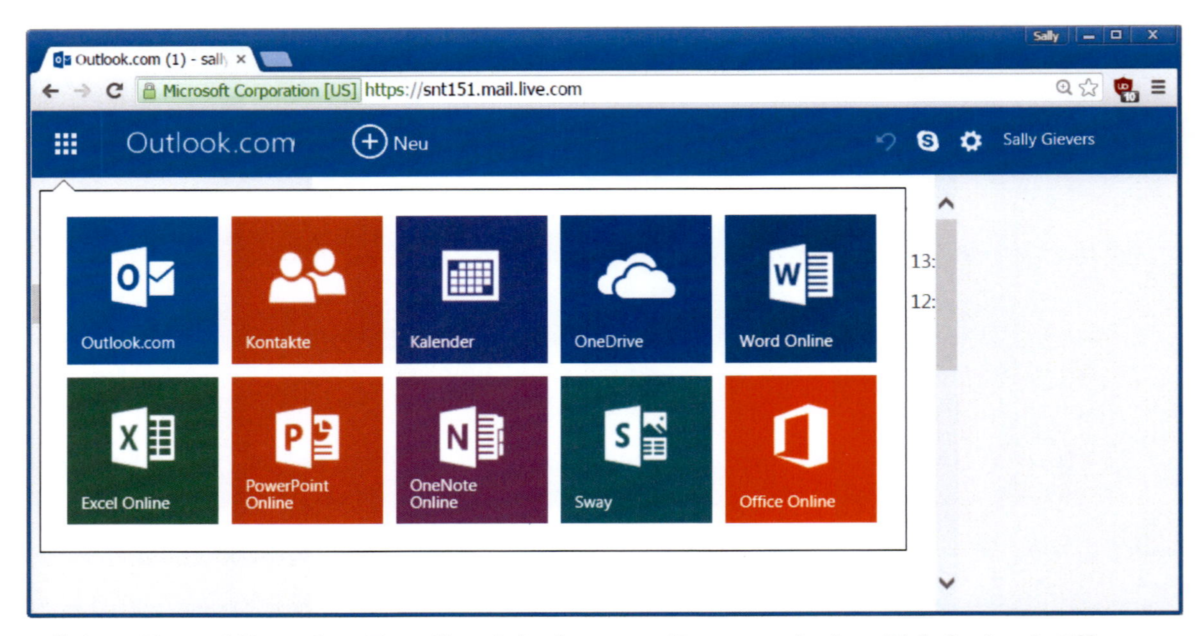

Klicken Sie auf *Kontakte*. Es sollte sich ein neues Fenster mit dem Telefonbuch öffnen.

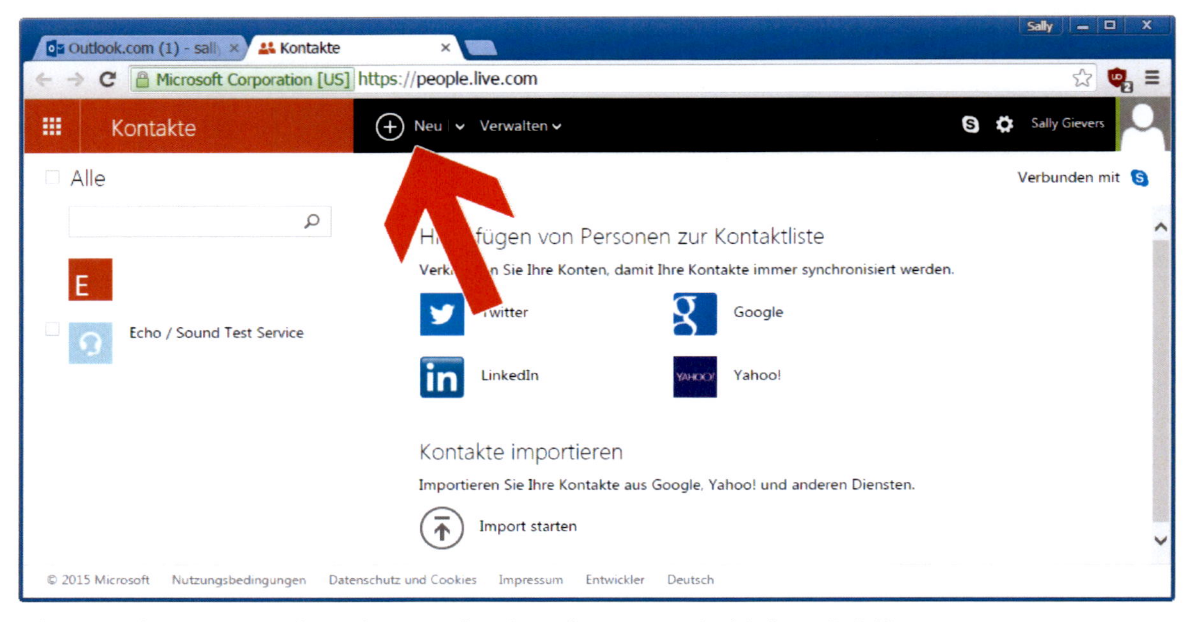

Einen weiteren Kontakt erfassen Sie über die *Neu*-Schaltleiste (Pfeil).

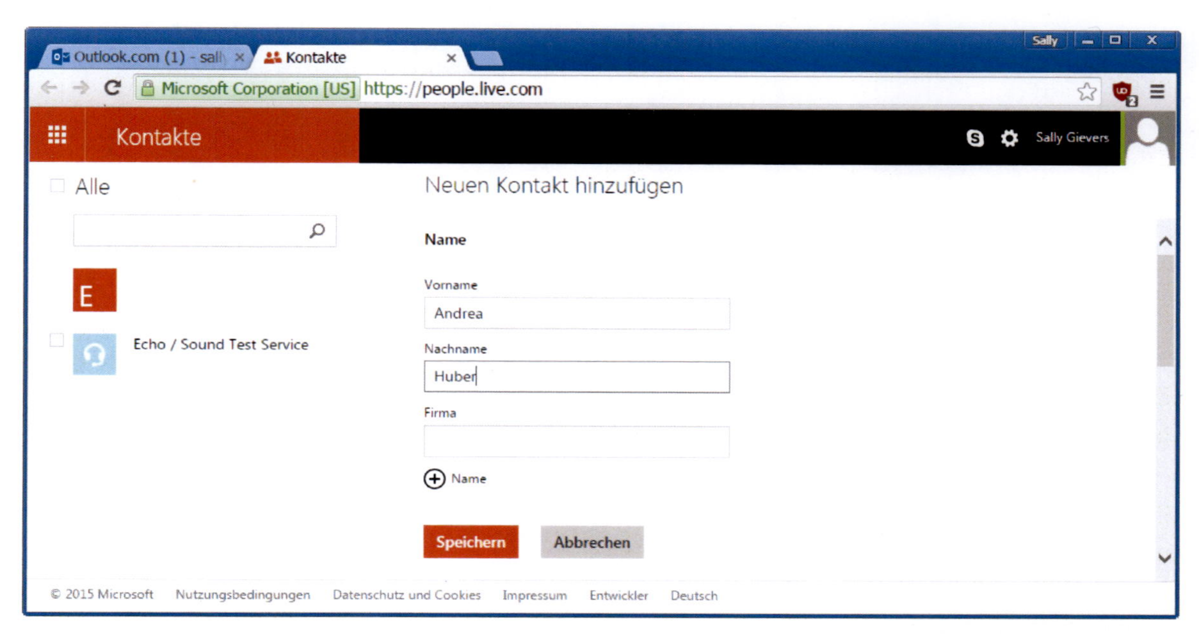

In den entsprechenden Eingabefeldern erfassen Sie die Kontaktdaten und schließen mit *Speichern* ab.

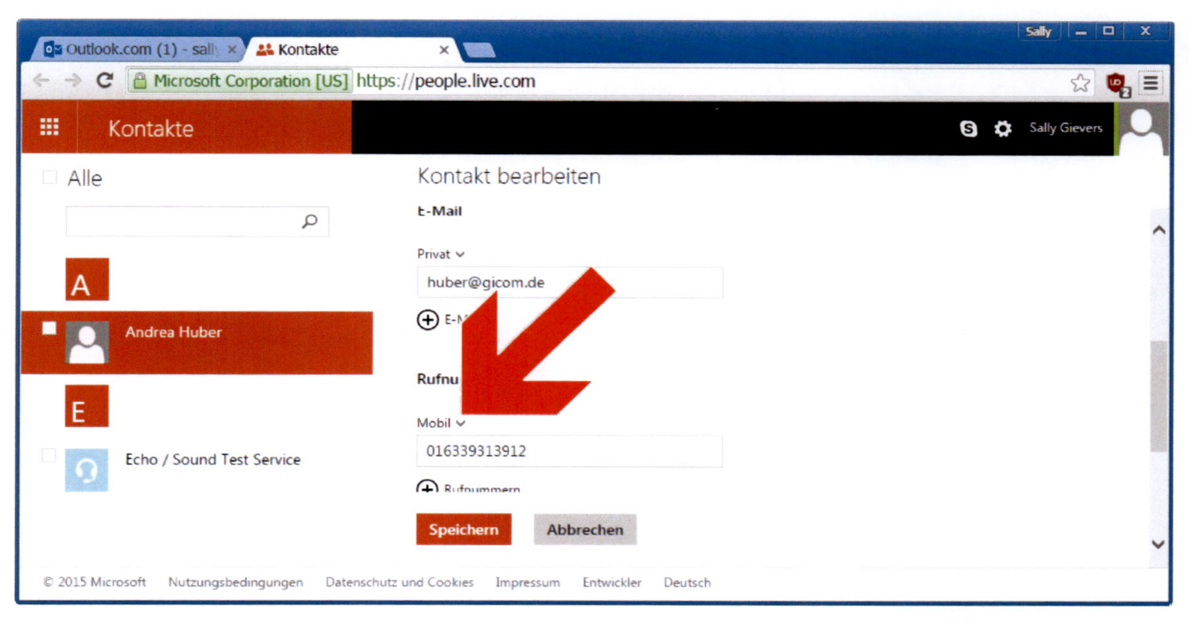

Vorgegeben ist jeweils ein E-Mail- und Rufnummernfeld. Weitere Eingabefelder fügen Sie mit der ⊕-Schaltleiste hinzu. In manchen Fällen ist zudem der Feldtyp änderbar: Im Beispiel betätigen Sie die ∨-Schaltleiste (Pfeil), um die Rufnummer als *Mobil, Privat, Geschäftlich,* usw. zu kennzeichnen.

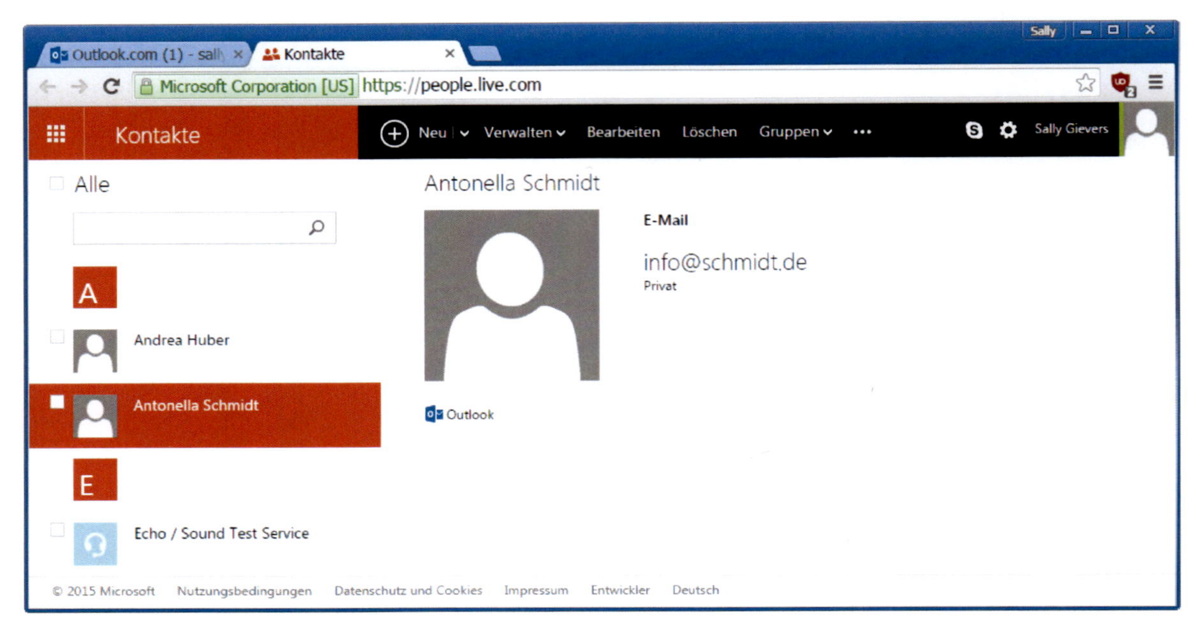

Zum Bearbeiten oder Löschen eines Kontakts klicken Sie ihn links in der Auflistung an und betätigen dann eine der Schaltleisten am oberen Bildschirmrand.

3.4 Einstellungen

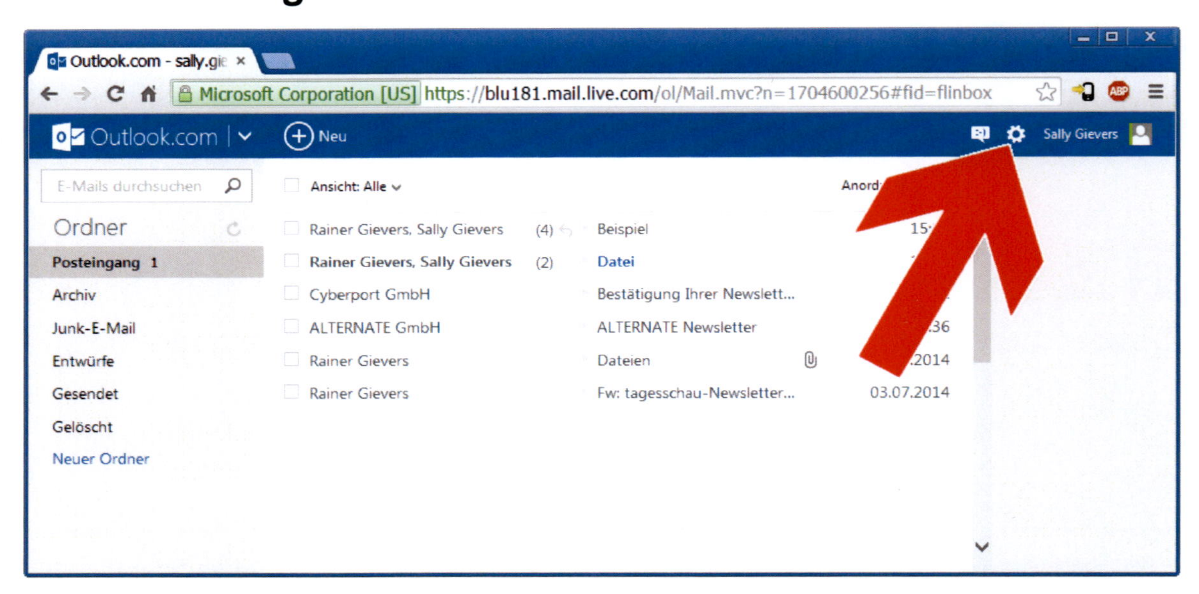

Ihr E-Mail-Konto beziehungsweise die Outlook-Benutzeroberfläche konfigurieren Sie über die ✿-Schaltleiste (Pfeil).

3.4.1 Farbeinstellungen und Nachrichtenanzeige

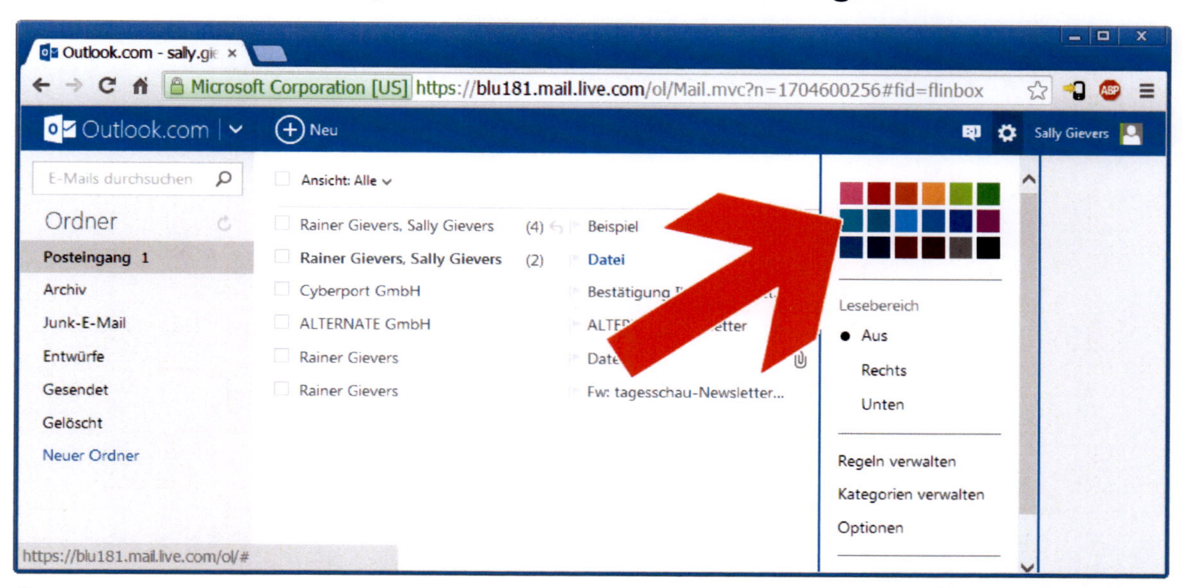

Über die Farbfelder passen Sie die Farbgestaltung der Benutzeroberfläche an. Probieren Sie einfach aus, welche Farbe Ihnen am besten gefällt.

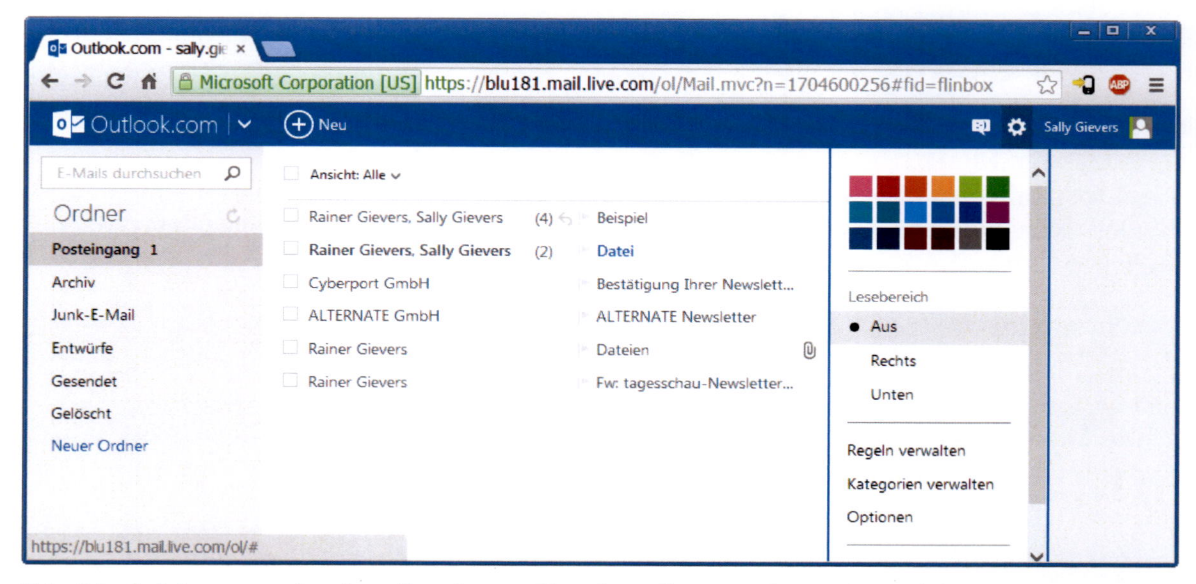

Die Nachrichtenanzeige konfigurieren Sie über die *Lesebereich*-Optionen. Zur Auswahl stehen:

- *Aus*: Wenn Sie eine Nachricht im Posteingang oder in einem der anderen Ordner anklicken, schaltet Outlook.com auf eine Nachrichtenansicht um. Dies ist die Standardeinstellung.
- *Rechts*: Die Benutzeroberfläche ist dreigeteilt in die Ordnerliste, der Nachrichtenauflistung und dem Nachrichtenfeld. E-Mails, die Sie in der Nachrichtenauflistung anklicken, werden im Nachrichtenfeld angezeigt.
- *Unten*: Auch hier erfolgt eine Dreiteilung der Bildschirmanzeige, wobei der Nachrichtentext unten angezeigt wird.

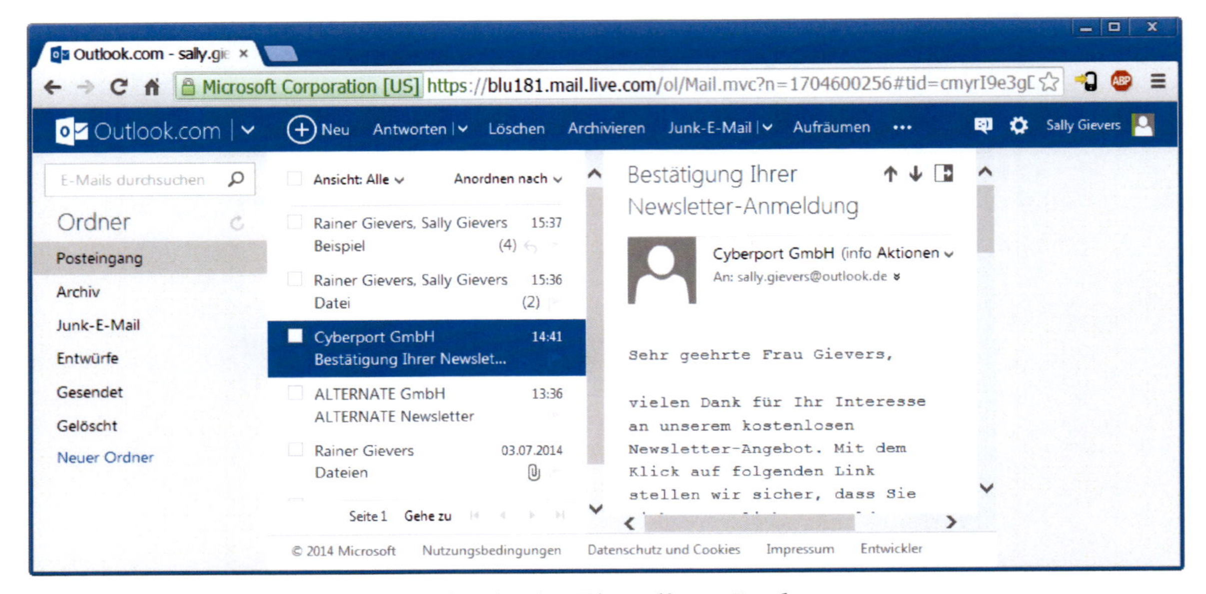

Beispiel für die Nachrichtenanzeige in der Einstellung *Rechts*.

3.4.2 Tastenfunktionen

Vielleicht haben Sie sich inzwischen ein wenig an die Mausbedienung von Outlook.com gewöhnt. Viele Funktionen lassen sich aber auch mit Ihrer Tastatur auslösen, womit Sie Ihre Arbeit wesentlich beschleunigen können. Einige Funktionen lösen Sie zudem mit »Tastenkombinationen« aus, bei denen Sie zwei Tasten auf der Tastatur gleichzeitig drücken.

Natürlich brauchen Sie sich nicht alle möglichen Tastenkombinationen zu merken, es reicht, wenn Sie zwei bis drei der wichtigsten kennen. Beachten Sie bitte, dass die verfügbaren Tastenkombinationen immer vom Kontext abhängen.

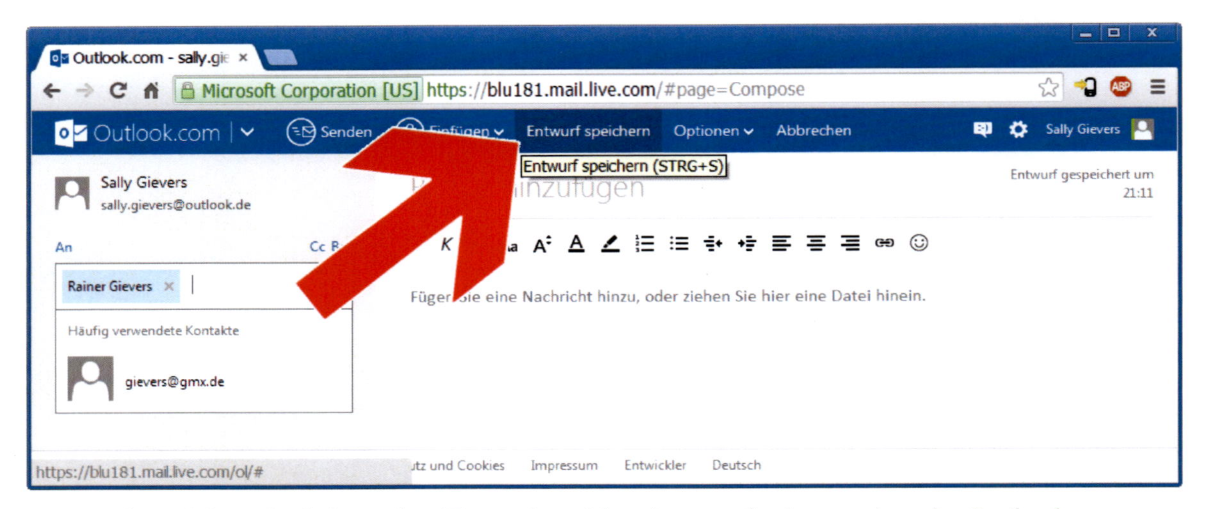

Ist zu einer Menüfunktion eine Tastenkombination verfügbar, zeigt sie Outlook.com an, sobald Sie den Mauszeiger über die entsprechende Schaltleiste bewegen. An dieser Stelle stellen wir Ihnen nur die wichtigsten Tastenkombinationen vor.

Bei geöffneter Nachricht:

Strg + PUNKT	Wechseln zur nächsten Nachricht
Strg + KOMMA	Wechseln zur vorherigen Nachricht
LEERTASTE	Blättern im Lesebereich nach unten.
⇧ + LEERTASTE	Blättern im Lesebereich nach oben.
Esc	In die Nachrichtenliste zurückkehren
Entf	Nachricht löschen
E	Nachricht archivieren
J	Nachricht als Junk-E-Mail (Spam) kennzeichnen
⇧ + P	Nachricht drucken
V	Nachricht verschieben
U	Nachricht als ungelesen markieren
Q	Nachricht als gelesen markieren
Einfg	Nachricht als Favoriten markieren/Markierung aufheben
R	Nachricht beantworten

In der Ordnerauflistung:

N	Neue Nachricht erstellen

3.4.3 Kontoeinstellungen

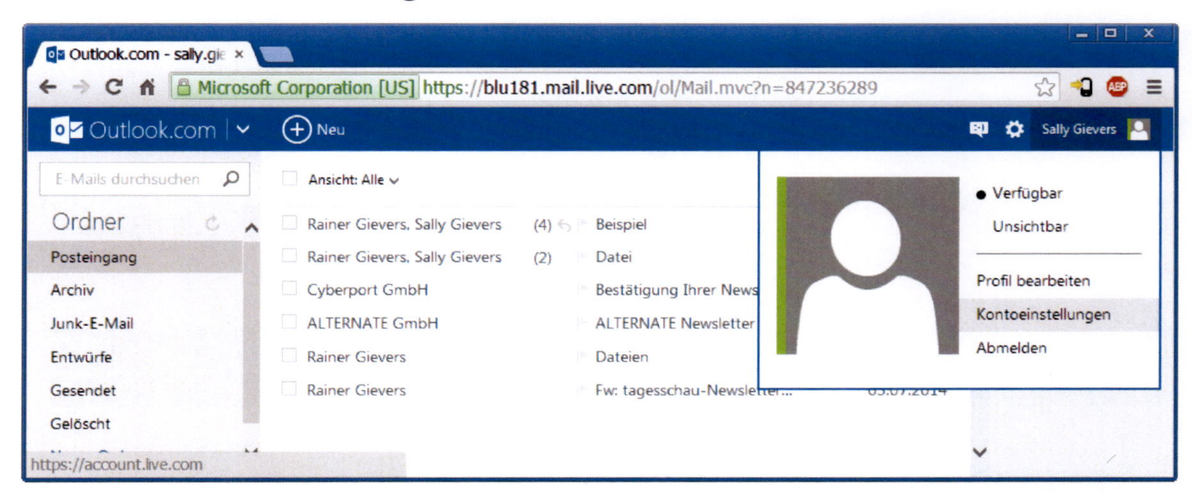

Für die Kontoeinstellungen klicken Sie oben rechts auf Ihren Namen und wählen dann im Menü *Kontoeinstellungen* aus.

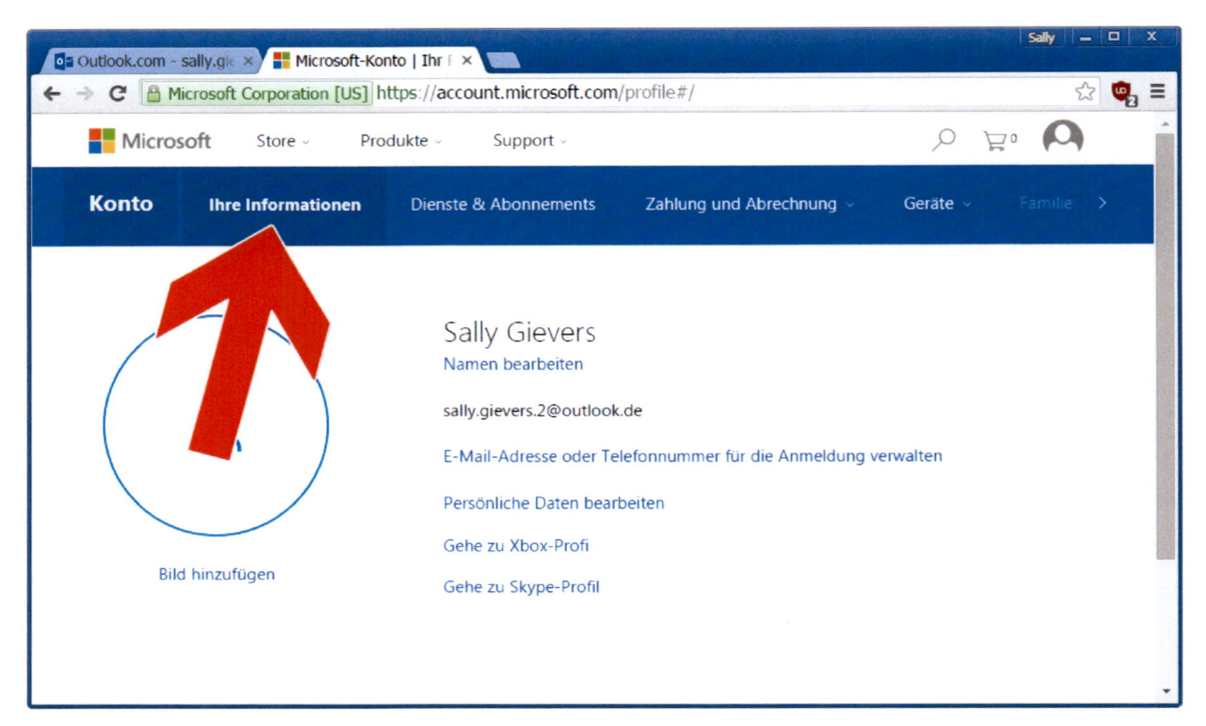

In den Kontoeinstellungen verwalten Sie eine Vielzahl an Parametern, die sich zum großen Teil auf die kostenpflichtigen Dienste von Microsoft beziehen.

Für Sie von Belang sind für die E-Mail-Nutzung von den Registern auf der Oberseite (Pfeil) ist *Ihre Informationen*, worin Sie Ihren Namen und Ihre persönlichen Daten bearbeiten:

- *Namen bearbeiten*: Ihr Name, der in Ihren E-Mails als Absender angegeben wird.
- *Persönliche Daten bearbeiten*: Während *Geburtsdatum* und *Geschlecht* eher informativer Natur sind und für die E-Mail-Verarbeitung nicht benötigt werden, sollten *Land* und die *Zeitzone* korrekt für Ihr Aufenthaltsland eingestellt sein. Andernfalls enthalten Ihre E-Mails ein falsches Absendedatum, was beim Empfänger zur Verwirrung führen könnte.

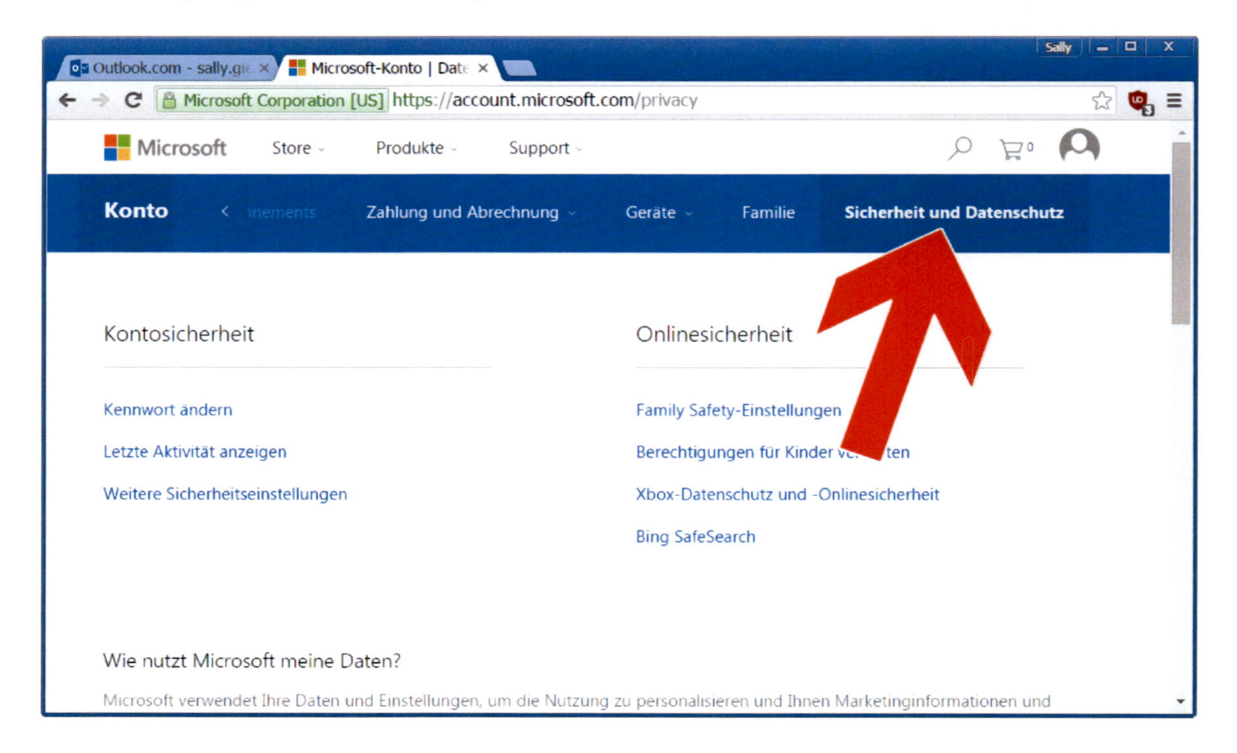

Im *Sicherheit und Kennwort*-Register stellen Sie ein:

Unter *Kontosicherheit*:

- *Kennwort ändern*: Das Passwort, das Sie zusammen mit Ihrer E-Mail-Adresse zum Anmelden bei Outlook.com verwenden.
- *Letzte Aktivität anzeigen*: zeigt Ihnen an, wann und wo Sie zuletzt auf Ihr E-Mail-Konto zugegriffen haben. Außerdem listet Microsoft hier die zuletzt genutzten Kontofunktionen auf. Sollten Sie auf Merkwürdigkeiten stoßen, beispielsweise, dass jemand in Ihrem Namen E-Mails verschickt, oder Sie Ihr Kennwort zurücksetzen mussten, sollten Sie *Letzte Aktivität* aufrufen und dort nach ungewöhnlichen Aktivitäten Ausschau halten. Dazu kann eine Passwortänderung oder ein Login zu ungewöhnlicher Uhrzeit zählen. Ändern Sie in diesem Fall Ihr Kennwort und kontrollieren Sie Ihre E-Mail-Ordner auf verdächtige Nachrichten.
- *Weitere Sicherheitseinstellungen*: Darauf gehen wir unten ein.

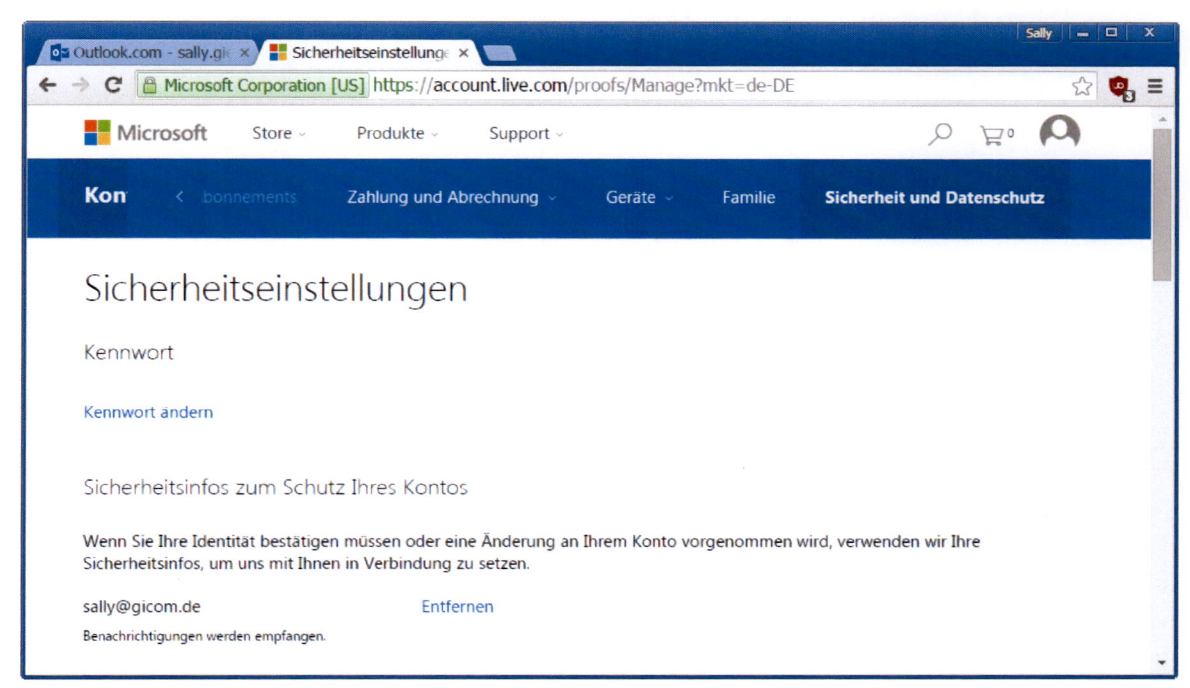

Nach dem Klick auf *Weitere Sicherheitseinstellungen* müssen Sie sich erst bei Microsoft identifizieren, was wahlweise über einen per SMS an Ihr Handy oder per E-Mail gesendeten Code erfolgt. Handynummer beziehungsweise E-Mail-Adresse haben Sie bei der Kontoeinrichtung angegeben.

Unter *Kennwort*:

- *Kennwort ändern*: Kennwort zu Ihrem E-Mail-Konto ändern.

Unter *Sicherheitsinfos zum Schutz Ihres Kontos*:

- Die hinterlegte Handynummer oder alternative E-Mail-Adresse nutzt Microsoft als weiteren Kommunikationskanal. Beispielsweise erfolgt darüber eine Authentifizierung bei Kontoänderungen oder Sie können darüber ein neues Kennwort für Ihr E-Mail-Konto erhalten, wenn Sie es mal vergessen.

Unter *Anmeldeeinstellungen*:

- Legt fest, mit welchen Aliasnamen Sie sich bei Ihrem Outlook-Konto anmelden können. Hier sollten Sie nichts ändern.

Unter *Prüfung in zwei Schritten*:

- Immer, wenn Sie sich von einem bisher nicht genutzten Gerät (beispielsweise E-Mail-Abruf von einem Handy aus) bei Outlook.com anmelden, erscheint ein Sicherheitsdialog. Sie verhindern damit, dass Dritte, die irgendwie an Ihr E-Mail-Kennwort gelangt sind, Zugriff auf Ihr E-Mail-Postfach erhalten.

Unter *Identitätsüberprüfungs-Apps:*

- Über eine Handy-Anwendung, die für Apple-Geräte, Windows Phone und Android angeboten wird, können Sie sich im Bedarfsfall gegenüber Microsoft authentifizieren.

Unter *Wiederherstellungscode*:

- Auf den Wiederherstellungscode greifen sie zurück, falls aus irgendwelchen Gründen kein Konto-Zugriff mehr möglich sein sollte. Nach der Einrichtung werden Sie aufgefordert, den angezeigten Code auszudrucken und an einem sicheren Ort zu hinterlegen.

Unter *Vertrauenswürdige Geräte*:

- Microsoft speichert die von Ihnen verwendeten Webbrowser, über den Sie auf Ihr E-Mail-Konto zugreifen. Bei jedem neuen »Gerät« (Webbrowser) erfolgt dabei eine PIN-Abfrage, das heißt Sie erhalten eine PIN als SMS auf Ihr Handy oder die alternative E-Mail-Adresse, welche Sie dann eingeben müssen. Das verwendete »Gerät« (Webbrowser oder E-Mail-Anwendung) wird dann gespeichert und es erfolgt keine weitere PIN-Abfrage beim nächsten E-Mail-Abruf. Sie können hier die »Geräte« löschen.

Unter *Schließen Ihres Kontos:*

- Falls Sie Ihr Outlook-E-Mail-Konto nicht mehr benötigen, können Sie es hier löschen.

Die meisten Sicherheitsmerkmale verkomplizieren leider die Bedienung Ihres E-Mail-Kontos durch zusätzliche Sicherheitsabfragen. *Prüfung in zwei Schritten* beziehungsweise *Identitätsüberprüfungs-Apps* würden wir deshalb nur für Anwender empfehlen, die das E-Mail-Konto beispielsweise für geschäftliche E-Mails nutzen. Den *Wiederherstellungs-code* sollten Sie auf jeden Fall einrichten und für Ihre Unterlagen ausdrucken.

3.4.4 Weitere Einstellungen

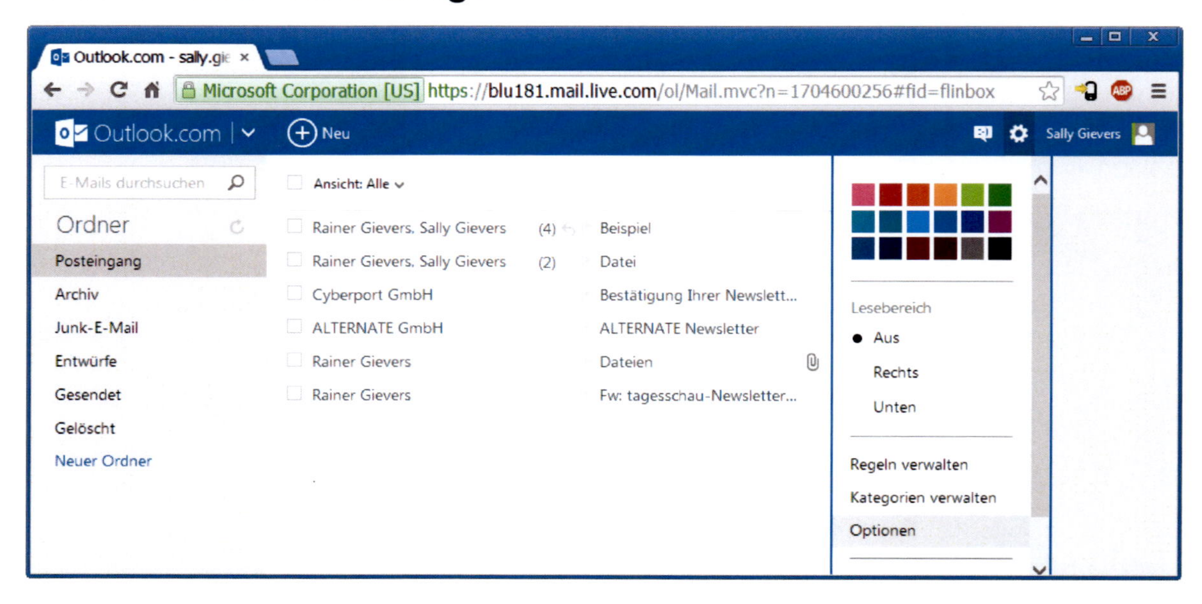

Gehen Sie zuerst oben rechts auf ⚙ und dann auf *Optionen* für weitere Einstellungen.

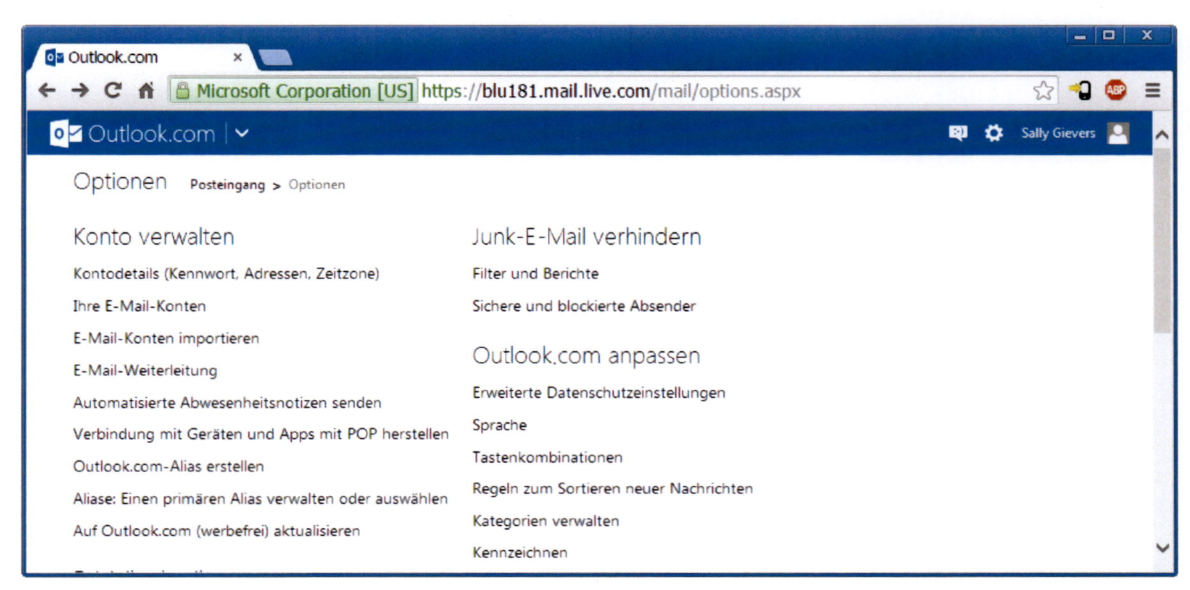

Im Folgenden gehen wir nur auf die wichtigsten Einstellungen, die Sie auf dieser Seite finden, ein.

Unter *Konto verwalten*:

- *E-Mail-Weiterleitung*: Falls Sie zwischenzeitlich zu einem anderen E-Mail-Anbieter umgezogen sind, stellen Sie hier eine Weiterleitung zum neuen E-Mail-Postfach ein.
- *Automatisierte Abwesenheitsnotizen senden*: Ist es Ihnen mal für einige Tage aus zeitlichen Gründen (Urlaub, Geschäftsreise, usw.) nicht möglich, Ihre E-Mails abzurufen, so können Sie eine Abwesenheitsnotiz einstellen. Sie ersparen sich damit Nachfragen Ihrer Kommunikationspartner, ob Sie ihre E-Mails gelesen haben.

Unter *E-Mail schreiben*:

- *Formatieren, Schriftart und Signatur:* Schriftart und Formatierung für Ihre E-Mails einstellen. Die Signatur erscheint unter allen Ihren E-Mails und kann beispielsweise Ihre Kontaktdaten oder Ähnliches enthalten.
- *Antwortadresse:* Die Antwortadresse erscheint als Absender in Ihren E-Mails. Wenn Sie ein weiteres E-Mail-Postfach bei einem anderen Anbieter besitzen, können Sie auch dessen E-Mail-Adresse angeben. E-Mails, die andere beantworten landen dann dort und nicht in Ihrem Outlook-Postfach.
- *Gesendete E-Mails speichern:* Standardmäßig landen von Ihnen gesendete Nachrichten automatisch im *Gesendet*-Ordner. Diese Funktion lässt sich deaktivieren, was aber nicht Sinn macht.
- *Anlagen:* Stellen Sie ein, ob Sie Outlook.com vor dem E-Mail-Versand auf einen fehlenden Dateianhang aufmerksam macht.

Unter *E-Mail lesen*:

- *Lesebereich:*
    - *Wo soll der Lesebereich angezeigt werden?*: Schaltet einen Lesebereich ein. Siehe auch Kapitel *3.4.1 Farbeinstellungen und Nachrichtenanzeige*.
    - *Wenn Sie Ihren Posteingang oder einen anderen Ordner zum ersten Mal öffnen, legen Sie für den Lesebereich Folgendes fest*: Gehen Sie auf einen

Ordner, so werden entweder die enthaltenen Nachrichten aufgelistet (*E-Mail nur anzeigen, nachdem ich sie ausgewählt habe*) oder Outlook.com zeigt sofort die erste Nachricht an (*Erste E-Mail automatisch anzeigen*)

- *Einstellungen der aktiven Ansicht:* Konfiguriert, ob in Nachrichten enthaltene Dateien (zum Beispiel Bilder) in einer Vorschau angezeigt werden.
- *Nach Unterhaltungen gruppieren und Nachrichten vorab laden:*
    - *In Outlook.com können Sie E-Mails auch nach Unterhaltung gruppieren. Damit können Sie alle E-Mails zu einem bestimmten Betreff zusammenfassen:* Alle mit einer anderen Person ausgetauschten Nachrichten werden standardmäßig als »Unterhaltung« gruppiert. Alternativ ist auch einstellbar, dass alle Nachrichten eines Absenders separat angezeigt werden.
    - *Das Vorabladen beschleunigt das Wechseln zwischen Nachrichten, da sie heruntergeladen werden, bevor Sie diese benötigen*: Alle Nachrichten werden im Hintergrund heruntergeladen, sodass Sie verzögerungsfrei in den E-Mails blättern können. Diese Einstellung sollten Sie nicht ändern.
- *Inhalte von Drittanbietern:* Diese Funktion betrifft die Nutzung anderer sozialer Netzwerke auf die wir in diesem Buch nicht weiter eingehen.
- *Standardansicht nach dem Verschieben oder Löschen einer E-Mail:* Befinden Sie sich in der E-Mail-Ansicht und verschieben oder löschen Sie diese, so schaltet Outlook.com standardmäßig auf die E-Mail-Liste (beispielsweise den Posteingang-Ordner) um. Alternativ stellen Sie ein, dass dann die nächste E-Mail angezeigt wird.
- *Einstellungen für das Antworten:* Einige E-Mails gehen nicht nur an Sie, sondern auch an weitere Empfänger. Standardmäßig wird Ihre Antwort nur an den Absender gesendet, Sie können hier aber auch einstellen, dass alle Empfänger Ihre Nachricht erhalten. Wir raten davon aber dringend ab, weil Ihre Nachricht sonst eventuell Empfänger erreicht, die Sie gar nicht anschreiben wollten.

4. E-Mail in der Praxis

In diesem Kapitel stellen wir einige Besonderheiten bei der E-Mail-Nutzung vor.

4.1 Newsletter

Newsletter (engl. Mitteilungsblätter) sind regelmäßig versandte Informations-E-Mails zu bestimmten Themen. Meist stammen die Newsletter von Unternehmen und Vereinen, wobei man sich auf deren Website dafür anmelden muss. Dabei profitieren beide Seiten, denn das Unternehmen erreicht – ohne Streuungsverluste – genau seine Zielgruppe, die wiederum aus den kostenlosen Infos im Newsletter Nutzen zieht. Falls Sie beispielsweise regelmäßig Produkte eines bestimmten Unternehmens kaufen oder nutzen, könnte es sich lohnen, dessen Newsletter zu abonnieren. Natürlich gibt es auch kostenpflichtige Newsletter, aber die sollen hier nicht Thema sein.

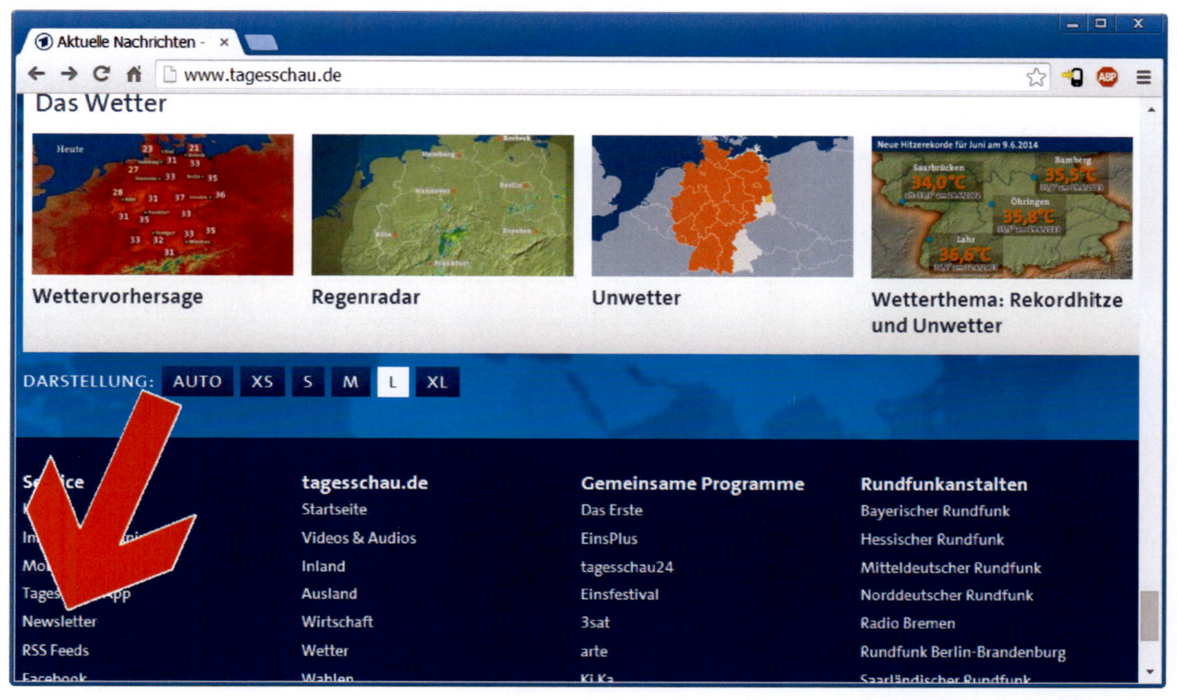

So abonieren Sie einen Newsletter: Rufen Sie die Website der Organisation oder des Unternehmens auf.

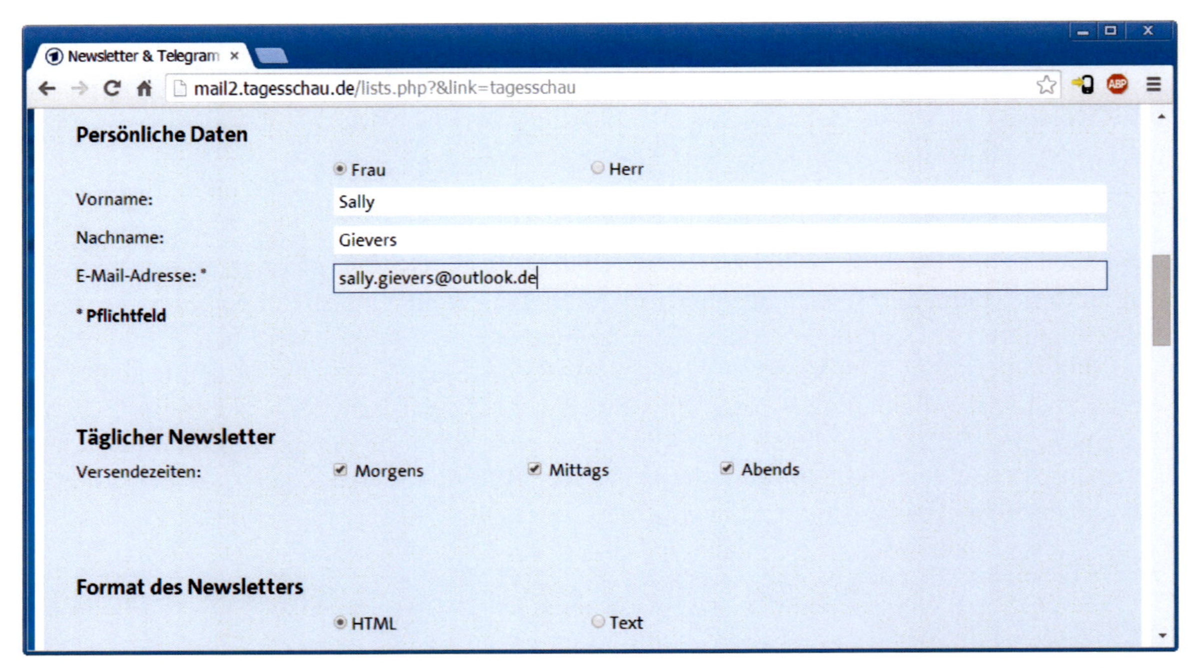

Tippen Sie im E-Mail-Feld Ihre eigene E-Mail-Adresse ein. Bei manchen Newslettern wird auch nach Ihrem Namen und weiteren persönlichen Daten gefragt, wobei es Ihnen überlassen ist, ob Sie die gewünschten Angaben machen. Sollte mal ein Eingabefeld »Pflichtfeld«, das heißt unbedingt auszufüllen sein, können Sie auch beliebige Fantasiedaten eintragen. Sie stehen ja in keiner Geschäftsbeziehung mit dem Newsletter-Betreiber.

Je nach Website-Betreiber können Sie teilweise zwischen verschiedenen Newsletter-Themen und Versandterminen wählen.

Manchmal steht auch das Newsletter-Format als *HTML* oder *Text* zur Auswahl. Wenn Sie *HTML* (Abk. HyperText Markup Language = Hypertext-Auszeichnungssprache) auswählen, wird der Newsletter nicht nur Text, sondern auch Bilder enthalten. Bei *Text* besteht der Newsletter dagegen tatsächlich nur aus Text. Letzteres ist vor allem für Menschen mit Sehbehinderung interessant, weil der schwarze Text vor weißem Hintergrund sehr gut lesbar ist. Ansonsten empfehlen wir *HTML* einzustellen.

Klicken Sie dann auf *Abschicken.*

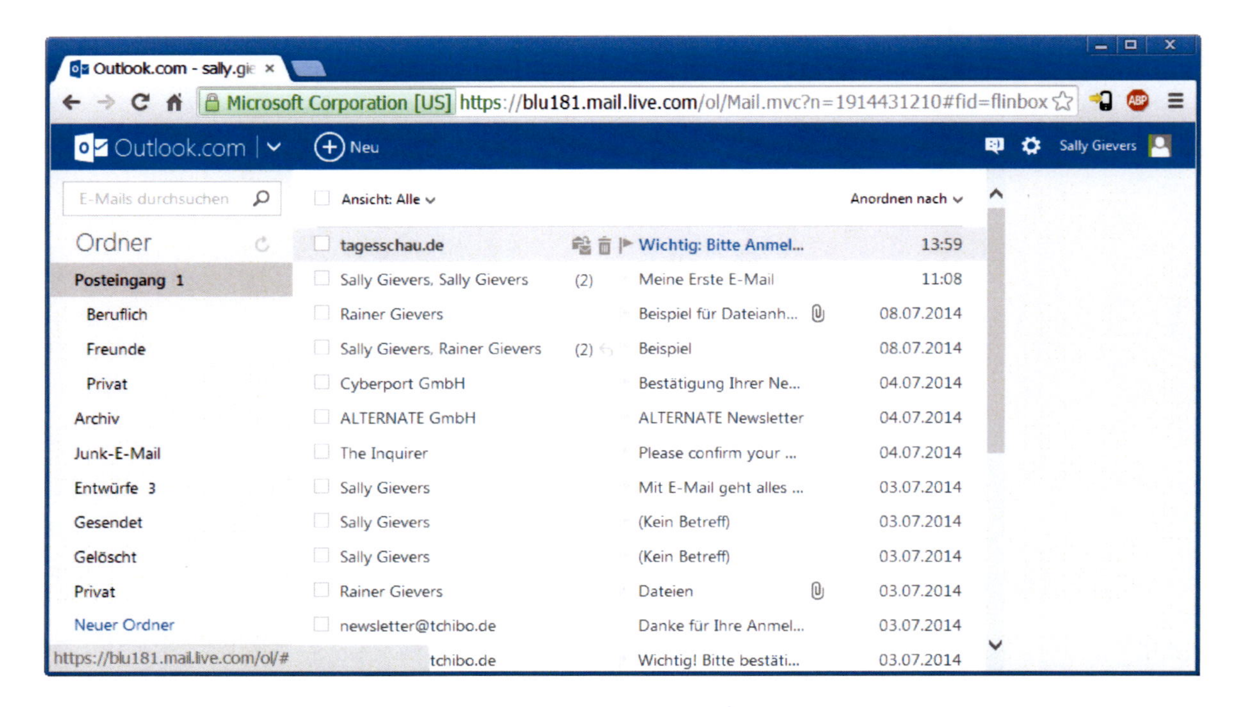

Die Newsletter-Anbieter in Deutschland sind dazu verpflichtet, eine doppelte Bestätigung durchzuführen: Nach Ihrer Newsletter-Anmeldung erhalten Sie per E-Mail einen Link, den Sie zur Bestätigung anklicken müssen.

Rufen Sie nun Ihr E-Mail-Konto auf und wählen Sie den *Posteingang*-Ordner aus. Hier finden Sie eine Nachricht des Newsletter-Anbieters vor, die Sie mit Anklicken öffnen.

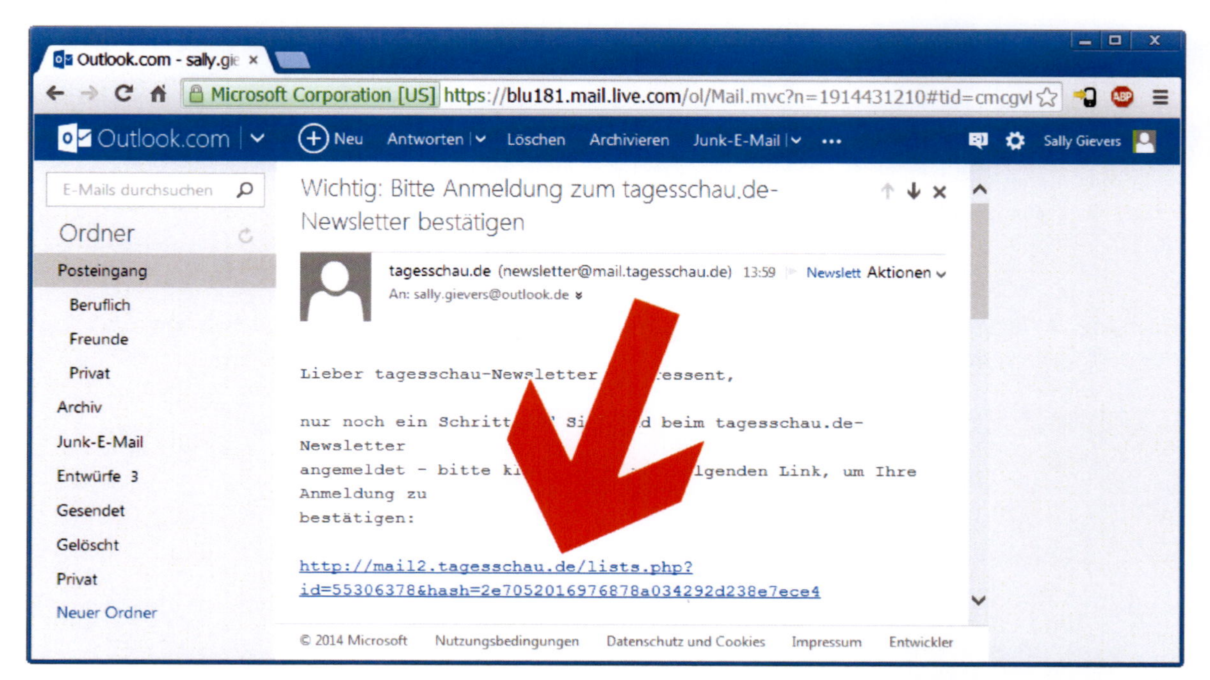

Klicken Sie auf den Link, um den Newsletter-Empfang zu bestätigen und warten Sie, bis die aufgerufene Webseite angezeigt wird. Sie können dann die Webseite schließen.

4.1.1 Vom Newsletter abmelden

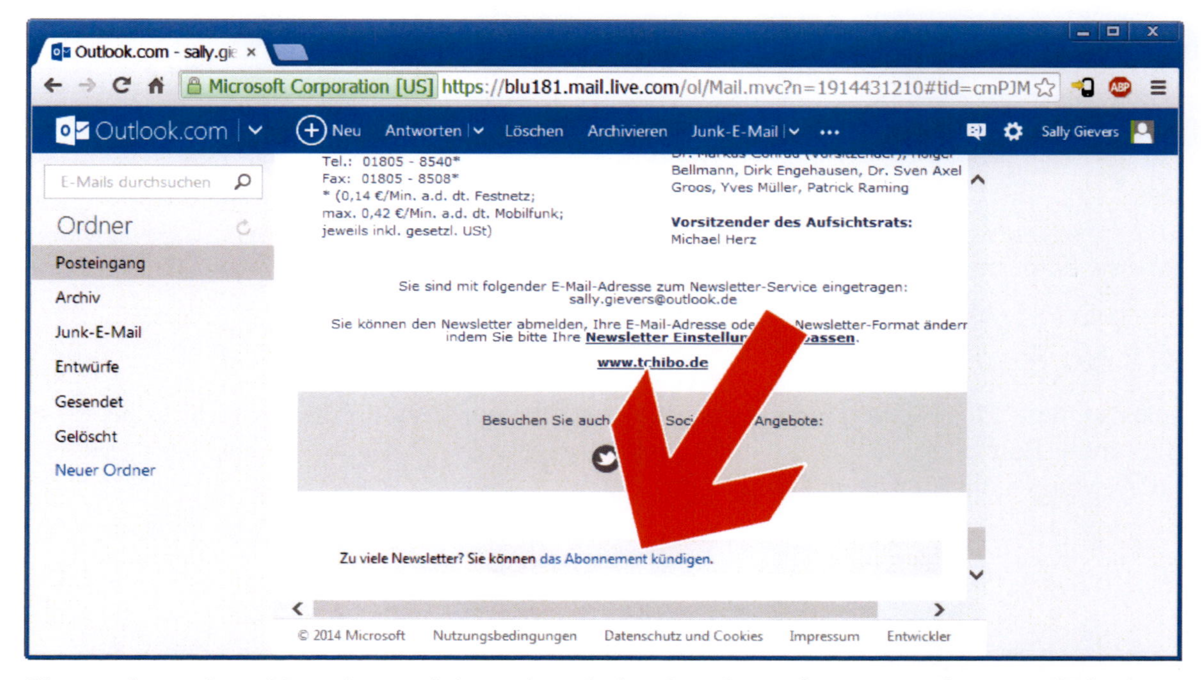

Sie möchten einen Newsletter nicht mehr erhalten? Jeder seriöser Newsletter enthält einen entsprechend ausgewiesenen Link, über den Sie den Newsletter wieder abbestellen.

4.1.2 HTML- und Text-Newsletter

Wie bereits erwähnt, sind Newsletter sowohl in Textform, als auch in HTML (Abk. HyperText Markup Language = Hypertext-Auszeichnungssprache) verfügbar.

```
tagesschau-Newsletter vom 30.06.2014 (9:30 Uhr)

THEMEN DES TAGES
* Costa Rica nach Elfer-Krimi gegen Griechen weiter
* Fußball-WM: Niederlande ziehen ins Viertelfinale ein
[...]

WEITERE MELDUNGEN
* Bildungskanal: Aus BR-alpha wird ARD-alpha
* CSU verschiebt Fahrplan für Seehofer-Nachfolge
[...]
```

Ein Text-Newsletter verzichtet auf Grafiken und aufwendige Textformatierungen und ist deshalb häufig einfacher zu lesen.

HTML-Newsletter sind dagegen bunt und mit Bildern angereichert, sodass sie fast wie Webseiten aussehen.

4.2 No Reply

Insbesondere für größere Unternehmen/Organisationen ist es wichtig, Kundenkontakte in geordnete Bahnen zu lenken, damit kein Chaos entsteht. Deshalb werden Sie ab und zu auf E-Mails nicht antworten können.

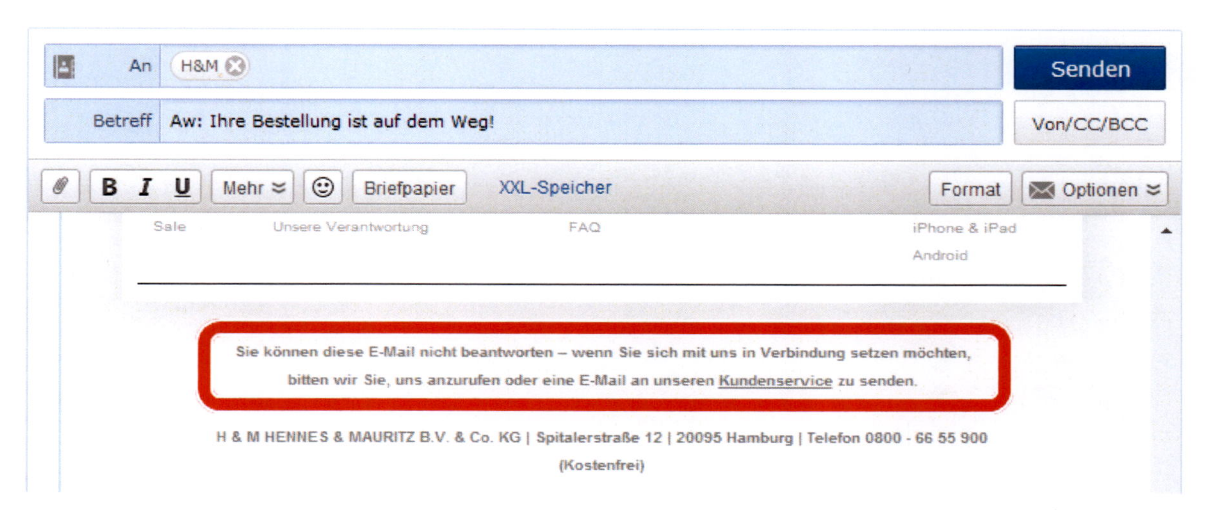

Meistens steht in einer nicht beantwortbaren E-Mail ein Text, der auf alternative Kontaktmöglichkeiten hinweist.

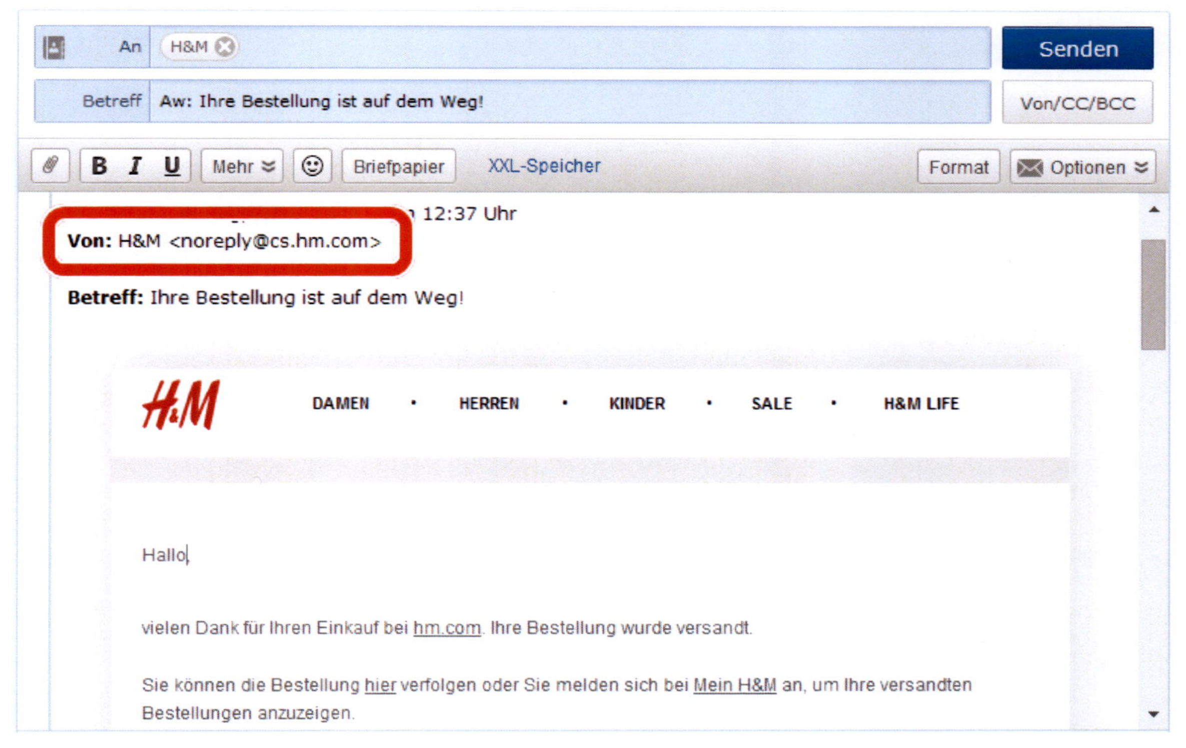

Sollten Sie dennoch mal versuchen, eine Antwort zu schreiben, dürfte die Ziel-E-Mail-Adresse, in diesem Beispiel *noreply@cs.hm.com* (noreply = engl. keine Antwort) einen Hinweis liefern.

Nicht beantwortbar sind häufig automatisierte E-Mails wie beispielsweise Bestellbestätigungen beim Online-Shopping.

4.3 Online-Shopping

In einem Supermarkt spielt es keine Rolle, ob die Mitarbeiter Sie persönlich kennen oder nicht, denn dort läuft der Kauf während Ihrer Anwesenheit ab.

Anders sieht es aus, wenn Sie online etwas kaufen möchten (Online-Shopping = engl. Online-Kauf). In den meisten Fällen müssen Sie sich dann erst ein sogenanntes Kundenkonto mit Ihren Kontaktdaten anlegen, wozu dann auch Ihre E-Mail-Adresse gehört. Mit Ihrer E-Mail-Adresse und einem selbst gewählten Passwort identifizieren Sie sich dann beim Online-Shop.

Ein Beispiel soll in diesem Kapitel zeigen, wie normalerweise der Online-Kauf abläuft.

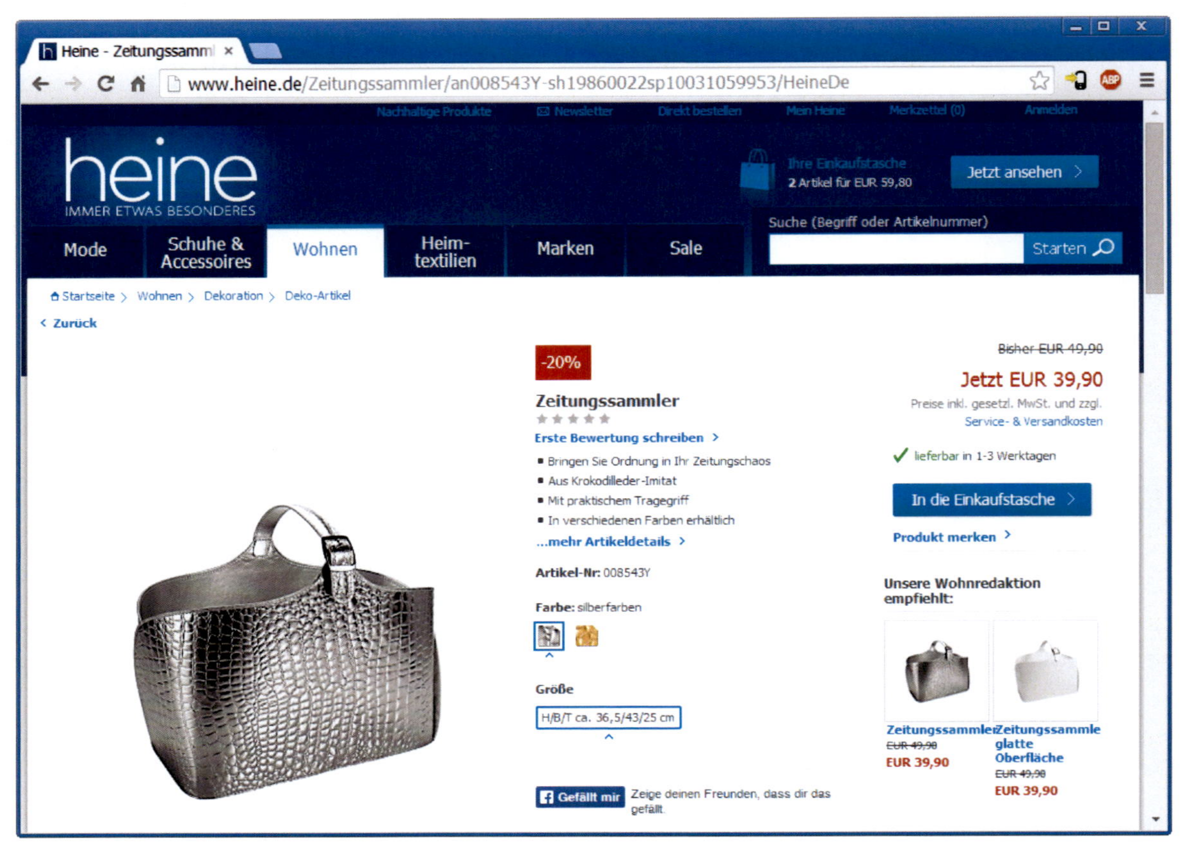

Rufen Sie die Website eines Online-Shops auf, im Beispiel *www.heine.de* für den Heine-Versand. Klicken Sie sich durch die Produktpalette und klicken Sie bei den Artikeln, die Sie kaufen möchten, auf *In die Einkaufstasche* (kann je nach Online-Shop auch *In den Einkaufskorb* oder ähnlich heißen).

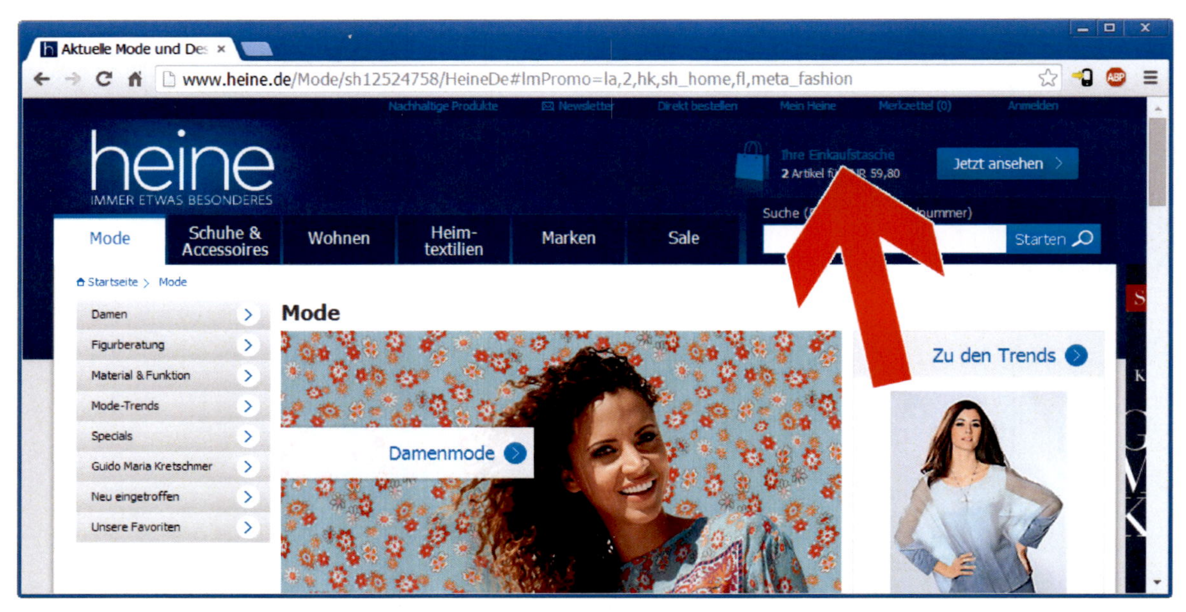

Zum Schluss klicken Sie auf *Ihre Einkaufstasche* (kann auch *Warenkorb* oder ähnlich heißen).

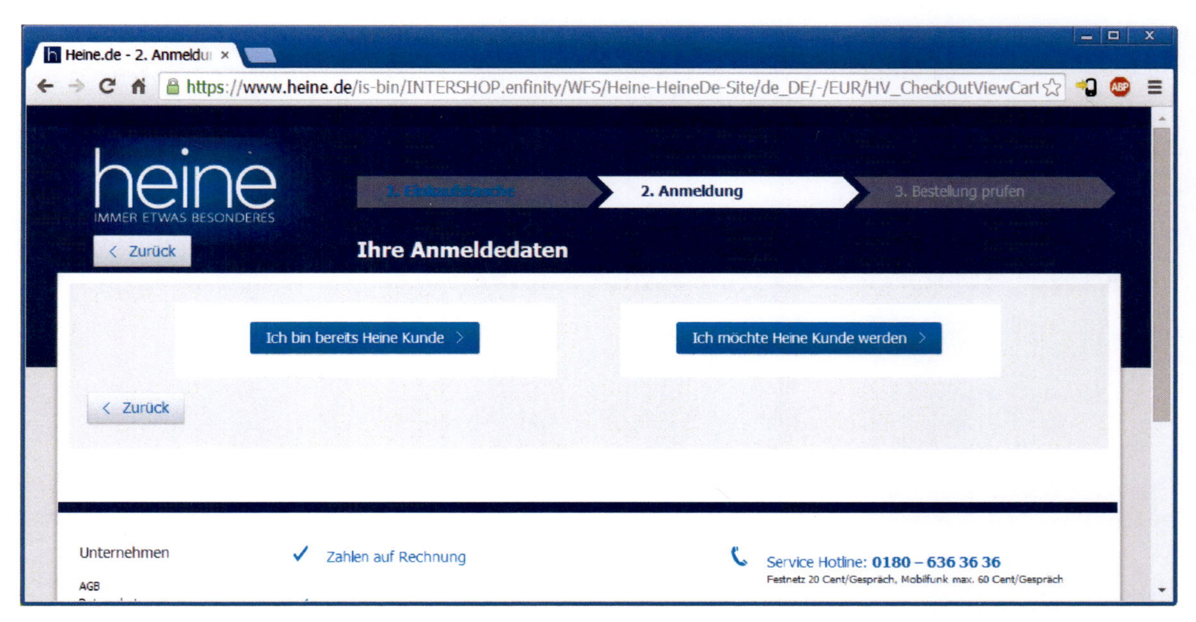

Klicken Sie sich bis zur Anmeldeseite durch und gehen Sie auf *Ich möchte Heine Kunde werden* beziehungsweise *Anmelden* oder ähnlich. Sie müssen dann Ihre E-Mail-Adresse und ein frei von Ihnen gewähltes Passwort, sowie Ihre Rechnungs- und Lieferdaten angeben. Danach können Sie Ihren Kauf abschließen.

Beim nächsten Besuch des Online-Shops können Sie sich durch einen Klick auf *Anmelden, Ihr Konto* oder ähnlich anmelden. Geben Sie dann Ihre E-Mail-Adresse und das zuvor gewählte Passwort ein.

Es ist sehr wichtig, dass Sie für das Kunden-Konto bei einem Online-Shop ein anderes Passwort verwenden als für Ihr E-Mail-Konto. Sollte es nämlich mal zu einem Datendiebstahl beim Online-Shop kommen, so könnten die Datendiebe sich mit der erbeuteten E-Mail-Adresse und dem Passwort in Ihr E-Mail-Konto einloggen. Die Folgen wären sehr unangenehm, denn je nach Ihrem Nutzungsprofil haben Sie sich vielleicht schon bei mehreren Online-Shops angemeldet. Der Angreifer kann dann mit etwas Geschick das Passwort bei einigen dieser Websites zurücksetzen und dann in Ihrem Namen einkaufen. Die meisten Online-Shops setzen dem diverse Sicherheitsmaßnahmen wie die verschlüsselte Speicherung der Kundendaten entgegen, trotzdem sollten Sie kein Risiko eingehen und für jeden Online-Shop ein anderes Passwort verwenden.

4.4 E-Mail-Fehlermeldungen

Im Gegensatz zu Telefonnummern gibt es für E-Mail-Adressen kein zentrales »Telefonbuch«. Stattdessen sind Sie darauf angewiesen, dass eine E-Mail-Adresse, an die Sie eine Nachricht schreiben, korrekt ist. Alle Unternehmen und viele Privatleute veröffentlichen allerdings Ihre E-Mail-Adressen auf Visitenkarten, Briefpapier oder der eigenen Website.

Erhalten Sie eine E-Mail, auf die Sie dann antworten, können Sie natürlich meistens sicher sein, dass der gewünschte Empfänger Ihre Nachricht erhält. Tippen Sie dagegen eine E-Mail-Adresse von Hand ein, weil Sie sie mal irgendwo auf einem Zettel notiert hatten, kann es mal zu einem Vertipper kommen.

Konnte eine E-Mail nicht zugestellt werden, erhalten Sie eine Meldung zurück, die meistens ähnlich wie diese aussieht:

```
This message was created automatically by mail delivery software.

A message that you sent could not be delivered to one or more of
its recipients. This is a permanent error. The following address
failed:

"max.mustermann@gmx.de":
SMTP error from remote server after RCPT command:
host: mx01.emig.gmx.net
Requested action not taken: mailbox unavailable

--- The header of the original message is following. ---

Received: from [192.168.178.58] (p5B3FF9F4.dip0.t-ipconnect.de
[91.63.249.244])
        by mrelayeu.kundenserver.de (node=mreue001) with ESMTP (Nemesis)
        id 0Ldhgp-1WTGYC03VL-00j3jB; Tue, 10 Jun 2014 17:41:23 +0200

Message-ID: <5397272B.9070407@gicom.de>
Date: Tue, 10 Jun 2014 17:41:31 +0200
From: Rainer Gievers <gievers@gicom.de>
...
```

Erkennen Sie den Grund? Englischkenntnisse sind leider von Vorteil! Tipp: Wir haben die für uns informative Zeile im Beispiel hervorgehoben.

Dass eine Nachricht nicht zugestellt wird, kann verschiedene Gründe haben:

- Vertipper: Sie haben sich bei der E-Mail-Adresse vertippt (falls Sie Pech haben, hat vielleicht ein Dritter ausgerechnet diejenige E-Mail-Adresse, die Sie eingegeben haben – dann erhalten Sie natürlich keine Fehlermeldung). Sie erhalten dann eine Meldung ähnlich *Mailbox unavailable* (engl. Postfach nicht vorhanden).
- E-Mail-Adresse gibt es nicht mehr: Verlässt ein Mitarbeiter ein Unternehmen, wird meistens nach einiger Zeit sein E-Mail-Postfach deaktiviert und dorthin geschickte E-Mails kommen mit Fehlermeldung an den Absender zurück. Auch Privatpersonen wechseln mitunter Ihre E-Mail-Adresse, ohne ihren Bekannten die neue mitzuteilen.
- Postfach ist überfüllt: Wohl der zweithäufigste Grund. Der Speicherplatz jedes E-Mail-Postfachs ist begrenzt und wenn man länger abwesend ist, ohne seine Nachrichten zu kontrollieren, kann das Postfach »überlaufen«. Besonders ärgerlich ist, dass Ihr Kommunikationspartner vielleicht noch nicht einmal sein volles Postfach bemerkt. Haben Sie keine Möglichkeit, ihn auf anderem Wege, beispielsweise telefonisch, zu erreichen, müssen Sie eben warten und einige Tage später erneut den E-Mail-Versand probieren. Typisch für ein übergelaufenes Postfach sind Meldung *Mailbox full* (engl. Postfach voll) oder *Quota exceeded* (engl. Kontingent überschritten).
- Server-Fehler: Manchmal ist auch der zuständige Computer (»Server«), der die E-Mails verwaltet, zeitweilig nicht mit dem Internet verbunden. Sie erhalten dann die Meldung *Message is delayed* (Nachricht wird verzögert). Meistens können Sie aber bei dieser Fehlermeldung davon ausgehen, dass Sie sich bei der E-Mail-Adresse vertippt haben.

4.5 Spam

Der technische Fortschritt macht es heute möglich, Millionen von E-Mails innerhalb weniger Minuten über das Internet zu verschicken. Kein Wunder, dass auch dubiose Marketingfirmen und Betrüger es zur Verteilung von unerwünschten Werbe-E-Mails nutzen. Diese werden auch als Spam bezeichnet. Der Begriff ist »Spam« lehnt sich an einen Restaurant-Sketch der britischen Komikertruppe Monty Python an, in dem ein Dialog zwischen Ober und Gästen von Wikingern mit »Spam«-Rufen gestört wird.

An Ihre E-Mail-Adresse können Spam-Versender auf verschiedene Arten gelangt sein:

- Durch Ausprobieren – es kostet ja nichts.
- Programme, mit denen gezielt auf Websites nach E-Mail-Adressen gesucht wird.
- Geraubte Daten, beispielsweise durch Auslesen von Online-Shop-Datenbanken.

In diesem Kapitel werden wir einige Arten von Spam zeigen und danach Bekämpfungsmöglichkeiten vorstellen.

4.5.1 Vorschussbetrug

Eine früher sehr häufige Form des Spams ist der Vorschussbetrug, bei dem Sie ein Fremder um Unterstützung bei einer Finanztransaktion bittet. Der Fantasie der Betrüger sind dabei keine Grenzen gesetzt, beispielsweise geht es um Millionenbeträge, die ein afrikanischer Diktator hinterlegt hat, dann um Erbschaften, Lottogewinne, Hinterlassenschaften von Großindustriellen, usw. Natürlich geht dies nicht ohne Ihre Hilfe. Damit das Geld freigegeben wird, müssen Offizielle bestochen, Notariatsgebühren, Transaktionskosten gezahlt werden, usw. Das Geld sollen Sie dabei meist über einen Dienstleister wie Western Union überweisen, welche dazu dienen, den Zahlungsweg verschleiern. Für Ihre Mithilfe wird ein Anteil an der »Beute« versprochen.

Die E-Mails der Betrüger sind meist auf Englisch gehalten, in seltenen Fällen in schlechtem Deutsch. Diese Art des Betrugs wird im englischen Sprachraum auch als Scam bezeichnet. Erstaunlicherweise fallen immer noch viele Leute darauf rein.

```
ANWALTSKANZLEI DR. SANCHEZTORRES AVD. FARO JOSE 25,28006, MADRID SPAIN
AKTENZEIHEN: WGG/67/776/28ESP

Mein lieber Freund,

Ich mцchte mich erstmals gerne vorstellen. Mein Name ist Dr.SANCHEZ TORRES die persцnliche
Investment Berater meines verstorbenen Mandanten . Er war als privater Geschдftsmann im inter-
nationalen Bereich tдtig. Im Jahr 2008 erlag mein Mandant an einen schweren Herzinfarkt. Mein
Mandant war ledig und kinderlos. Er hinterlieЯ ein Vermцgen im Wert von Ђ10.500.000 (Zehn
Millionen fьnfhunderttausend Euro), das sich in einer Bank in Spanien befindet. Die Bank lieЯ
mir zukommen, dass ich einen Erbberechtigen, Begьnstigten vorstellen muss. Nach mehreren
Recherchen erhielt ich keine weiteren hilfreichen Informationen, ьber die Verwandten meines
verstorbenen Mandanten. Aus diesem Grund schrieb ich Sie an, da Sie den gleichen Nachnamen
haben. Ich benцtige Ihre Zustimmung und Ihre Kooperation um Sie als den Begьnstigten vorzu-
stellen.

Alle meine Bemьhungen Verwandte meines verstorbenen Mandanten zu finden, waren erfolglos.
Infolgedessen wьrde ich vorschlagen das Vermцgen aufzuteilen, Sie erhalten 45% Prozent des An-
teils und 45% Prozent wьrde mir dann zustehen. 10% Prozent werden an Gemeinnьtzige
Organisationen gespendet.

Alle notwendigen Dokumente beinhalten sinngemдЯ auch das Ursprungszeugnis, um demnach Fragen
von der zustдndigen Bank zu vermeiden. Die beantragten Dokumente, die Sie fьr das Verfahren
benцtigen, sind legal und beglaubigt. Das Vermцgen enthдlt kein kriminellen Ursprung. Das Ver-
fahren wird einwandfrei ohne Komplikationen erfolgen, die Geldьberweisung wird rechts gemдЯ
abgeschlossen. Alles was ich von Ihnen benцtige ist Ihr Vertrauen und eine gute Zusammenarbeit.

Kontaktieren Sie mich bitte unter der privaten Telefonnummer: [entfernt] Email: [entfernt]

Die geplante Transaktion wird durch legale Rechtsmitteln fьr Ihren rechtlichen Schutz gefьhrt.

Mit freundlichen GrьЯen
DR . SANCHEZ TORRES
RECHTSANWAELT
```

Beispiel für Vorschussbetrug. Anhand der eingestreuten kyrillischen Buchstaben erkennt man, dass die E-Mail aus Osteuropa und nicht von einem spanischen Absender stammt.

4.5.2 Betrügerische Stellenausschreibungen

Ebenfalls beliebt sind betrügerische Stellenausschreibungen: Hier wird Ihnen ein angeblich lukrativer Nebenjob angeboten, der daraus besteht, dass Sie erhaltene Ware oder auf Ihrem Konto eingegangene Geldbeträge weiterleiten.

```
Aktuelle Stellenangebote

Wir suchen zum sofortigen Eintritt Logistikassistent m/w in Vollzeit (40Std.) und
mochten Ihnen solche Stelle bieten!

Ihr Aufgabenbereich

Arbeiten von zu Hause aus
Wareneingangskontrolle und Warenausgang
Sendungsinhalt auf Transportschaden und Stuckzahl prufen
Sendungen unter der betreffenden Sachnummer im EDV-System verbuchen
Bei Abweichungen vom Lieferschein Vermerk an Disposition senden
Zusammenarbeit mit Sachbearbeitern

Anforderungsprofil

Konzentrationsvermogen und Lernbereitschaft
Ordentliche und engagierte Arbeitsweise
MS-Office Anwenderkenntnisse
{Drucker und Scanner|Scanner und Drucker|Drucker mit Scanner|Scanner mit Drucker|
Drucker inklusive Scanner|
Deutsch in Wort und Schrift

Wir bieten

Unbefristeten Arbeitsvertrag
Eine anstandige Lohne
Flache Entscheidungswege und Hierarchien
Eigenverantwortliches Handeln und Gestaltungsfreiheit
Intensive Einarbeitung und laufende Betreuung

Bewerben Sie sich bitte mit aussagefahigen Unterlagen per E-Mail unter Angabe des
fruhestmoglichen Eintrittstermins. Ihre Bewerbung und Fragen richten Sie bitte an
Alex Halls unter [E-Mail-Adresse entfernt]
```

Beispiel für eine »Stellenausschreibung«.

Wie funktioniert die Betrugsmasche? Die Betrüger haben sich Zugriff auf Bankkonten verschafft und bestellen bei Online-Shops hochwertige Waren. Um die Nachverfolgung zu erschweren, werden »Freiwillige« angeworben, die die Ware dann ins Ausland weiterverschicken (viele Online-Shops verweigern den Auslandsversand bei höheren Warenwerten). Alternativ werden hohe Geldbeträge von fremden Bankkonten abgehoben und an angeworbene »Freiwillige« überwiesen, die das Geld über einen schwer nachvollziehbaren Zahlungsweg wie Western Union weiterleiten. Den »Freiwilligen« werden Provisionen ausgezahlt, die dann nach einigen Wochen der Staatsanwalt einkassiert. Nebenbei handelt man sich eine Anzeige wegen Hehlerei und (bei Geldweiterleitungen) Geldwäsche ein.

4.5.3 Kontenklau (Phishing)

Viele Spam-Nachrichten dienen auch dazu, an die Zugangsdaten für Ihr Online-Banking, Ihre Kreditkarte, oder große Online-Shops wie Amazon oder Ebay zu gelangen. Auch Telekommunikationsdienstleister wie die Telekom, Vodafone und 1&1 sind davon betroffen. Unter Experten ist diese Betrugsmasche auch als »Phishing« (engl. Kunstwort aus »Fishing« und »Phreaking« mit der Bedeutung »Fischen«).

Die Zugangsdaten nutzen die Betrüger dann sehr vielfältig. Während in Online-Shops teure Waren eingekauft werden, die dann über Mittelsmänner ins Ausland verschoben werden (siehe Kapitel *4.5.2 Betrügerische Stellenausschreibungen*), dienen ausgespähte E-Mail-Konten dem Spam-Versand.

```
SPARDA-BANKEN
Storkower Straße 101A
Berlin
15.06.2014

Sehr geehrter Kunde,

Wie Ihnen wahrscheinlich bekannt ist, tritt ab 01. Februar 2014 das neue SEPA-
Zahlungssystem in Kraft. SEPA (Single Euro Payments Area) ist das neue vereinheit-
lichte Zahlungssystem, das europaweit gilt. Mit dem neuen SEPA-System werden Über-
weisungen nicht nur schneller und zuverlässiger, der Zahlungsverkehr wird durch
dieses neue System auch sicherer.

Bitte folgen Sie den Anweisungen des untenstehenden Links:
www.sparda.de/kundenservise/sepa.abteilung

Nach Vervollständigung dieses Schrittes werden Sie von einem Mitarbeiter unseres
Kundendienstes zum Status Ihres Kontos kontaktiert.

Um diese Dienste weiterhin problemlos nutzen zu können, führen Sie bitte das Update
zur SEPA-Umstellung so schnell wie möglich durch.

Mit freundlichen Grüßen,
SEPA/NET-Banking-Abteilung
SPARDA-BANKEN
```

So sieht eine beispielhafte Phishing-E-Mail aus.

In der Regel werden Sie aufgefordert, in der E-Mail einen Link anzuklicken, um Ihr gesperrtes Online-Banking freizuschalten, eine notwendige Aktualisierung durchzuführen oder einen Datenverlust zu verhindern. Sie gelangen dann auf eine Webseite, die der des betreffenden Unternehmens sehr ähnelt. Dort sollen Sie Ihre Zugangsdaten beziehungsweise Ihre PIN oder andere persönliche Daten eingeben, welche dann beim Betrüger landen.

4.5.3.a Wie erkennen Sie Phishing-E-Mails?

In den Phishing-Mails wird fast immer eine Dringlichkeit vorgespielt, damit Sie nicht lange darüber nachdenken, ob Sie den mitgesendeten Link anklicken. Die Betrüger sitzen zudem meist in Osteuropa, weshalb die Phishing-E-Mails manchmal derbe Rechtschreibfehler enthalten. Sehr häufig scheint die E-Mail zudem von einem Unternehmen/einer Bank zu kommen, bei der Sie kein Kunde sind, denn schließlich kann der Absender ja nicht wissen, wo Sie Kunde sind. In den meisten Fällen dürften Sie englischsprachigen Spam erhalten, denn geografisch sind die Betrüger ja nicht eingegrenzt.

Natürlich kommt es ab und zu vor, dass Sie ein Unternehmen, mit dem Sie geschäftlich in Verbindung stehen, beispielsweise Online-Shops, Gasversorger, Banken, usw. per E-Mail kontaktiert. In diesen Fällen erfolgt aber fast immer eine persönliche Ansprache mit Ihrem Vor- und Nachnamen. Auch Ihre Kundennummer wird in der Regel mit angegeben. Den Betrügern ist Ihr Name dagegen nicht bekannt, weshalb die Anrede nur allgemein mit »Sehr geehrter Kunde« erfolgt. In ganz selten Fällen – wenn die Hintermänner in den Besitz einer Kundendatenbank gelangt sind – ist aber auch eine persönliche Anrede möglich.

Der Trick, warum Phishing so gut funktioniert, liegt am Link, den Sie anklicken sollen. Meistens sieht dieser aus, als ob Sie damit tatsächlich auf die Website des vorgeblichen Absenders gelangen. In unserem Beispiel sieht der Link so aus:

```
[...]
Bitte folgen Sie den Anweisungen des untenstehenden Links:
www.sparda.de/kundenservise/sepa.abteilung
[...]
Mit freundlichen Grüßen,
SEPA/NET-Banking-Abteilung
SPARDA-BANKEN
```

www.sparda.de verweist ja tatsächlich auf die Bank-Website, oder?

Um die folgenden Ausführungen zu verstehen, müssen wir ein bisschen ausholen: Anklickbare Links in E-Mails dürfen – genauso wie die im Webbrowser angezeigten Webseiten – auf ein anderes Ziel zeigen. Halten Sie den Mauszeiger über den Link (nicht anklicken), so wird Ihnen die Webseite angezeigt, die Sie per Mausklick besuchen würden. In diesem Fall handelt es sich um *www.coolhunterdiary.com/www.sparda.de/sparda-sepa.htm,* welche ganz offensichtlich mit einer Bank nichts zu tun hat. Sollten Sie übrigens dennoch mal einen gefälschten Link angeklickt haben, so ist dies meistens nicht weiter schlimm, sofern Sie danach nicht das angebotene Formular ausgefüllt haben.

Sind Sie unsicher, ob eine E-Mail betrügerischer Art oder seriös ist, sollten Sie beim vermeintlichen Absender auf einem anderen Kommunikationsweg, in der Regel per Telefon nachfragen, bevor Sie den enthaltenen Link anklicken. Besuchen Sie bei Bedarf die Website des vermeintlichen Absenders, indem Sie dessen Website-Adresse von Hand im Browser eintippen.

Kurz zusammengefasst:

Phishing erkennen Sie daran, dass eine oder mehrere Bedingungen zutreffen:

- Es wird eine besondere Dringlichkeit vorgespielt.
- Die Nachricht ist in einer Fremdsprache, meist Englisch.
- Häufig stehen Sie in keiner Geschäftsverbindung mit dem angeblichen Absender.
- Die E-Mails sind teilweise in einem schlechten Deutsch verfasst.
- Der Absender nutzt keine E-Mail-Adresse der betreffenden Organisation.
- Eine persönliche Anrede mit Ihrem Namen fehlt.
- Der anzuklickende Link führt auf eine Website, die nicht dem betreffenden Unternehmen gehört.

4.5.4 Phishing mit E-Mail-Kontakt

Eine Besonderheit sind Phishing-Nachrichten, die keinen anklickbaren Link enthalten, sondern nur eine Kontakt-E-Mail-Adresse oder Telefonnummer. Häufig geht es um einmalige »Sonderangebote« oder einen günstigen Kredit. Natürlich sollte man auf solche E-Mails nicht reagieren.

```
Von: lesia89301@mail.ru
Betreff: Kunde löst sein Lager auf
```

Hallo,

haben Sie noch die Absicht, ein IPhone 5 von Apple zu kaufen? Natürlich brandneu, mit voller Garantie und aus der laufenden Serie? Von einem Partner erhielten wir Ihre email, und deshalb fragen wir bei Ihnen an.

Wir sind Gründer und Verwalter von englischen LTDs im Treuhandauftrag deutscher Klienten. Sicherlich nicht beabsichtigt, ist einer unserer Klienten vor kurzer Zeit illiquide geworden und hat zwischenzeitlich das Gewerbe aufgegeben.

Damit unsere offenen Honorarforderungen beglichen werden, verkaufen wir vier Paletten mit IPhones Handy von Apple, originalverpackt, mit voller Garantie und aus der aktuellen Produktlinie zu einem reduzierten Preis von 30 Prozent Rabatt auf den Listen VKP. Wollen Sie sich zu diesen günstigen Bedingungen mit 2 IPhones eindecken, erhalten Sie einen zusätzlichen gestaffelten Nachlass auf 40 %, und wir geben Ihnen eine Zielzahlung von dreißig Tagen vor.

Komplette Informationen erhalten Sie, wenn Sie uns eine email an [E-Mail-Adresse entfernt] senden.

Mit freundlichem Gruß
Christoph Becker

Günstiges Handy gefällig? Auf so ein Angebot sollte man auf keinen Fall eingehen!

```
Von: sandra18088@instructor.net
Betreff: Lösen Sie Ihr drängendes Geldproblem
```

Ich wünsche Ihnen einen schönen guten Tag, ich habe eine gute Nachricht für Sie

Auch bei schlechter Auskunft und zuvor von Ihrer eigenen Hausbank zurückgewiesenem Antrag können wir für Unternehmer, Privat und für Häuslebauer zu optimalen Bedingungen ein Darlehen vermitteln.

Die Rückzahlung belastet Sie daher nicht großartig. Unsere Kooperationspartner sind mehrere Banken, und wir kümmern uns um alle Details.

Das ist der elegante Umweg, um einen NeuKredit zu bekommen.

Hier bekommen Sie weitere Informationen: [E-Mail-Adresse entfernt]

Mit freundlichen Grüßen
Alfred Schulz
Kundenberater

Typisches Kreditangebot. Man muss finanziell schon ziemlich verzweifelt sein, um auf soetwas zu reagieren.

4.5.5 Gefährliche Dateianhänge

Ein häufig genutztes E-Mail-Feature ist der Versand von Dateianhängen, den sich auch. Kriminelle zu nutze machen. Auch hierbei wird mit der Neugier des Empfängers gespielt.

Hier einige Beispiele:

```
Von: +497229176597@mms.gmx.net
Betreff: MMS
```

Hallo guten morgen mein lieber Pirat, entschuldige aber die Batterie war leer. Es war sehr schön mit dir gestern!

Dateianhänge

RG902810644833.pdf

Wer würde bei so einer E-Mail nicht nervös werden und versuchen, den Dateianhang zu öffnen?

Von: rechnungsstelle@1und1.de
Betreff: 1&1 Telecom GmbH - Ihre Rechnung 099763589081 vom 11.06.2014

Ihre Kundennummer: 783429340

Sehr geehrter,

heute erhalten Sie Ihre Rechnung vom 10.06.2014 im PDF-Format.
Der Rechnungsbetrag in Höhe von 76,52 EUR wird am 16.06.2014 von Ihrem Konto abgebucht.

[...]

Sicherheitshinweis - Wie Sie sich vor gefälschten E-Mails schützen:
===
Bitte beachten Sie, dass manche Betrüger E-Mails als Rechnungen der 1&1 Telecom GmbH tarnen. Mit diesen gefälschten E-Mails kann schädliche Software auf den Rechner des Empfängers gelangen. Wenn Sie sich nicht sicher sind, von wem eine E-Mail stammt, dann öffnen Sie bitte auf keinen Fall die Dateien, die an diese E-Mail angehängt sind.

[...]

Wie können Sie eine echte Rechnung von 1&1 erkennen?

Damit Sie sich sicher sein können, dass es sich nicht um eine gefälschte Rechnung handelt, haben wir für Sie die Merkmale einer Rechnung von 1&1 zusammengestellt. So können Sie schnell und einfach feststellen, ob es sich um eine echte Rechnung handelt:

- Unsere E-Mail enthält immer Ihre Kundennummer bei 1&1
- Wir sprechen Sie mit Ihrem Namen an
- Ihre Rechnungen finden Sie außerdem in Ihrem 1&1 Control-Center

[...]

Mit freundlichen Grüßen
Ihre 1&1 Telecom GmbH

Dateianhänge

RG902810644833.pdf

Eine besonders clever gefälschte E-Mail mit Dateianhang, die sogar die Original-Hinweise von 1&1 zur Erkennung von gefälschten Nachrichten enthält. Natürlich erfüllt diese E-Mail nicht die aufgeführten Anforderungen, weil der Kundenname nicht in der Ansprache enthalten und die angegebene Kundennummer mit Sicherheit falsch ist.

Von: Vodafone-OnlineRechnung@vodafone.com
Betreff: Ihre Mobilfunk-Rechnung vom 02.06.2014 im Anhang als PDF

Guten Tag!

Ihre Rechnung vom 02.06.2014 ist hier im Anhang als PDF-Datei für Sie. Falls Sie die Datei auf Ihrem Handy nicht öffnen können, versuchen Sie es bitte an Ihrem PC.

Die Gesamtsumme beträgt 91,33 Euro und ist am 29.05.2014 fällig

Viele freundliche Grüße

Ihr Vodafone-Team

Dateianhänge

Ihre_Rechnung_02.06.2014.pdf.zip

Schon anhand der ungelenken Formulierungen ist diese E-Mail als Fälschung zu erkennen.

```
Von: [entfernt]
Betreff: Abmahnung

Guten Tag,

Dies ist eine Abmahnung wegen Ihres Verstoßes gegen §19a UrhG am 05-07-2014. Das
Musikalbum "Bon Jovi - What About Now" wurde von Ihrer IP 31.198.2.40 gegen 21:28:04
heruntergeladen. Dies verstößt gegen § 19a UrhG und muss zum verantwortlichen Amts-
gericht Zivilgericht eskaliert werden. Nur die schnellstmögliche Bezahlung eins Buß-
geldes von 380.43 Euro kann dies verhindern. Wir erwarten den Zahlungseingang inner-
halb der nächsten 48 Stunden. Details finden Sie im angehängten Dokument
65396cc8be74.zip

Hochachtungsvoll,
[entfernt]
```

Dateianhänge

```
65396cc8be74.zip
```

Häufig reiten die Betrüger auf aktuellen gesellschaftlichen und technischen Entwicklungen. Im Beispiel geht es um eine sogenannte Filesharing-Abmahnung, die tatsächlich aber einen Trojaner im Dateianhang enthält.

Die mitgesendeten Dateien enthalten meist sogenannte Trojaner, also Programme, welche Ihren PC nach Online-Banking-Zugangsdaten ausspähen. Aber auch die Zugangsdaten für Online-Shops sind für die Betrüger interessant.

Die wichtigste Gegenmaßnahme, um sich keinen E-Mail-Trojaner einzufangen, ist immer noch der gesunde Menschenverstand, denn wenn plötzlich ein Unbekannter vor Ihrer Haustür steht, würden Sie ihn ja auch nicht einfach in die Wohnung hineinlassen. Genauso sollten Sie sich bei Dateianhängen vor dem Anklicken immer fragen, ob Sie den Absender kennen beziehungsweise von ihm auch einen Dateianhang erwarten. Ein bisschen Misstrauen schadet aber auch bei E-Mails von Bekannten nicht, denn es kann nicht ausgeschlossen werden, dass sein PC von einem Trojaner infiziert ist, der alle auf dem PC vorgefundenen E-Mail-Adressen anschreibt. Rufen Sie den Absender gegebenenfalls an und fragen Sie ihn, ob der Dateianhang von ihm stammt, falls Sie unsicher sind.

Anhand der Dateiendungen der mitgesendeten Dateien können Sie meistens schnell erkennen, ob es sich um einen Trojaner handelt.

Beispiele für (meistens) harmlose Dateianhänge:

```
bild.jpg          (Bilddatei)
Rechnung.pdf      (PDF-Dokument)
brief.docx        (Word-Dokument)
brief.doc         (Word-Dokument, alte Version)
brief.odt         (Open Office/Libre-Office-Dokument)
kalkulation.xlsx  (Excel-Datei)
kalkulation.xls   (Excel-Datei, alte Version)
```

Wie Sie vielleicht bereits wissen, wertet Ihr PC die Dateiendung einer angeklickten Datei aus. Klicken Sie eine Datei wie `bild.jpg` an, so würde der Bildanzeiger aufgerufen, bei `Rechnung.pdf` startet dagegen der Acrobat Reader für die PDF-Anzeige, usw.

Mit Sicherheit Schadprogramme enthalten:

```
Rechnung.exe
Mahnung.scr
```

Die Dateiendungen *.exe* und *.scr* markieren Programme, die nach dem Anklicken sofort ausgeführt werden. Bei einer Rechnung oder Mahnung würde man eher mit *.pdf* rechnen.

Vorsicht bei Zip-Dateien:

`rechnung.zip`

.zip markiert sogenannte Zip-Dateien. Diese enthalten ein- oder mehrere Dateien, die man aber erst sieht, wenn man die Zip-Datei mit einem Doppelklick öffnet.

```
12_4228423615.jpg.zip
Spam-Report.pdf.zip
```

Die oben aufgeführten Zip-Dateien enthalten übrigens praktisch immer Trojaner, denn durch die Zeichenfolge *.jpg.zip* und *.pdf.zip* soll Ihnen vorgegaukelt werden, dass es sich um ein Bild beziehungsweise PDF-Datei handelt. Tatsächlich handelt es sich aber um eine Zip-Datei, die nach dem Anklicken erst den tatsächlichen Inhalt preisgibt. Der Angreifer macht sich bei solchen Dateien den Umstand zur Nutze, dass beispielsweise von *wichtige-datei.pdf.zip* auf manchen PCs die Dateiendung *.zip* ausgeblendet wird.

Die beschriebenen Merkmale sind also schon mal ein guter Indikator, ob man einen Trojaner oder nur einen harmlosen Dateianhang vorliegen hat. Jetzt kommt aber der große Wermutstropfen und der Grund, warum Sie trotzdem auch vermeintlich sichere Dateianhänge nicht anklicken sollten: Auch eine zunächst harmlose Bild-, Word- oder PDF-Datei kann einen Trojaner enthalten, der durch eine Sicherheitslücke Ihres PC-Betriebssystems automatisch installiert wird!

Weil es kaum möglich ist, Trojaner und harmlose Dateianhänge auseinanderzuhalten, sollten Sie immer einen sogenannten Virenscanner installiert haben, wie Sie ihn unter anderem bei *www.avira.com/de/antivir* oder *www.avast.com/de-de* kostenlos herunterladen und installieren können.

Wichtig ist es auch Ihr (Windows)-Betriebssystem immer auf dem aktuellen Stand zu halten, indem Sie dort die automatischen Updates aktivieren. Das Thema Virenscanner und Updates würde in diesem Buch leider zu weit führen.

Kurz zusammengefasst:

- Dateianhängen immer mit äußerstem Misstrauen begegnen.
- Auch eine Datei, die Ihnen ein Bekannter sendet, kann einen Trojaner enthalten.
- Installieren Sie einen Virenscanner und halten Sie ihn über die integrierte Update-Funktion immer aktuell.
- Aktualisieren Sie regelmäßig Ihr Betriebssystem, um Sicherheitslücken zu schließen.

4.5.6 Was machen, wenn Sie auf Phishing reingefallen sind?

Haben Sie aus Versehen auf einen mitgeschickten Link geklickt, aber noch nicht das Web-Formular ausgefüllt, können Sie sich glücklich schätzen. Die Betrüger haben dann nämlich noch keinen Nutzen aus Ihrem Fehler gezogen. Wir empfehlen in einem solchen Fall, dass Sie mit einem Virenscanner-Programm Ihren PC untersuchen lassen, weil die besuchte Webseite vielleicht Schadcode enthalten hat.

Bei einem angeklickten Dateianhang wird der (hoffentlich von Ihnen installierte) Virenscanner vermutlich anschlagen und Schlimmeres verhindern. Sollte dies nicht der Fall sein, handelt es sich entweder nicht um ein Schadprogramm, oder dem Virenscanner ist der Schadcode noch nicht bekannt. Sie sollten dann Ihren PC auf ungewöhnliche Aktivitäten wie merkwürdige Fehlermeldungen hin im Blick halten.

Sind bereits die Konto- oder Kreditkartendaten von Ihnen weitergegeben worden, rufen

Sie bitte sofort bei Ihrer Bank oder dem Kreditkartenunternehmen an, um das Konto beziehungsweise die Kreditkarte zu sperren. Man wird Ihnen dort zusätzlich zu einer Anzeige bei der Polizei raten. Im Fall einer Kreditkarte schickt man Ihnen gegen eine geringe Gebühr eine neue.

Grundsätzlich sollten Sie niemals Spam-Emails beantworten, weil Sie damit unter Umständen dem Absender Ihre E-Mail-Adresse bestätigen. Im schlimmsten Fall erfährt er so auch Ihren vollständigen Namen und die von Ihnen gesprochene Sprache (wir erinnern uns: Spam-Versender sitzen fast immer in anderen Ländern). Beim nächsten Mal könnte man Sie dann mit persönlicher Anrede anschreiben.

4.5.7 Vorbeugung beim Online-Banking

Den Betrügern geht es, wie bereits erwähnt, meistens darum, an Ihre Bankdaten zu gelangen, um dann innerhalb weniger Minuten Ihr Konto zu leeren. Natürlich sind Betrügereien nicht im Interesse der Banken, die deshalb für das Online-Banking verschiedene Sicherheitsmaßnahmen ersonnen haben – wir können hier aber nur die für die Kunden sichtbaren ansprechen: Bei allen Banken ist bereits für die Anmeldung beim Konto ein Login mit Passwort nötig und vor jeder Transaktion muss eine sogenannte TAN vom Kunden angegeben werden. Diese wird wiederum meist per SMS ans Kunden-Handy übermittelt, per TAN-Generator-Gerät beim Kunden ermittelt oder wird vom Kunden von einem TAN-Zettel abgelesen. Um eine Überweisung durchzuführen, muss ein Betrüger also gleich mehrere Hindernisse überwinden. Eine seriöse Bank wird Sie aber niemals per E-Mail nach PIN oder TAN fragen. Zusätzlich lässt sich fast immer ein Überweisungslimit einrichten, das Sie auf wenige hundert Euro beschränken sollten.

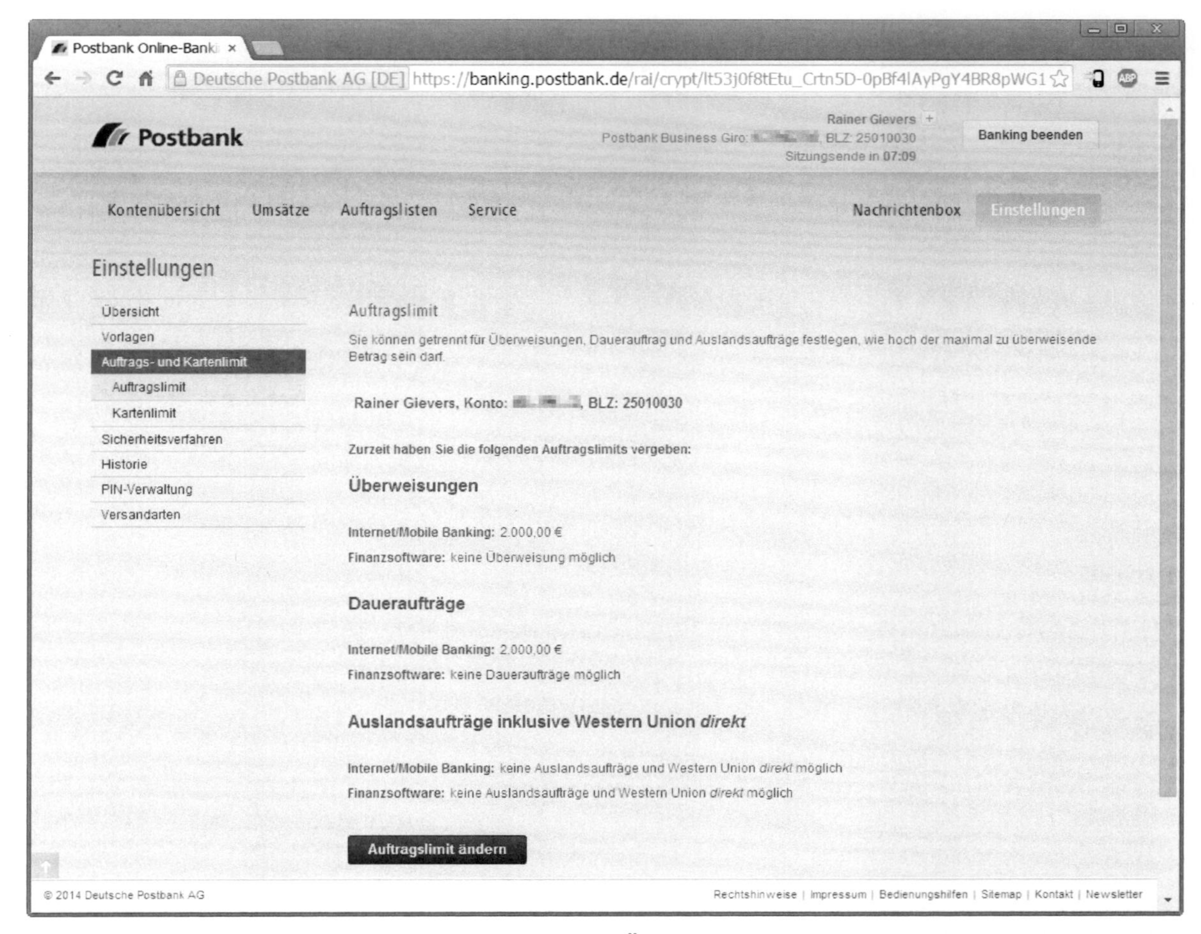

Beispiel für das Postbank-Online-Banking: Für Überweisungen und Abbuchungen lässt sich bei fast jeder Bank ein Limit einstellen.

4.6 Die Unterschiede zwischen POP und IMAP

Während der Einrichtung Ihres E-Mail-Kontos auf PC oder mobilem Gerät haben Sie vielleicht schon festgestellt, dass es verschiedene Übertragungsprotokolle für den E-Mail-Abruf gibt. Neben den herstellerspezifischen Protokollen, die unter anderem bei Microsoft (Outlook.com) und Google (Gmail) zum Einsatz kommen, sind dies POP (Post Office Protokoll = engl. Postamt-Protokoll) und IMAP (Internet Message Access Protocol = engl. Internet-Nachrichtenzugriffsprotokoll).

Genau genommen handelt es sich übrigens um POP3 und IMAP4, die aber meist mit POP und IMAP abgekürzt werden.

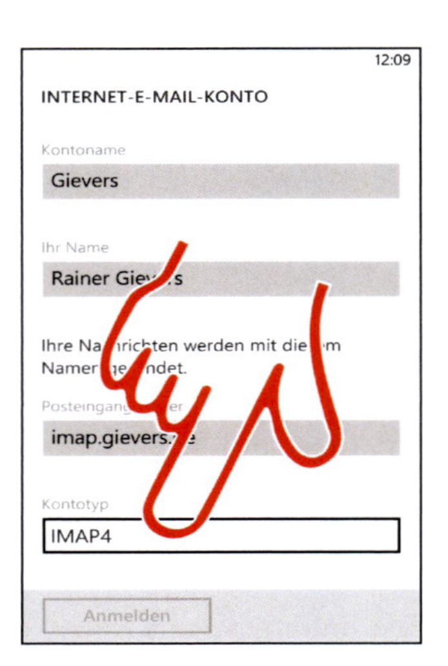

❶ Festlegen des Protokolls in einem E-Mailprogramm.

❷ Unter Windows Phone wählen Sie beispielsweise das Protokoll beim *Kontotyp* aus.

In diesem Buch sind wir bei der Vorstellung der E-Mail-Programme nicht auf IMAP eingegangen, weil es für Gelegenheitsanwender keine Vorteile bringt. Außerdem unterstützen viele der kostenlosen E-Mail-Anbieter IMAP erst ab den kostenpflichtigen Tarifen.

Worin unterscheiden sich POP und IMAP? Bei POP rufen Sie mit dem E-Mail-Programm ab und zu die neuen Nachrichten vom E-Mail-Konto ab, die Sie dann lokal weiterverarbeiten, beispielsweise in einen anderen Ordner verschieben. Die Nachrichten werden also im Internet-E-Mail-Konto und im E-Mail-Programm separat verwaltet. Nutzen Sie dagegen IMAP, so spiegelt das E-Mail-Programm alle Ordner und Nachrichten in Ihrem E-Mail-Programm. Nachrichten, die Sie in einem anderen Ordner verschieben, landen auch auf dem Internet-E-Mail-Konto im gleichen Ordner. Zunächst sehen Sie zudem nur den Absender und Betreff und erst, wenn Sie eine Nachricht öffnen, wird sie heruntergeladen.

Dem IMAP-Vorteil, dass der Nachrichtenabruf sehr schnell erfolgt, steht der Nachteil einer permanent nötigen Internetverbindung gegenüber. Bei POP-E-Mail-Konten können Sie dagegen auf einem Mobilgerät Ihre E-Mails auch bei nicht vorhandener Mobilfunkverbindung ansehen.

Die bei IMAP einzugebende Abruf-Serveradresse lautet meist *imap.xxx.de* oder ähnlich.

4.7 E-Mail-Adressen auf Webseiten

Auf einigen Webseiten sind E-Mail-Adressen nur »verschleiert« angegeben, damit sie nicht von automatischen Programmen ausgelesen und für Spam (siehe Kapitel *4.5 Spam*) genutzt werden. Sie finden dann solche merkwürdigen Angaben:

- *redaktion [ät] heimat12 [punkt] de*
- *sally-at-gievers.de*
- *kontakt[at]gicom.de*

Wie Sie sich vielleicht schon denken, setzen Sie die E-Mail-Adressen dann einfach zusammen, in unseren Beispielen also:

- *redaktion@heimat12.de*
- *sally@gievers.de*
- *kontakt@gicom.de*

Bitte beachten Sie dabei, dass E-Mail-Adressen keine Leerzeichen enthalten.

4.8 Smileys

Mit einem »Smiley« (von engl. Smile = lächeln) drücken Internetnutzer in Texten ihre Gefühle aus. Die bekanntesten Smileys sind :-) für ein glückliches Gesicht und :-(für ein unglückliches Gesicht, daneben sind aber auch Kurzformen wie :) und :(möglich. Zum »Lesen« eines Smileys müssen Sie sie um 90 Grad gedreht vorstellen. Smileys nutzen viele nicht nur in E-Mails, sondern auch auf Webseiten, Internet-Chats und in SMS.

Aus dem Tastaturzeichenvorrat lassen sich Hunderte von verschiedenen Smileys basteln:

:-D = laut lachend

:-* = Kuss

;-) = Augenzwinkern

:-O = erstaunt

:-/ = skeptisch

usw.

Bitte seien Sie bei der Verwendung von Smileys vorsichtig, denn nicht jeder kann Smileys korrekt einordnen. In seriösen E-Mails, zum Beispiel im Geschäftsverkehr, haben Smileys zudem nichts verloren.

Viele E-Mail-Programme bieten eine Einfügefunktion für Smileys an und stellen diese in den empfangenen Nachrichten als Symbole wie ☺ dar.

```
Hallo Sabine,

schaffe es morgen leider nicht, dich zu besuchen! :-(

Dafür komme ich aber am Dienstag vorbei. Freue mich schon, dich nach langer Zeit
wiederzusehen :-)

Liebe Grüße
Sally
```

Beispiel für eine E-Mail mit Smileys.

4.9 Dateien schnell per E-Mail versenden

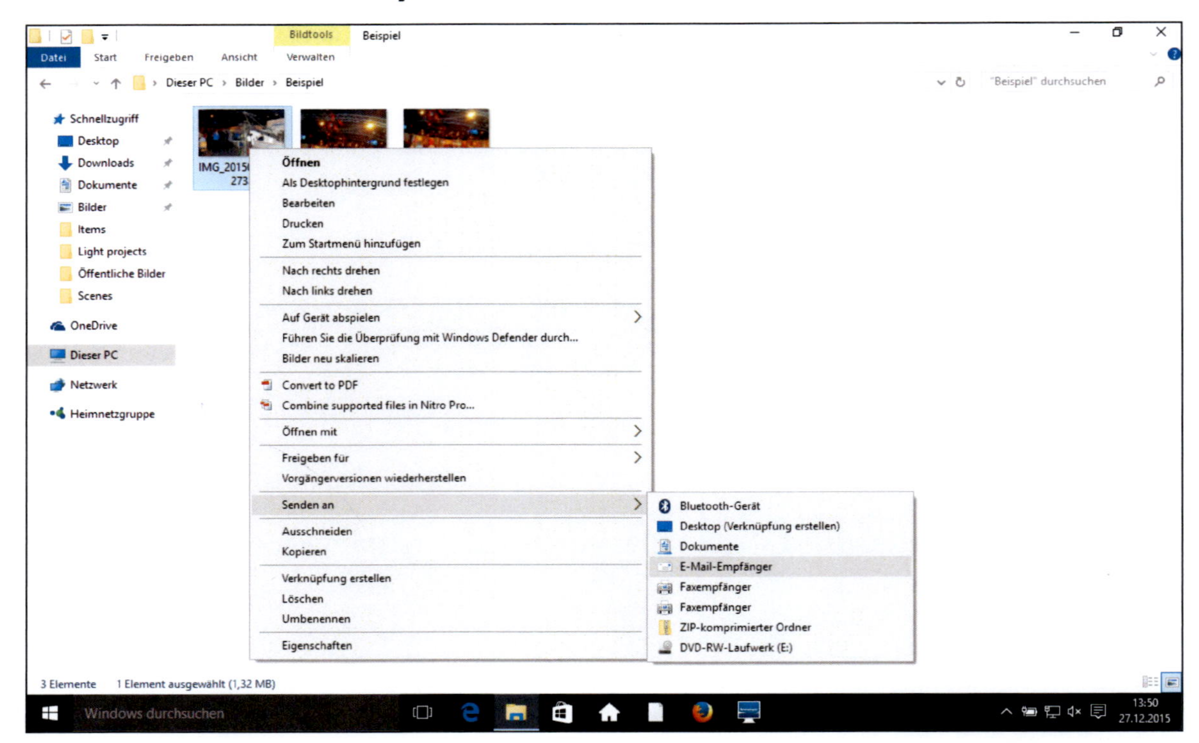

Unter Windows lassen sich Dateien ganz einfach aus dem Windows Explorer heraus per E-Mail als Dateianhang versenden: Markieren Sie mit einem linken Mausklick die Datei und halten Sie den Mauszeiger erneut über der Datei. Dann klicken Sie mit der rechten Maustaste für das Popup-Menü und wählen darin *Senden an/E-Mail-Empfänger*.

Es lassen sich natürlich auch mehrere Dateien markieren, die Sie anschließend auf die oben aufgeführte Weise versenden können.

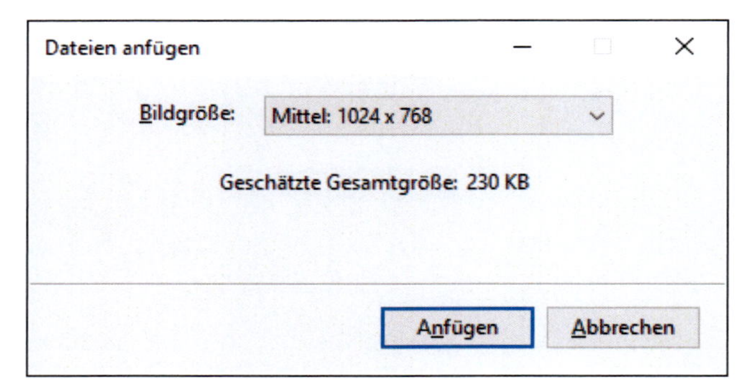

Sofern Sie ein Bild versenden möchten, bietet Windows eine Bildverkleinerung an. Stellen Sie im Auswahlmenü *Ursprüngliche Größe* ein, wenn Sie dies nicht wünschen. Danach betätigen Sie die *Anfügen*-Schaltleiste, worauf das E-Mail-Programm startet und die Datei(en) als Dateianhang anfügt.

5. Windows Mail auf Windows 10

Hinweis: Auf die bei Windows XP, 7, oder 8 mitgelieferten E-Mail-Anwendungen können wir aus Platzgründen nicht eingehen. Wir empfehlen in diesem Fall, bei der im Kapitel *3 E-Mail-Konto einrichten und nutzen* vorgestellten Web-Anwendung zu bleiben.

Ein Hinweis vorab: Dieses Kapitel ist so geschrieben, dass Sie, wenn Sie bereits eine E-Mail-Adresse besitzen, sofort loslegen können. Dabei gehen wir auch auf die nötigen Grundlagen ein. Sofern Sie bereits mit Outlook.com (siehe Kapitel *3 E-Mail-Konto einrichten und nutzen*) oder einem anderen »Webmailer« gearbeitet haben, können Sie deshalb bei Bedarf manche Ausführungen überspringen.

Im Kapitel *3 E-Mail-Konto einrichten und nutzen* haben Sie den sogenannten **Webmailer** Outlook.com kennengelernt. Unter Webmailer (engl. Netz-Nachrichtenversender) versteht man Websites, welche im Webbrowser die E-Mail-Verarbeitung ermöglichen. Alternativ können Sie aber auch Ihre E-Mails mit einem **E-Mail-PC-Programm** senden und empfangen. Ob für Sie die Nutzung eines PC-Programms sinnvoll ist, hängt von den Umständen ab. Verwenden Sie E-Mails nur privat, reicht für Sie ein Webmailer vermutlich aus. Als Selbstständiger/Freiberufler sind Sie dagegen verpflichtet, Ihre E-Mails dauerhaft zu archivieren – fragen Sie gegebenenfalls bei Ihrem Steuerberater nach. Sie kommen dann also um den Einsatz eines PC-E-Mail-Programms nicht herum.

Ein weiterer Vorteil der PC-E-Mail-Programme ist, dass Sie nicht auf Größenbeschränkungen Ihres E-Mail-Postfachs Rücksicht nehmen müssen, das häufig nur einige Gigabyte speichert. Bei einem PC-E-Mail-Programm ist dagegen der Speicherplatz nur durch die PC-Festplattengröße beschränkt. Bei manchen Webmailern werden zudem Nachrichten nur einen gewissen Zeitraum vorgehalten und dann gelöscht, während Sie auf dem PC selbst entscheiden, ob und welche E-Mails zu löschen sind. Der Autor dieses Buchs verfügt deshalb beispielsweise über ein Archiv aller Nachrichten, die er in den letzten 15 Jahren empfangen und gesendet hat.

Die meisten PC-Programme unterstützten mehrere E-Mail-Postfächer, das heißt, Sie können die Nachrichten von verschiedenen E-Mail-Konten unter einer Benutzeroberfläche zusammenführen.

Übrigens ist es Ihnen freigestellt, ob Sie den Webmailer trotz PC-E-Mail-Programm weiterverwenden. Je nach Konfiguration des E-Mail-Programms sind immer nur die Nachrichten verfügbar, die dort seit dem letzten E-Mail-Abruf des PC-Programms eingetroffen sind.

Wir raten dazu, dass Sie, sofern Sie sowohl Webmailer als auch PC-E-Mail-Programm einsetzen, Ihre Nachrichten ausschließlich über das PC-Programm versenden. Im Webmailer versandte Nachrichten sind nämlich nicht im PC-Programm verfügbar und umgekehrt. Wollen Sie wissen, ob Sie jemandem mal geschrieben haben, müssen Sie sonst erst suchen.

Leider müssen Sie einige Zeit in das Erlernen eines PC-E-Mail-Programms investieren. Falls Sie nur ab und eine E-Mail schreiben/empfangen, dürfte sich der Einarbeitungsaufwand nicht lohnen.

Die Vorteile eines PC-E-Mail-Programms in Kürze:

- Mehrere E-Mail-Postfächer von verschiedenen Anbietern
- E-Mail-Speicherplatz nur von Festplattengröße abhängig

5.1 Einrichtung von Windows Mail

Windows Mail ist unter Windows 10 bereits vorinstalliert und kann sofort genutzt werden.

Grundsätzlich ist Windows Mail immer mit Ihrem Windows-Konto verbunden, das als Login eine E-Mail-Adresse verwendet. Diese haben Sie beim ersten Start Ihres neuen PCs oder Notebooks eingerichtet.

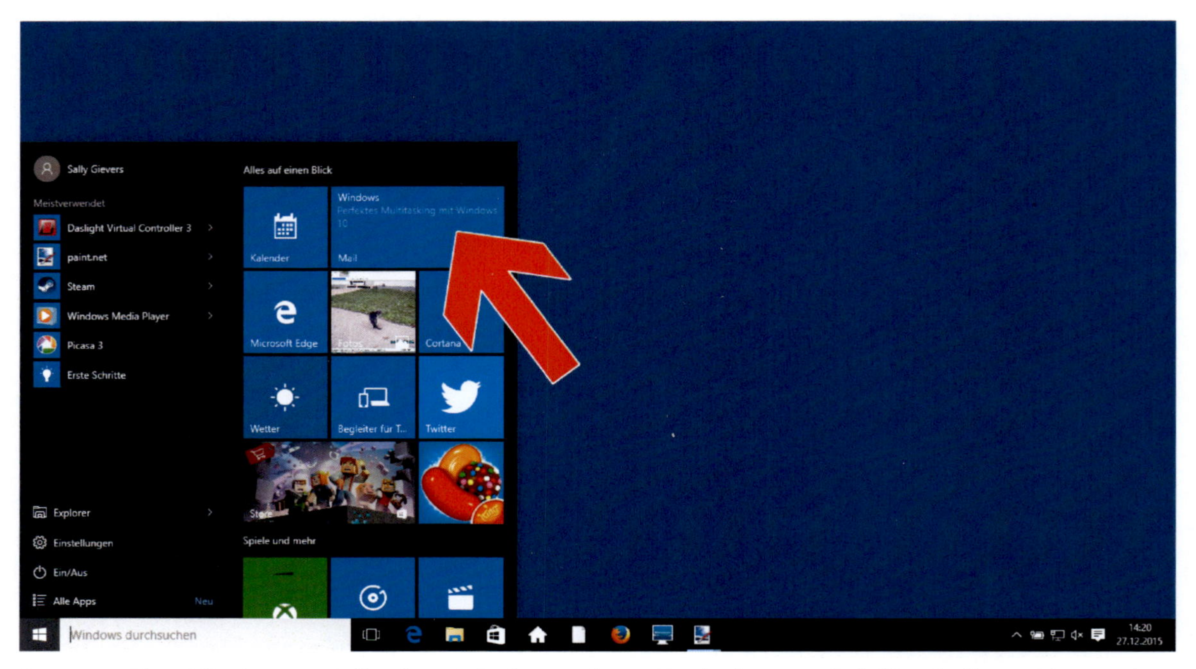

Starten Sie Windows Mail über *Mail* aus dem Kachelmenü (Pfeil). Sollten Sie es dort nicht sofort finden, dann klicken Sie unten links in das *Windows durchsuchen*-Feld und geben dort *Mail* ein, worauf das Programm angezeigt wird.

Klicken Sie auf *Anfangen*.

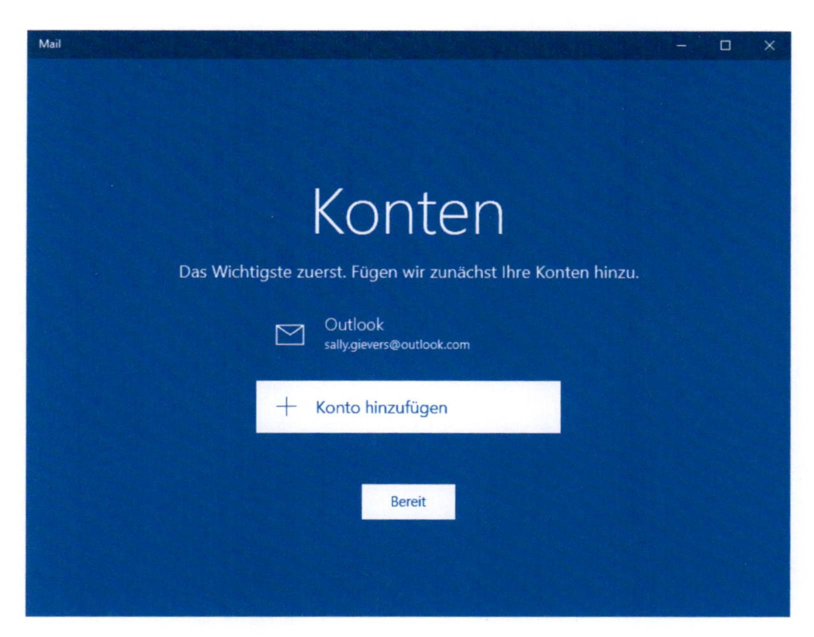

Es gibt nun drei Möglichkeiten:

- Die E-Mail-Adresse (im Beispiel *sally.gievers@outlook.de)* ist bereits für die **Windows-Anmeldung** eingerichtet. Klicken Sie auf *Bereit* und lesen Sie bitte ab Kapitel *5.2 Windows Mail in der Praxis* weiter.
- Sie haben bereits eine E-Mail-Adresse, wie im Kapitel *3 E-Mail-Konto einrichten und nutzen* beschrieben eingerichet. Darauf gehen wir im nächsten Kapitel *Windows-Konto mit bestehendem Outlook.com-Konto einrichten* ein.
- Falls Sie noch keine E-Mail-Adresse besitzen, sollten Sie sie erst, wie im Kapitel *3 E-Mail-Konto einrichten und nutzen* beschrieben, einrichten.

5.1.1 E-Mail-Konto einrichten

In diesem Kapitel zeigen wir Ihnen, wie Sie ein bestehendes Outlook.com-E-Mail-Konto (das Sie bereits beim Durchlesen von Kapitel *3 E-Mail-Konto einrichten und nutzen* registriert haben) in der E-Mail-Anwendung anlegen.

Gehen Sie auf *Konto hinzufügen*.

Zur Auswahl stehen:

- *sally.gievers@gmx.de*: Hier wird bei Ihnen das Konto stehen, mit dem Sie sich bei Windows nach dem Einschalten des PCs beziehungsweise Notebooks anmelden.
- *Outlook.com*: Ein E-Mailkonto, das Sie auf Outlook.com angelegt hatten (Endung Ihrer E-Mail-Adresse mit *@outlook.com*, *@outlook.de* oder *@hotmail.com*).
- *Exchange*: Viele Unternehmen verwenden die Softwarelösung Microsoft Exchange für die E-Mail-Nutzung. Als Mitarbeiter werden Sie dann *Exchange* auswählen müssen (fragen Sie gegebenenfalls in Ihrer IT-Abteilung nach). Auch Nutzer mit einer Microsoft Office 365-Lizenz müssen eventuell dieses Menü wählen.
- *Google*: Gmail-E-Mail-Konto, das Sie auf Ihrem Android-Handy oder Tablet nutzen.
- *Yahoo! Mail:* Im Ausland ist Yahoo recht populär, weshalb dessen E-Mail-Dienst hier auftaucht.
- *iCloud*: Der E-Mail-Dienst von Apple (siehe Kapitel *9 E-Mail mit iPhone*).
- *Anderes Konto*: E-Mail-Konten von T-Online, Web.de und ähnlichen Freemail-Anbietern.
- *Erweitertes Setup*: Einrichtung eines E-Mail-Kontos, wenn Sie zu Ihrer Website eine eigene E-Mail-Adresse besitzen (siehe Kapitel *5.1.2 E-Mail-Konto zur eigenen Website einrichten*)

In unserem Beispiel haben wir ja bereits eine E-Mail-Adresse bei Outlook.com eingerichtet, weshalb wir *Outlook.com* auswählen.

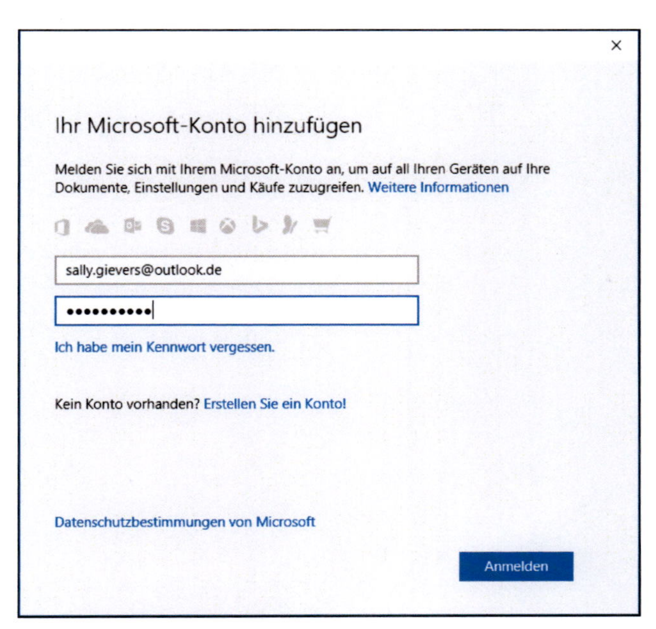

Geben Sie Ihre Outlook.com-E-Mail-Adresse (das »@« erhalten Sie durch gleichzeitiges Betätigen von Alt Gr + Q auf der PC-Tastatur) und das zugehörige Kennwort ein. Betätigen Sie *Anmelden*.

Den Erfolgshinweis schließen Sie mit *Fertig*.

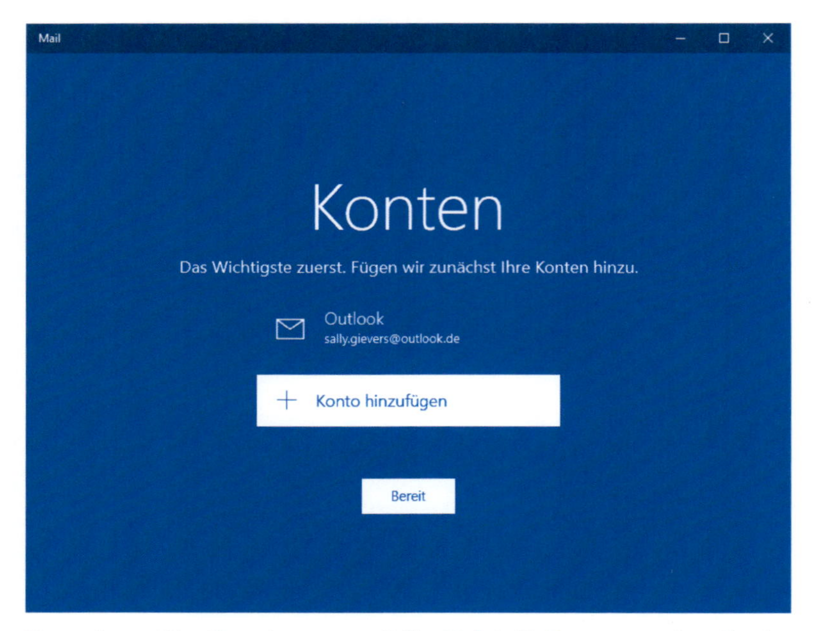

Betätigen Sie *Bereit*, worauf die E-Mail-Benutzeroberfläche angezeigt wird.

5.1.2 E-Mail-Konto zur eigenen Website einrichten

Falls Sie zu einer Website eine eigene E-Mail-Adresse (*IhrName@IhreWebsite.de*) besitzen, dann ist die Kontoeinrichtung etwas komplizierter.

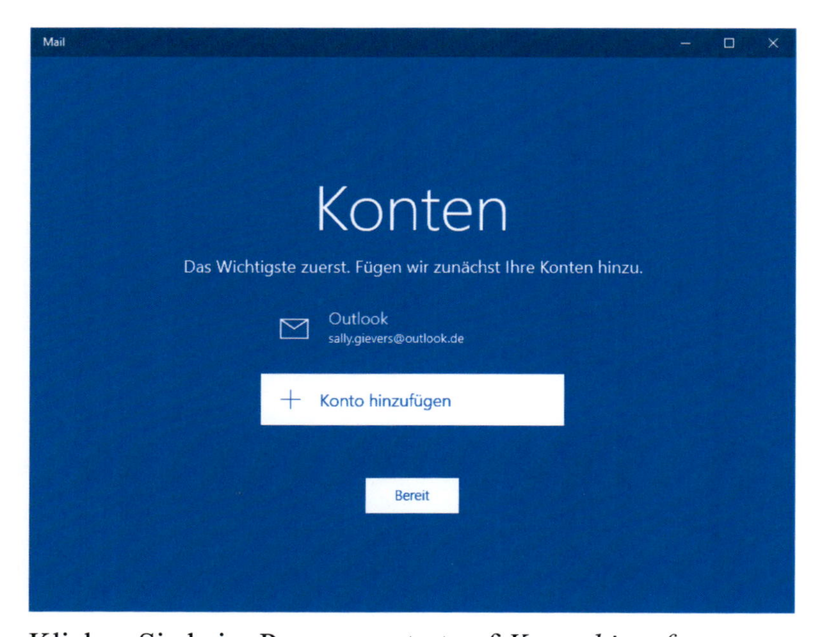

Klicken Sie beim Programmstart auf *Konto hinzufügen*.

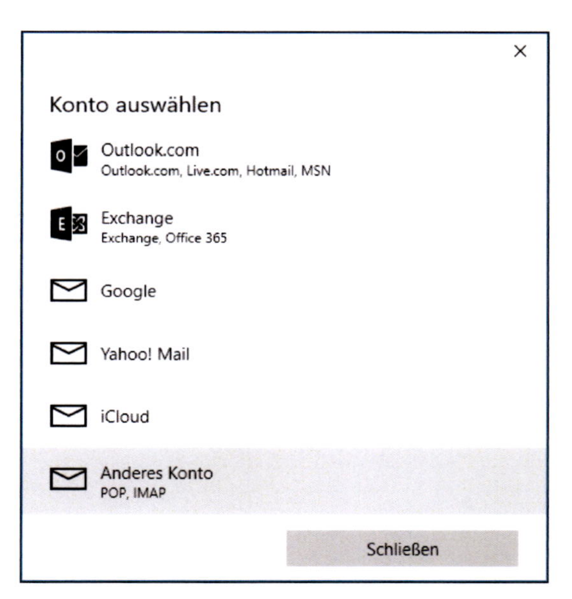

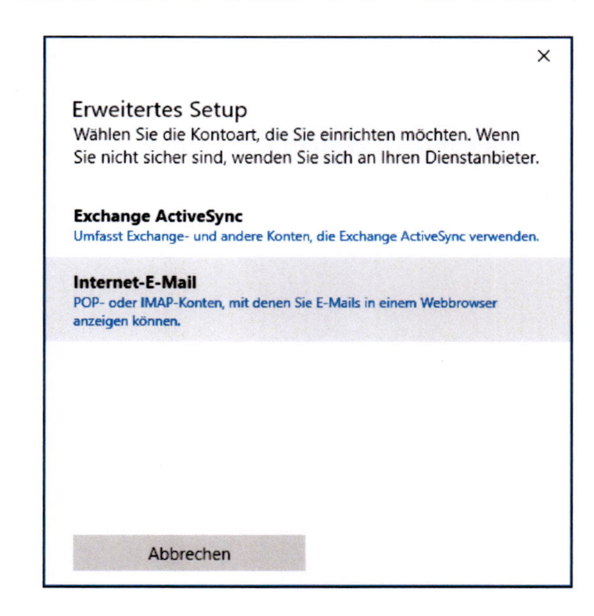

❶ Klicken Sie auf *Anderes Konto*.

❷ Wählen Sie *Internet-E-Mail* aus.

Die einzugebenden Daten:

- *Kontoname*: Unter diesem Namen erscheint das E-Mail-Konto später in der Programmoberfläche.
- *Ihr Name*: Dieser erscheint als Absender in Ihren Nachrichten.
- *Posteingangsserver*: Der Server, über den die E-Mails abgerufen werden. Häufig verwenden die E-Mail-Dienste dazu einen Namen im Format »*pop.xxxx.de*«.
- *Kontotyp*: Zur Auswahl stehen *POP3* und *IMAP4* (beachten Sie dazu Kapitel *4.6 Die Unterschiede zwischen POP und IMAP*). In der Regel werden Sie *POP3* auswählen.
- *E-Mail-Adresse*: Die von Ihnen genutzte E-Mail-Adresse.
- *Benutzername*: Entspricht meistens Ihrer E-Mail-Adresse. Damit melden Sie sich beim E-Mail-Dienst an.
- *Kennwort*: Passwort für den Zugriff auf den E-Mail-Dienst.
- *Postausgangsserver (SMTP)*: Der Server, über den Ihre E-Mails gesendet werden.

Häufig verwenden die E-Mail-Dienste dazu einen Namen im Format *»smtp.xxxx.de«*.

Die darunter aufgelisteten Abhakkästchen sollten alle aktiviert sein (sofern Ihr Webhoster nicht explizit etwas anderes verlangt):

- *Ausgangsserver erfordert Authentifizierung*
- *Denselben Benutzernamen und dasselbe Passwort zum Senden von E-Mails verwenden*
- *SSL für eingehende E-Mails erforderlich*
- *SSL für ausgehende E-Mails erforderlich*

Klicken Sie nun auf *Anmelden* und schließen Sie die Erfolgsmeldung mit *Fertig.*

Die nötigen Anmeldedaten teilt Ihnen Ihre IT-Abteilung (sofern Sie in einem Unternehmen arbeiten) beziehungsweise Ihr Webhoster mit.

5.2 Windows Mail in der Praxis

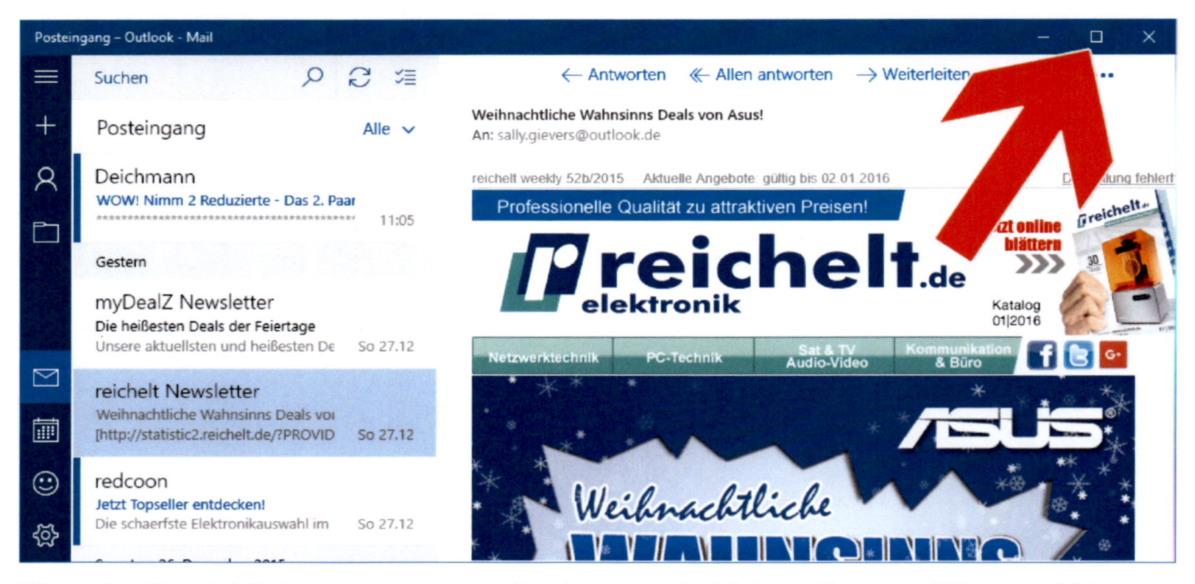

Hinweis: Das Mail-Programm startet in einem recht kleinen Fenster. Wir empfehlen, es mit einem Klick auf ☐ (Pfeil) oben rechts in der Titelleiste auf Bildschirmgröße zu maximieren.

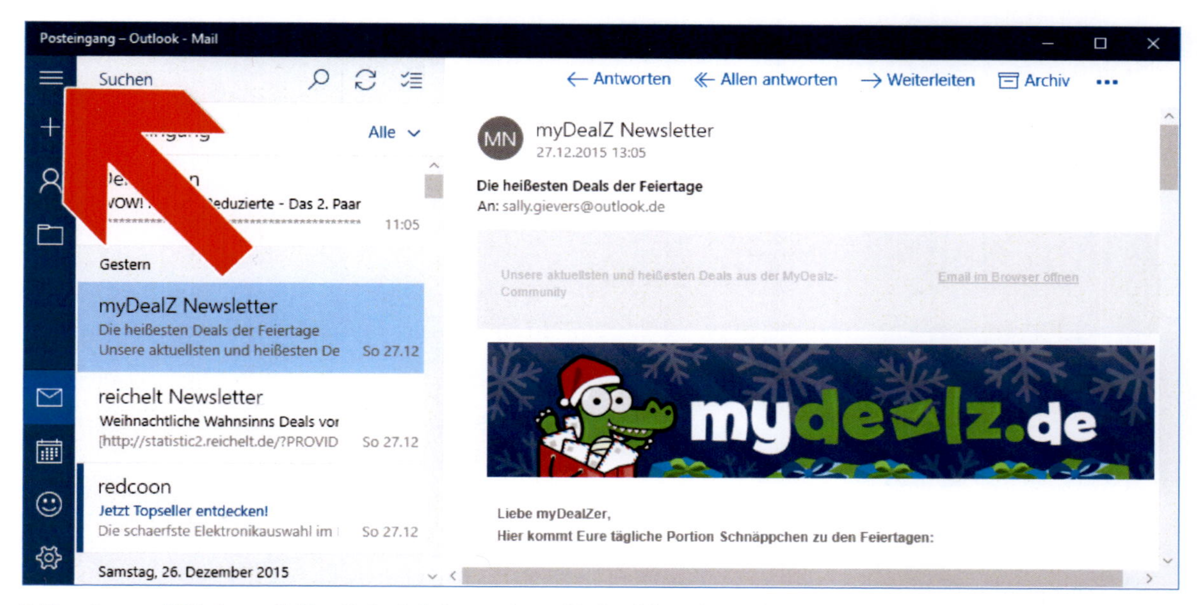

Mit einem Klick auf die Schaltleiste oben links blenden Sie das Ordner-Menü ein/aus.

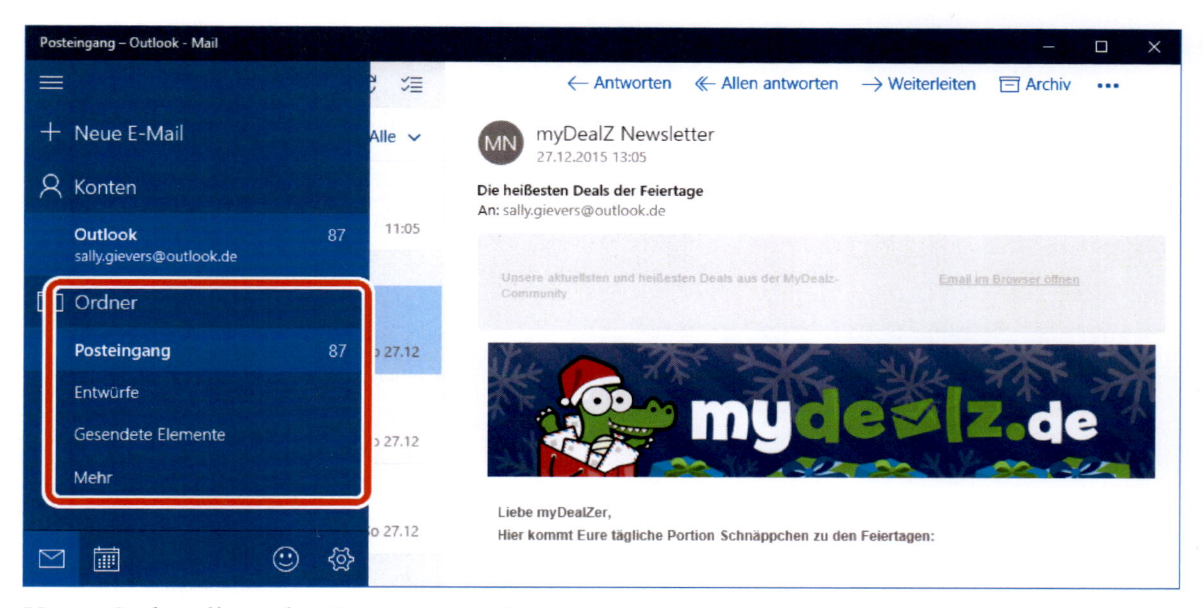

Unter *Ordner* listet das Programm auf:

- *Posteingang*: Hier landen alle von Ihnen empfangenen E-Mails
- *Entwürfe:* Nachrichten, die Sie bereits vorbereitet, aber noch nicht verschickt haben.
- *Gesendete Elemente*: Verschickte E-Mails.
- *Mehr* öffnet ein Untermenü mit einigen weiteren Ordnern, auf die wir zum Teil im weiteren Verlauf dieses Buchs noch eingehen.

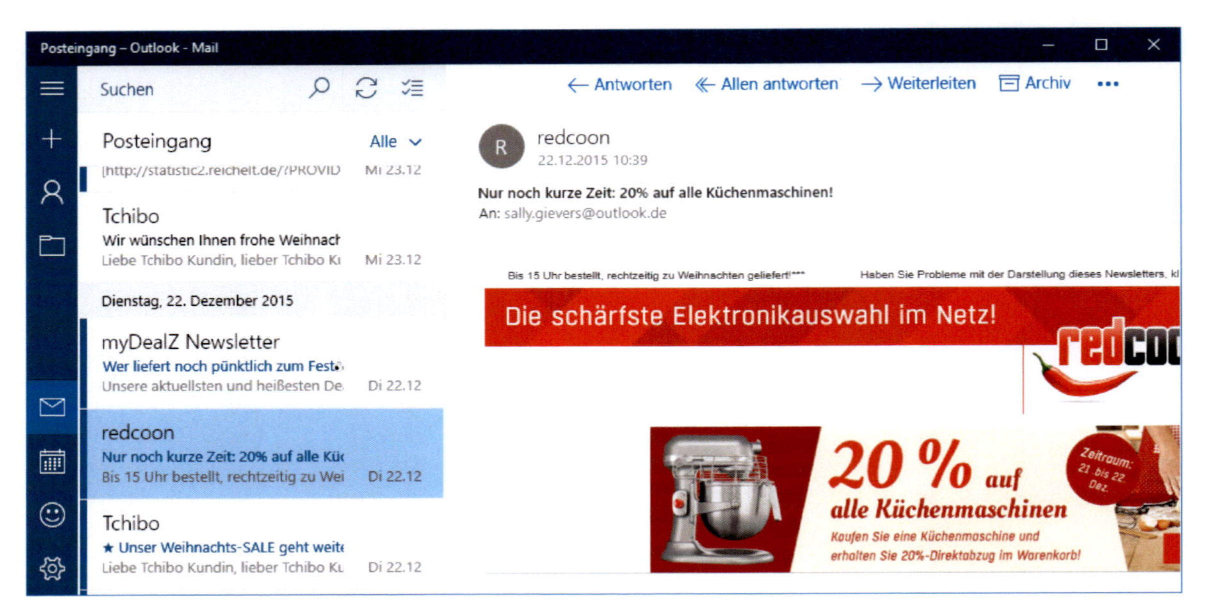

Rechts listet das Mail-Programm die im gerade ausgewählten Ordner enthaltenen Nachrichten an. Klicken Sie eine Nachricht an, die dann auf der rechten Bildschirmseite angezeigt wird.

5.2.1 Neue Nachricht schreiben

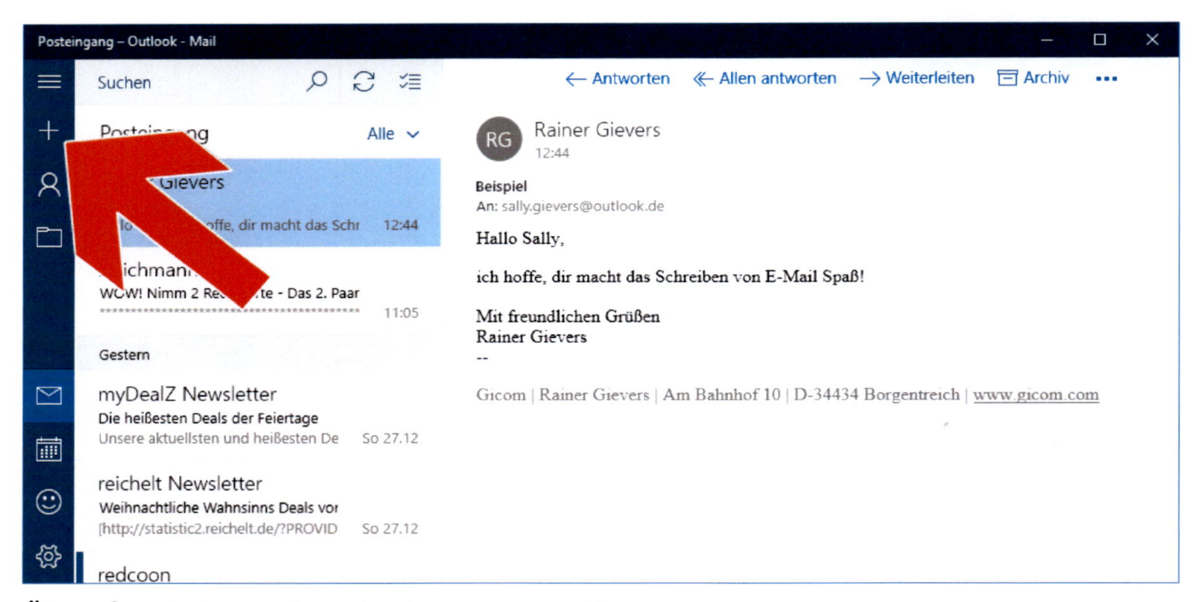

Über **+** (Pfeil) erstellen Sie eine neue E-Mail.

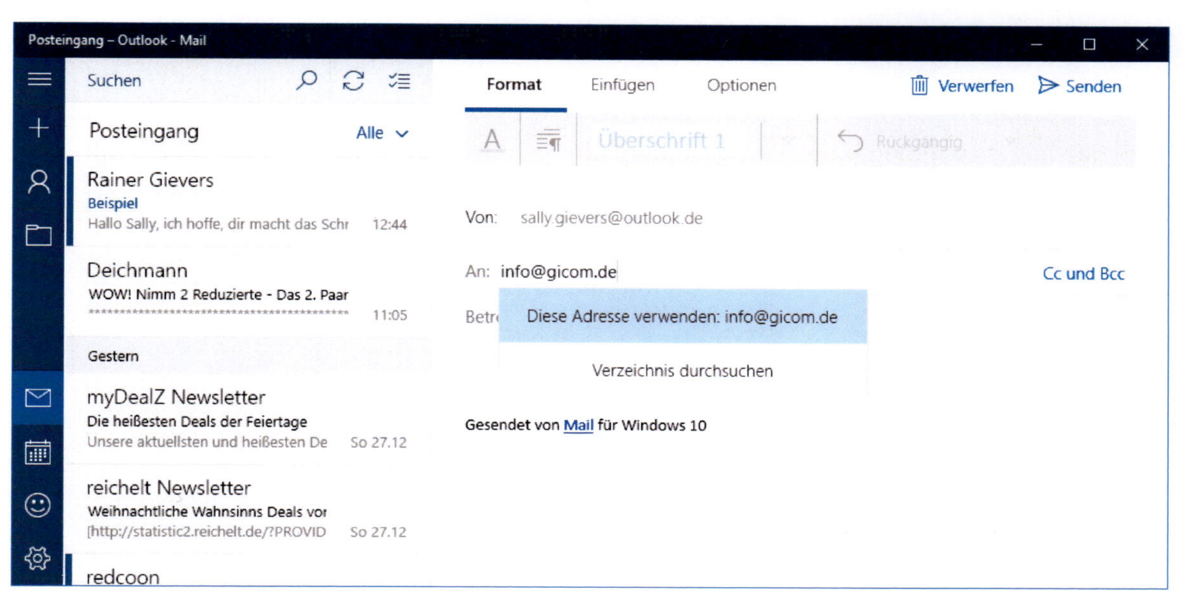

Geben Sie oben im *An*-Eingabefeld den Empfänger ein.

Sofern Sie bereits mit ihm geschrieben haben, wird die Mail-Anwendung ihnen unter dem Eingabefeld einige Vorschläge machen, von denen Sie einen per Mausklick oder mit der ↵-Taste übernehmen können.

Testweise können Sie gerne eine Nachricht an *sally.gievers@outlook.de* senden, falls Sie gerade keinen anderen Empfänger zur Hand haben. Hinter dieser E-Mail-Adresse verbirgt sich keine reale Person.

Das »@« in der E-Mail-Adresse erhalten Sie durch gleichzeitiges Betätigen von Alt Gr (Taste neben der Leertaste) und Q-Taste auf der PC-Tastatur.

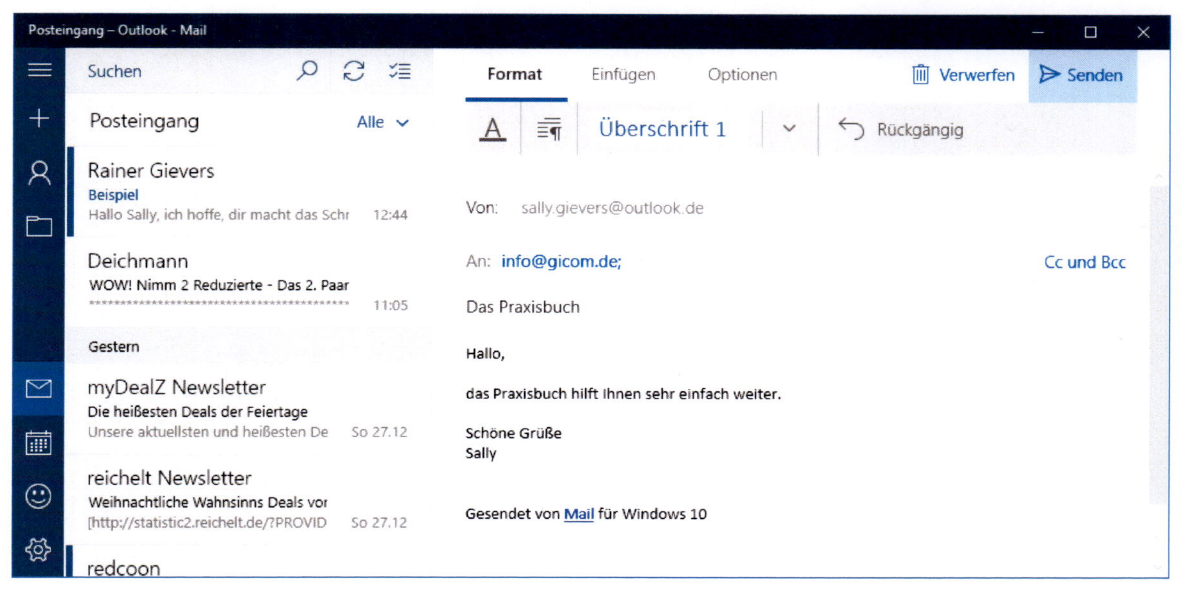

Vergessen Sie nicht, im *Betreff*-Feld eine aussagekräftige Beschreibung einzugeben – Sie wissen ja (siehe Kapitel *2.9 E-Mail-Etikette*), dass der Absender den Betreff zuerst sieht.

Anschließend klicken Sie dann unten in den Nachrichtenbereich und erfassen Sie dort Ihre Nachricht.

Verschicken Sie die Nachricht mit der *Senden*-Schaltleiste. Windows Mail schaltet wieder auf den Posteingang um.

Tipp: Anstatt durch Mausklicks können Sie auch einfach mit der ⭾-Taste oben links auf Ihrer Tastatur ins jeweils nächste Eingabefeld springen.

5.2.2 E-Mails lesen und beantworten

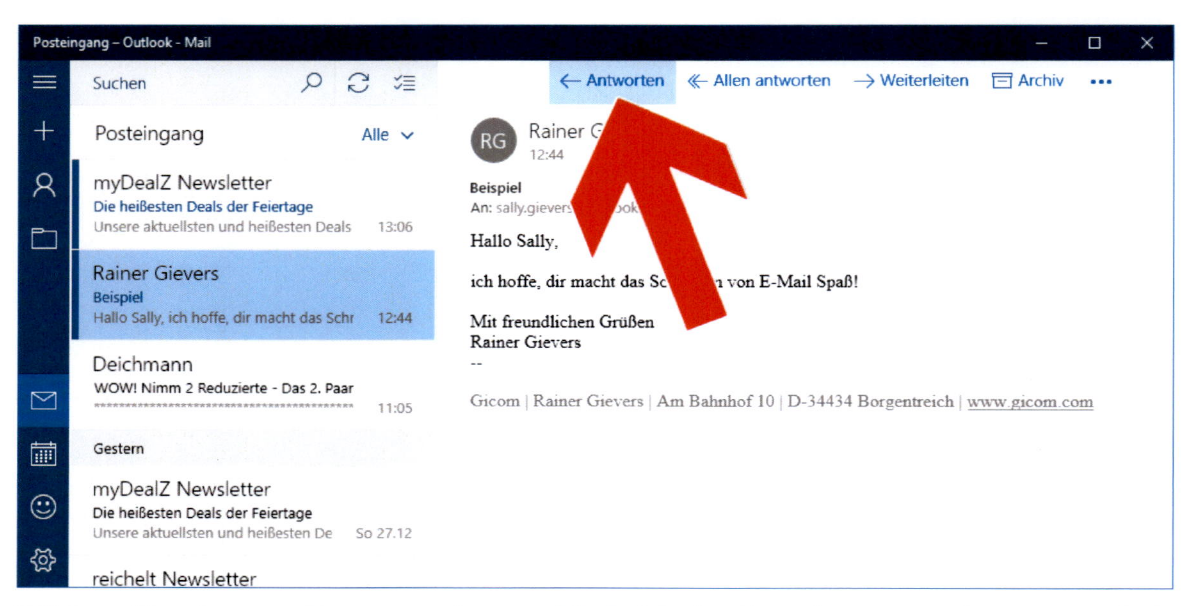

Klicken Sie eine von Ihnen empfangene Nachricht im Posteingang an. In unserem Beispiel handelt es sich dabei um eine von einem anderen Nutzer geschickte Nachricht.

Klicken Sie jetzt auf *Antworten* (Pfeil), um eine Antwort zu schreiben.

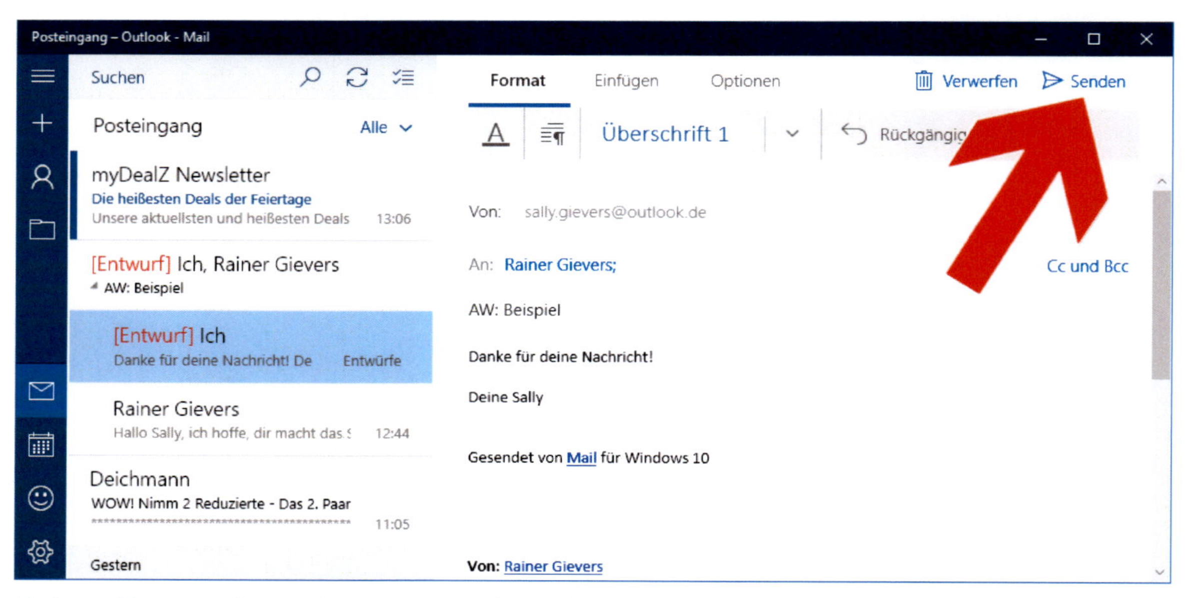

Geben Sie nun Ihren Antworttext ein und verschicken Sie Ihre Nachricht mit *Senden* (Pfeil).

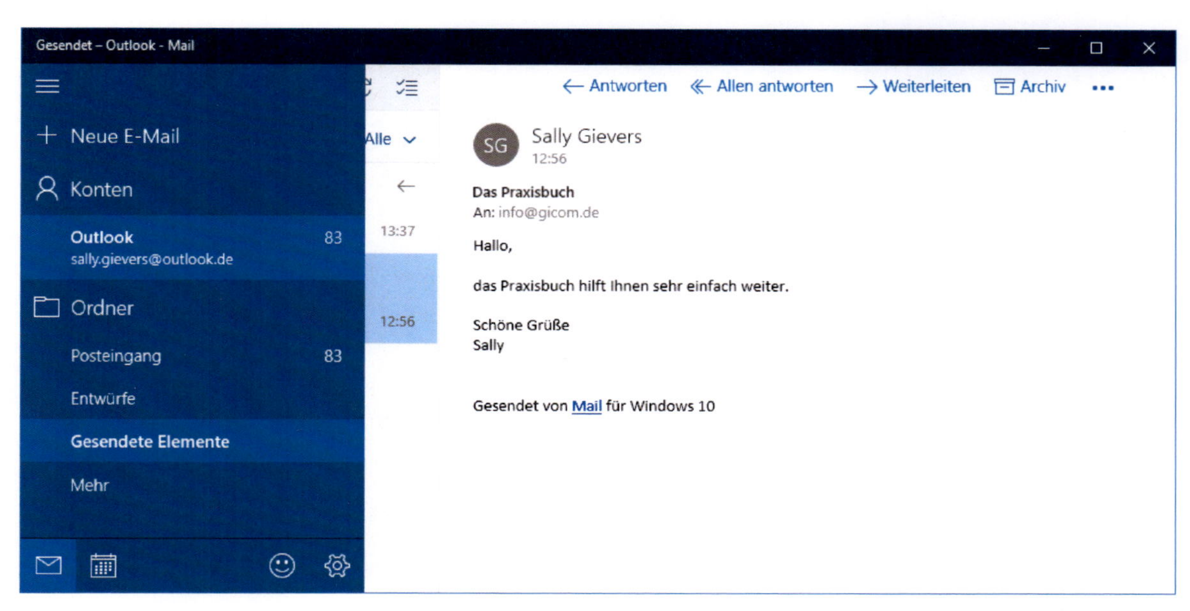

Sie möchten später mal wissen, was Sie jemandem geschrieben haben? Gehen Sie einfach links in der Ordnerauflistung auf *Gesendete Elemente*...

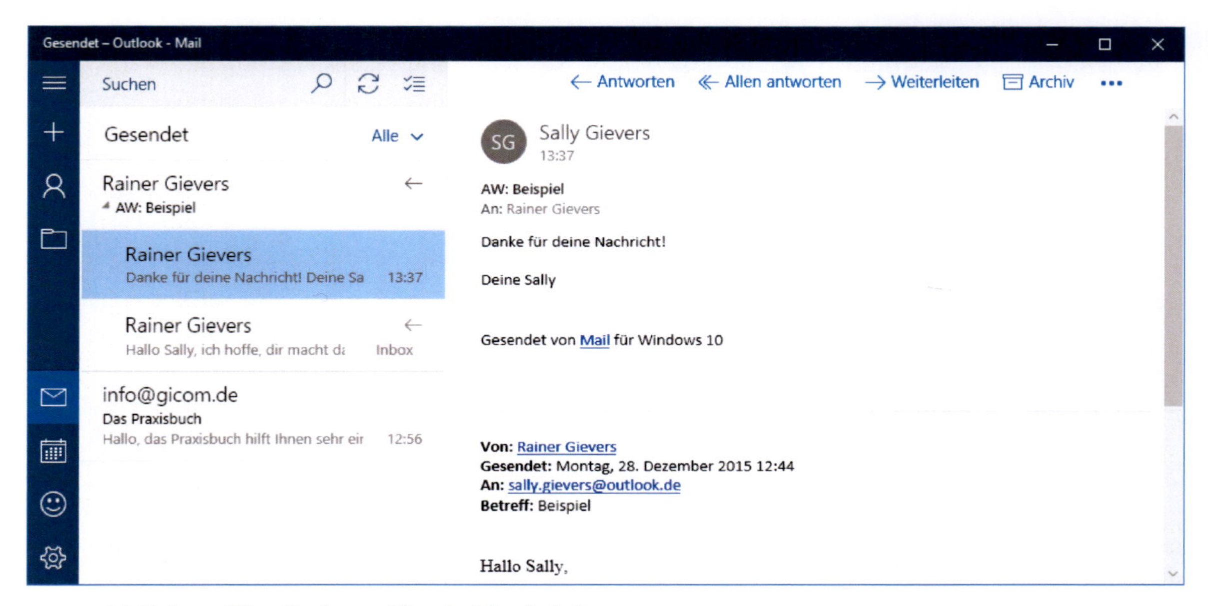

... und klicken Sie die betreffende Nachricht an.

Vergessen Sie nicht, auf dem gleichen Wege wieder auf den Posteingang zurückzuwechseln: In der Ordnerauflistung gehen Sie auf *Posteingang*.

5.2.3 Konversationen

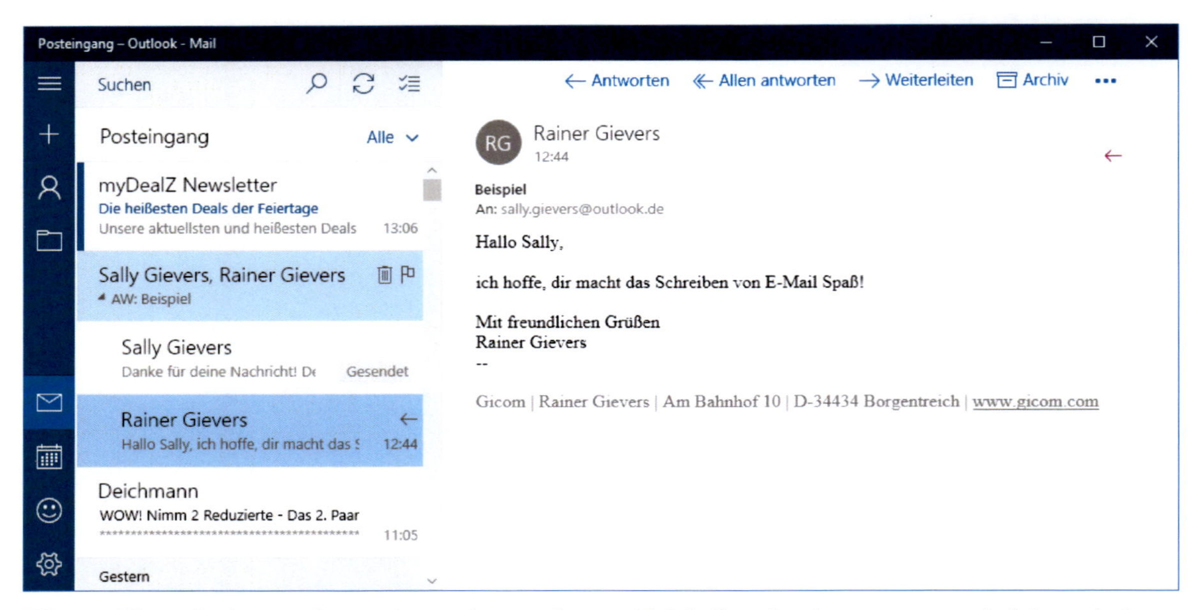

Wenn Sie mit jemandem eine oder mehrere E-Mails als Antwort geschrieben haben, taucht nicht jede Nachricht einzeln auf, sondern wird unter einem Eintrag als »Konversation« (»Unterhaltung«) zusammengefasst. Sie klappen die vorhandenen Nachrichten auseinander beziehungsweise zusammen, wenn Sie den Haupteintrag anklicken.

5.2.4 E-Mail löschen

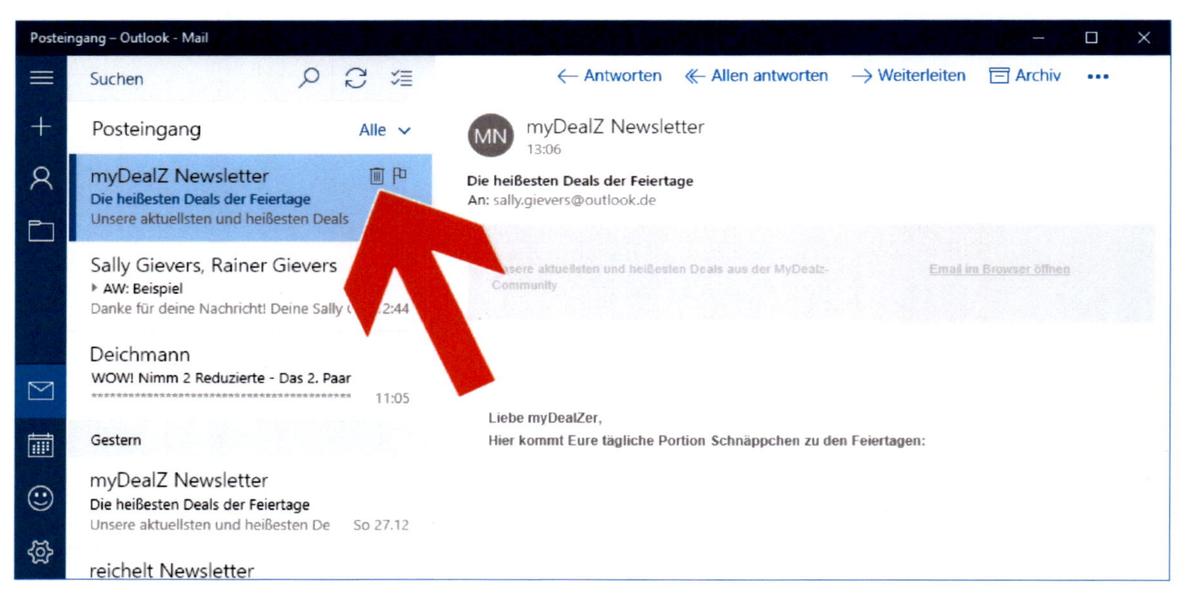

So löschen Sie eine E-Mail direkt aus der Nachrichtenauflistung: Halten Sie den Mauszeiger über der zu entfernenden Nachricht und klicken Sie dann auf 🗑 (Pfeil).

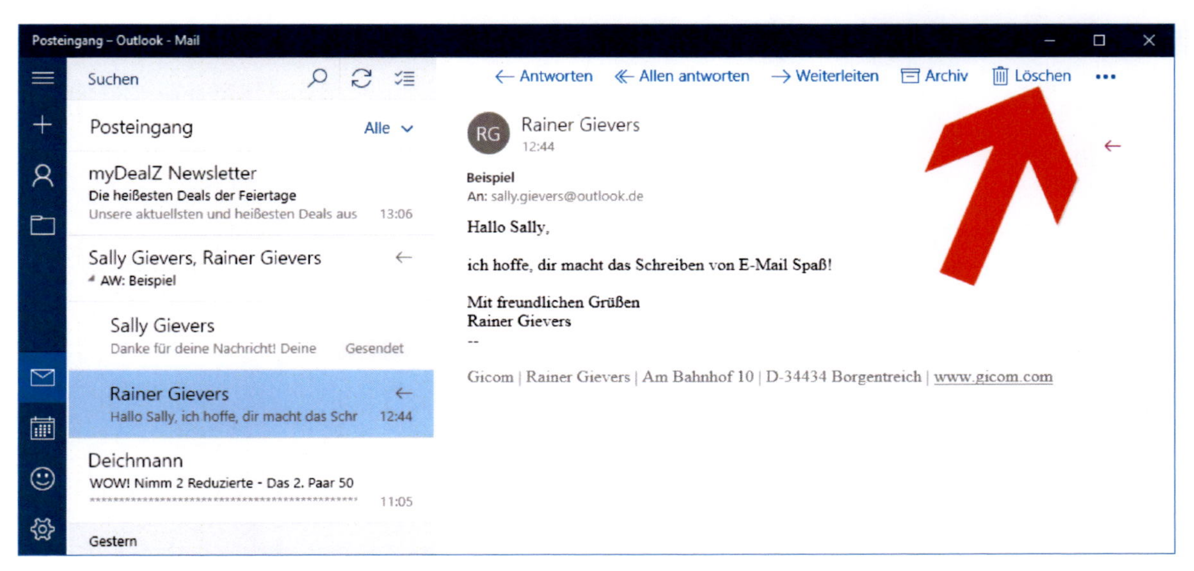

In der Nachrichtenanzeige selbst betätigen Sie alternativ *Löschen* (Pfeil).

5.2.5 Dateianlagen

Die E-Mail hat schon vor einigen Jahren das klassische Faxgerät abgelöst, wozu neben der unkomplizierten Handhabung auch der Umstand beigetragen hat, dass sich per E-Mail empfangene Texte problemlos auf dem PC weiterverarbeiten lassen. Neben Texten lassen sich auch beliebige Dateien als sogenannte Dateianlagen (»E-Mail-Anhänge«) mitverschicken.

Wir raten vor jedem Versand erst die Dateigröße zu überprüfen. Ist eine Datei größer als ca. 5 Megabyte, empfiehlt es sich, erst beim Empfänger nachzufragen, ob sein E-Mail-Konto den Empfang großer Dateien unterstützt. Sofern Sie mehrere Dateien zu verschicken haben, könnte es zudem sinnvoll sein, diese nicht alle auf einmal einer E-Mail als Dateianhang hinzufügen, sondern mehrere E-Mails mit jeweils einem Dateianhang zu versenden.

5.2.5.a Dateien empfangen

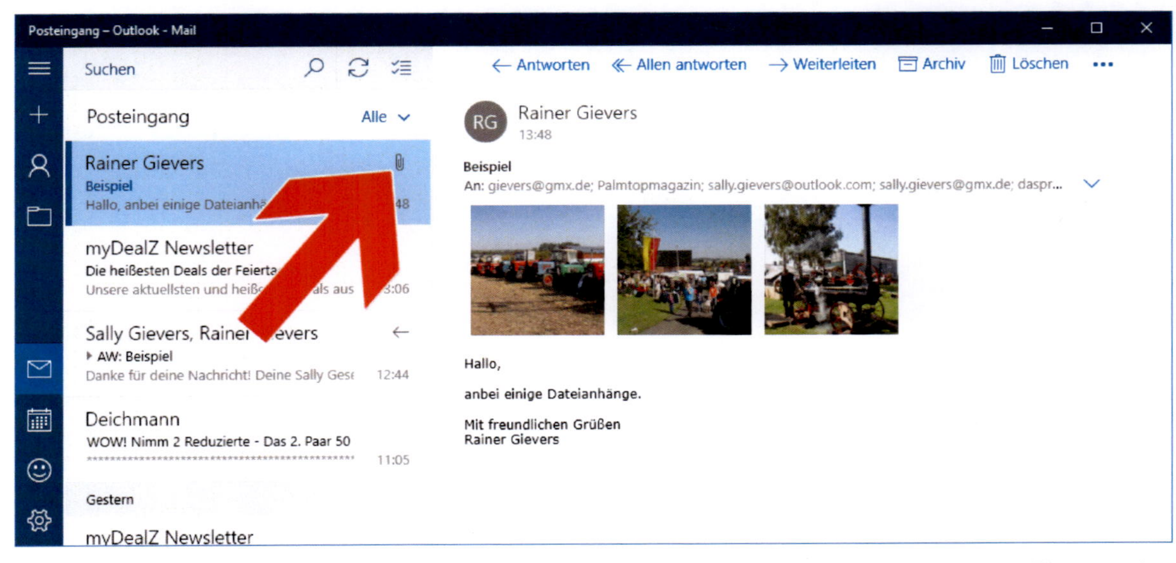

Nachrichten mit einem Dateianhang erkennen Sie bereits in der E-Mail-Auflistung im Posteingang anhand des 📎-Symbols (Pfeil). Klicken Sie einen Dateianhang, in diesem Fall ein Bild an, um ihn anzuzeigen beziehungsweise herunterzuladen.

5.2.5.b Dateien senden

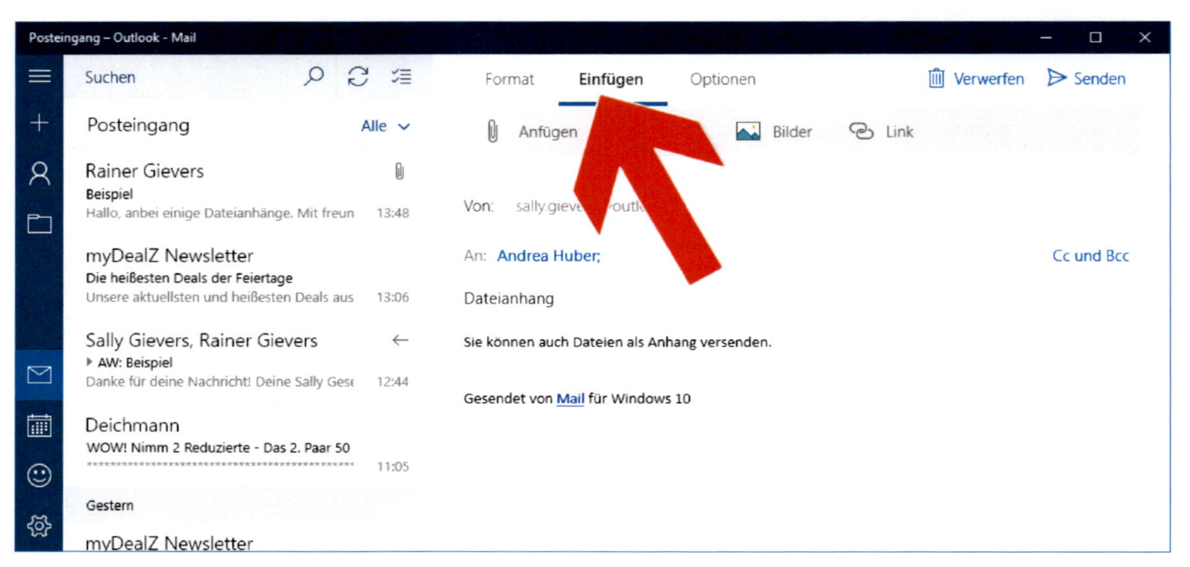

Aktivieren Sie zuerst das *Einfügen*-Register (Pfeil) und betätigen Sie dann entweder *Anfügen* (beliebige Dateien hinzufügen) oder *Bilder* (Bilder hinzufügen).

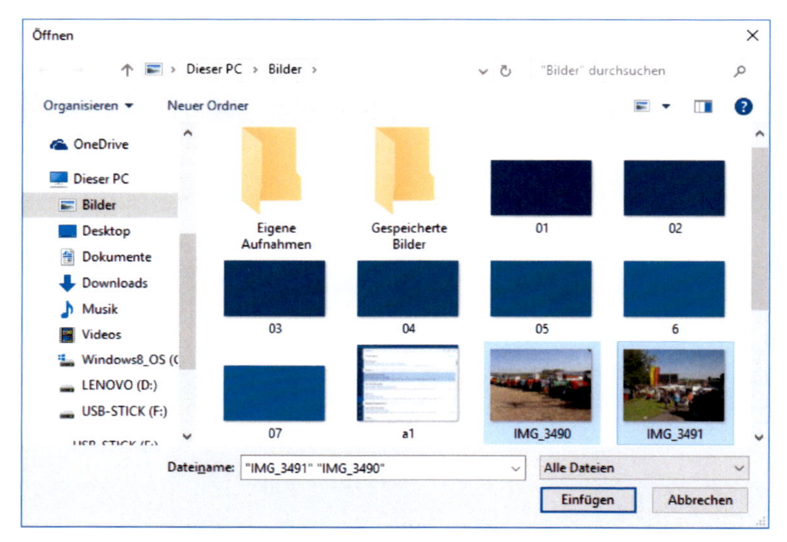

In unserem Beispiel haben wir *Bilder* angeklickt, worauf der Dateidialog erscheint. Klicken Sie sich gegebenenfalls durch die Bilderverzeichnisse und doppelklicken Sie auf ein Foto. Alternativ markieren Sie mehrere Fotos, indem Sie sie mit gedrückter Strg-Taste kurz anklicken und dann *Einfügen* betätigen.

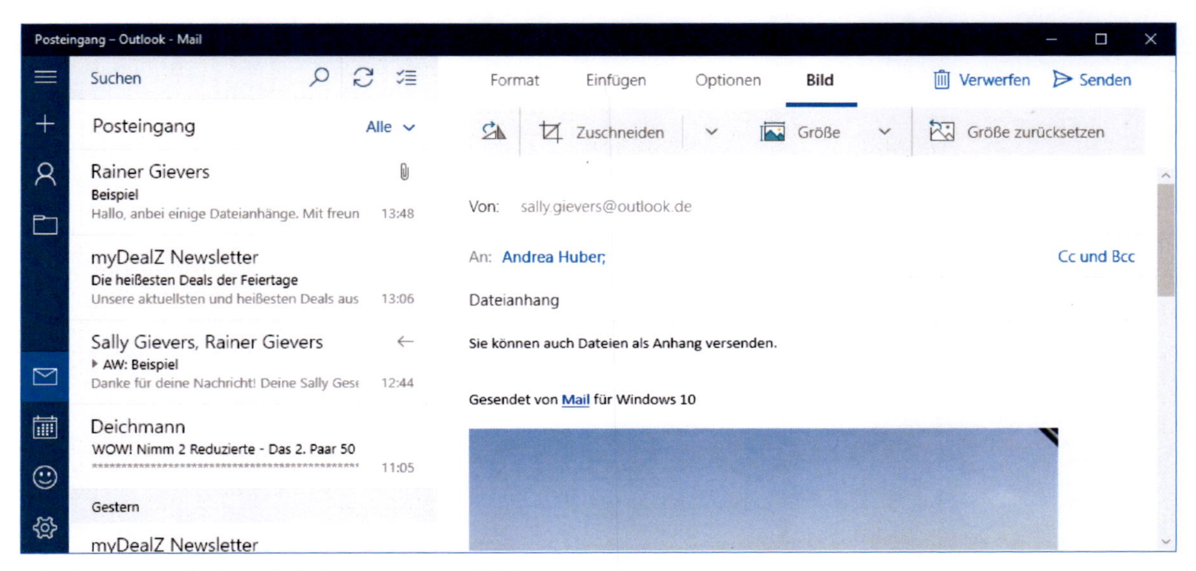

Sie können die Nachricht nun verschicken.

5.2.6 Empfänger eingeben

E-Mails lassen sich auch an mehrere Empfänger gleichzeitig senden.

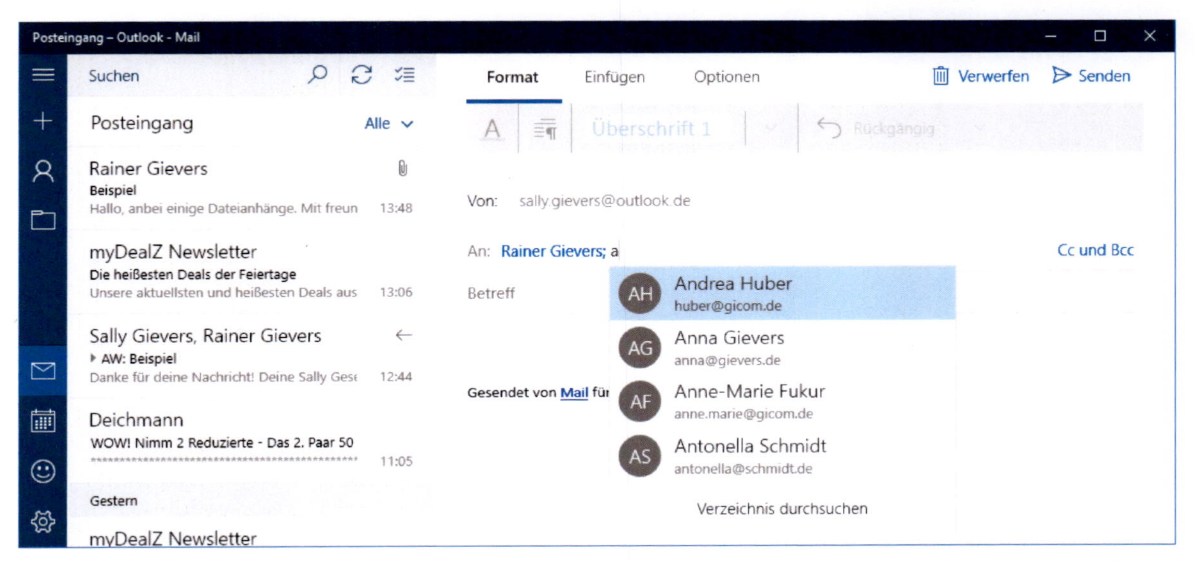

Geben Sie einfach im Empfänger-Eingabefeld einen weiteren Empfänger ein (eventuell vorher neben einem bereits vorhandenen Empfänger klicken). Falls Sie mehrere Empfänger hintereinander eingeben möchten, betätigen Sie jeweils nach jeder E-Mail-Adresse die Leertaste.

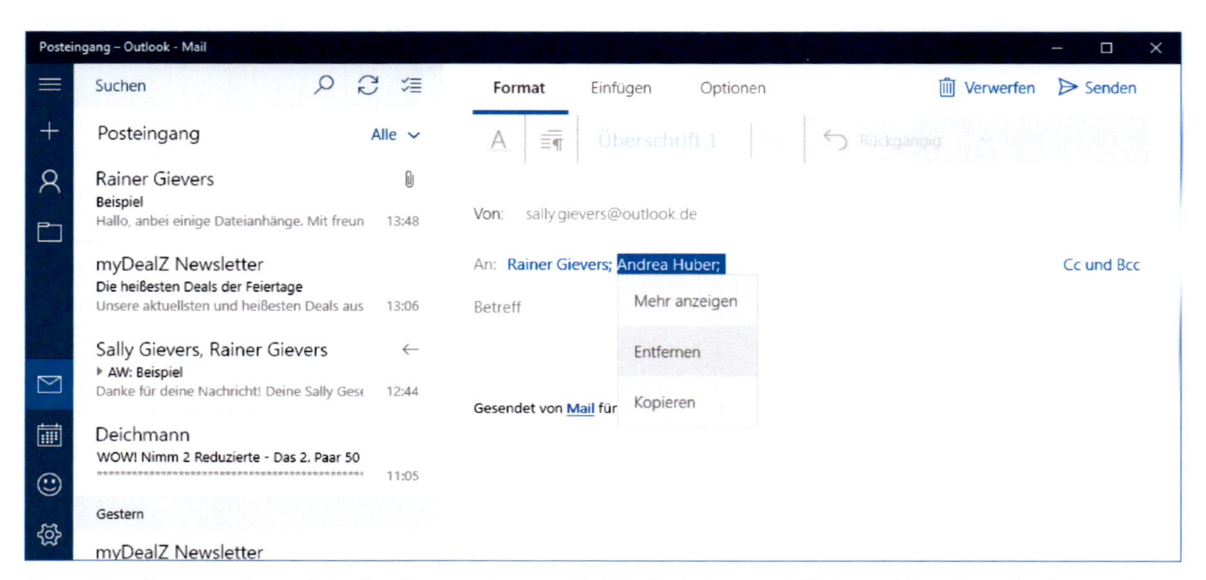

Zum Entfernen einer falsch eingegebenen E-Mail-Adresse klicken Sie sie mit der rechten Maustaste an und gehen im Popup auf *Entfernen.*

5.2.6.a Telefonbuch

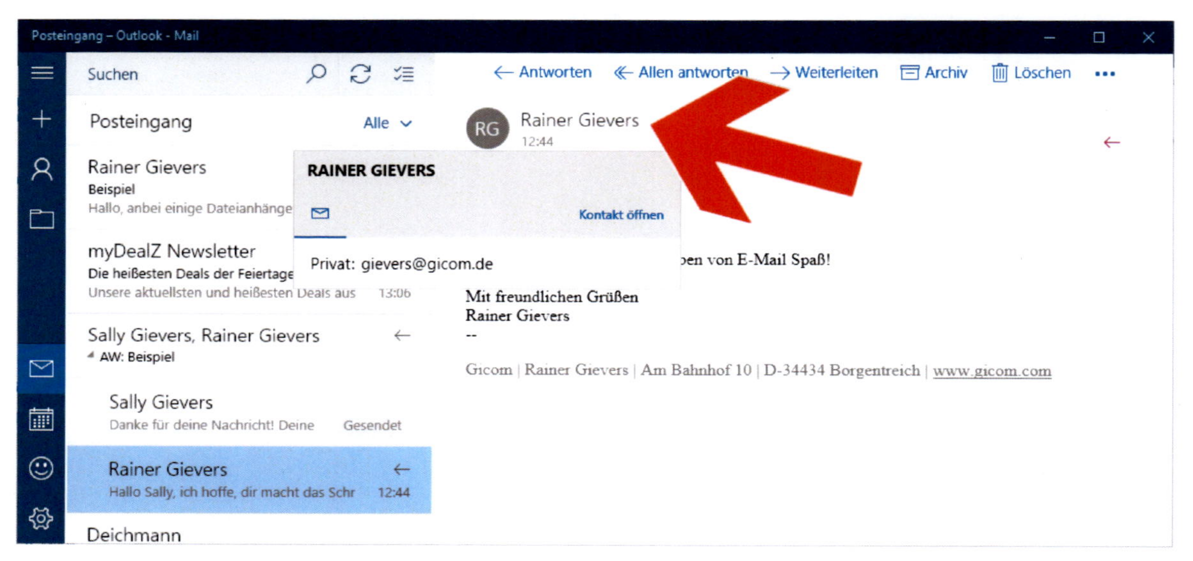

Das Windows-Telefonbuch sorgt für Übersicht. So übernehmen Sie eine E-Mail-Adresse ins Telefonbuch: Klicken Sie beispielsweise einen Absendernamen an und gehen Sie auf *Kontakt öffnen.*

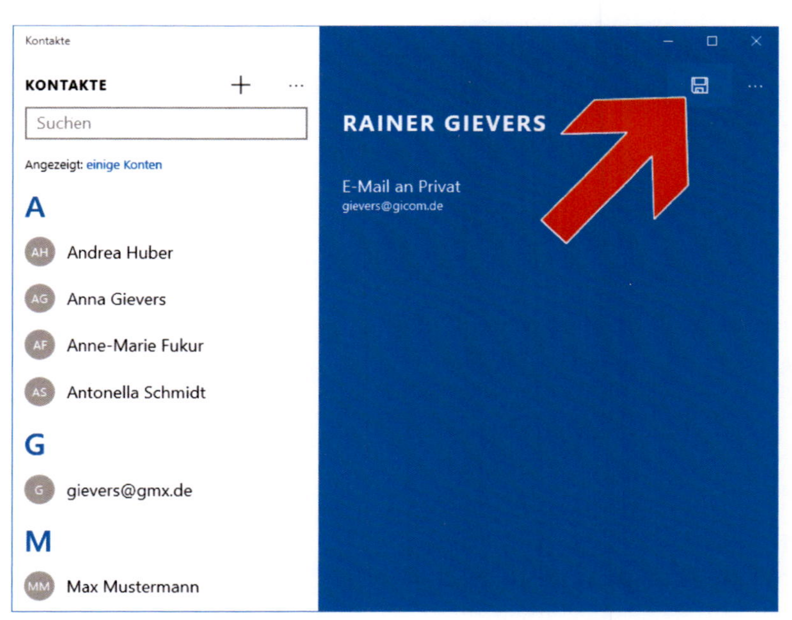

Klicken Sie 🖫 an, worauf der Kontakt gespeichert wird. Sollten Sie kein 🖫 vorfinden, dann befindet sich die E-Mail-Adresse bereits im Telefonbuch.

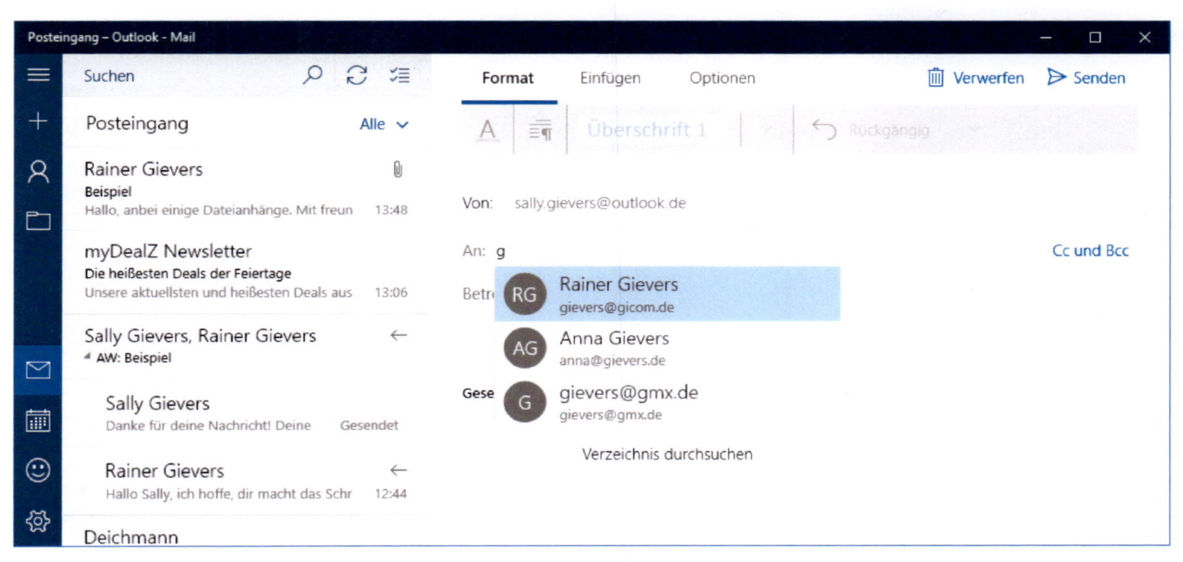

Wie bereits erwähnt, werden Ihnen im Telefonbuch enthaltene Kontakte während der Eingabe im *An*-Feld automatisch vorgeschlagen.

5.2.6.b Cc/Bcc

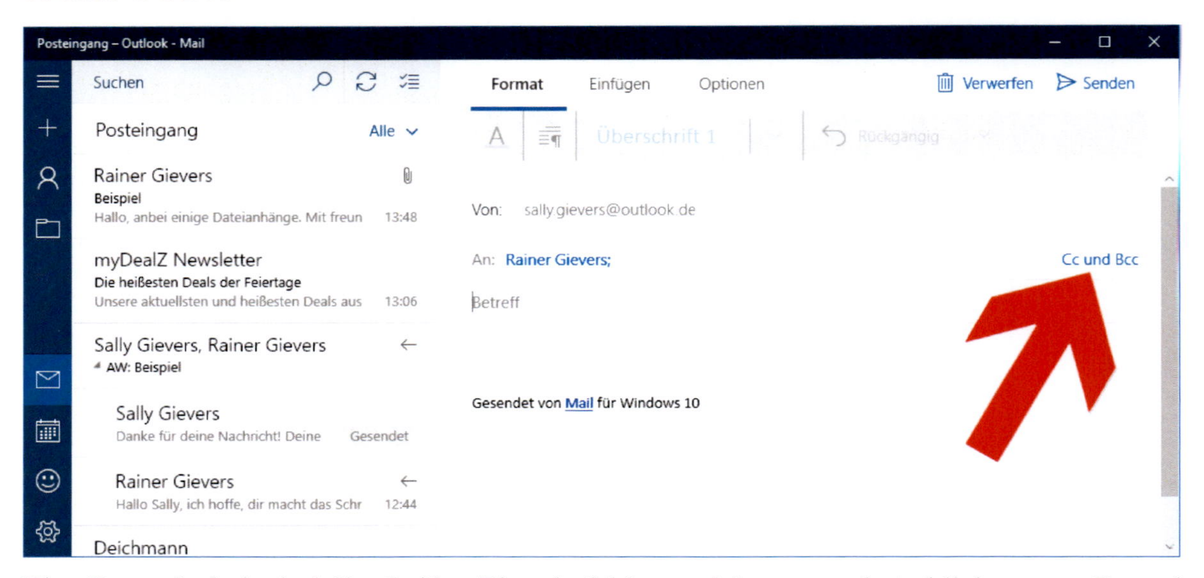

Eine Besonderheit sind die *Cc/Bcc*-Eingabefelder, welche erstnach Anklicken von *Cc und Bcc* eingeblendet werden.

- *Cc*: Der Begriff Cc steht für »Carbon Copy«, zu deutsch »Fotokopie«. Der ursprüngliche Adressat (im *An*-Eingabefeld) sieht später die unter *CC* eingetragenen weiteren Empfänger. Die *CC*-Funktion ist beispielsweise interessant, wenn Sie ein Problem mit jemandem per E-Mail abklären, gleichzeitig aber auch eine zweite Person von Ihrer Nachricht Kenntnis erhalten soll.
- *Bcc*: Im Bcc (»Blind Carbon Copy«)-Eingabefeld erfassen Sie weitere Empfänger, wobei der ursprüngliche Adressat im *An*-Feld nicht mitbekommt, dass auch noch andere Personen die Nachricht erhalten.

5.2.7 Entwürfe

Manchmal soll eine E-Mail erst zu einem späteren Zeitpunkt verschickt werden. Für diesen Fall greifen Sie auf die Entwürfe-Funktion zurück.

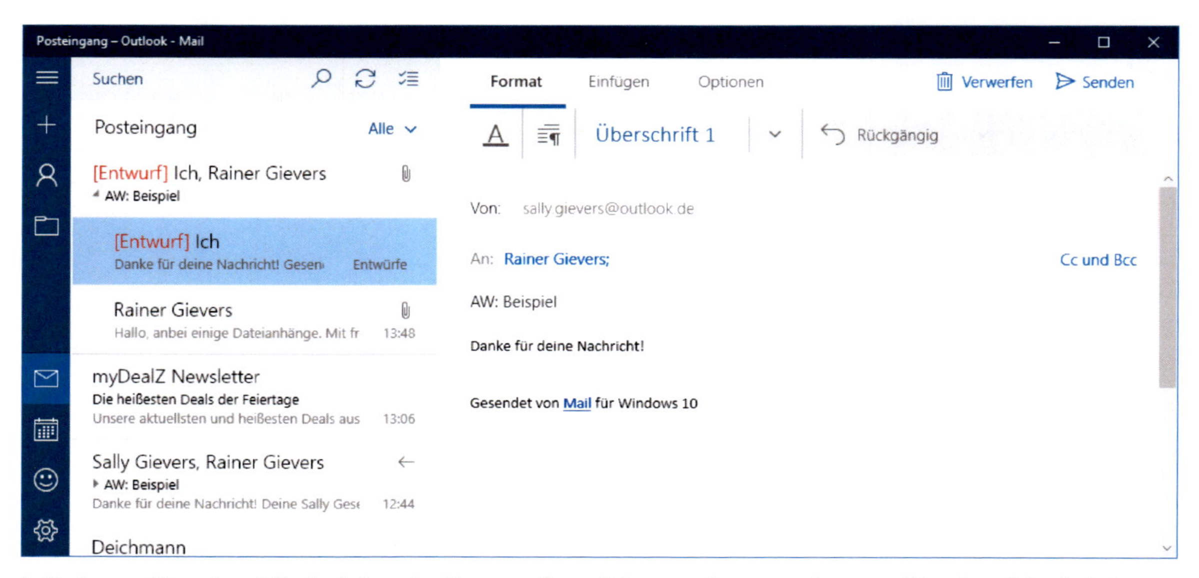

Möchten Sie eine Nachricht als Entwurf speichern, dann verlassen Sie den Nachrichteneditor, beispielsweise, indem Sie einen anderen Ordner oder eine andere Nachricht anklicken. Ihre Nachricht zeigt die Mail-Anwendung mit dem Hinweis *Entwurf* im Posteingang an. Dort können Sie sie jederzeit erneut anklicken, bearbeiten und senden.

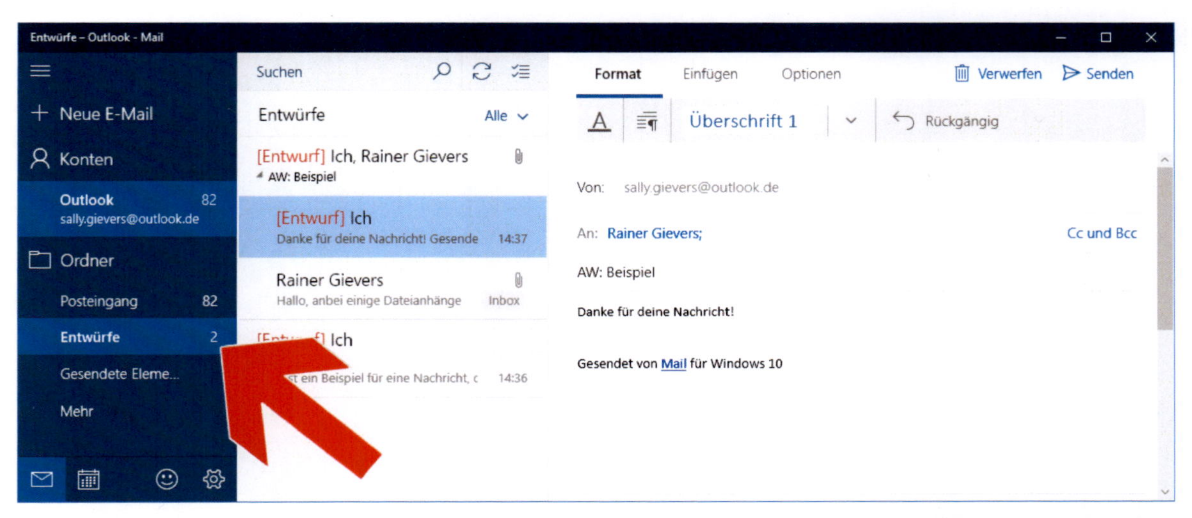

E-Mails, die Sie nicht als Antwort, sondern als neue Nachricht erstellt hatten, finden Sie dagegen im *Entwürfe*-Ordner (Pfeil).

5.2.8 Weitere Funktionen

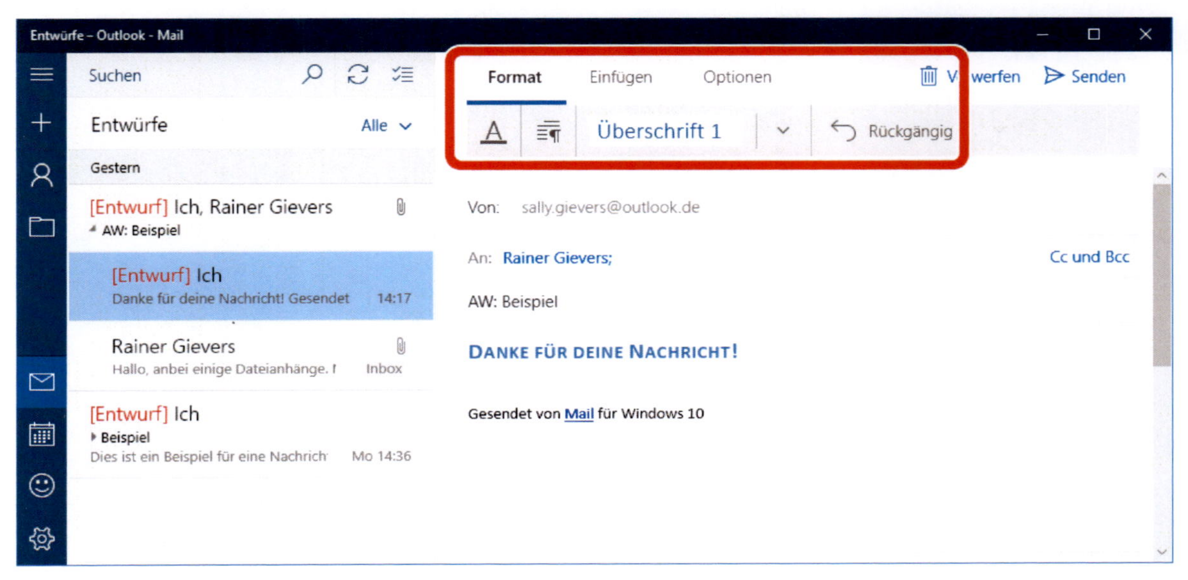

Ähnlich wie bei einer Textverarbeitung können Sie auch in Windows Mail Ihre Texte formatieren, was im *Format*-Register erfolgt.

5.2.9 Stapelvorgänge

Wenn eine Aktion wie das Löschen, Markieren (siehe Kapitel *5.2.4 E-Mail löschen*) oder Kennzeichnen (siehe Kapitel *5.2.11 Nachrichten-Kennzeichnung*) auf mehrere Nachrichten anzuwenden ist, verwenden Sie die Stapelvorgänge.

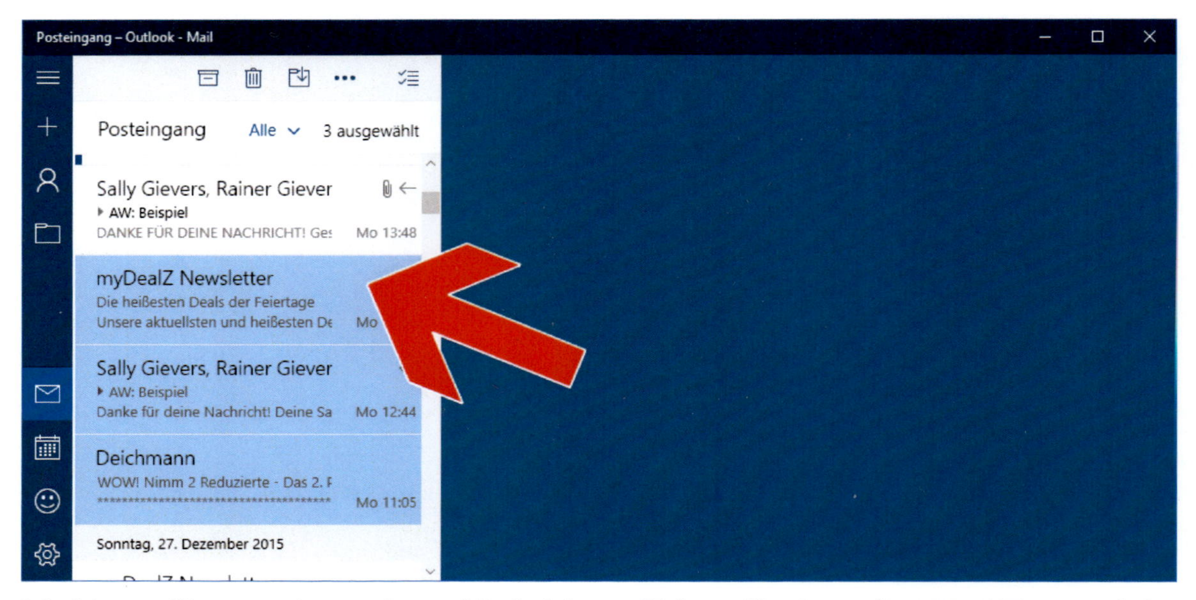

Markieren Sie zunächst mehrere Nachrichten. Halten Sie dazu die Strg -Taste auf der Tastatur gedrückt und klicken Sie mit der linken Maustaste auf die zu markierenden Einträge in der E-Mail-Auflistung (alternativ können Sie auch die ⇧ -Taste verwenden, um mehrere Nachrichten auf einmal zu markieren).

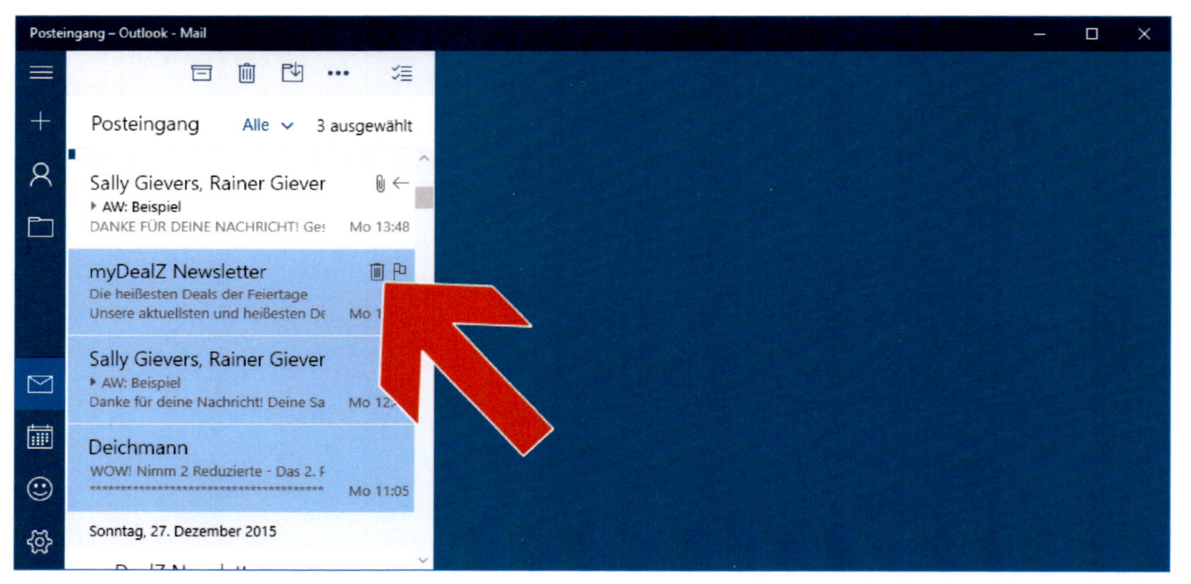

Zum Löschen halten Sie den Mauszeiger auf eine markierte Nachricht und klicken mit der linken Maustaste auf 🗑.

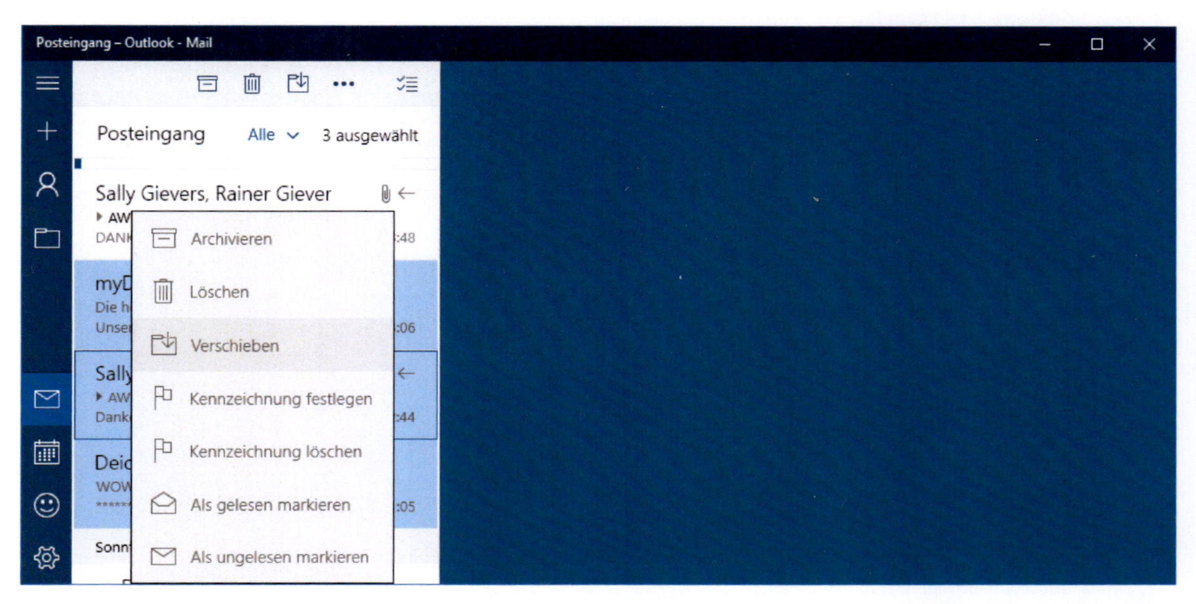

Weitere Funktionen enthält das Popup-Menü, für das Sie den Mauszeiger über die markierten Nachrichten halten und dann die rechte Maustaste betätigen:

- *Archivieren*: In den *Archiv*-Ordner verschieben.
- *Löschen*
- *Verschieben*: In einen anderen E-Mail-Ordner verschieben.
- *Kennzeichnung festlegen; Kennzeichnung löschen*: Nachricht(en) als Favorit markieren.
- *Als gelesen markieren; Als ungelesen markieren*

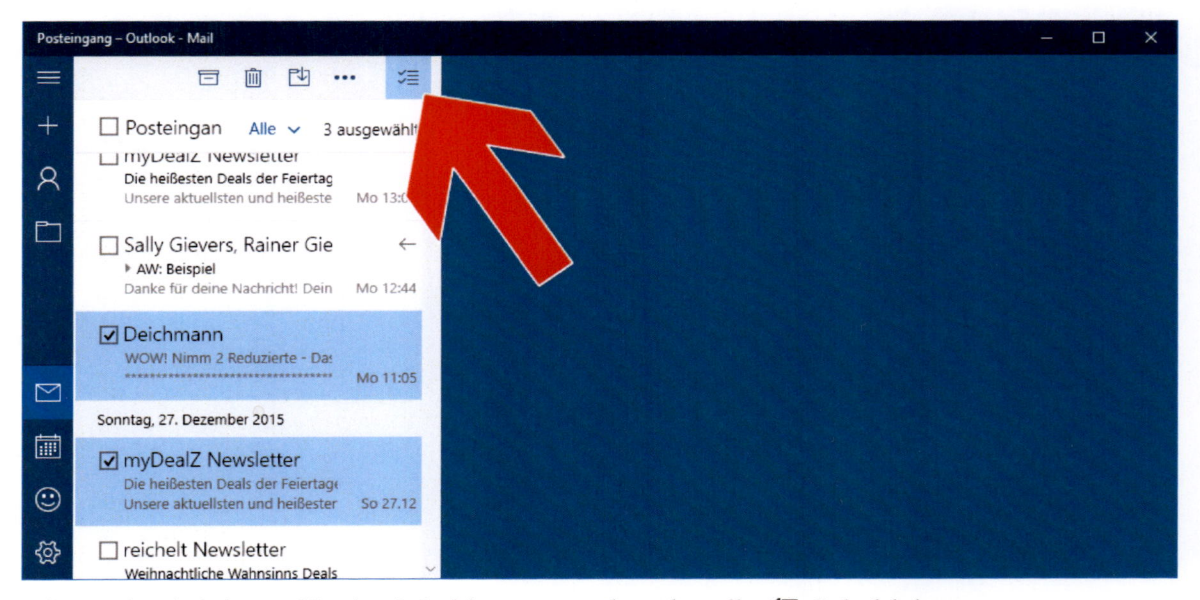

Alternativ aktivieren Sie den Markierungsmodus über die ☑≡-Schaltleiste.

5.2.10 Suchen

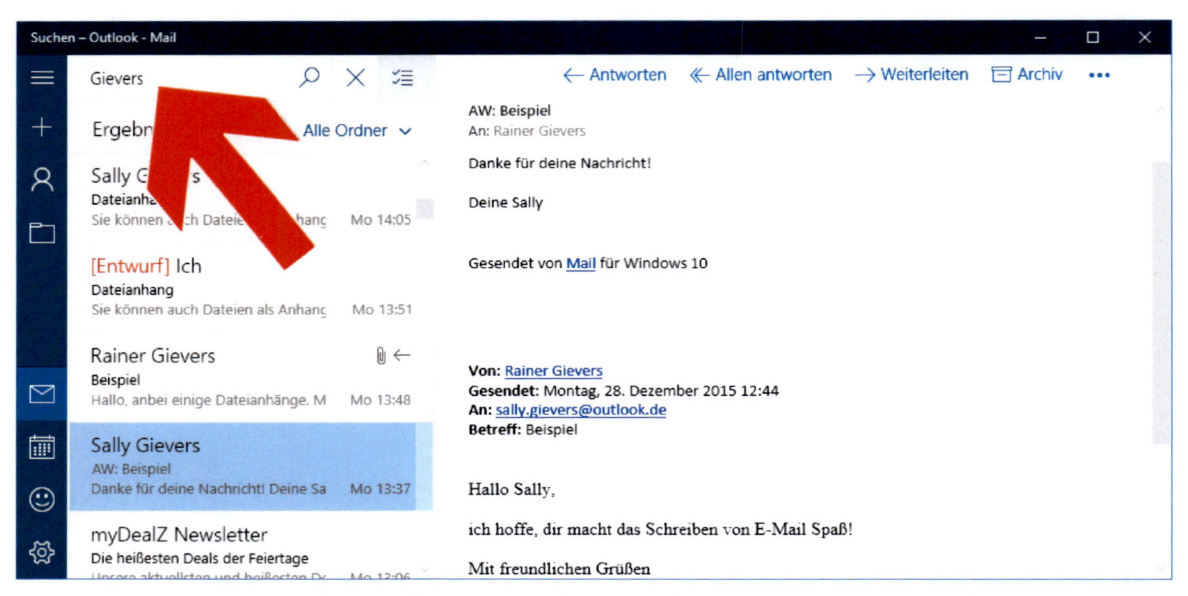

Wenn sehr viele E-Mails vorliegen, macht sich die Suchfunktion nützlich, für die Sie oben links ins Suchfeld klicken und dann einen Begriff eingeben. Betätigen der ↵-Taste führt nun die Suche durch. Die X-Schaltleiste neben dem Eingabefeld beendet die Suche.

5.2.11 Nachrichten-Kennzeichnung

Die Mail-Anwendung unterstützt »Kennzeichen«, über die Sie Nachrichten, die Ihnen wichtig sind hervorheben können.

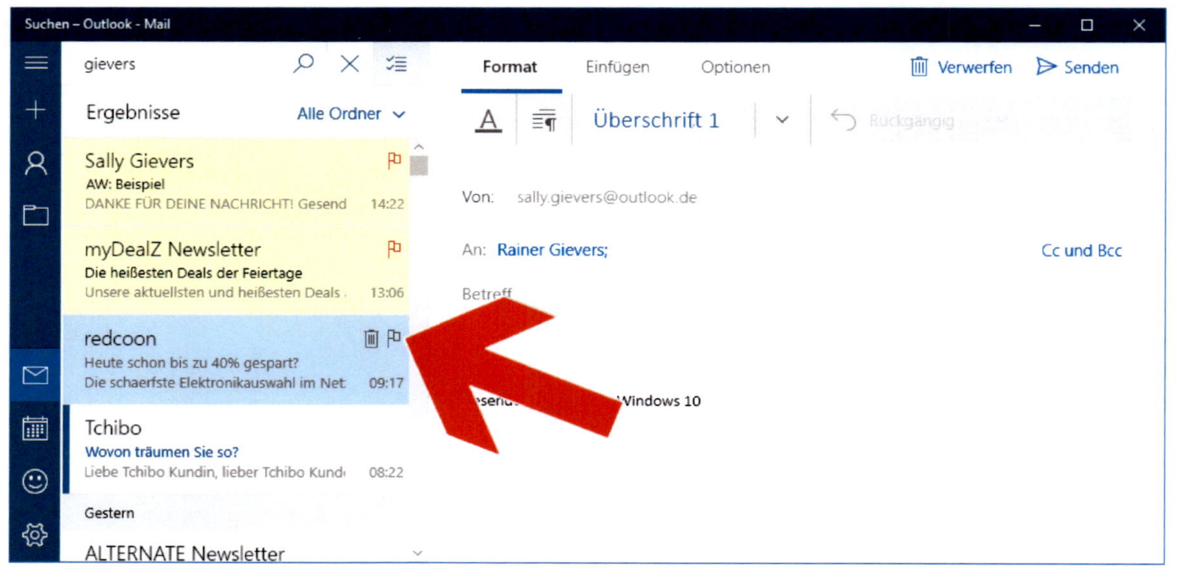

Zum Kennzeichnen halten Sie den Mauszeiger über einem E-Mail-Eintrag und klicken ⚐ an. Erneutes Anklicken von ⚐ entfernt eine Markierung wieder. Alternativ setzen/entfernen Sie eine Markierung über die Einfg -Taste bei der gerade selektierten Nachricht.

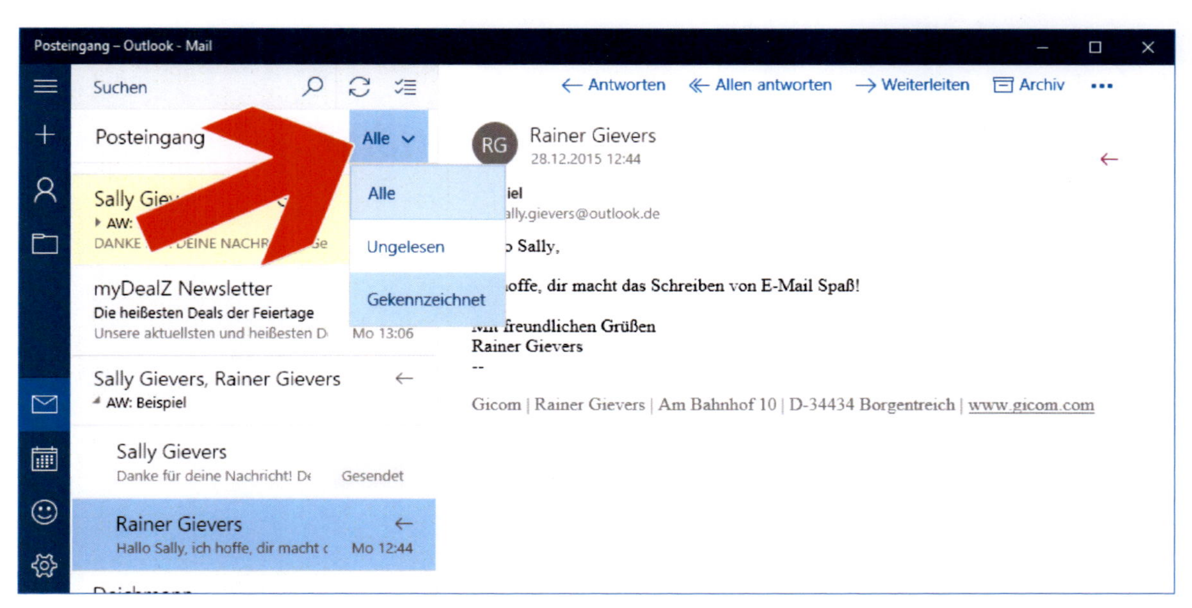

So schränken Sie die Nachrichtenanzeige auf die gekennzeichneten Nachrichten ein: Klicken Sie oben auf das *Alle*-Auswahlmenü und stellen Sie *Gekennzeichnet* ein. Vergessen Sie nicht, später wieder das Auswahlmenü auf *Alle* umzustellen, damit der komplette Inhalt des E-Mail-Ordners sichtbar ist.

5.3 Einstellungen

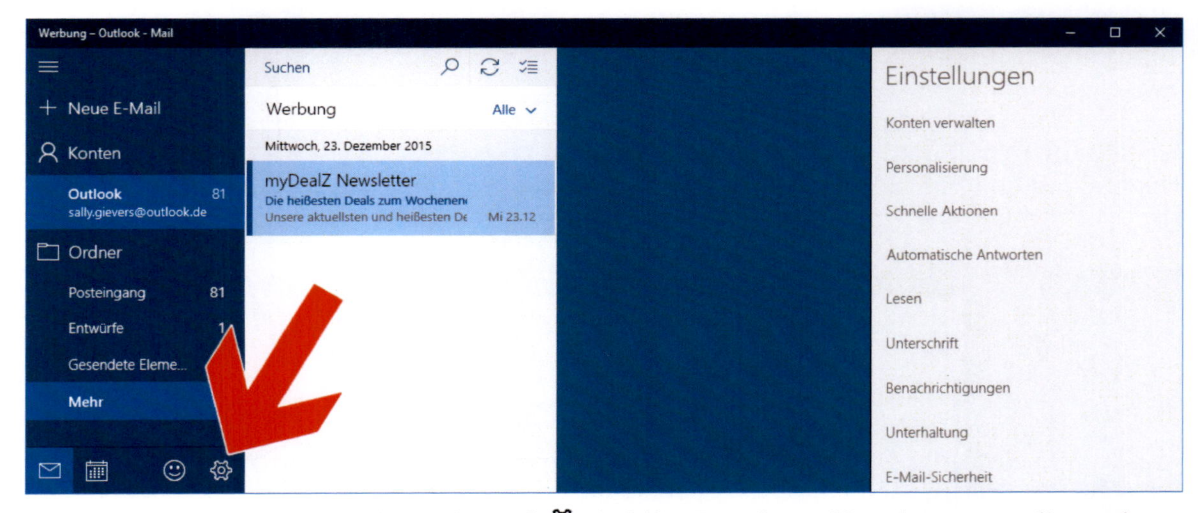

Für die *Einstellungen* klicken Sie auf ⚙ (Pfeil). Beachten Sie, dass man die meisten Parameter hier nicht ändern sollte. Wir erläutern daher hier nur Funktionen, die für Sie nützlich sind.

5.3.1 Kontoeinstellungen

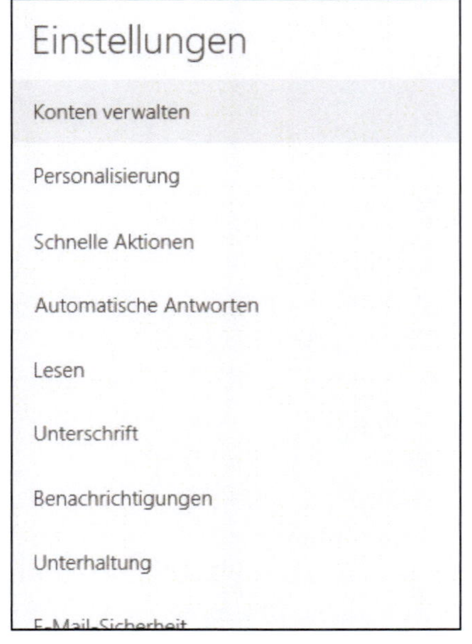

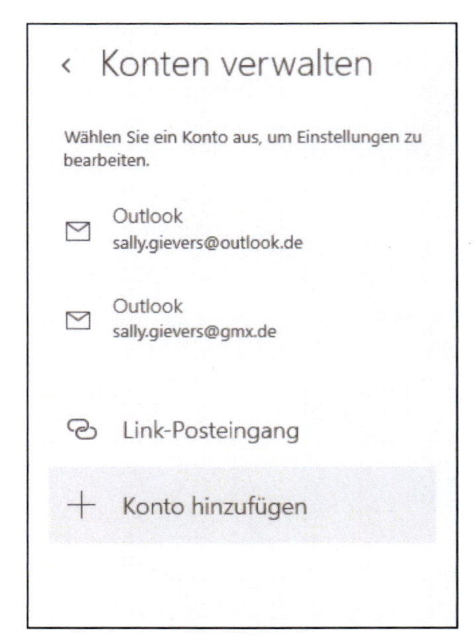

Windows Mail unterstützt mehrere E-Mail-Konten gleichzeitig, was für Anwender interessant ist, die beispielsweise eine private und eine geschäftliche E-Mail-Adresse nutzen. Klicken Sie einfach zur Kontoneuanlage auf *Konto hinzufügen* und gehen Sie, wie im Kapitel *5.1 Einrichtung von Windows Mail* beschrieben, vor.

Aktivieren Sie *Link-Posteingang*, wenn Sie die E-Mails aus allen E-Mail-Konten gleichzeitig anzeigen möchten. Sie ersparen sich damit die unten beschriebene Umschaltung zwischen den E-Mail-Konten.

Vermutlich zeigt Ihnen Windows Mail bereits zwei Konten an. Eines ist Ihr Windows-Konto, mit dem Sie sich nach dem Einschalten Ihres PCs bei Windows anmelden.

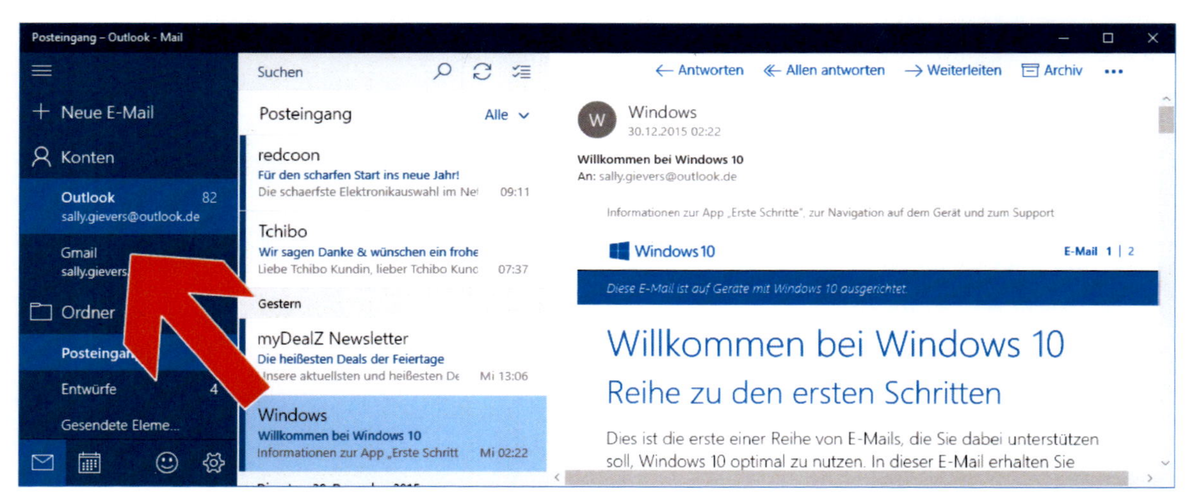

Zwischen den Konten schalten Sie über das Ordner-Menü auf der rechten Seite (Pfeil) um.

5.3.2 Personalisierung

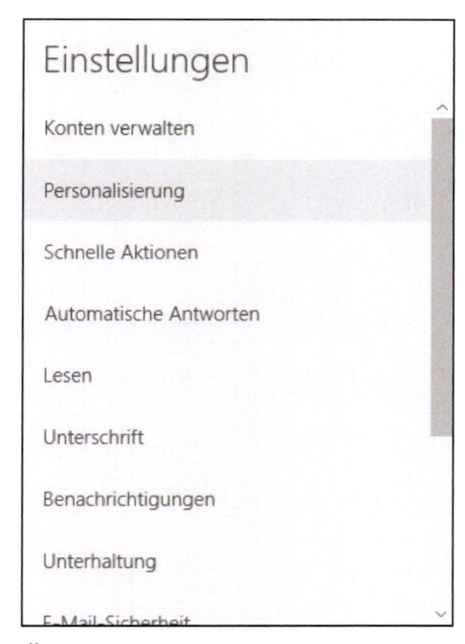

Über die Farbfelder passen Sie die Farbgestaltung der Benutzeroberfläche an. Probieren Sie einfach aus, welche Farbe Ihnen am besten gefällt.

5.3.3 Unterschrift

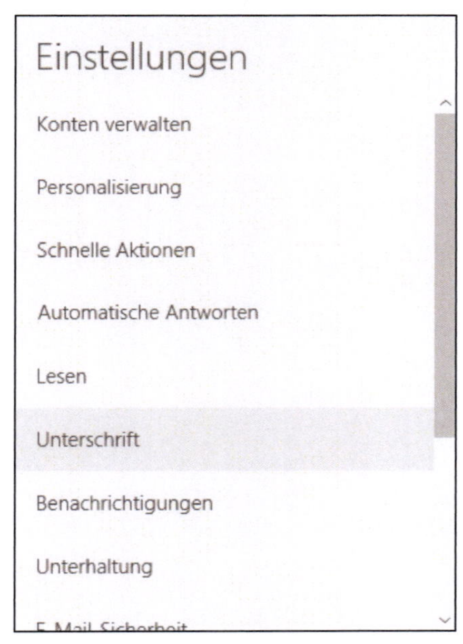

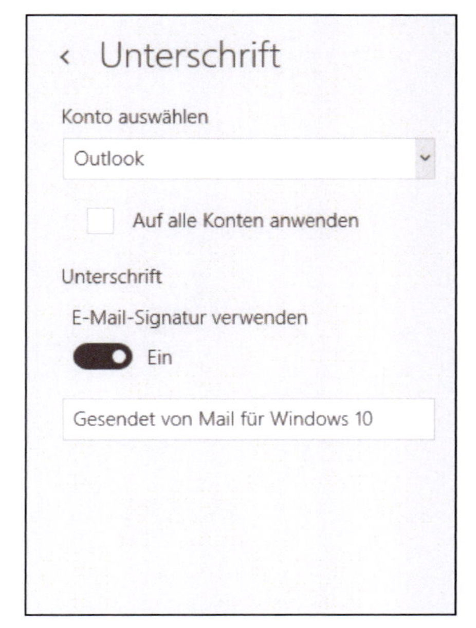

Unterschrift steuert das automatische Einfügen einer Signatur unterhalb Ihrer E-Mail-Nachrichten. Siehe dazu auch Kapitel *2.5 E-Mail im Unternehmen*.

5.3.4 Benachrichtigungen

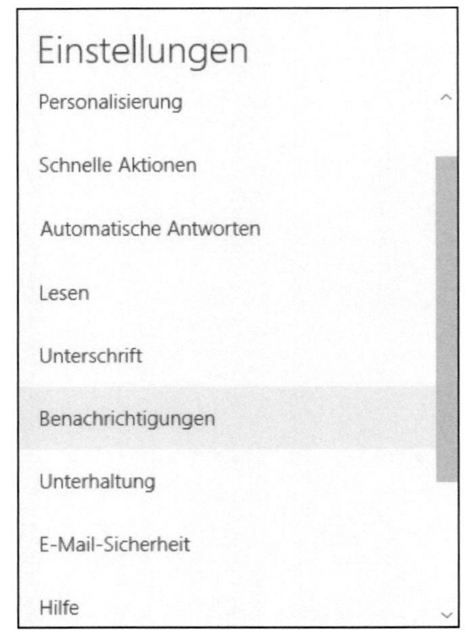

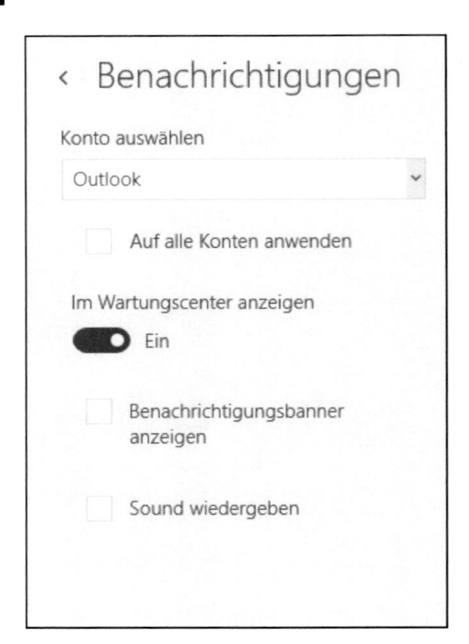

In den *Benachrichtigungen* stellen Sie ein, ob Sie Windows Mail mit einem optischen Hinweis beziehungsweise Signalton auf neu empfangene Nachrichten aufmerksam machen soll.

5.3.5 Unterhaltung

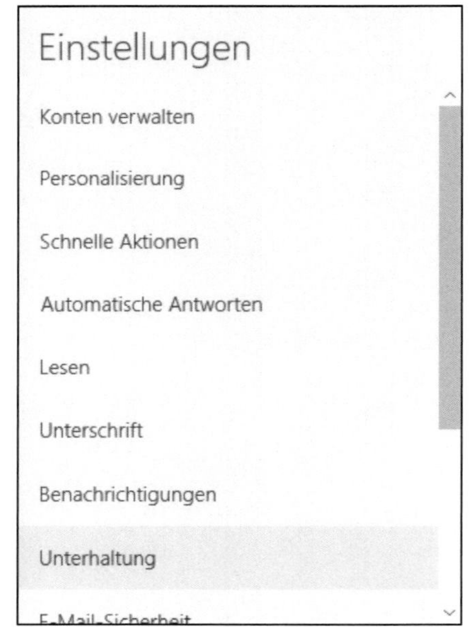

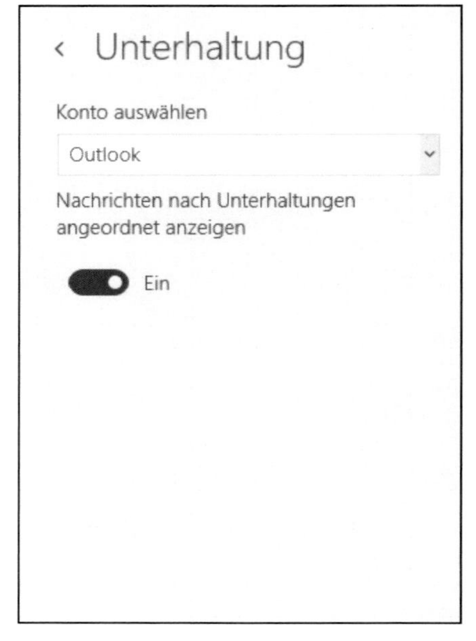

Das *Unterhaltung*-Menü: *Nachrichten nach Unterhaltung angeordnet gruppieren*: Alle mit einer anderen Person ausgetauschten Nachrichten werden standardmäßig als »Unterhaltung« gruppiert. Alternativ ist auch einstellbar, dass alle Nachrichten eines Absenders separat angezeigt werden.

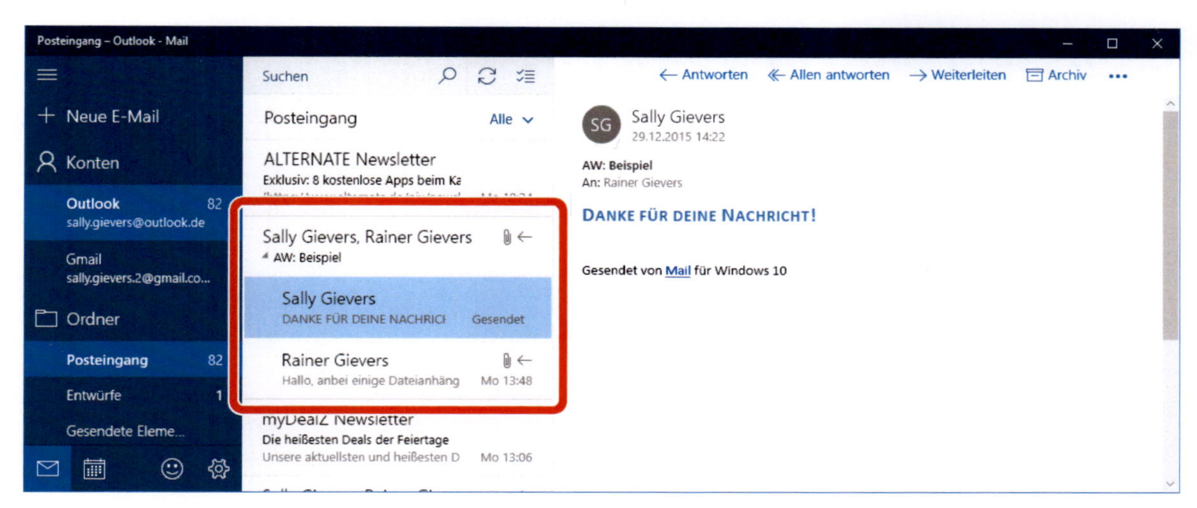

Wenn Sie E-Mails im Posteingang beantworten, werden Ihre Antworten darunter aufgelistet (Option *Nachrichten nach Unterhaltung angeordnet gruppieren* muss dazu aktiv sein). Alternativ finden Sie Ihre Antworten im Ordner *Gesendete Elemente*.

6. E-Mail mit Windows Phone

Die folgende Beschreibung richtet sich an Besitzer eines Windows-Handys mit Windows 10.

6.1 Einrichtung

Sie haben Ihr Windows-Handy frisch erworben? Beim ersten Einschalten nach dem Kauf verlangt das Gerät, dass Sie ein sogenanntes Windows-Benutzerkonto einrichten. Dabei erstellen Sie automatisch auch Ihre Outlook-E-Mail-Adresse.

Falls Sie das Handy bereits erfolgreich nutzen, können Sie jetzt ab Kapitel *6.2 E-Mail-Anwendung in der Praxis* weiterlesen.

6.1.1 Outlook-E-Mail-Konto neu einrichten

In diesem Beispiel richten Sie ein Outlook-E-Mail-Konto beim ersten Einschalten Ihres Windows-Handys ein.

❶ Gehen Sie auf *Konto erstellen.*

❷ Erfassen Sie folgende Daten (mit einer Wischgeste, bei dem sie den Finger auf eine beliebige Stelle des Displays halten und dann nach oben ziehen, rollen Sie durch diesen Bildschirm):

- *Vorname*; *Nachname*: Ihr Name, der später auch als Absender in Ihren E-Mails steht.
- *Benutzername*: Der Benutzername ist von Ihnen frei wählbar. Beachten Sie auch Kapitel *2.4 Die richtige E-Mail-Adresse wählen*, in der Sie Hinweise zur E-Mail-Adressenwahl erhalten. Sofern der Benutzername, der gleichzeitig Ihre E-Mail-Adresse darstellt, bereits vergeben ist, macht Microsoft Alternativvorschläge. Wir hatten ja bereits erläutert, dass jede E-Mail-Adresse nur einmal vergeben wird.
- *Domäne*: Wählen Sie bei der E-Mail-Domain zwischen *outlook.de*, *outlook.com* und *hotmail.com*.
- Geben Sie in *Kennwort* beziehungsweise *Kennwort erneut eingeben* ein Passwort ein, mit dem Sie sich später Zugriff auf Ihr E-Mail-Postfach verschaffen. Zu den Passwörtern siehe Kapitel *2.12 E-Mail-Konto und Passwort*.

Schließen Sie den Bildschirm mit *Weiter.*

❸ Sie müssen nun Ihr Land, Geburtsdatum und Geschlecht angeben. Betätigen Sie

Weiter.

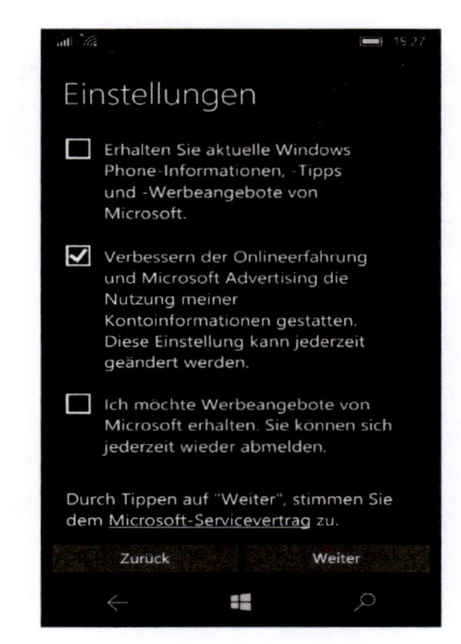

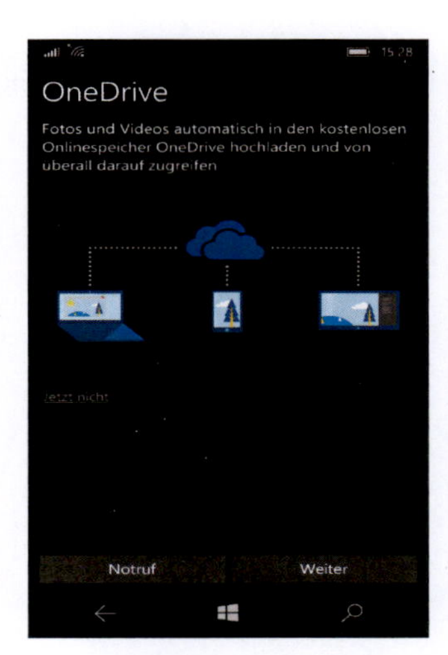

➊ Die folgenden Felder dienen dazu, Ihr E-Mail-Postfach wieder freizuschalten, falls Sie später mal Ihr Kennwort vergessen:

- *Ländercode; Telefonnummer*
- *Alternative E-Mail-Adresse:* In dieses Feld können Sie eine bestehende E-Mail-Adresse eintragen, falls Sie bereits eine haben. Verwenden Sie aber auf keinen Fall die E-Mail-Adresse Ihres Lebenspartners oder eines Freundes!

Betätigen Sie *Weiter.*

➋ In diesem Bildschirm brauchen Sie nicht ändern. Gehen Sie erneut auf *Weiter.*

➌ Die E-Mail-Einrichtung ist damit abgeschlossen. Die weiteren Bildschirme, welche mit dem E-Mail-Konto nichts zu tun haben, können Sie gegebenenfalls mit *Weiter* beziehungsweise *Cortana nutzen* schließen.

6.1.2 Mit dem Outlook-E-Mail-Konto anmelden

Sie besitzen bereits ein Outlook-E-Mail-Konto, beispielsweise, weil Sie bereits mal ein Windows-Handy verwendet haben oder Outlook-E-Mail auf dem PC nutzen (siehe Kapitel *3 E-Mail-Konto einrichten und nutzen*). Daher brauchen Sie kein neues Windows-Konto anzulegen, sondern melden sich einfach mit Ihrem vorhandenen Outlook-E-Mail-Konto an.

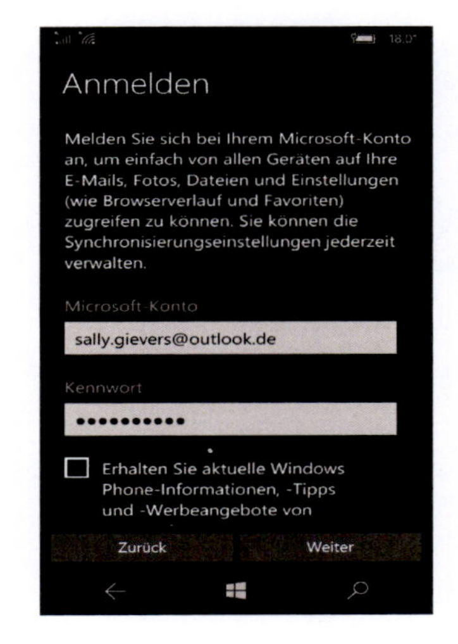

➊ Betätigen Sie *Anmelden.*

❷ In den Eingabefeldern erfassen Sie Ihre Outlook-E-Mail-Adresse und das dazugehörige Passwort, danach gehen Sie auf *Weiter*.

❸ Die folgenden Bildschirme haben nichts mit der E-Mail-Einrichtung zu tun. Folgen Sie einfach den Anweisungen.

6.2 E-Mail-Anwendung in der Praxis

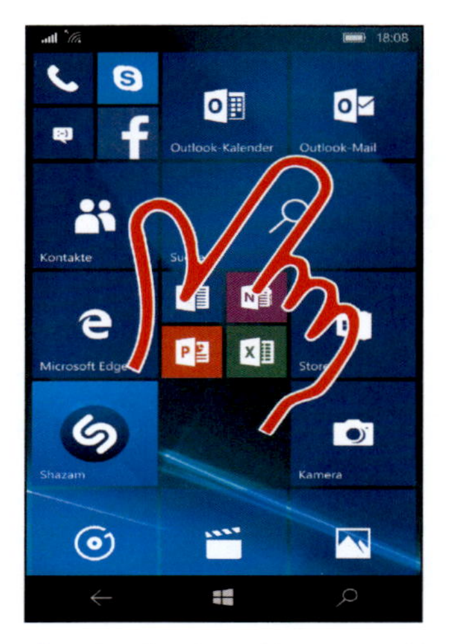

❶ Sie finden die E-Mail-Anwendung unter *Outlook-Mail* im Kachelbildschirm.

❷ Beim ersten Start gehen Sie auf *Anfangen*.

❸ Falls Sie möchten, richten Sie über *Konto hinzufügen* ein weiteres E-Mail-Konto ein. Dies ist aber jederzeit auch später möglich, wie Kapitel *6.6 Mehrere Konten verwalten* zeigt. Betätigen Sie daher *Bereit*.

6.2.1 E-Mail-Ordner

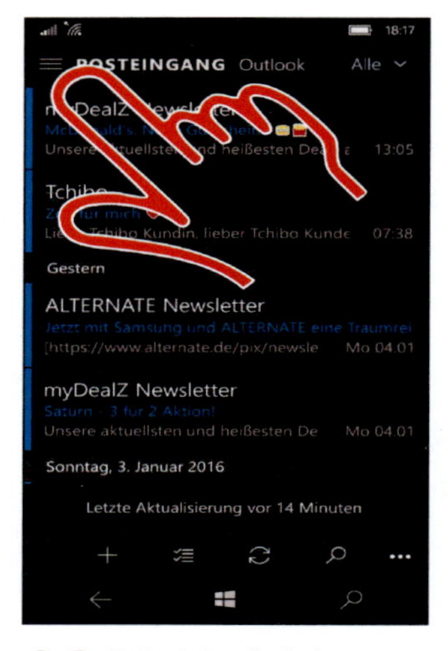

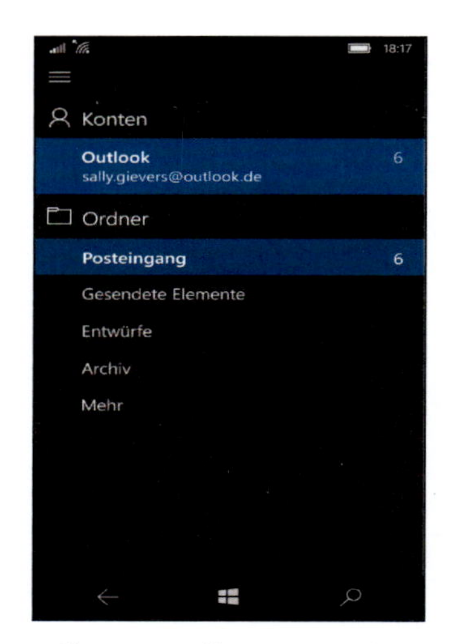

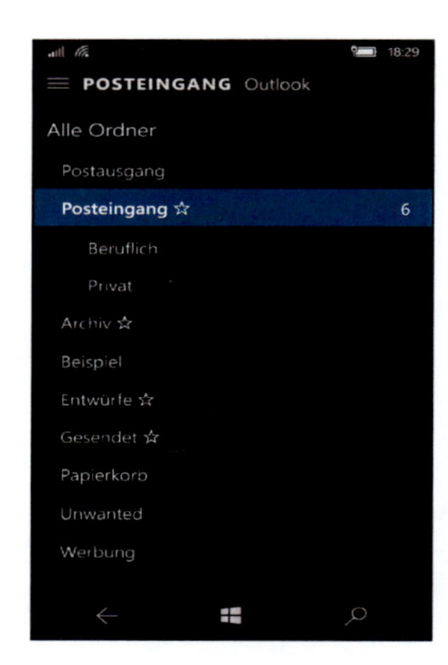

❶❷ Die Nachrichten verwaltet die E-Mail-Anwendung in Ordnern, zwischen denen man über das Ausklappmenü umschaltet. Dieses aktivieren Sie über die Schaltleiste am oberen Bildschirmrand (Pfeil).

Die Ordner:

- *Posteingang*: Hier landen alle von Ihnen empfangenen E-Mails.
- *Gesendete Elemente*: Verschickte E-Mails.
- *Entwürfe:* Nachrichten, die Sie bereits vorbereitet, aber noch nicht verschickt haben. Siehe Kapitel *9.3.3 Entwürfe*.

- *Archiv:* Von Ihnen gelesene E-Mails, die Sie aufbewahren möchten.
- *Mehr* (❸): Zeigt weitere Ordner an, unter anderem:
  - *Postausgang*: Von Ihnen erstellte E-Mails, die auf den Versand warten.
  - *Papierkorb*: Von Ihnen beispielsweise aus dem Posteingang gelöschte E-Mails. Siehe Kapitel *9.2.4 E-Mails löschen*.

Auch alle Ordner, die Sie auf der Weboberfläche von Outlook.com angelegt haben, erscheinen in der Ordnerauflistung. In der E-Mail-Anwendung selbst können Sie dagegen keine Ordner neu erstellen.

6.2.2 E-Mails abrufen

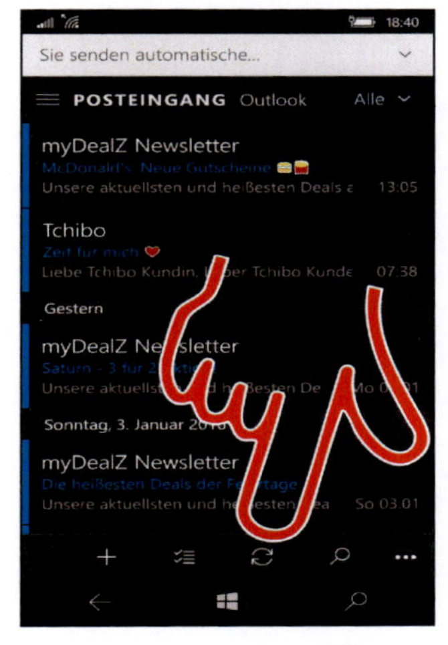

❶ Betätigen Sie ↻ (Pfeil) für den E-Mailabruf. Alternativ können Sie auch in den Einstellungen (siehe Kapitel *6.7.2 Konto-Einstellungen*) festlegen, wie häufig der automatische Mail-Abruf erfolgt.

❷ Hat der Abruf geklappt, dürfte es im Fenster ungefähr so wie hier aussehen. Alle Nachrichten werden mit Absender, Empfangsdatum und Betreff anzeigt. Ungelesene Nachrichten sind mit einem blauen Balken (Pfeil) markiert.

❶ Tippen Sie eine Nachricht an, so wird sie angezeigt.

❷ Je nach E-Mail-Größe sehen Sie gegebenenfalls nur eine Zeile der E-Mail und müssen den Rest des Nachrichtentextes erst mit *Nachricht und Bilder herunterladen* abrufen.

❸ Die ←-Taste unterhalb des Displays bringt Sie in die Nachrichtenübersicht zurück.

6.2.3 E-Mails lesen und beantworten

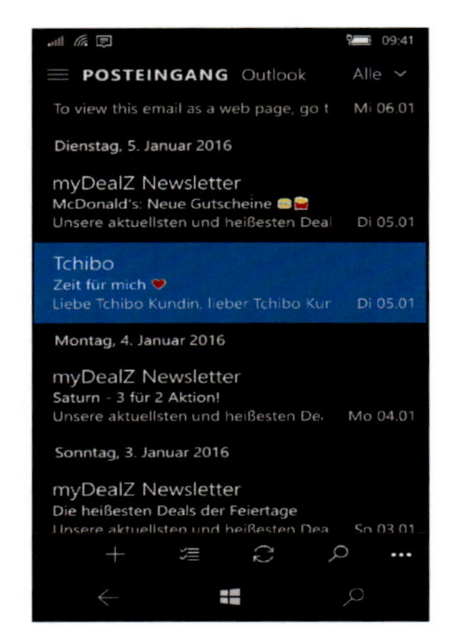

➊ Tippen Sie die anzusehende E-Mail an.

➋➌ In vielen Nachrichten sind eingebettete Bilder enthalten, die zunächst nicht angezeigt werden. Aktivieren Sie die Bilderanzeige über *Nachricht und Bilder herunterladen*.

➊ Weitere Funktionen erhalten Sie über die Schaltleisten unten (Pfeil):

- 🖂: Das Menü (➋) fragt Sie dann, ob Sie:
  - *Antworten*: Dem Absender eine Antwort schreiben.
  - *Allen antworten*: Sofern die beantwortete Nachricht mehrere Empfänger hat, erhalten diese ebenfalls Ihre E-Mail. Wir raten aber davon ab, da schnell die Gefahr besteht, dass jemand falsches Ihre Nachricht erhält.
  - *Weiterleiten*: Den Nachrichtentext an jemand Dritten weitersenden.
- 🗑: Löscht eine Nachricht aus dem Posteingang. Siehe *9.2.4 E-Mails löschen.*
- <; >: Zur vorherigen/nächsten Nachricht umschalten.

➌ Das •••-Menü:

- *Als ungelesen markieren*: Setzt den Lesestatus auf »ungelesen« zurück.
- *Kennzeichen wechseln:* Setzt eine Markierung. Siehe auch Kapitel *9.3.4 Markierung*.
- *Verschieben*: E-Mail in einen anderen Ordner verschieben. Siehe Kapitel *6.4 Ordner*.

- *Archivieren*: Verschiebt die E-Mail in den Archiv-Ordner. Siehe Kapitel *6.5 Archivieren.*

❶❷ Standardmäßig fasst die E-Mail-Anwendung alle Nachrichten, die Sie mit jemandem geschrieben haben, in einem Verlauf zusammen (diese Option können Sie, wie im Kapitel *Konto-Einstellungen* beschrieben unter *Unterhaltungen* steuern). Tippen Sie eine Unterhaltung an, um die enthaltenen Nachrichten auszuklappen.

6.2.4 E-Mails löschen

Die Lösch-Funktion in der E-Mail-Anwendung ist eine Philosophie für sich... Empfangene E-Mails werden standardmäßig nämlich nicht vom Internet-E-Mail-Konto gelöscht und lassen sich somit erneut mit dem E-Mail-Programm auf dem Desktop-PC abrufen oder auf der Weboberfläche des E-Mail-Anbieters anzeigen.

❶❷ Wischen Sie auf einer Nachricht in der E-Mail-Auflistung von rechts nach links, um sie zu löschen.

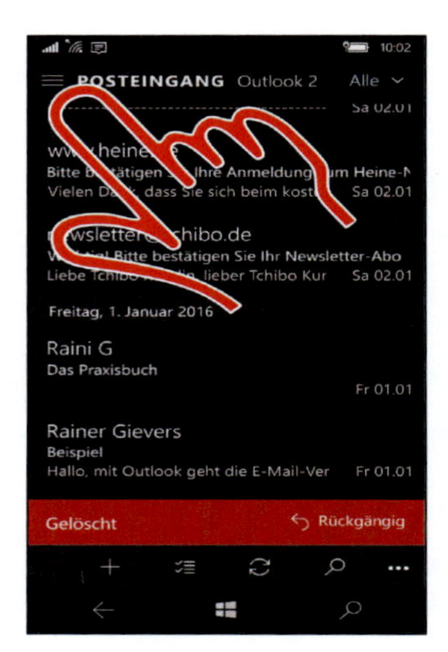

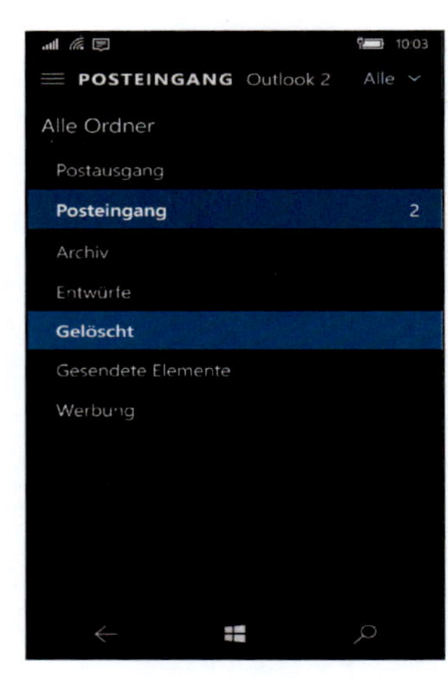

➊ Alternativ betätigen Sie 🗑 in der Nachrichtenansicht. Die Nachricht ist allerdings nicht sofort gelöscht, sondern landet im *Papierkorb*-Ordner.

➋➌ Sie können sich davon auch selbst überzeugen, indem Sie das Ordnermenü öffnen (Pfeil) und darin auf *Gelöscht* gehen.

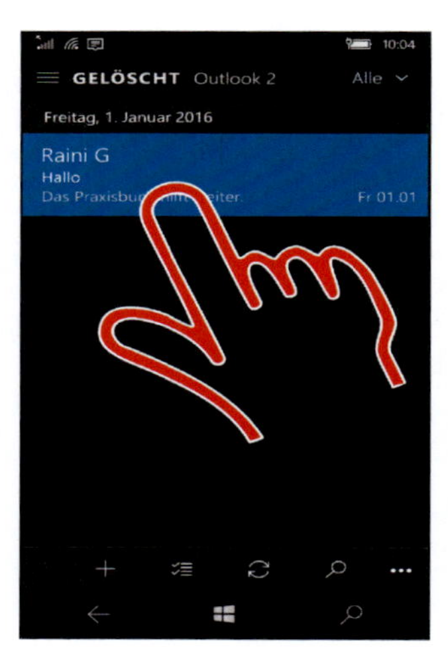

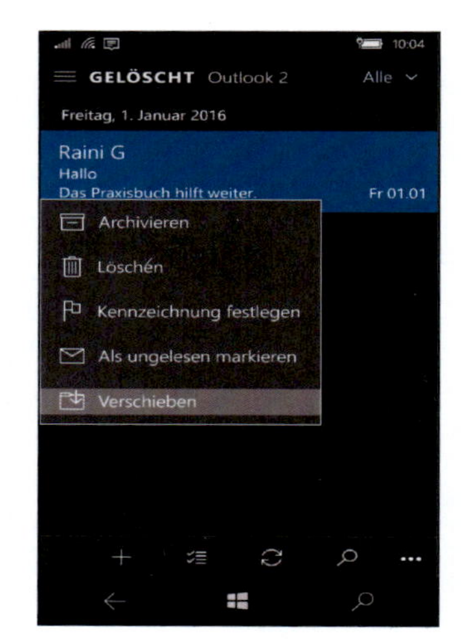

➊➋ So »retten« Sie eine gelöschte Nachricht: Tippen und halten Sie den Finger auf der Nachricht und wählen Sie im Popup *Verschieben*.

➌ Anschließend wählen Sie *Posteingang*.

Der Papierkorb-Ordner wird automatisch mit dem nächsten E-Mail-Abruf geleert.

E-Mail-Programme auf dem PC löschen standardmäßig alle empfangenen Mails vom Internet-E-Mail-Konto. Die E-Mail-Anwendung auf dem Handy erkennt das und entfernt bei sich die gelöschten Nachrichten ebenfalls. Wundern Sie sich also nicht, wenn auf dem Handy nach dem E-Mail-Abruf plötzlich Mails verschwunden sind!

6.2.5 Dateianlagen

In E-Mails enthaltene Dateianlagen kann man anzeigen und weiterverarbeiten.

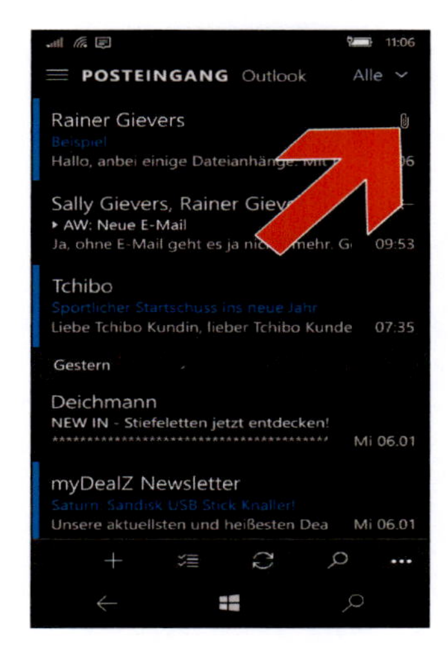

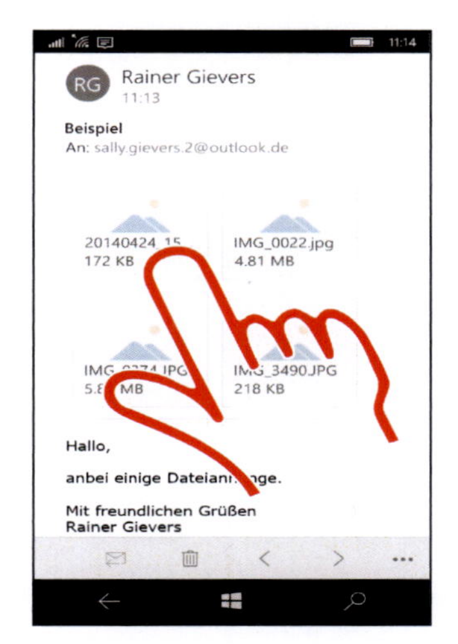

➊ Über Dateianlagen informiert 🖇 (Pfeil) in der Nachrichtenauflistung.

➋ Standardmäßig lädt die E-Mail-Anwendung enthaltene Dateianhänge nicht herunter, weshalb Sie in der Nachrichtenansicht eine der Dateien antippen, worauf alle heruntergeladen werden.

➌ Tippen Sie die Dateien an, welche Sie öffnen möchten.

6.2.6 Absender ins Telefonbuch aufnehmen

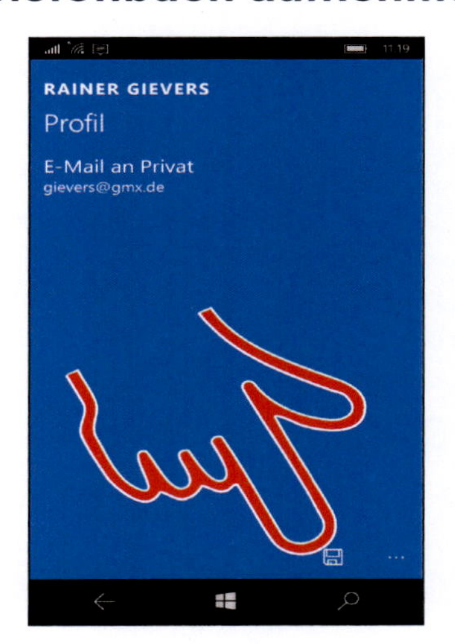

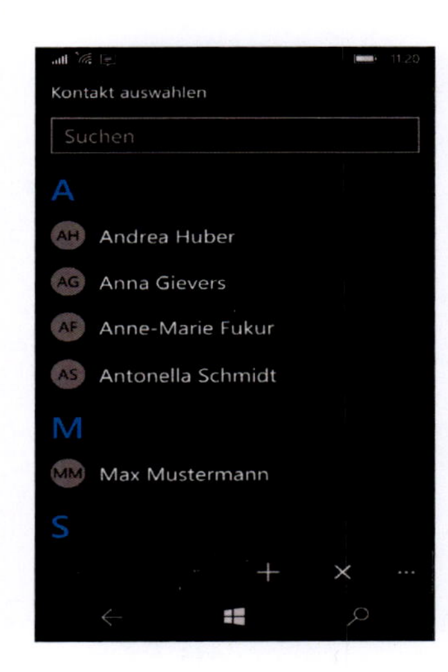

➊ Tippen Sie den Absendernamen an (Pfeil).

➋ Betätigen Sie die 🖫-Schaltleiste am unteren Bildschirmrand (Pfeil). Sollte dort stattdessen eine ✎-Schaltleiste erscheinen, dann befindet sich die E-Mail-Adresse bereits in Ihrem Telefonbuch.

➌ Soll die E-Mail-Adresse einem bereits vorhandenen Kontakt hinzugefügt werden, dann wählen Sie ihn in der Kontaktauflistung aus, ansonsten legen Sie mit + einen neuen Kontakt an.

6.3 E-Mail erstellen und senden

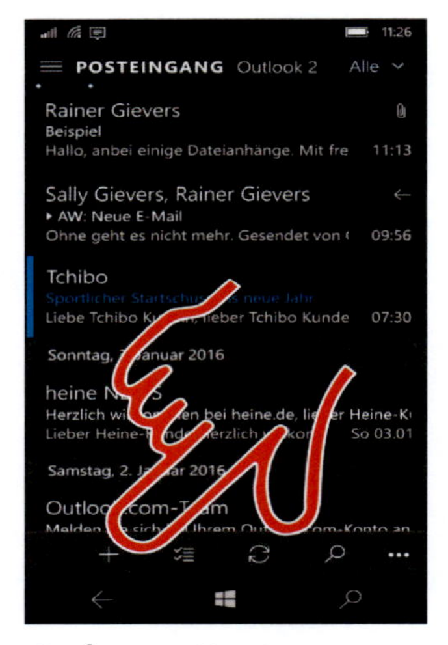

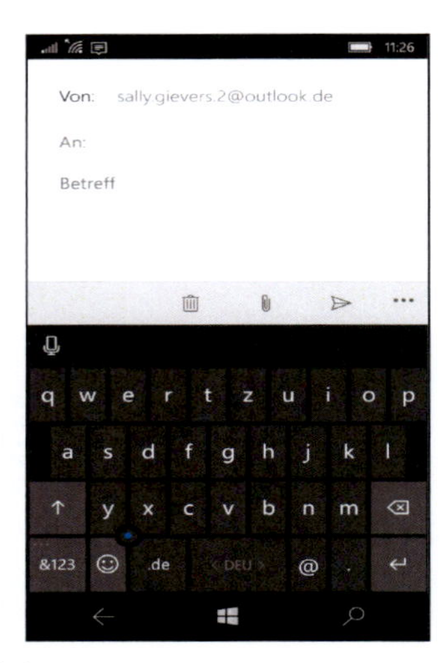

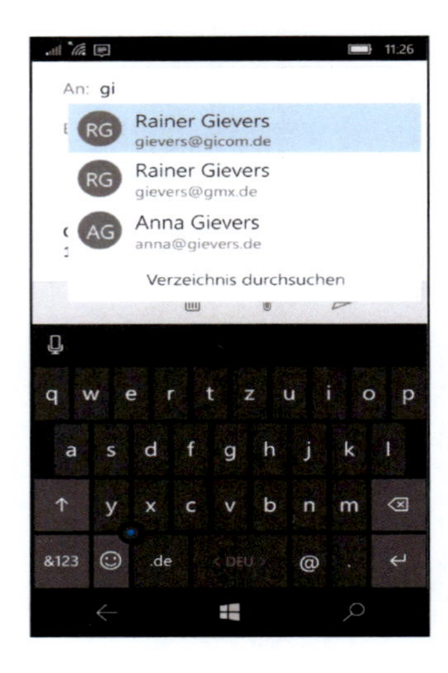

❶ + erstellt eine neue Nachricht.

❷ Hier sind der Betreff, der Empfänger, sowie der Nachrichtentext einzugeben.

❸ Sobald Sie einige Buchstaben in das *An*-Feld eingetippt haben, öffnet sich die Empfängerliste. Sofern Sie keinen Kontakt aus dem Telefonbuch verwenden möchten, geben Sie die E-Mail-Adresse von Hand komplett selbst ein.

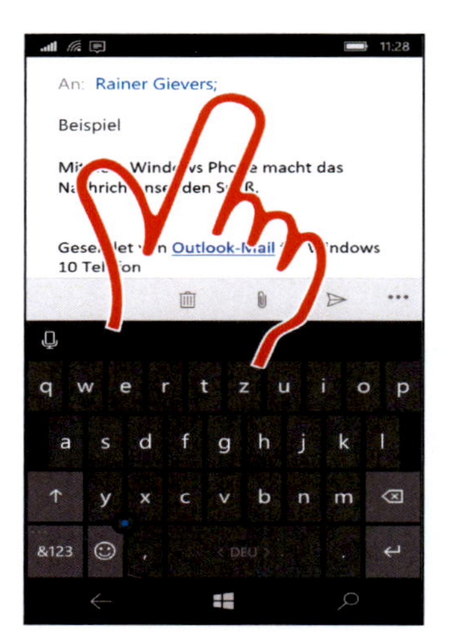

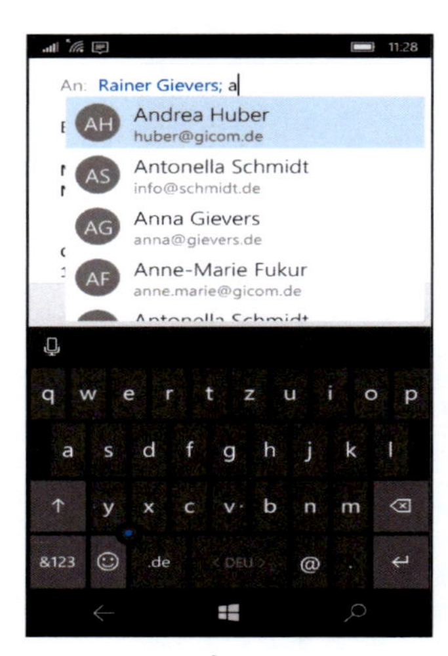

❶ Geben Sie noch Betreff und Nachrichtentext ein. Betätigen Sie nun ⊳. Die neue E-Mail wird sofort verschickt.

❷❸ Weitere Empfänger lassen sich bei Bedarf übrigens hinzufügen, indem Sie in das *An*-Eingabefeld (Pfeil) tippen und dann einfach die Mail-Adresse, beziehungsweise den Kontaktnamen eingeben, worauf wiederum die Kontaktauswahl erscheint.

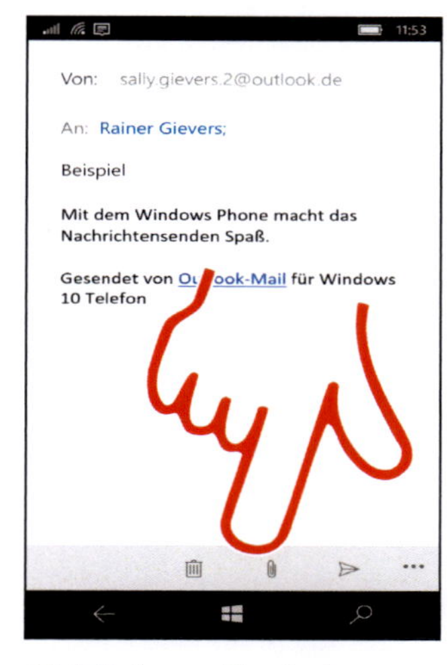

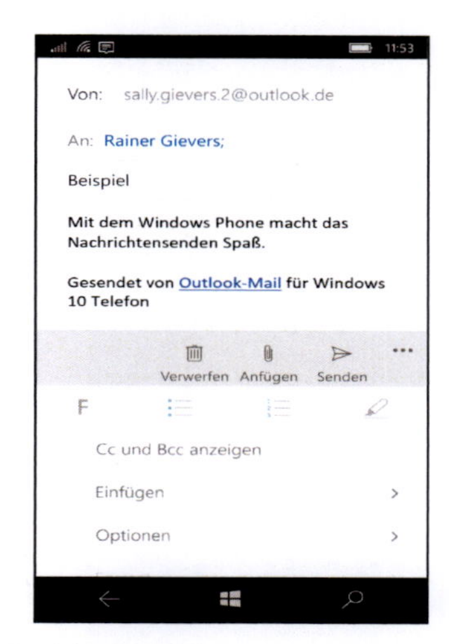

❶ Weitere Funktionen über die Schaltleisten am unteren Bildschirmrand:

- 🗑: Nachricht verwerfen.
- 📎: Dateianhang einfügen.
- ⊳: Nachricht senden.

❷❸ Das • • •-Menü:

- *Cc & Bcc anzeigen*: Zusätzliche Empfängerfelder, die wir als nächstes beschreiben.
- *Einfügen:* Dateianhang einfügen.
- *Optionen*:
  - *Wichtigkeit: hoch; Wichtigkeit: niedrig*: Weist der Nachricht eine Priorität zu. Einige E-Mail-Programme werten die Priorität aus und heben dann die Nachricht hervor. Wir empfehlen allerdings, auf diese Funktion zu verzichten.
  - *Cc und Bcc anzeigen*:
  - *Rechtschreibung; Korrekturhilfen und Sprache*
  - *Berechtigung*: Nicht dokumentierte Funktion.

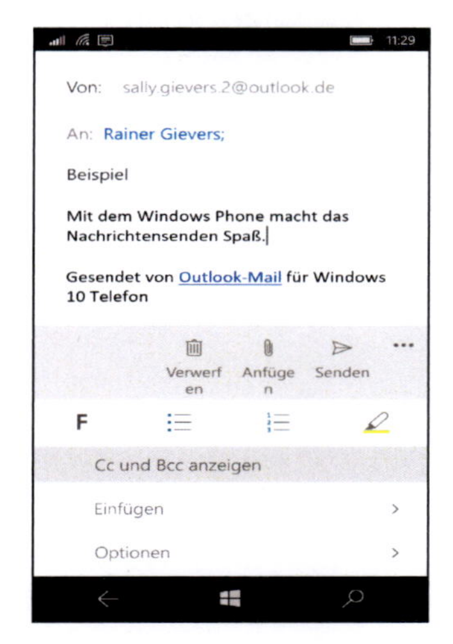

❶❷ Eine Besonderheit sind die *Cc/Bcc*-Eingabefelder, die Sie im • • •-Menü aktivieren:

- *Cc*: Der Begriff Cc steht für »Carbon Copy«, zu deutsch »Fotokopie«. Der ursprüngliche Adressat (im *An*-Eingabefeld) sieht später die unter *Cc* eingetragenen weiteren Empfänger. Die *Cc*-Funktion ist beispielsweise interessant, wenn Sie ein Problem mit jemandem per E-Mail abklären, gleichzeitig aber auch eine zweite

Person von Ihrer Nachricht Kenntnis erhalten soll.

- *Bcc*: Im *Bcc* (»Blind Carbon Copy«)-Eingabefeld erfassen Sie weitere Empfänger, wobei der ursprüngliche Adressat im *An*-Feld nicht mitbekommt, dass auch noch andere Personen die Nachricht erhalten.

6.3.1 Entwürfe

Betätigen Sie während der Nachrichtenerstellung die ←-Taste (falls das Tastenfeld angezeigt wird, müssen Sie die Taste zweimal betätigen, weil beim ersten Mal das Tastenfeld geschlossen wird). Die Nachricht wird als Entwurf gespeichert und die E-Mail-Anwendung kehrt in den Posteingang zurück.

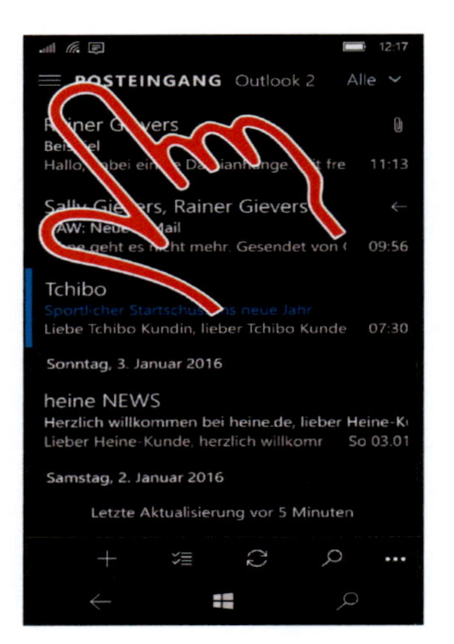

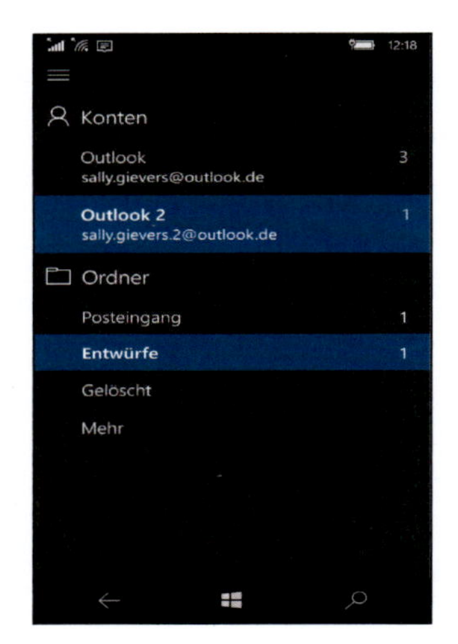

❶ Möchten Sie den Entwurf später senden, rufen Sie das Ausklappmenü auf und gehen auf *Ordner*.

❷❸ Ihre Entwürfe finden Sie nun im *Entwürfe*-Ordner. Die hier abgelegten Nachrichtenentwürfe können Sie nach dem Antippen wie gewohnt bearbeiten und dann verschicken.

6.3.2 E-Mail-Anhänge

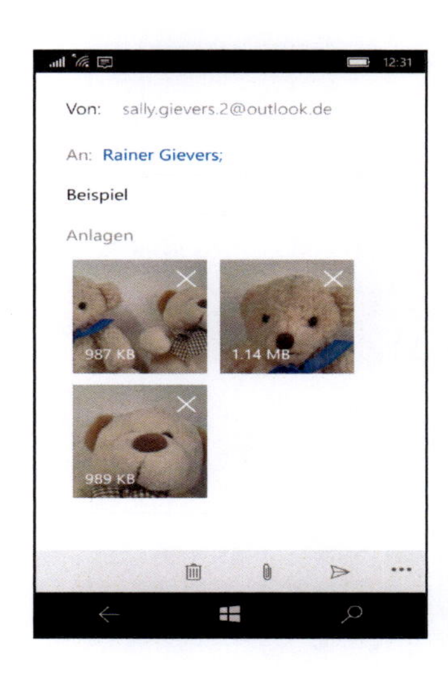

❶ Über 📎 fügen Sie eine Datei als Anhang hinzu.

❷ Wählen Sie *Dieses Gerät* aus, gehen Sie durch die Verzeichnisse, wo Sie dann die zu sendenden Dateien abhaken. Schließen Sie mit ⊘ ab.

❸ Die Dateien landen als Dateianhang in der E-Mail. Tippen Sie ✕ bei einer Datei an, um sie wieder zu entfernen.

6.3.3 Kennzeichnung

Sie können Nachrichten, die in irgendeiner Weise wichtig sind, mit einem Kennzeichen versehen, um sie später schneller wiederzufinden.

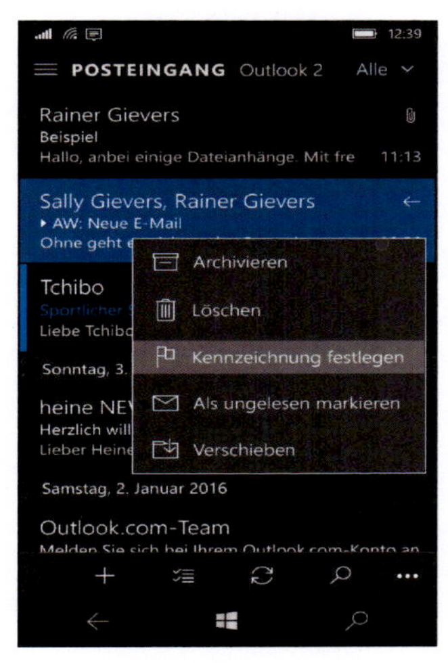

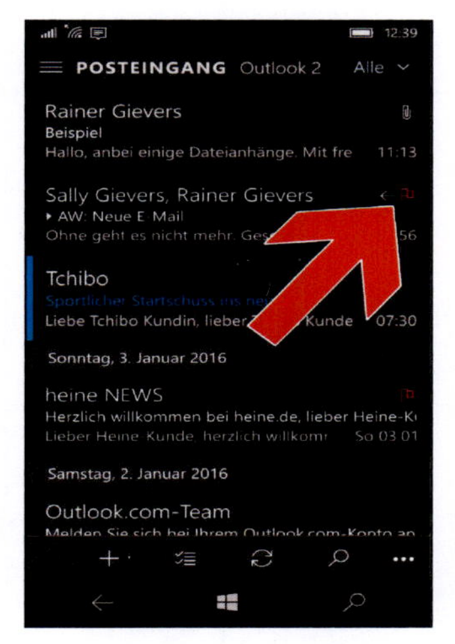

❶ Tippen und halten Sie in der Nachrichtenauflistung den Finger über einer Nachricht. Im Popup wählen Sie *Kennzeichen festlegen* aus (alternativ wischen Sie über einer Nachricht von links nach rechts). Über das gleiche Popup entfernen Sie auch wieder das Fähnen, indem Sie darin *Kennzeichnung löschen* wählen.

❷ Die markierte Datei besitzt nun ein Fähnchen (Pfeil).

❸ Über *Kennzeichnung* festlegen beziehungsweise *Kennzeichnung löschen* aus dem ••• -Menü ändern Sie die Markierung.

6.3.4 Stapelvorgänge

Wenn eine Aktion wie Löschen, Markierung hinzufügen, usw. auf mehrere Nachrichten anzuwenden ist, verwenden Sie die Stapelvorgänge.

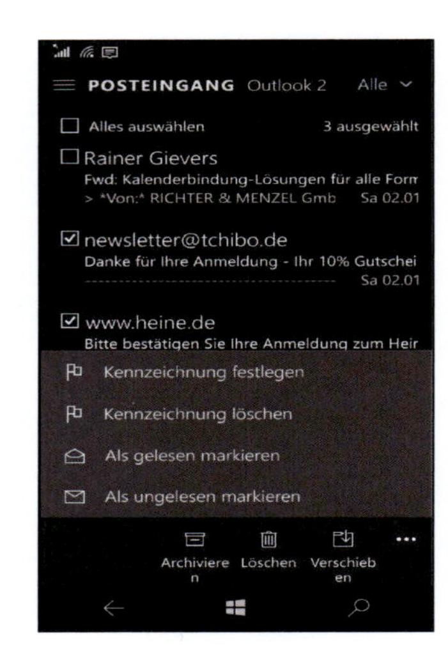

❶ Betätigen Sie ✓☰.

❷ Aktivieren Sie die Abhakkästchen vor den Nachrichten, auf die eine Aktion anzuwenden ist. Über die Schaltleisten am unteren Bildschirmrand können Sie dann die Nachrichten löschen oder verschieben. Die ←-Taste unterhalb des Displays beendet den Markierungsmodus.

❸ Weitere Bearbeitungsfunktionen finden Sie im •••-Menü.

6.4 Ordner

Zwischen den einzelnen Ordnern in der E-Mail-Anwendung (siehe Kapitel *9.2.1 E-Mail-Ordner*) können Sie E-Mails verschieben. Sinn macht dies allerdings eigentlich nur bei Besitzern eines Outlook.com-E-Mail-Kontos (siehe Kapitel *3.1 Anmeldung bei Outlook.com*).

Bitte beachten Sie, dass Sie neue Ordner nur über die Outlook.com-Weboberfläche (siehe Kapitel *3.3.12 Ordner*) anlegen können.

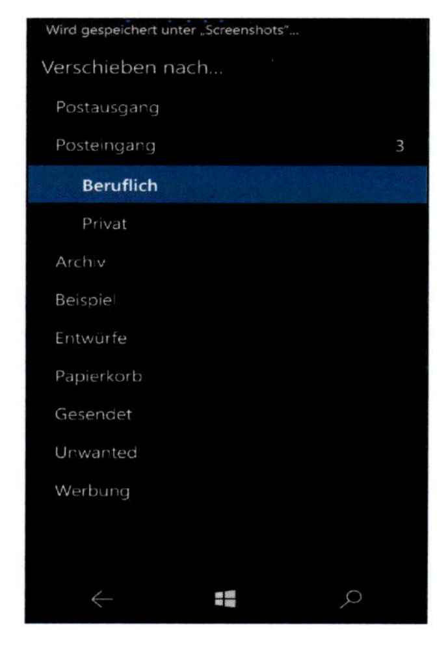

❶ So verschieben Sie E-Mails: Tippen und halten Sie den Finger über einer Nachricht. Im Popup gehen Sie auf *Verschieben*.

❷ Wählen Sie den Zielordner aus.

Tipp: Verwenden Sie zum Verschieben von mehreren Nachrichten auf einmal die im Kapitel *9.3.5 Stapelvorgänge* vorgestellte Funktion.

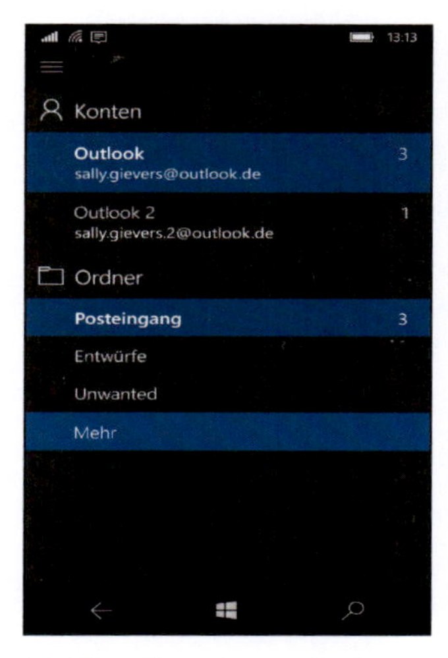

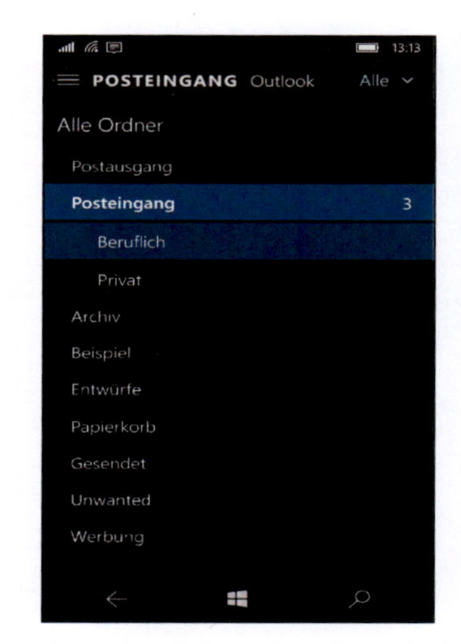

❶ Um in einen Ordner zu wechseln, rufen Sie das Ordnermenü auf. Dort gehen Sie auf *Mehr*, um alle Ordner aufzulisten.

❷❸ Wählen Sie den Ordner aus, dessen Inhalt nun angezeigt wird.

6.5 Archivieren

In der Regel löschen Sie alle E-Mails im Posteingang, die Sie nicht mehr benötigen. Manchmal ist es aber sinnvoll, Nachrichten, die Sie vielleicht später mal benötigen (zum Beispiel Rechnungen, Bestellbestätigungen, usw.) aufzubewahren. Für diesen Anwendungsfall gibt es den Archiv-Ordner.

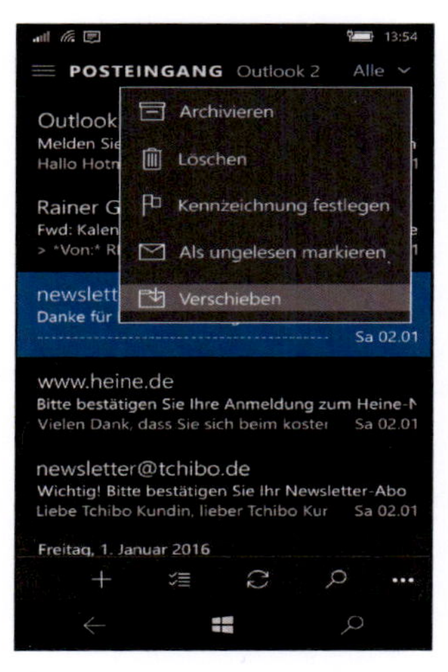

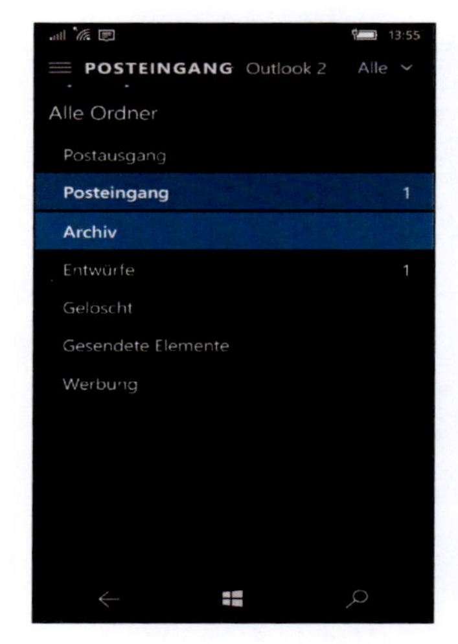

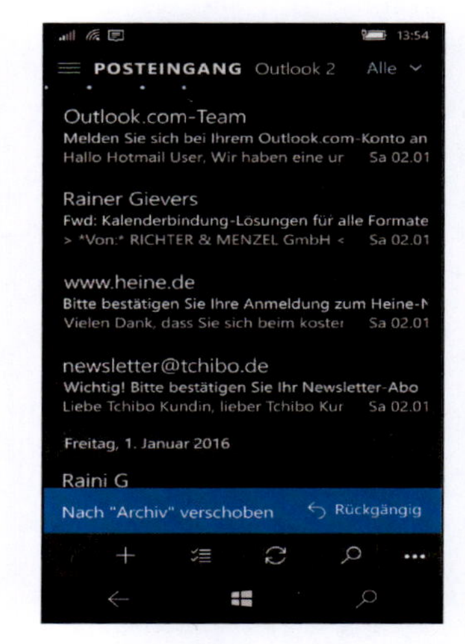

❶ Tippen und halten Sie den Finger auf der zu archivierenden Nachricht und gehen Sie im Popup auf *Verschieben*.

❷❸ Im nächsten Schritt wählen Sie *Archiv* aus.

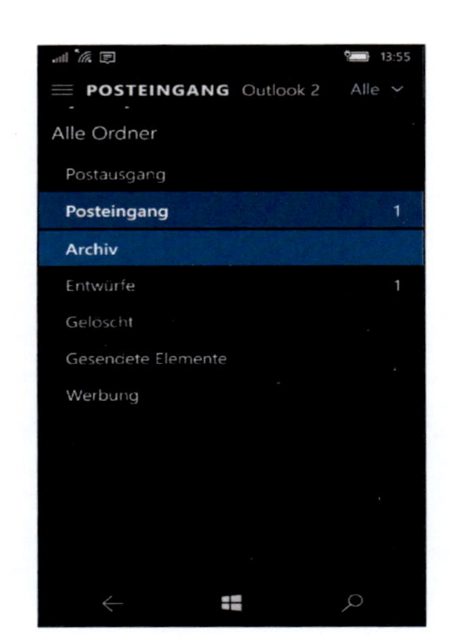

➊➋➌ Die archivierten Nachrichten finden Sie im Ordnermenü, wo Sie zunächst auf *Mehr* und dann auf *Archiv* gehen.

6.6 Mehrere Konten verwalten

Neben Ihrem Outlook-E-Mail-Konto verwaltet Windows-Mail auch »fremde« Konten, zum Beispiel von sogenannten Freemailern wie GMX und T-Online, aber auch sogenannte Domain-E-Mail-Konten (Format *IhrName@IhreDomain.de*).

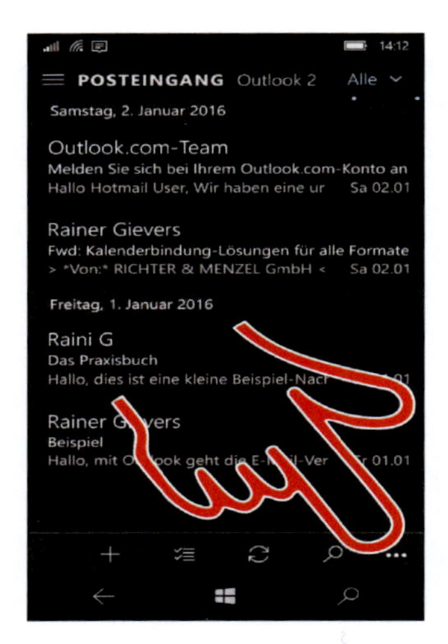

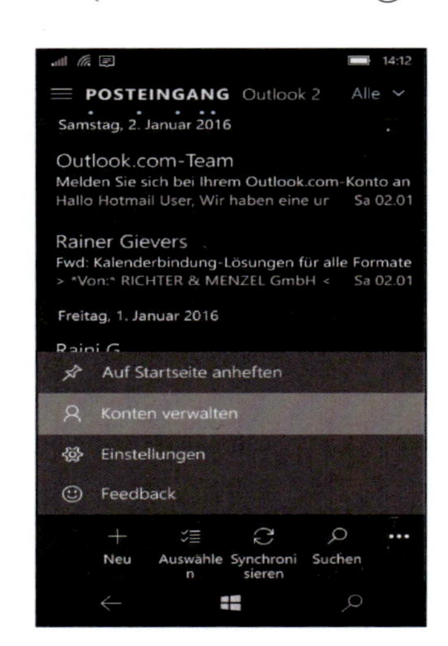

➊➋ Rufen Sie mit • • • das Menü auf (Pfeil) und gehen Sie auf *Konten verwalten.*

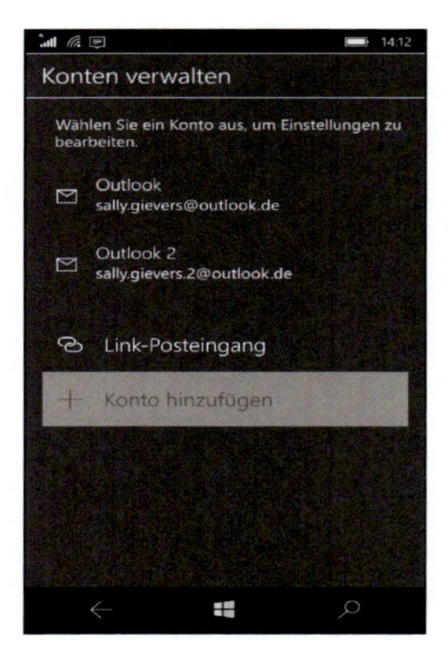

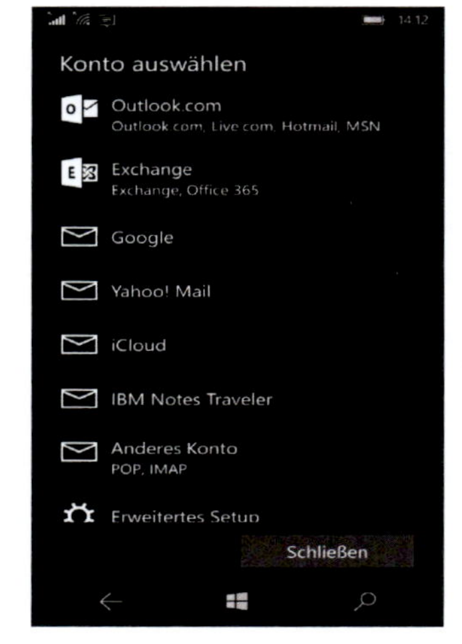

➊ Gehen Sie auf *Konto hinzufügen.*

❷ Anschließend richten Sie, wie im nächsten Kapitel beschrieben, Ihr E-Mail-Konto ein.

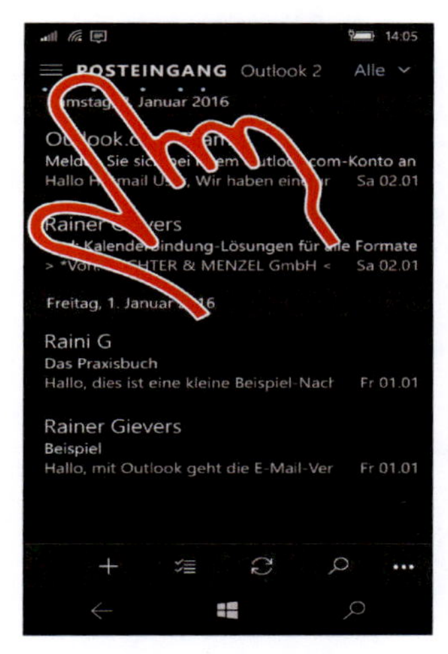

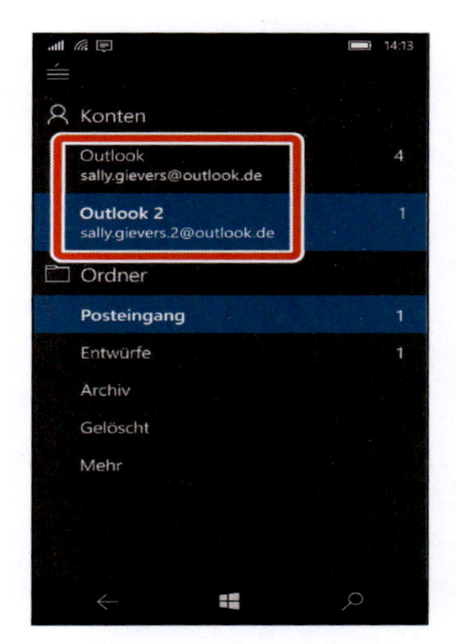

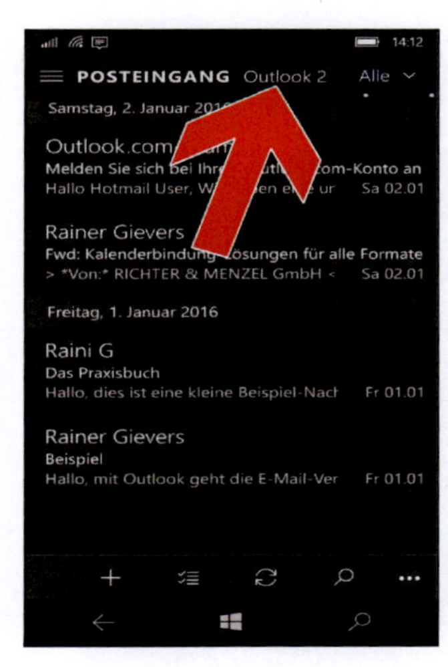

❶❷ Zwischen den Konten schalten Sie über das Ordnermenü um.

❸ Das gerade angezeigte E-Mail-Konto erkennen Sie an der Kontobezeichnung am oberen Bildschirmrand.

6.6.1 E-Mail-Konto für Freemail-Anbieter einrichten

Die E-Mail-Anwendung kennt bereits die wichtigsten kostenlosen E-Mail-Dienste, die man auch als Freemail-Anbieter bezeichnet. Dazu gehören unter anderem GMX, Web.de und T-Online. Sie brauchen für diese Anbieter nur Ihre E-Mail-Adresse und das Passwort eingeben.

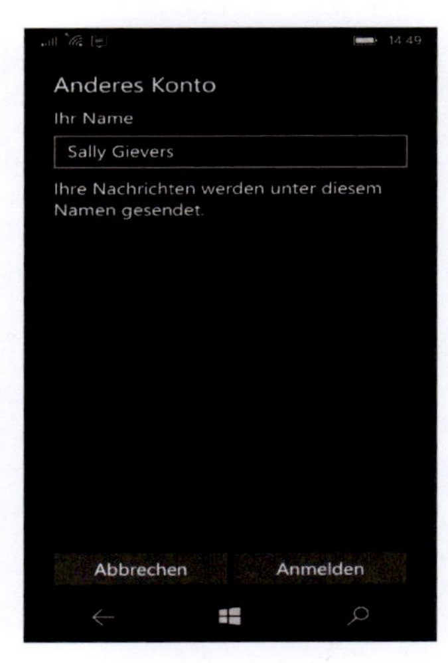

❶ Sofern Sie Yahoo Mail, Apples iCloud oder Google Gmail nutzen, wählen Sie den entsprechenden Eintrag im Menü aus. Für GMX, T-Online, usw. gehen Sie dagegen in der Liste auf *Anderes Konto*.

❷ Im Beispiel wird ein E-Mail-Konto für den kostenlosen E-Mail-Anbieter GMX eingerichtet: Geben Sie Ihre E-Mail-Adresse und das Kennwort Ihres E-Mail-Kontos ein. Betätigen Sie *Anmelden*.

❸ Erfassen Sie den Namen, der später als Absender in Ihren versandten E-Mails erscheint und gehen Sie erneut auf *Anmelden*. Das E-Mail-Konto ist damit eingerichtet.

6.6.2 E-Mail-Konto manuell einrichten

Hier wird beschrieben, wie Sie eine E-Mail-Adresse einrichten, wenn Sie eine Website mit eigenem E-Mail-Konto besitzen.

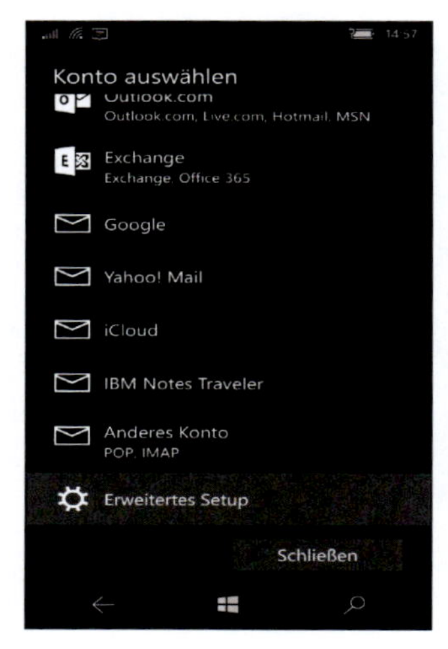

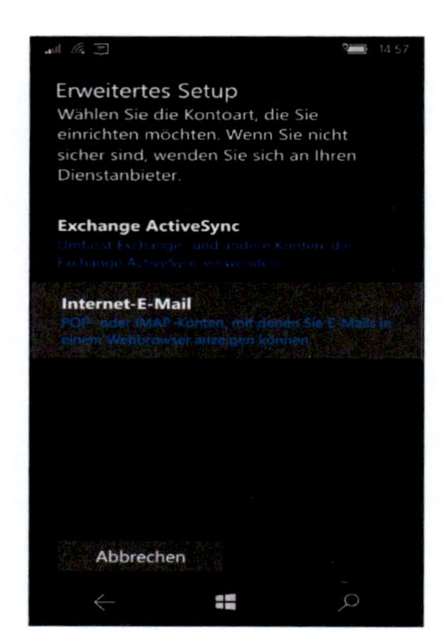

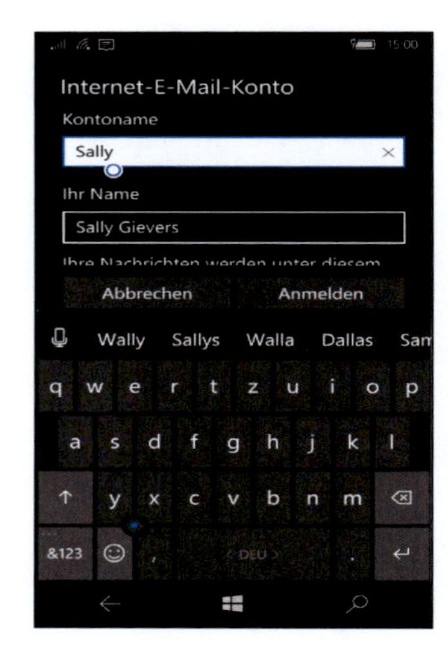

➊ Führen Sie eine Wischgeste von unten nach oben durch (mit dem Finger auf das Display halten und nach oben ziehen, danach loslassen), um durch das Menü zu blättern und gehen Sie auf *Erweitertes Setup.*

➋ Als Kontotyp wählen Sie *Internet-E-Mail* aus.

➌ Geben Sie nun ein:

- *Kontoname*: Der Name, unter dem das Konto in der Windows-Mail-Anwendung angezeigt wird.
- *Ihr Name*: Dieses Eingabefelde ist bereits vorausgefüllt.
- *Posteingangsserver*: Der Server, über den die E-Mails abgerufen werden. Häufig verwenden die E-Mail-Dienste dazu einen Namen im Format »*pop.xxxx.de*«.
- *Kontotyp*: Zur Auswahl stehen *POP3* und *IMAP4*. In der Regel sollten Sie *POP3* einstellen, weil IMAP4 nicht von allen E-Mail-Anbietern unterstützt wird. Nachteile ergeben Sie daraus für den Standard-Nutzer keine.
- *Benutzername*: Der Name (»Login«), mit dem Sie sich beim E-Mail-Anbieter einloggen. In den meisten Fällen ist dies Ihre E-Mail-Adresse.
- *Kennwort*: Das Passwort zum E-Mail-Konto.
- *Postausgangsserver*: Der Server, über den Ihre E-Mails verschickt werden, hat meistens das Format »*smtp.xxxxx.de*«
- *Ausgangsserver erfordert Authentifizierung:* Muss bei den meisten Anbietern aktiviert werden.
- *Denselben Benutzernamen und dasselbe Passwort zum Senden von E-Mails verwenden:* Auch diese Option muss meistens aktiviert werden.
- *SSL für eingehende E-Mails erforderlich; SSL für ausgehende E-Mails erforderlich*: Beide Optionen sollten aktiviert bleiben.

Schließen Sie den Vorgang mit *Anmelden* ab.

6.7 Konto-Einstellungen

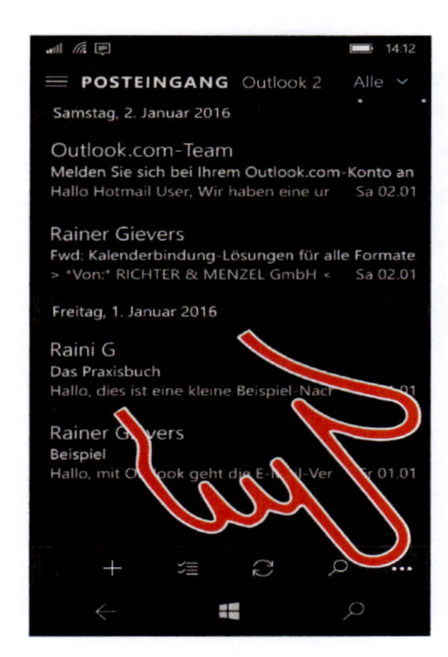

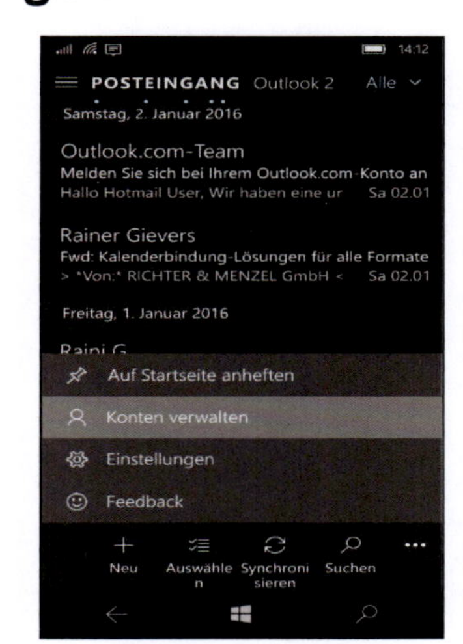

❶❷ Rufen Sie mit • • • das Menü auf (Pfeil) und gehen Sie auf *Konten verwalten.*

6.7.1 Kombinierter Posteingang

Es ist natürlich ziemlich mühselig, wenn Sie immer über das Ordnermenü zwischen den E-Mail-Konten umschalten müssen. Deshalb gibt es den sogenannten kombinierten Posteingang, bei dem die Nachrichten aus allen E-Mail-Konten zusammen aufgelistet werden.

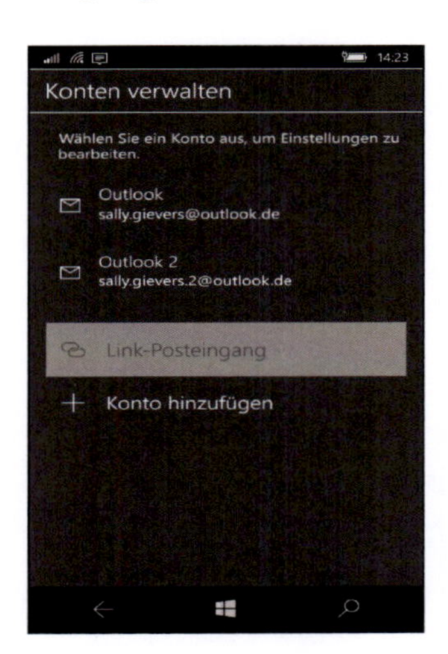

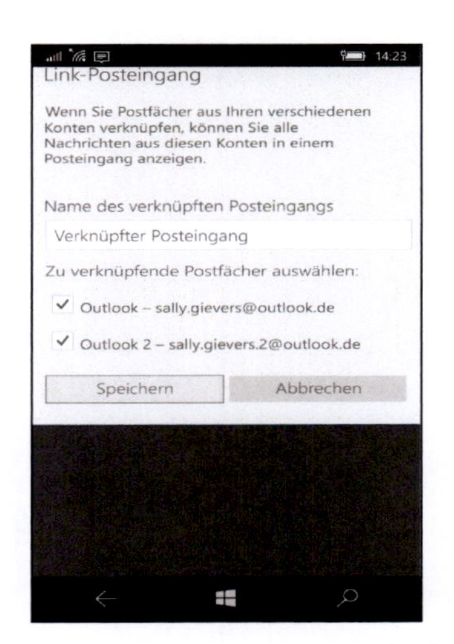

❶❷ Nachdem Sie auf *Link-Posteingang* gegangen sind, wählen Sie die zu kombinierenden Konten aus und schließen mit *Speichern* ab.

❸ An wen die empfangenen E-Mails gerichtet sind, erkennen Sie in der Nachrichtenansicht jeweils am *An*-Feld (Pfeil).

6.7.2 Konto-Einstellungen

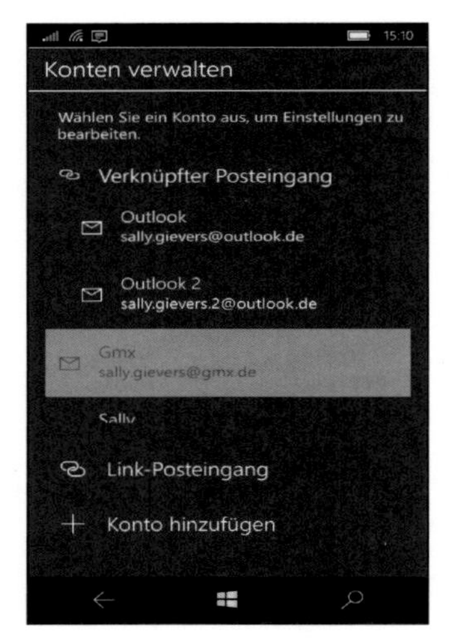

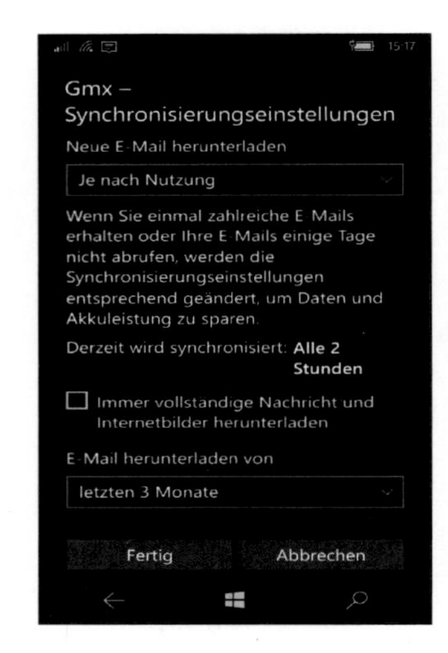

❶ Wählen Sie ein Konto in der Auflistung aus.

❷ Hier stellen Sie ein:

- *Benutzername*: Ist mit Ihrem Konto fest verknüpft und lässt sich nicht ändern.
- *Kennwort*
- *Kontoname*: Unter dem Kontonamen wird Ihr E-Mail-Konto in Windows-Mail angezeigt.
- *Synchronisationeinstellungen für Postfach ändern* (❸):
  - *Neue E-Mail herunterladen*: In der Einstellung *Je nach Nutzung* passt Windows-Mail die Abrufhäufigkeit an Ihr Nutzungsverhalten an. Sie können hier aber auch feste Zeitspannen, von 15 Minuten bis alle 2 Stunden einstellen.
  - *Derzeit wird synchronisiert*: Informiert über die aktuelle Abrufhäufigkeit.
  - *Immer vollständige Nachricht und Internetbilder abrufen*: Sofern Sie eine schnelle Internetverbindung haben und nicht auf das verbrauchte Datenvolumen achten müssen, aktivieren Sie das Abhakkästchen. Ansonsten lädt Windows-Mail nur einige E-Mail-Zeilen herunter und bietet dann in der E-Mail-Ansicht die Möglichkeit, die vollständige Nachricht nachträglich abzurufen.
  - *E-Mail herunterladen von*: Abrufzeitraum.
- *Konto löschen*: Entfernt das E-Mail-Konto vom Gerät. Die im E-Mail-Konto enthaltenen Nachrichten bleiben aber erhalten und lassen sich bei erneuter Kontenanlage wieder abrufen.

7. Gmail

Gmail ist ein kostenloser E-Mail-Dienst, der über eine bequeme Web-Oberfläche genutzt werden kann. Besuchen Sie mit Ihrem Webbrowser auf dem PC die Webadresse *mail.google.com* für weitere Informationen und zur Neuregistrierung.

Im Gegensatz zu Mail-Programmen auf dem PC synchronisiert die Gmail-Anwendung alle Nachrichten mit der Gmail-Weboberfläche. Das heißt, Sie haben sowohl online, als auch auf dem Gerät, immer den gleichen Nachrichtenstand. Beachten Sie aber, dass einige Funktionen der Weboberfläche auf dem Gerät selbst nur eingeschränkt zur Verfügung stehen.

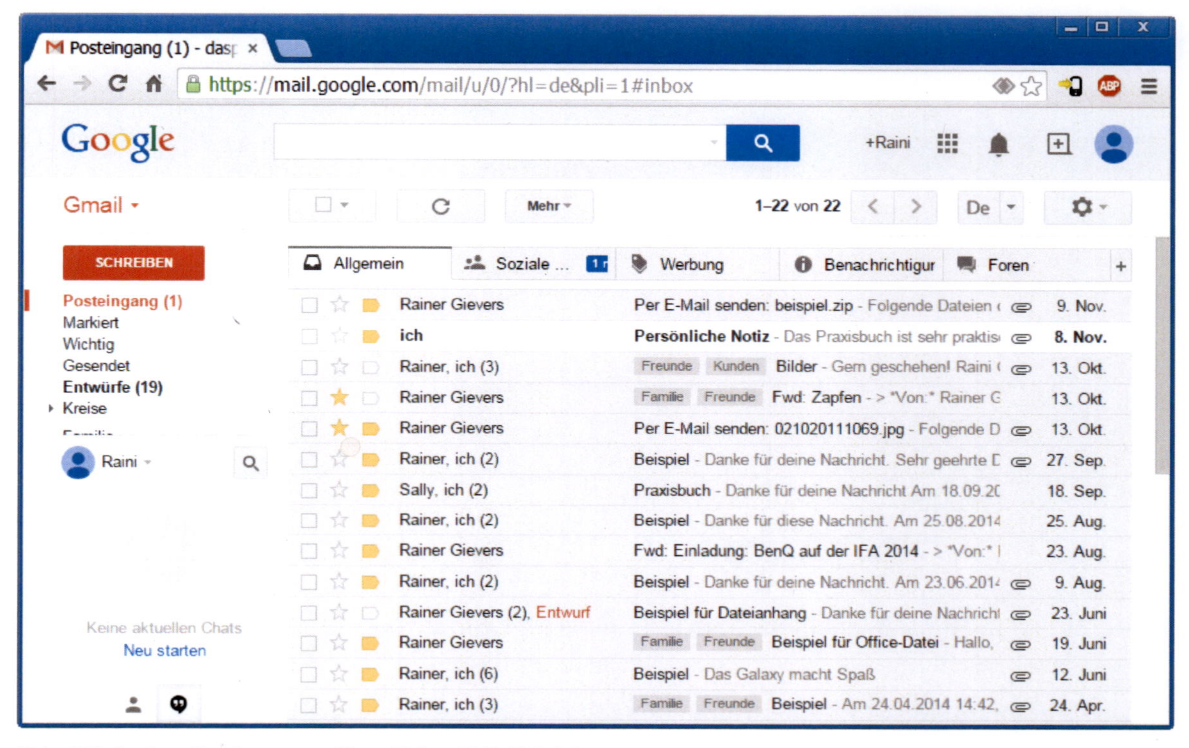

Die Weboberfläche von Gmail im PC-Webbrowser.

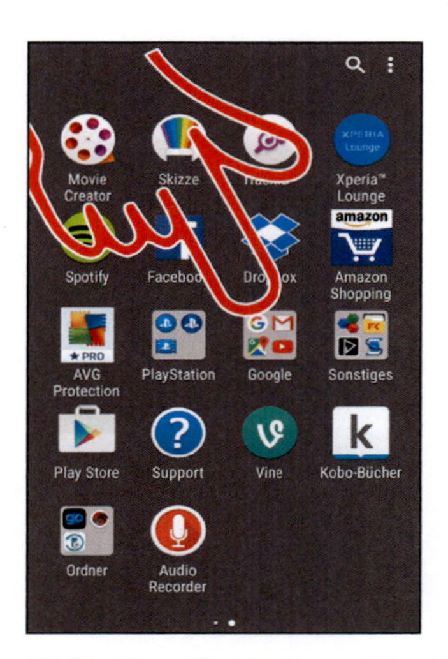

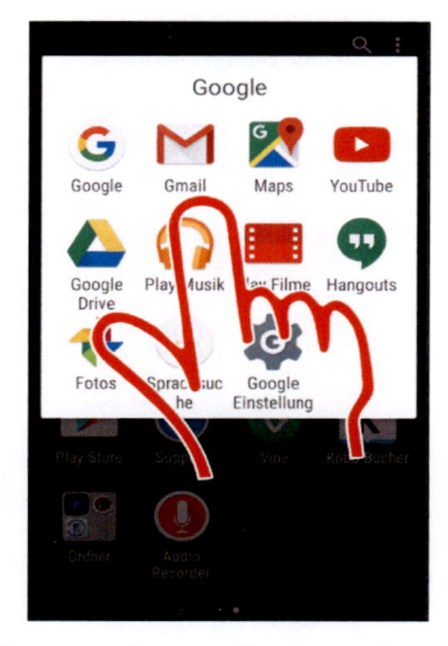

❶❷ Gmail finden Sie bei den meisten Geräten im *Google*-Ordner des Hauptmenüs (Pfeil).

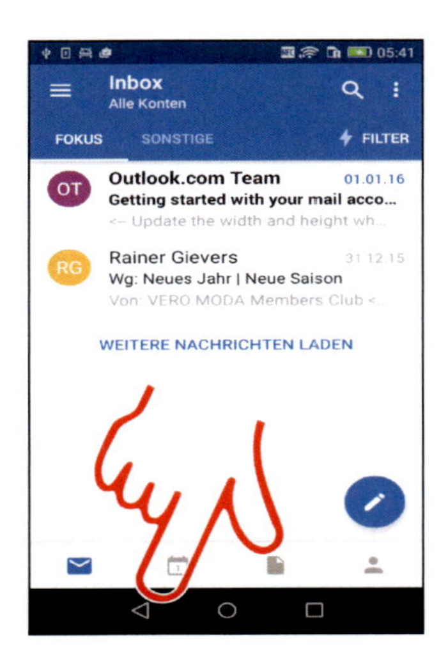

Hinweis: Häufig werden Sie in diesem Buch zu den Android-Anwendungen, die dieses Kapitel und Kapitel *8 E-Mail mit Android* beschreiben, den Hinweis auf die ⮌-Taste finden. Damit ist die Taste unterhalb des Displays gemeint. Bei einigen Herstellern wie Sony und Huawei hat diese Taste eine davon abweichende Form (Pfeil).

Mit ⮌ kehren Sie immer zum vorigen Bildschirm beziehungsweise Menü zurück.

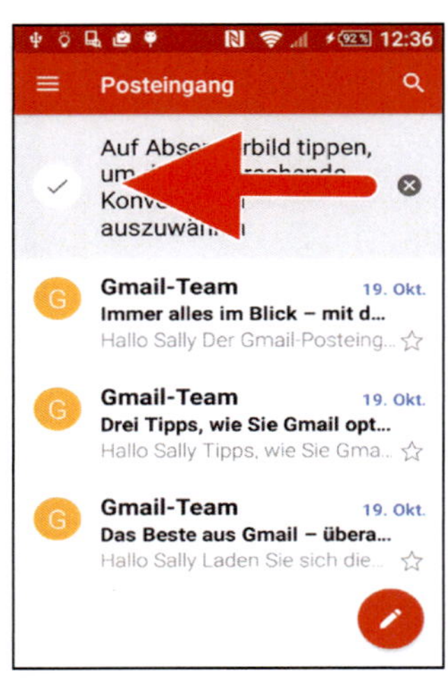

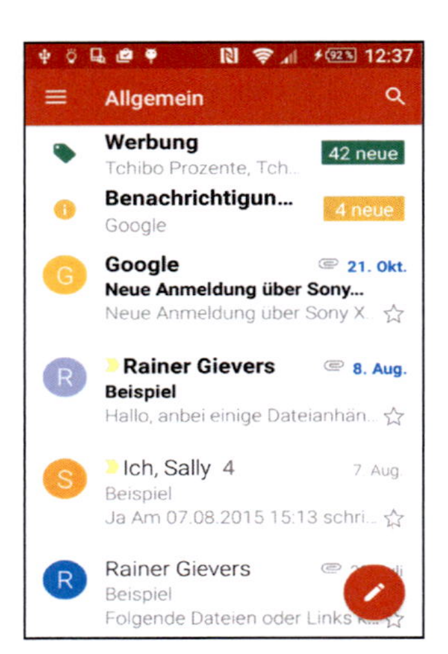

❶ Beim ersten Start erscheinen diverse Hinweise, welche Sie nun mit einer horizontalen Wischgeste beziehungsweise der ✕-Schaltleiste entfernen.

❷ Die großen bunten Symbole vor den einzelnen Nachrichten enthalten jeweils den ersten Buchstaben des Absenders, im Beispiel also »G« für eine E-Mail von Google, usw.

7.1 Gmail in der Praxis

7.1.1 E-Mails abrufen

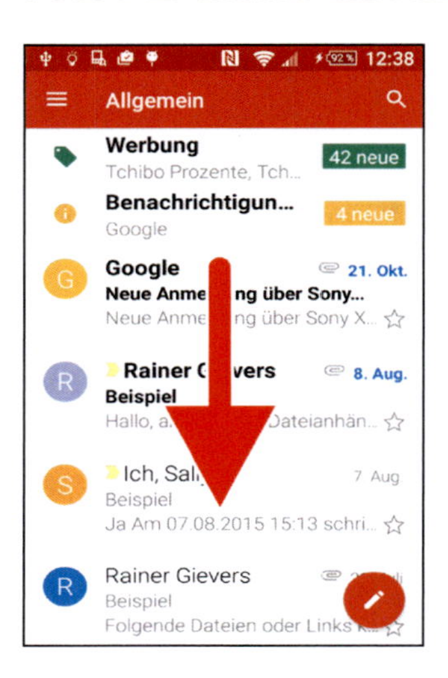

❶ Für die Synchronisierung der E-Mails in der Gmail-Anwendung mit dem E-Mail-Konto führen Sie eine Wischgeste von oben nach unten in der E-Mail-Oberfläche durch (Sie können allerdings auch eine automatische Synchronisation, wie im Kapitel *7.3.2 Konto-Einstellungen* beschrieben, einstellen.

❷❸ Alternativ können Sie sich die neuen E-Mails auch auf einem weiteren Wege anzeigen: Wenn neue Nachrichten vorliegen, erscheint in der Titelleiste ein M-Symbol (Pfeil). Öffnen Sie das Benachrichtigungsfeld und tippen Sie auf *x neue Nachrichten*, worauf der Gmail-Posteingang angezeigt wird.

> Die Gmail-Anwendung arbeitet speicheroptimiert, das heißt beim Blättern in der Nachrichtenauflistung lädt sie automatisch die als nächstes anzuzeigenden Mails nach. Dies kann bei einer langsamen Mobilfunkverbindung manchmal einige Sekunden dauern. Sie sehen dann »*Konversationen werden geladen*«.

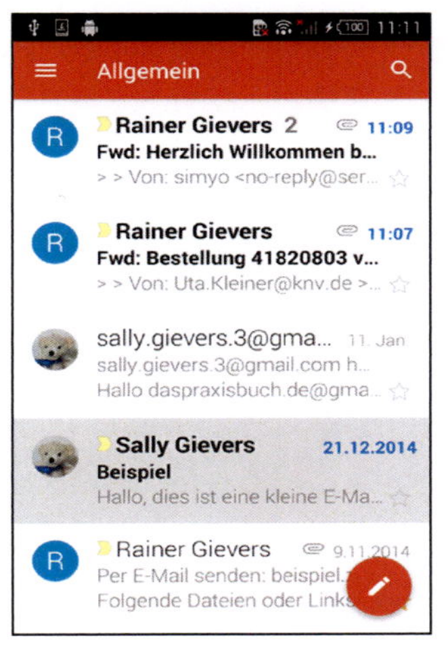

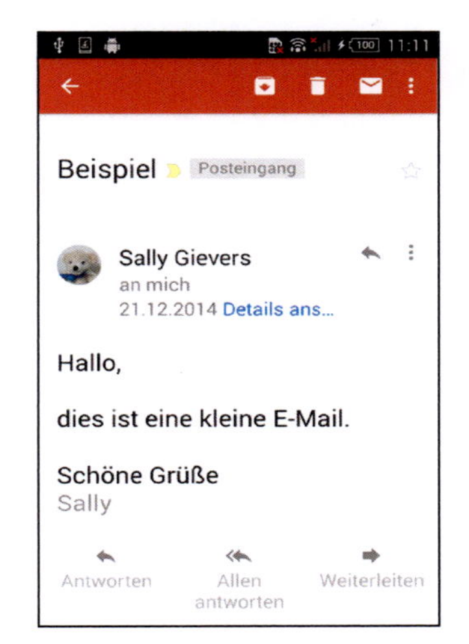

❶ Alle noch ungelesenen Nachrichten erscheinen in Fettschrift. Tippen Sie nun eine Nachricht an, die Sie lesen möchten.

❷ Die Bedeutung der Schaltleisten am oberen Bildschirmrand:

- (Archivieren): Entfernt eine Nachricht aus dem Posteingang, ohne sie zu löschen. Siehe auch Kapitel *7.2.3 Archivieren*.
- : Nachricht löschen.
- (Ungelesen): Setzt den Nachrichtenstatus auf »ungelesen« und schaltet wieder auf den Posteingang um.

❸ Über eine Kneifgeste (zwei Finger, beispielsweise Daumen und Zeigefinger, gleichzeitig auf das Display drücken), können Sie die Ansicht vergrößern/verkleinern. Verschieben Sie bei Bedarf dann mit dem Finger den angezeigten Bildschirmausschnitt. Alternativ tippen Sie zweimal schnell hintereinander auf den Nachrichtentext.

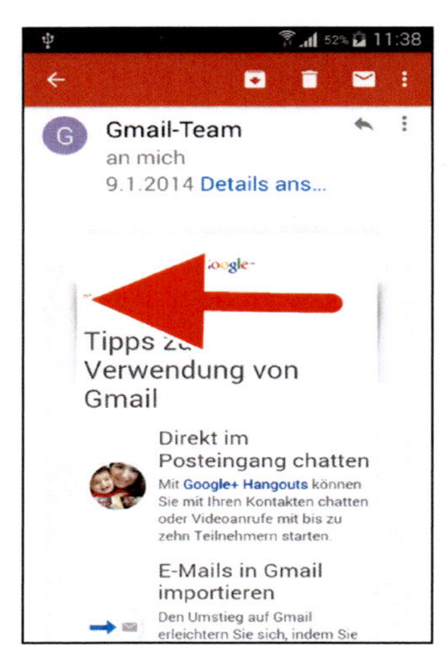

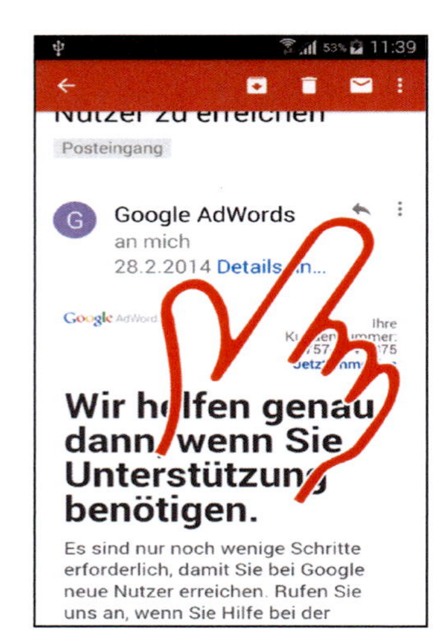

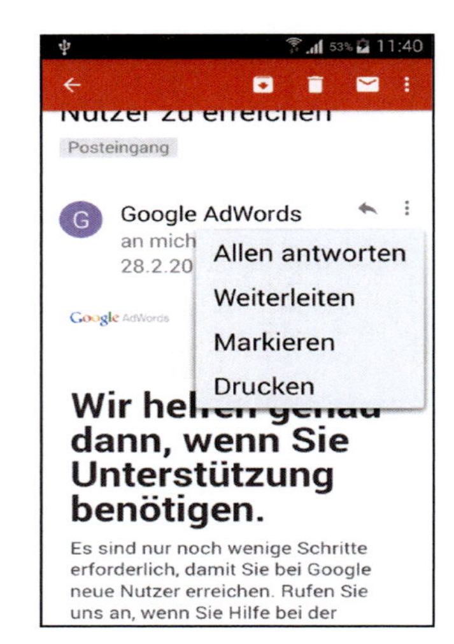

❶ Ziehen Sie mit angedrücktem Finger nach links/rechts, um zur nächsten älteren/neueren Nachricht zu blättern.

❷ Die ↰-Schaltleiste erstellt eine Antwort-Nachricht an den Absender.

❸ Das ⁝-Menü:

- *Allen antworten*: Sofern die E-Mail mehrere Empfänger enthält, können Sie Ihre Antwort-Nachricht an alle Empfänger senden. Wir raten davon aber ab, weil dies unter Umständen zu peinlichen Situationen führen kann, beispielsweise, wenn ein Kunde die interne Kommunikation eines Unternehmens zugesandt bekommt.
- *Weiterleiten*: Erstellt eine neue Nachricht mit dem Nachrichtentext.
- *Markieren; Markierung entfernten*: Markiert eine Nachricht als Favoriten beziehungsweise entfernt die Markierung wieder. Siehe Kapitel *7.2.6 Markierungen*.
- *Drucken*: Auf die Druckausgabe geht dieses Buch nicht ein.

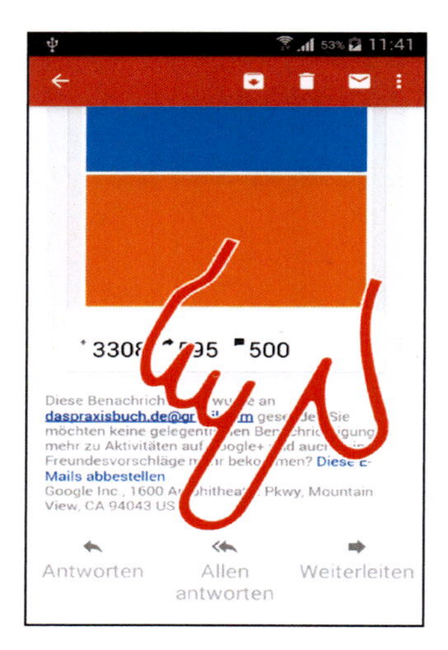

Die Funktionen zum Antworten und Weiterleiten finden Sie auch am Ende der E-Mail.

7.1.2 Absender ins Telefonbuch aufnehmen

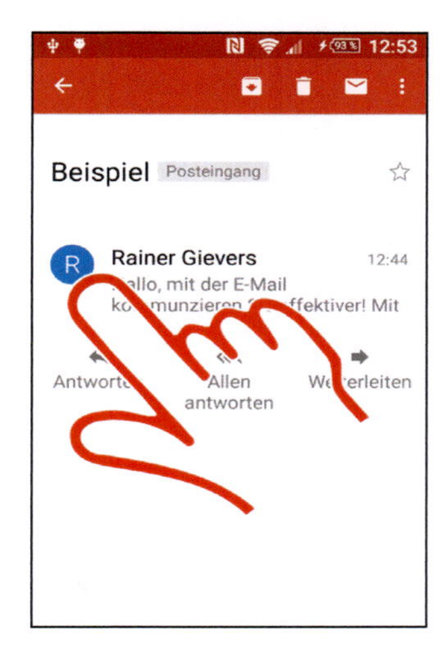

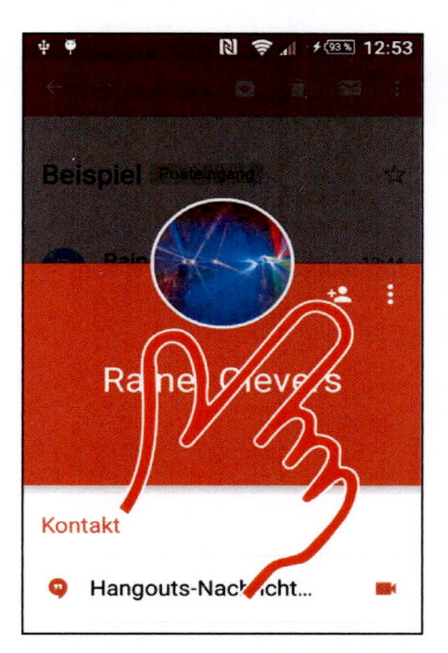

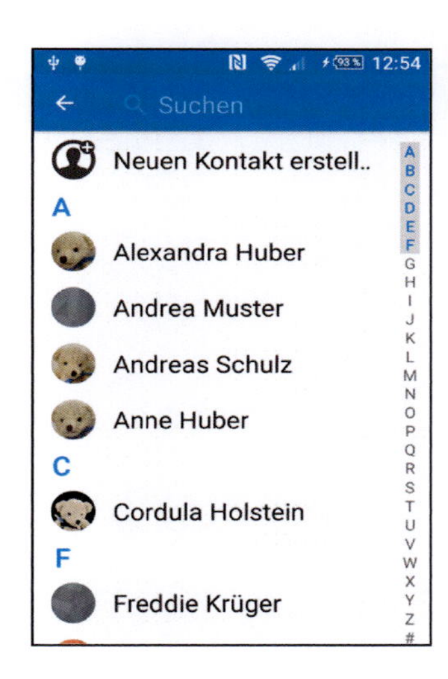

➊ Tippen Sie mit dem Finger auf die Silhouette.

➋➌ Betätigen Sie (Pfeil), worauf die Kontaktliste erscheint, in der Sie entweder einen bestehenden Kontakt auswählen oder mit *Neuen Kontakt erstellen* einen weiteren Kontakteintrag erstellen (das Aussehen und die Funktion des Kontaktbildschirms kann bei Ihrem Android-Gerät abweichen).

7.1.3 Dateianlagen

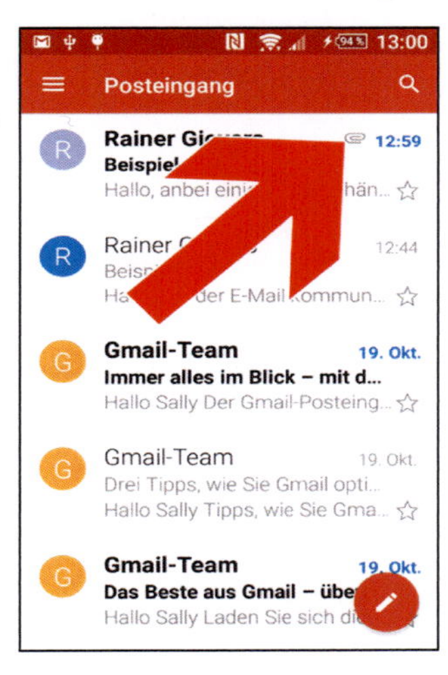

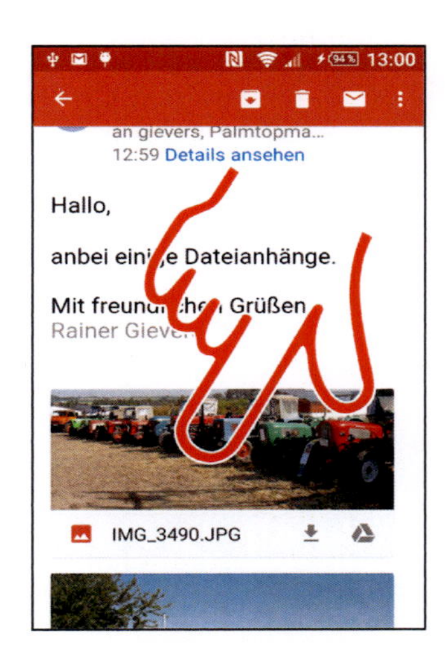

➊ Nachrichten mit Dateianlagen erkennen Sie am -Symbol (Pfeil) in der Nachrichtenauflistung.

➋➌ Bild-Dateianlagen zeigt Gmail in einer Vorschau. Tippen Sie sie jeweils für eine Vollbildanzeige an. Über ⁝/*Speichern* beziehungsweise ⁝/*Alle speichern* landen die Dateien im Gerätespeicher.

Heruntergeladene Dateianlagen landen im Verzeichnis *Download.*

7.1.4 Labels

Labels haben bei Gmail die gleiche Funktion wie Ordner. Deshalb werden auch die klassischen E-Mail-Ordner *Postausgang*, *Entwürfe*, *Gesendet*, usw. bei Gmail als »Label« bezeichnet. Man darf einer Mail mehrere Labels gleichzeitig zuweisen.

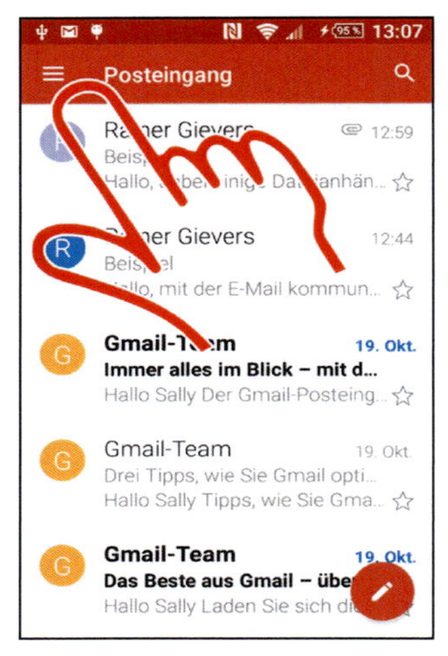

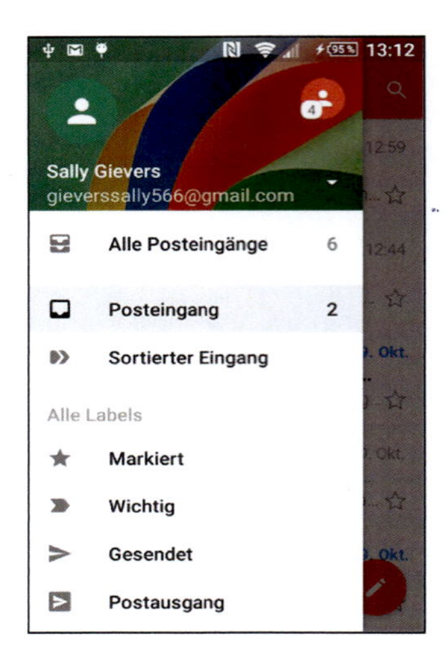

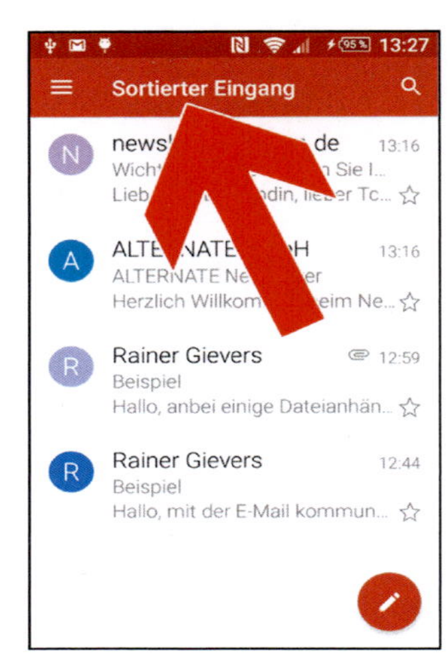

❶❷ Zur Anzeige der E-Mails eines Labels tippen Sie oben links (Pfeil) für das Ausklappmenü:

Die Nachrichten sind eingeteilt nach (diese Informationen wurden der Gmail-Hilfe unter *support.google.com/mail/answer/3055016* entnommen):

- *Alle Posteingänge*: Falls Sie mehrere E-Mail-Konten gleichzeitig mit der Gmail-Anwendung nutzen (siehe Kapitel *7.4 Nutzung mehrerer E-Mail-Konten*), listen Sie damit alle Nachrichten zusammen auf.
- *Posteingang*: Listet alle von Ihnen empfangenen Nachrichten auf.
- *Sortierter Eingang:* Hier finden Sie Nachrichten, die von Google automatisch als »wichtig« eingestuft wurden. Siehe auch Kapitel *7.2.5 Wichtig-Label und der sortierte Eingang*.

Unter *Alle Labels* finden Sie:

- *Markiert*: Der »Markiert«-Status kann Nachrichten oder Konversationen zugewiesen werden. Siehe dazu auch Kapitel *7.2.6 Markierungen*.
- *Wichtig*: Gmail erkennt automatisch Nachrichten, die für Sie interessant oder wichtig sind und ordnet sie unter *Wichtig* ein. Siehe auch Kapitel *7.2.5 Wichtig-Label und der sortierte Eingang*.
- *Gesendet*: Versandte Nachrichten.
- *Postausgang*: Zum Versand bereitstehende Nachrichten.
- *Entwürfe*: Nachrichten, die bereits vorbereitet, aber noch nicht versandt wurden.
- *Alle E-Mails*: Zeigt alle Mails sortiert als sogenannte Konversationen an.
- *Spam*: Als Spam erkannte Mails.
- *Papierkorb*: Von Ihnen gelöschte Mails.

Tippen Sie ein Label, deren zugeordneten E-Mails Sie ansehen möchten, an.

❸ Am oberen Bildschirmrand (Pfeil) sehen Sie, in welchem Ordner Sie sich gerade befinden.

Auf die Funktion der einzelnen Label gehen die folgenden Kapitel ein.

Befinden Sie sich in einem anderen Ordner als *Posteingang*, dann kehren Sie mit der ⮌-Taste wieder zu *Posteingang* zurück.

7.1.5 E-Mails beantworten

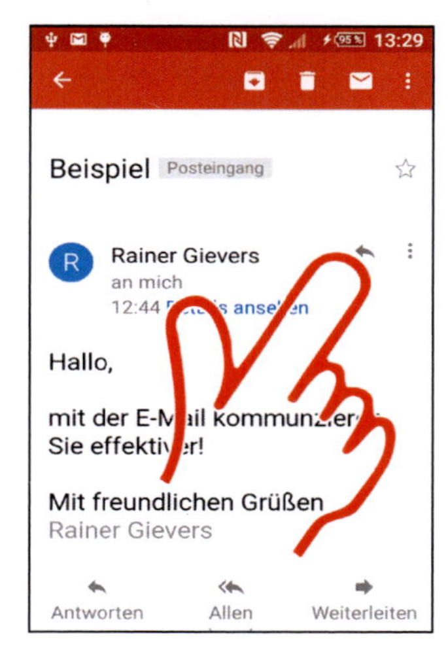

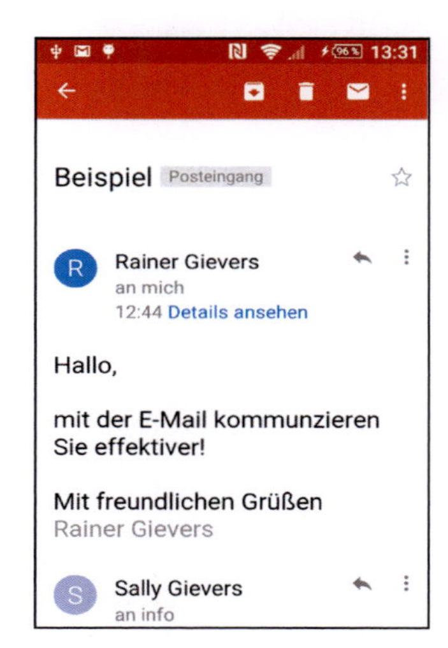

❶ Zum Beantworten einer gerade angezeigten E-Mail betätigen Sie einfach die ↩-Schaltleiste (Pfeil).

❷ Geben Sie nun den Nachrichtentext ein und betätigen Sie ➤. Es erscheint dann für einige Sekunden der Hinweis »*Nachricht wird gesendet*«, während die Nachricht verschickt wird.

❸ Die von Ihnen verschickte E-Mail erscheint unter der beantworteten. Verlassen Sie den Bildschirm mit der ⮌-Taste.

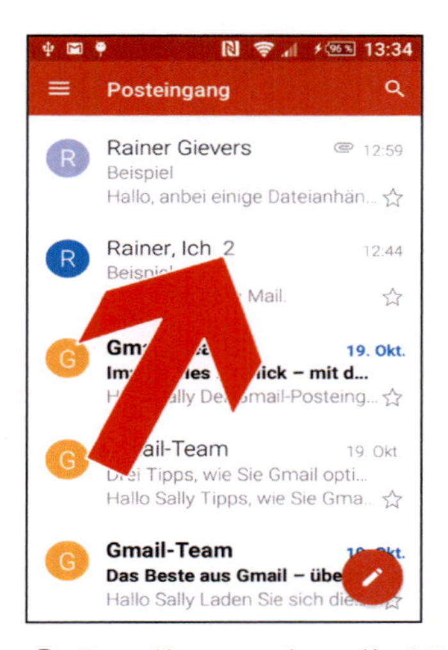

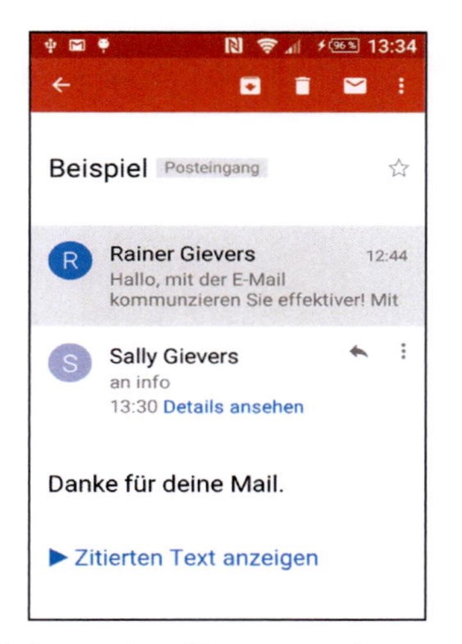

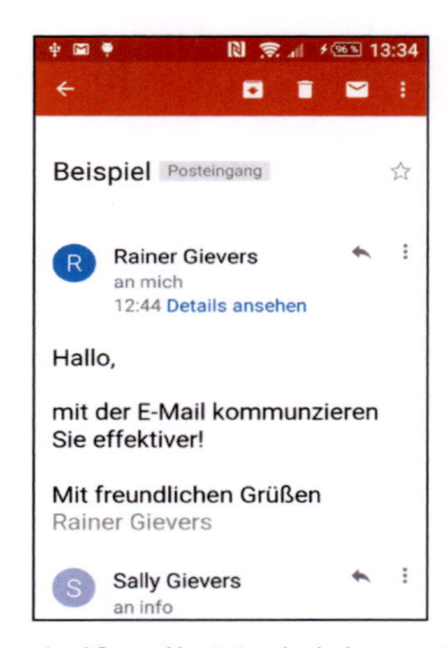

❶ Gmail verwaltet die Nachrichten als »Konversationen«, das heißt, alle Nachrichten, die Sie mit einem Kommunikationspartner austauschen, werden unter einem Eintrag zusammengefasst. Sie erkennen die Konversationen daran, dass beim Betreff ein »*Ich*« und die Zahl der ausgetauschten Nachrichten erscheint. Tippen Sie den Betreff an, um die Konversation anzuzeigen.

❷❸ Es erscheinen Karteireiter mit den Nachrichten, die Sie mit dem Kommunikationspartner ausgetauscht haben. Tippen Sie einen Karteireiter an, um die zugehörige Nachricht auszufalten. Erneutes Antippen eines Karteireiters blendet die Nachricht wieder aus. Mit einer vertikalen Wischgeste können Sie zudem durch die aufgeklappten Nachrichten rollen.

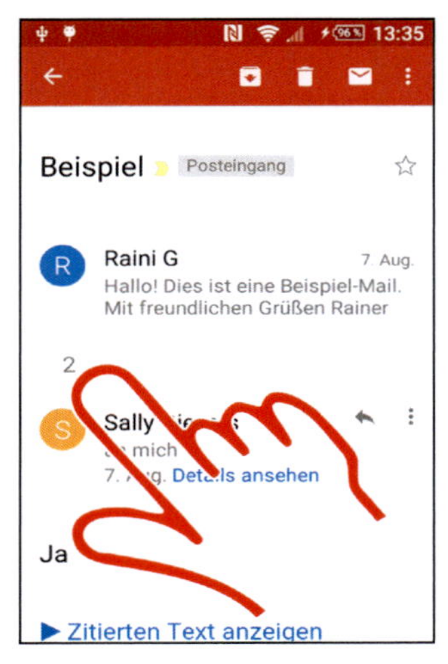
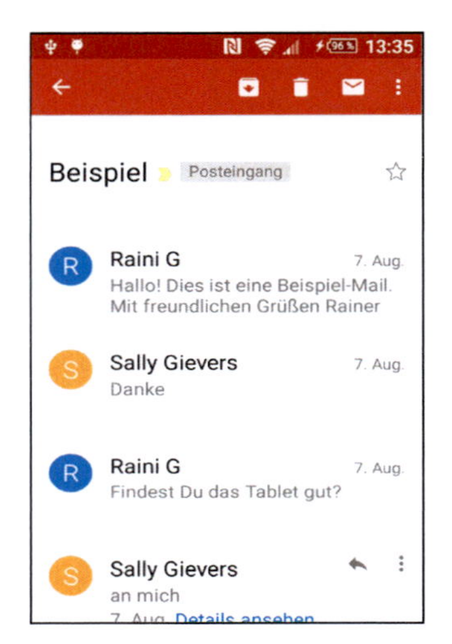

❶❷ Mitunter sind in einer Konversation sehr viele Nachrichten enthalten, die Gmail dann hinter einem Kreis-Symbol verbirgt (Pfeil). Tippen Sie darauf, um die Nachrichten einzublenden.

7.1.6 E-Mail neu schreiben

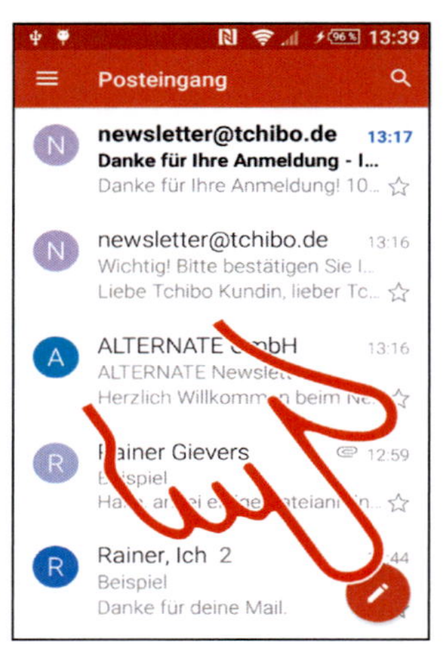
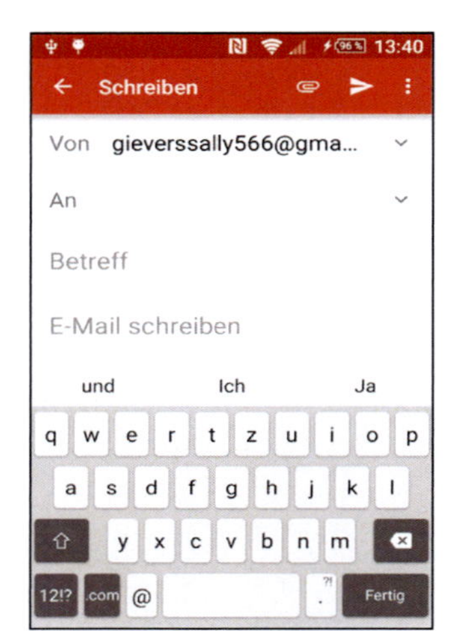
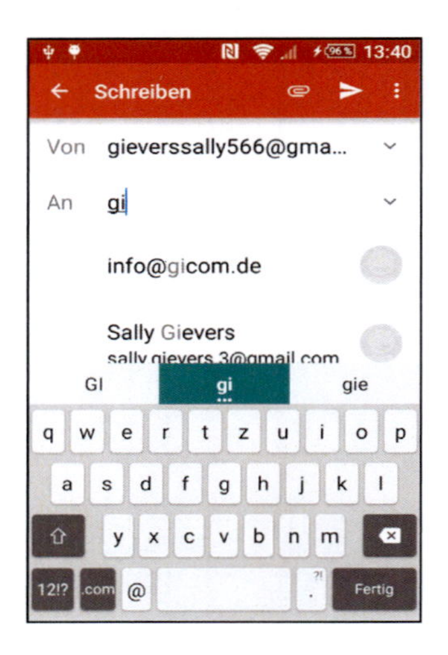

❶ Betätigen Sie die rote Schaltleiste (Pfeil).

❷❸ Im *An*-Feld erfassen Sie nun den Empfänger. Gmail sucht bereits bei der Eingabe des Kontaktnamens passende E-Mail-Adressen und listet diese auf. Tippen Sie einfach die Gewünschte an.

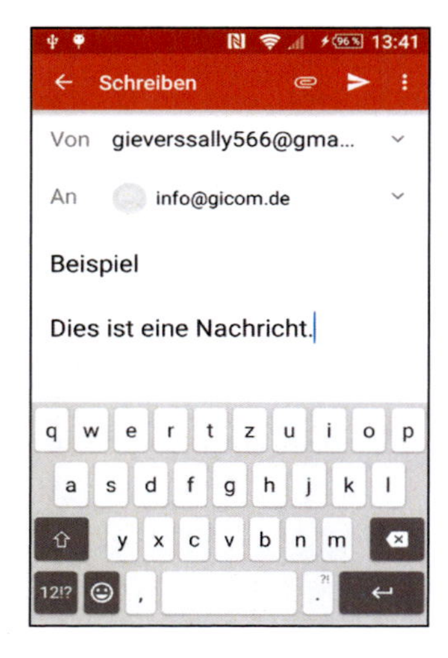

Die E-Mail-Adresse landet im Empfängerfeld. Falls Sie einen weiteren Empfänger hinzufügen möchten, geben Sie diesen einfach dahinter ein. Geben Sie nun Betreff und Nachrichtentext ein und betätigen Sie ➤ (oben rechts) zum Senden.

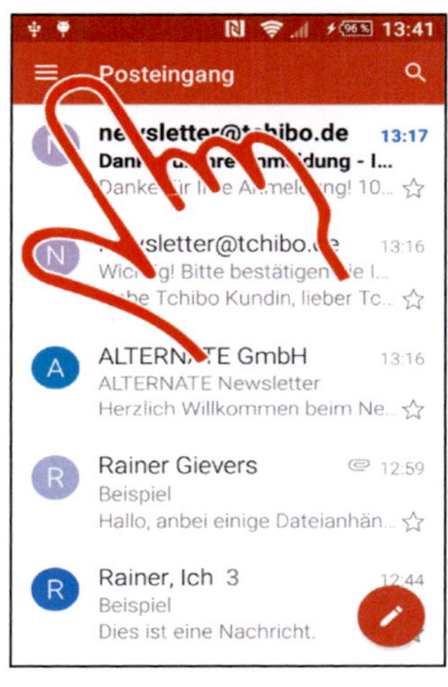

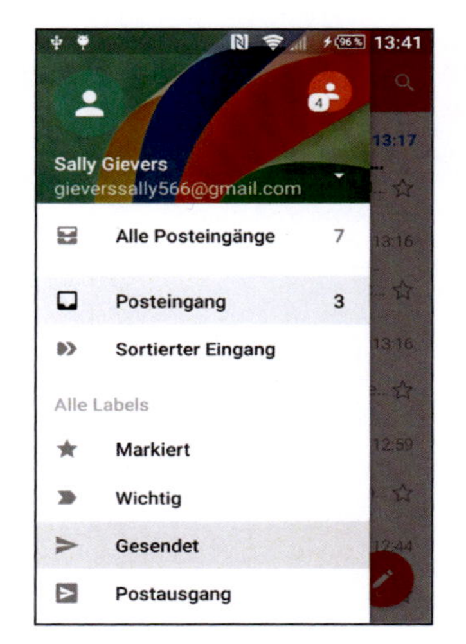

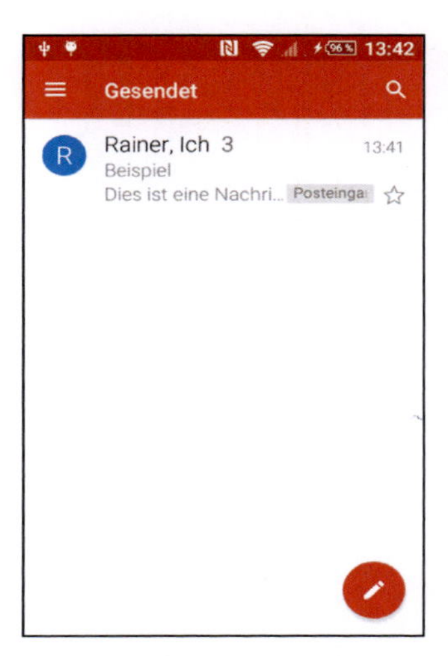

❶ Die versandte Mail finden Sie im *Gesendet*-Ordner. Aktivieren Sie dafür das Ausklappmenü (Pfeil).

❷❸ Wählen Sie *Gesendet* aus, worauf die versandten Nachrichten aufgelistet werden.

7.1.7 Weitere Funktionen bei der E-Mail-Erstellung

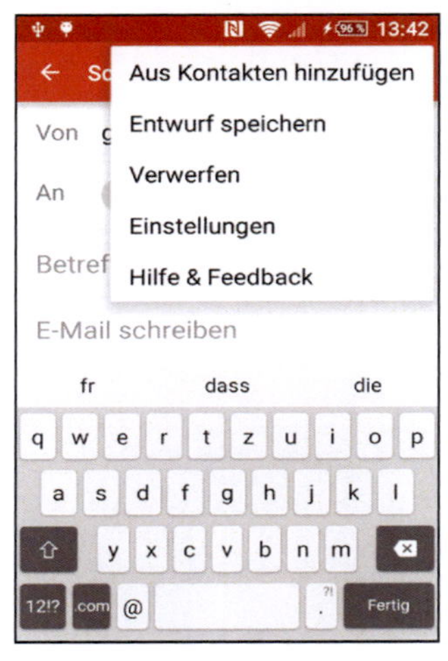

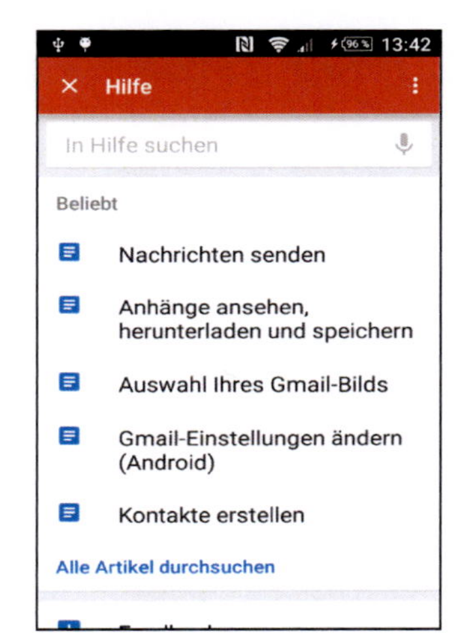

❶ Im E-Mail-Editor finden im ⁝-Menü folgende Optionen:

- *Aus Kontakten hinzufügen*: Weiteren Empfänger hinzufügen.
- *Entwurf speichern*: Speichert die E-Mail als Entwurf. Siehe Kapitel *7.1.8 Entwürfe*.
- *Verwerfen*: Nachricht ohne zu senden verwerfen.
- *Einstellungen*: Die Einstellungen beschreibt bereits Kapitel *7.3 Einstellungen*.
- *Hilfe & Feedback* (❷): Ausführliche Hilfeseiten. Falls Ihnen etwas an Gmail auffällt, das Ihnen nicht gefällt, oder Sie Verbesserungsvorschläge haben, können Sie diese außerdem an Google senden.

7.1.7.a Cc/Bcc

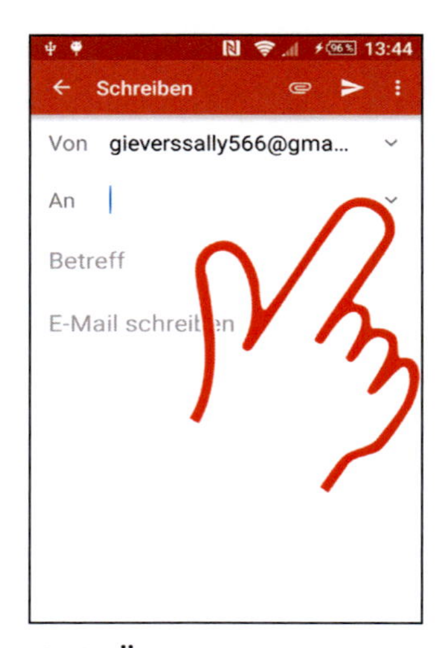

❶❷ Über ✓ (Pfeil) hinter dem *An*-Eingabefeld aktivieren Sie zusätzliche Eingabefelder. Deren Bedeutung:

- *Cc*: Der Begriff Cc steht für »Carbon Copy«, zu deutsch »Fotokopie«. Der ursprüngliche Adressat (im *An*-Eingabefeld) sieht später die unter *Cc* eingetragenen weiteren Empfänger. Die *Cc*-Funktion ist beispielsweise interessant, wenn Sie ein Problem mit jemandem per E-Mail abklären, gleichzeitig aber auch eine zweite Person von Ihrer Nachricht Kenntnis erhalten soll.
- *Bcc*: Im *Bcc* (»Blind Carbon Copy«)-Eingabefeld erfassen Sie weitere Empfänger, wobei der ursprüngliche Adressat im *An*-Feld nicht mitbekommt, dass auch noch andere Personen die Nachricht erhalten.

7.1.7.b Dateianlage

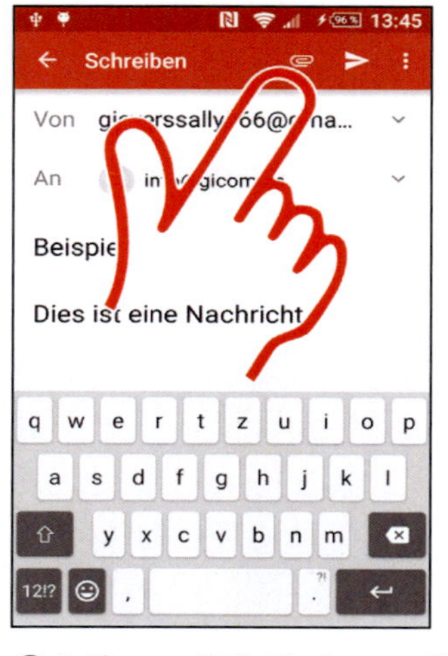

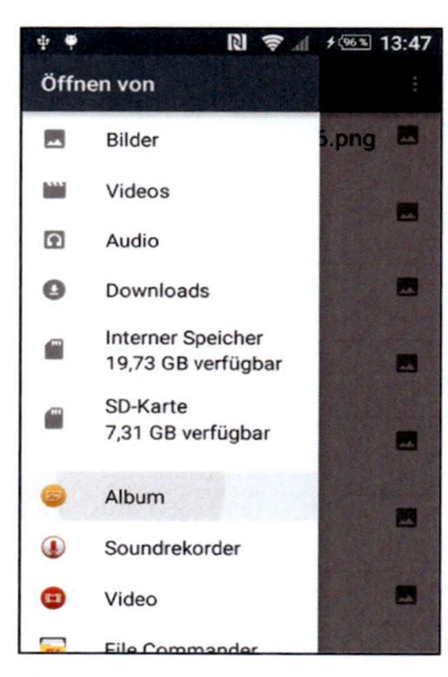

❶ Mit ⊜ (Pfeil) fügen Sie Ihrer E-Mail eine Datei als Anhang hinzu.

❷ Wählen Sie dann aus:

- *Datei anhängen*: Eine Beliebige Datei (zum Beispiel ein Word-Dokument).
- *Aus Google Drive anhängen*: Eine Datei aus dem Online-Speicherdienst Google Drive übernehmen.

In unserem Beispiel gehen wir auf *Datei anhängen.*

❸ Gehen Sie in der folgenden Abfrage auf *Album.* Wählen Sie erst ein Album, dann ein Bild aus. Sie können diesen Vorgang auch wiederholen, falls Sie mehrere Dateien verschicken möchten (je nach verwendetem Android-Gerät kann das auszuwählende Menü auch *Galerie* oder *Fotos* heißen).

Zum Entfernen der Bilddatei tippen Sie auf die ✕-Schaltleiste (Pfeil).

7.1.8 Entwürfe

Manchmal kommt es vor, dass man eine fertige Nachricht erst später verschicken möchte. Dafür bietet sich die Entwürfe-Funktion an.

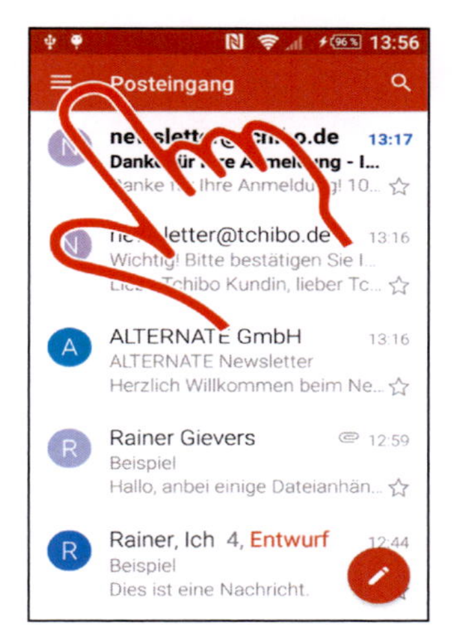

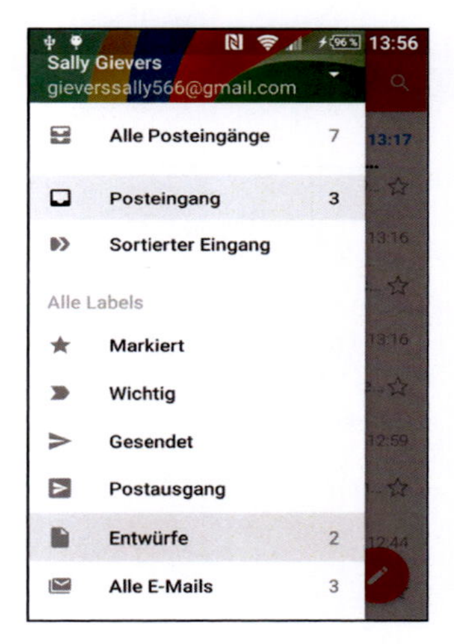

❶ Geben Sie die Nachricht wie gewohnt ein. Danach betätigen Sie zweimal hintereinander die ⮌-Taste, worauf die Meldung *»Nachricht als Entwurf gespeichert«* erscheint und Gmail zur Nachrichtenübersicht zurückkehrt.

❷❸ Aktivieren Sie das Ausklappmenü und rufen Sie darin *Entwürfe* auf.

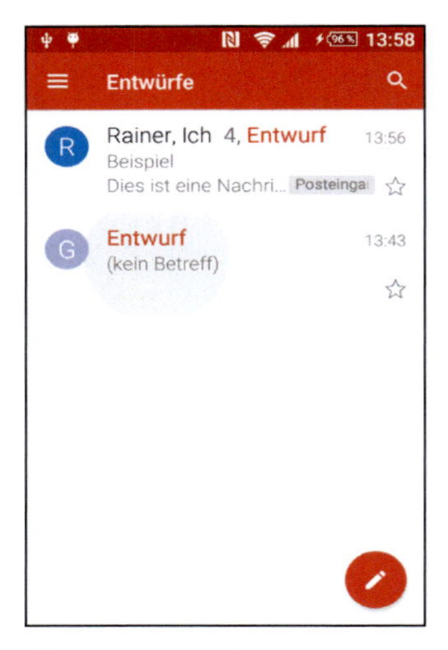

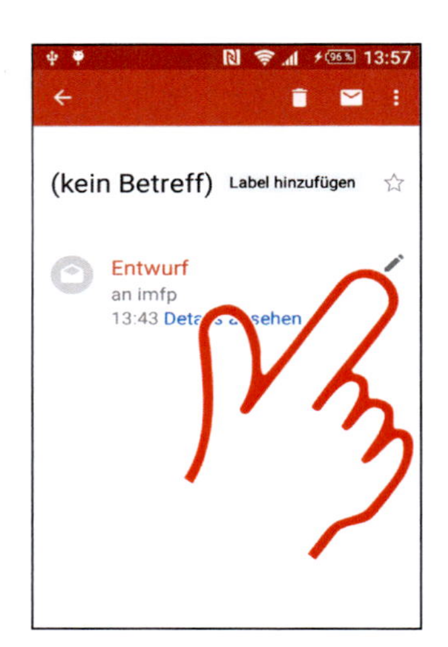

❶ Tippen Sie in der Auflistung des *Entwürfe*-Ordners eine Nachricht an, die Sie bearbeiten und später verschicken möchten.

❷ Eine Besonderheit gibt es bei Nachrichten, die man als Antwort geschrieben hat und dann als Entwurf speichert: In diesem Fall wird der Entwurf in die Konversation eingebettet und es erscheint dort der Hinweis »*Entwurf*«. Zum Bearbeiten und späteren Senden des Entwurfs tippen Sie ✎ an.

7.1.9 E-Mails löschen

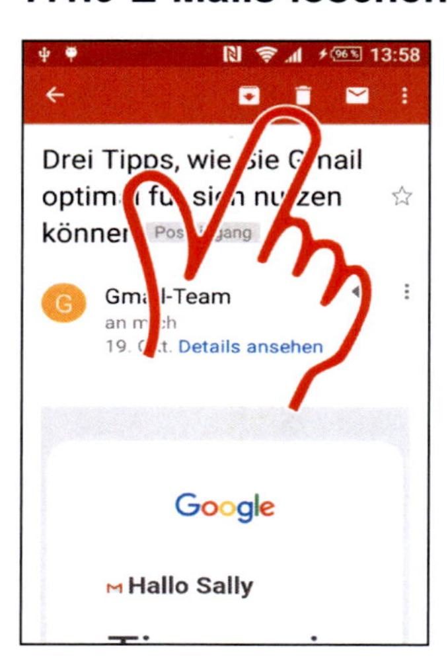

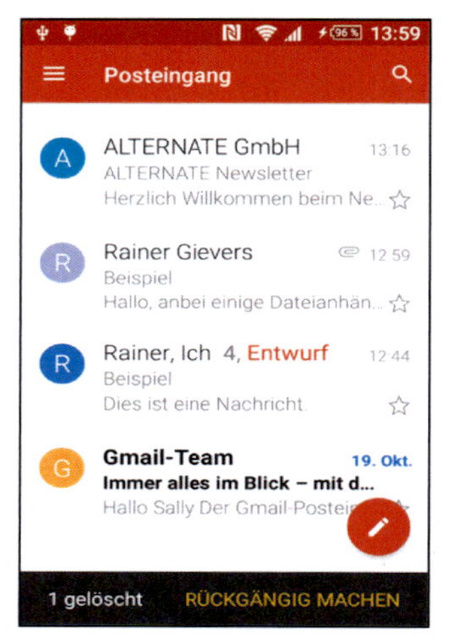

❶ Zum Entfernen einer E-Mail oder Konversation verwenden Sie in der E-Mail-Detailansicht 🗑.

❷ Die Nachricht ist dann entfernt und Gmail schaltet in den Posteingang um. Falls Sie sich mit dem Löschen vertan haben, ist es noch möglich, den Löschvorgang durch Antippen von *RÜCKGÄNGIG MACHEN* am unteren Bildschirmrand rückgängig zu machen. Dieser Hinweis verschwindet allerdings, wenn Sie im E-Mail-Programm weiterarbeiten, also beispielsweise eine Nachricht öffnen oder den E-Mail-Ordner wechseln.

Wenn Sie zum ersten Mal eine Nachricht löschen, fragt Sie das Handy, wie nach dem Löschen verfahren werden soll. Tippen Sie *Konversationsliste* an, damit Gmail dann in die Nachrichtenansicht zurückkehrt.

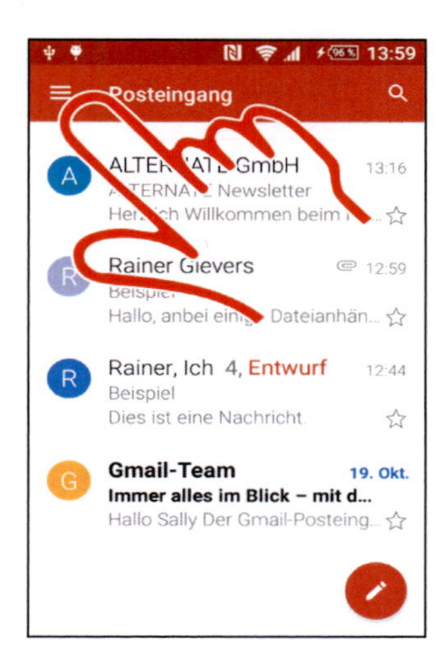

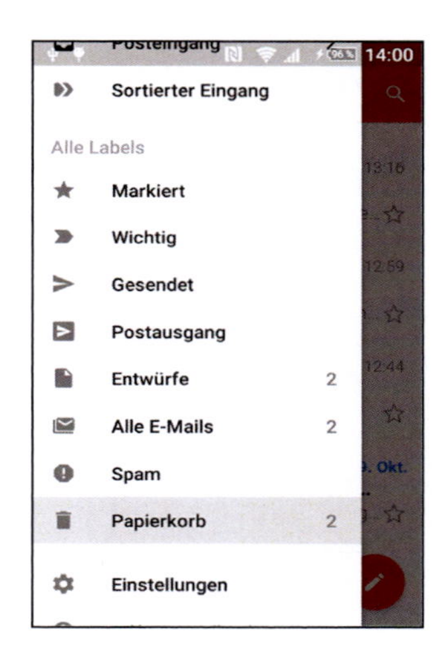

❶❷ Die gelöschten Mails sind aber noch nicht verloren, sondern werden im *Papierkorb*-Ordner zwischengespeichert. Diesen erreichen Sie, indem Sie ins Ausklappmenü gehen (Pfeil), dann das *Papierkorb*-Label auswählen.

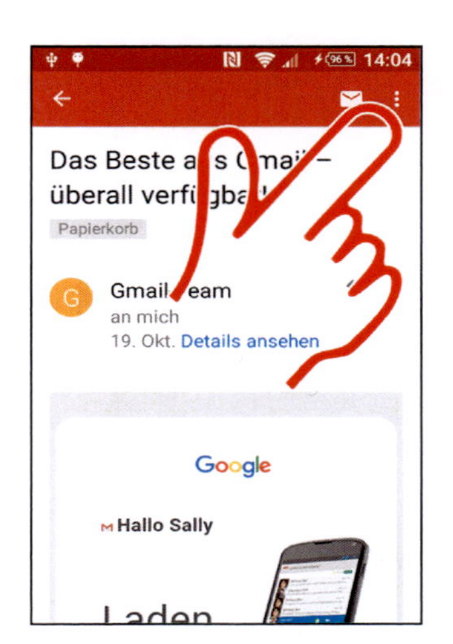

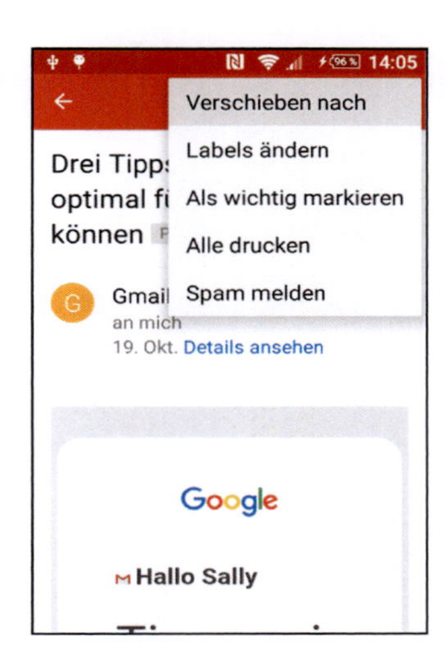

❶ Im Prinzip verhält sich der *Papierkorb*-Ordner ähnlich wie der *Posteingang*, das heißt sie können hier die Nachrichten noch einmal ansehen. Die gelöschten Nachrichten werden im Papierkorb für 60 Tage vorgehalten.

❷❸ Zum »Retten« einer Nachricht aus dem Papierkorb verschieben Sie sie einfach wieder in den Posteingang. Gehen Sie in der Nachrichtenansicht auf ⋮*/Verschieben nach* und betätigen Sie *Posteingang*, worauf Sie die Nachricht dort wiederfinden.

7.2 Weitere Funktionen

7.2.1 Nachrichten durchsuchen

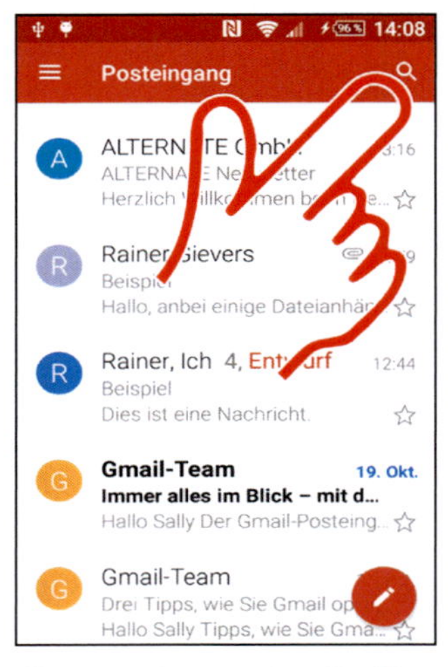

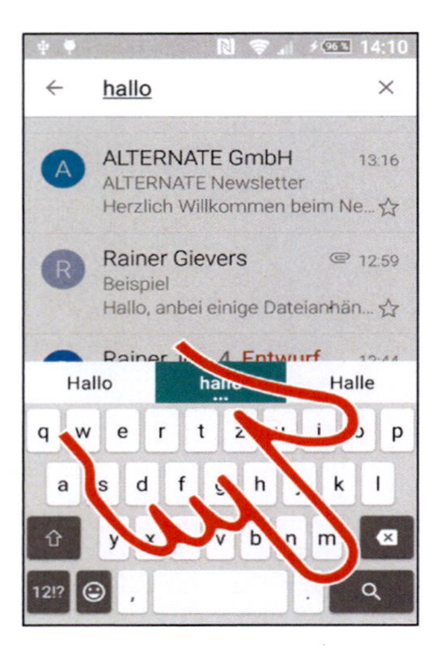

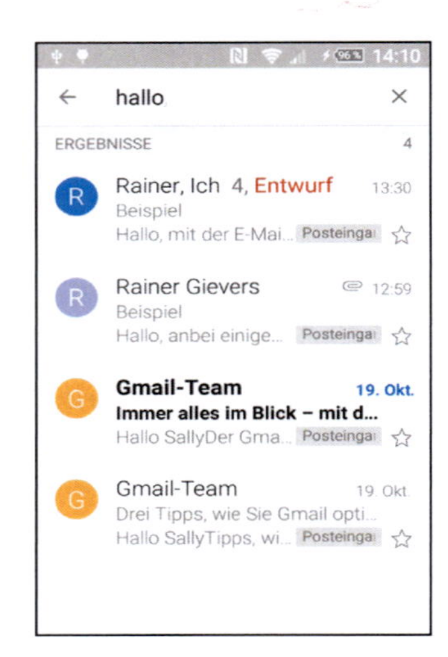

❶ Betätigen Sie die 🔍-Schaltleiste, wenn Sie die Nachrichten eines Ordners durchsuchen möchten.

❷ Die 🔍-Taste (Pfeil) im Tastenfeld führt dann die Suche durch. Alternativ wählen Sie einen der Suchvorschläge aus.

❸ Tippen Sie eine Nachricht an, die Sie lesen möchten. Die ⮌-Taste bringt Sie wieder in die Nachrichtenauflistung zurück.

7.2.2 E-Mail aus Telefonbuch senden

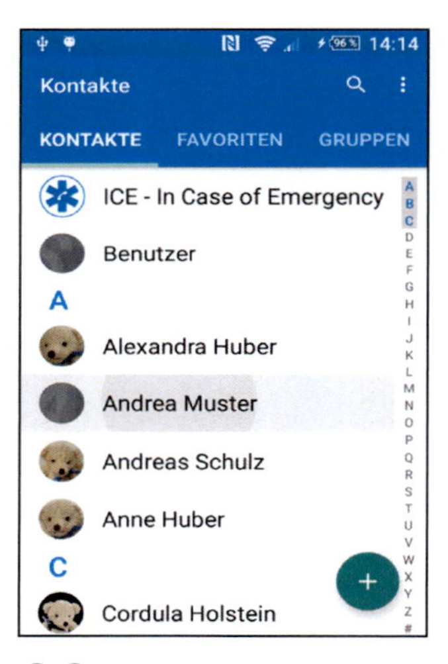

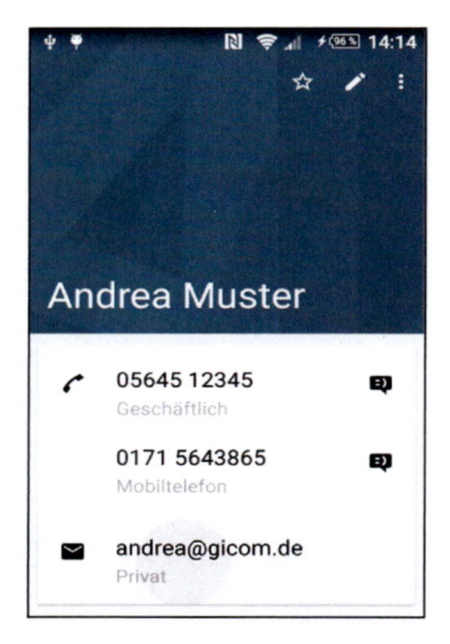

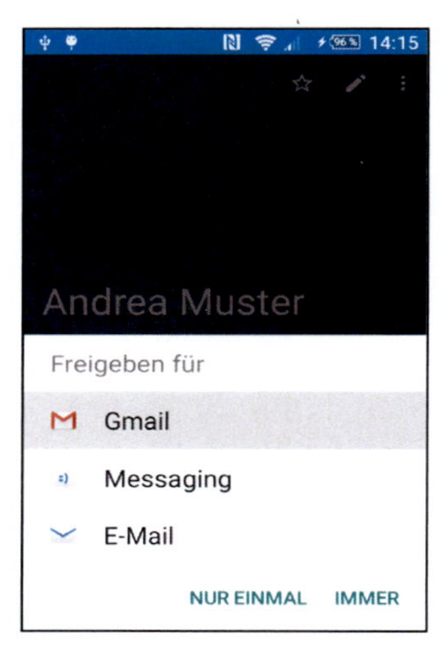

❶❷ Auch das Senden von Nachrichten über die Telefonbuch-Anwendung auf Ihrem Handy ist möglich. Wählen Sie darin einen Kontakt aus und tippen Sie dann die E-Mail-Adresse an.

❸ Wählen Sie den *Gmail*-Eintrag aus. Falls Sie immer Gmail für den E-Mail-Kontakt nutzen möchten, betätigen Sie dann *IMMER*, sodass nicht mehr die Abfrage erscheint, sonst *NUR EINMAL*.

7.2.3 Archivieren

Obwohl Gmail Nachrichten, die mit dem gleichen Empfänger ausgetauscht wurden als »Konversationen« in einem Eintrag zusammenfasst, kann der Posteingang unübersichtlich werden. Unwichtige Nachrichten/Konversationen lassen sich deshalb im Posteingang ausblenden, was mit der Archivieren-Funktion geschieht.

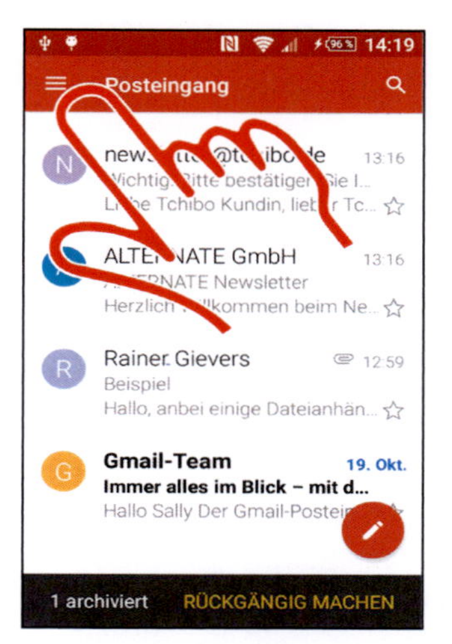

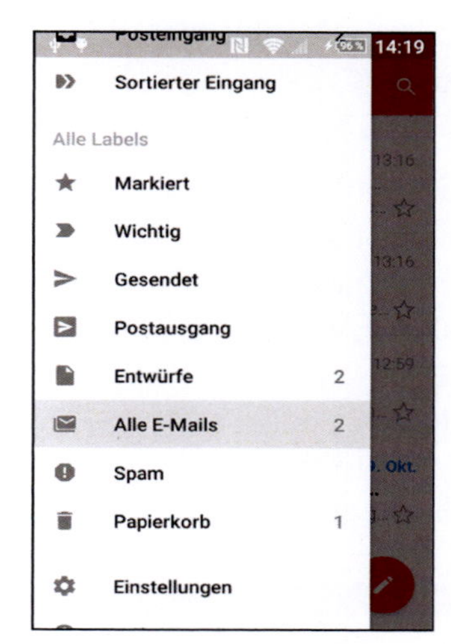

❶ Betätigen Sie in der E-Mail-Detailansicht (Pfeil). Die Nachricht ist nun »archiviert« und Gmail schaltet wieder auf den Posteingang um.

❷ Zum Anzeigen der archivierten Nachrichten aktivieren Sie das Ausklappmenü.

❸ Wählen Sie *Alle E-Mails* aus.

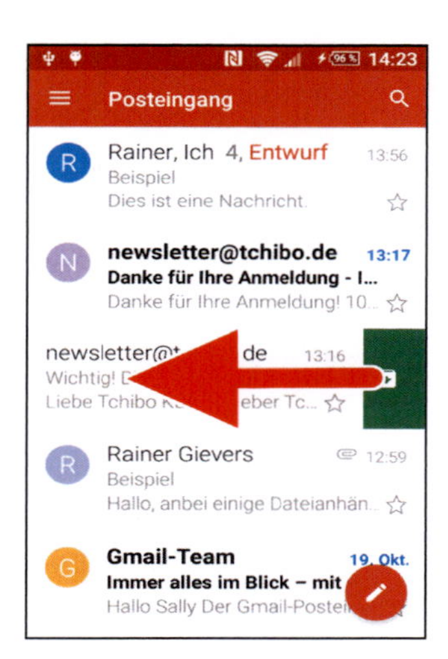

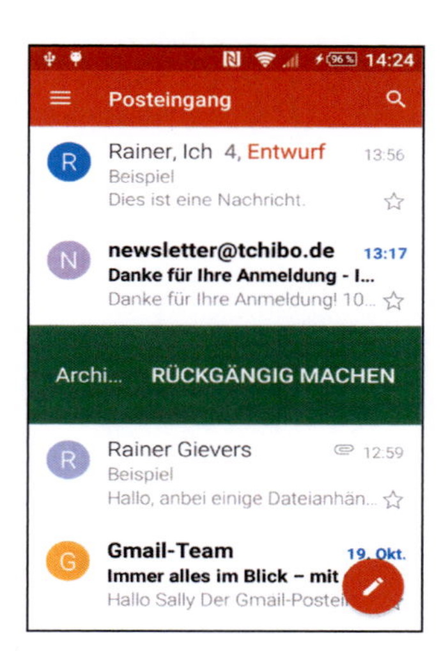

❶❷ Das Archivieren ist auch über eine Wischgeste in der Nachrichtenauflistung möglich. Wischen Sie dort einfach über einem E-Mail-Eintrag von rechts nach links beziehungsweise umgekehrt.

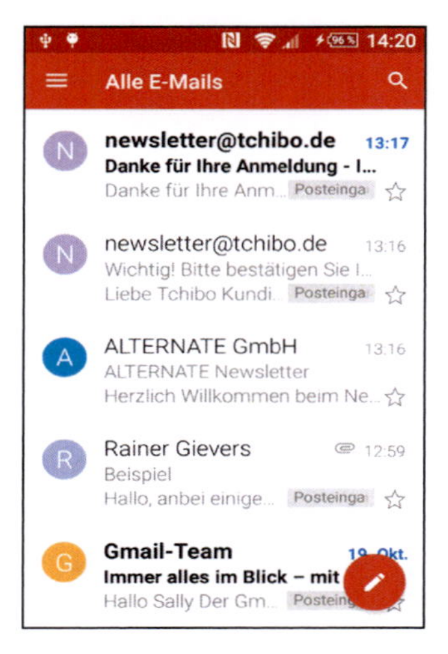

Gmail zeigt nun alle Nachrichten, das heißt, neben den archivierten auch die aus *Entwürfe*, *Gesendet*, usw. an.

> Alle Nachrichten, die im Posteingang vorhanden sind, sind mit einem grauen »*Posteingang*« markiert.
>
> Über zweimaliges Betätigen der ⮌-Taste oder erneutes Aktivieren des Ausklappmenüs und Auswahl von *Posteingang* beziehungsweise *Allgemein* bringt Sie wieder in den Posteingang zurück.
>
> Antwortet jemand auf eine archivierte Nachricht/Konversation, so verschiebt Gmail diese automatisch wieder in den Posteingang.

7.2.4 Unterdrücken

Die zuvor erwähnte Archivieren-Funktion mag zwar sehr praktisch sein, wenn Sie aber laufend Nachrichten einer Konversation (beispielsweise auf einer Mailing-Liste) erhalten, die Sie überhaupt nicht interessieren, ist es sehr lästig, immer wieder erneut die einzelnen Nachrichten zu archivieren.

Mit der Unterdrücken-Funktion lassen sich dagegen alle Nachrichten einer Konversation automatisch archivieren, das heißt, wenn neue Nachrichten in einer unterdrückten Konversation eingehen, werden diese automatisch ebenfalls archiviert. Sie sollten die Unterdrücken-Funktion aber vorsichtig einsetzen, weil Sie ja von neuen Nachrichten einer unterdrückten Konversation nichts mitbekommen. Dies ist aber meist nicht weiter schlimm, denn ist Ihre E-Mail-Adresse im Feld »*An*« oder »*Cc*« enthalten, wird die Konversation wieder in Ihren Posteingang eingeordnet. Sie verpassen also keine Nachrichten, die direkt an Sie adressiert sind.

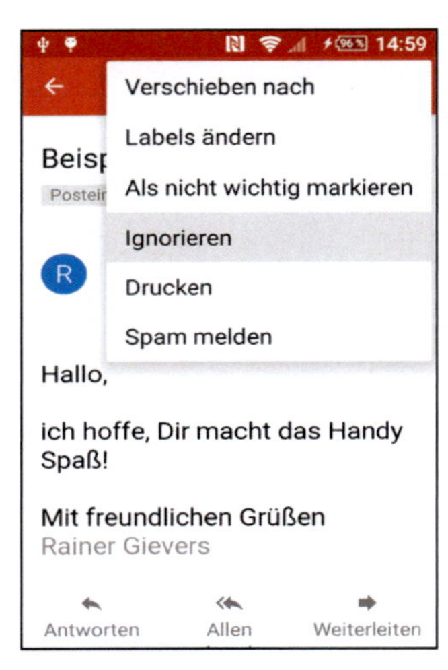

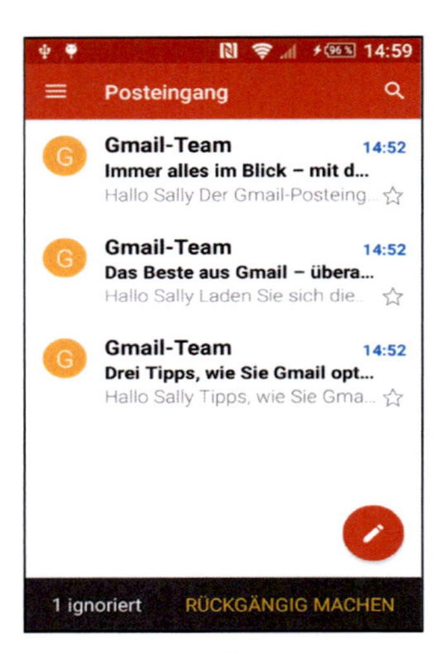

❶❷ In der Nachrichtenansicht rufen Sie ⁝/*Ignorieren* auf. Die Nachricht/Konversation verschwindet aus dem Posteingang.

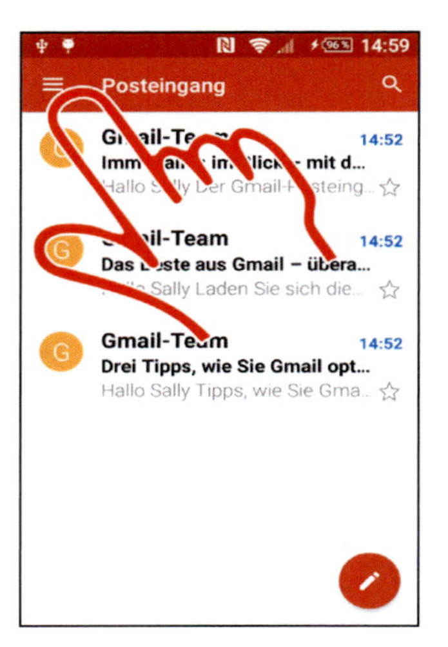

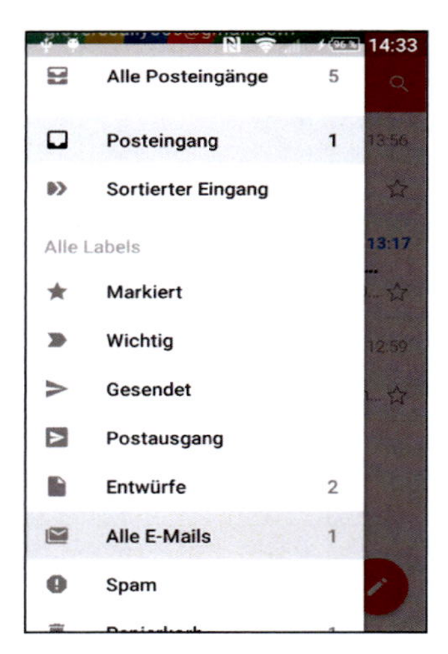

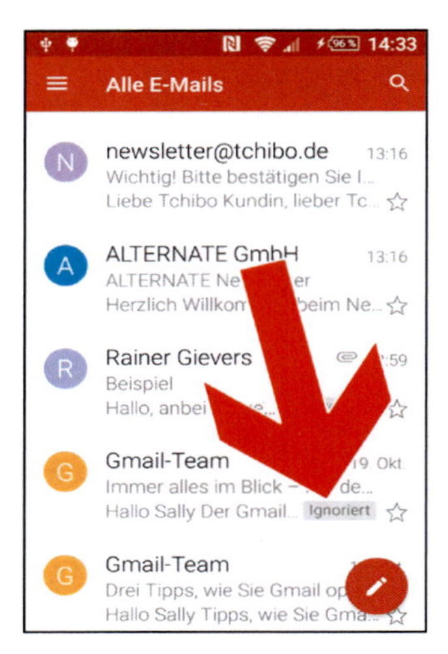

❶ Zum Anzeigen der ignorierten Nachrichten aktivieren Sie das Ausklappmenü (Pfeil).

❷ Wählen Sie *Alle E-Mails* aus.

❸ Unterdrückte Nachrichten sind mit dem Label *Ignoriert* markiert (Pfeil).

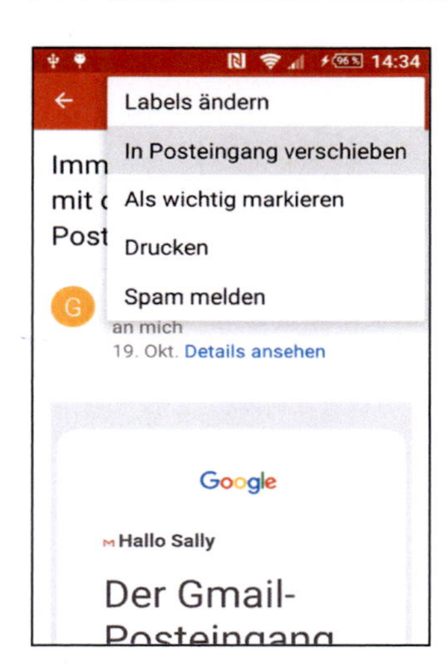

So verschieben Sie unterdrückte Nachrichten wieder in den Posteingang: Gehen Sie in die Nachrichtenansicht und rufen Sie ⋮/*In den Posteingang verschieben* auf.

7.2.5 Wichtig-Label und der sortierte Eingang

Erhalten Sie extrem viele Nachrichten, unterstützt Sie Gmail dabei, die lesenswerten von den weniger lesenswerten Nachrichten zu unterscheiden. Die Lesenswerten landen dann im *Sortierten Eingang*-Ordner. Aber wie funktioniert diese Filterung genau? Dazu schreibt Google in seiner Online-Hilfe (*support.google.com/mail/answer/186543*):

Gmail berücksichtigt automatisch eine Reihe von Signalen, um festzustellen, welche eingehenden Nachrichten wichtig sind, unter anderem:

- *An wen Sie E-Mails senden: Falls Sie viele E-Mails an Thomas senden, sind E-Mails von Thomas höchstwahrscheinlich wichtig.*
- *Welche Nachrichten Sie öffnen: Nachrichten, die Sie öffnen, sind höchstwahrscheinlich wichtiger als ungeöffnete Nachrichten.*
- *Welche Themen Ihre Aufmerksamkeit wecken: Falls Sie Nachrichten über Fußball immer lesen, ist eine E-Mail zum Thema Fußball höchstwahrscheinlich wichtig.*
- *Welche E-Mails Sie beantworten: Falls Sie Nachrichten von Ihrer Mutter immer beantworten, sind ihre Nachrichten an Sie höchstwahrscheinlich wichtig.*
- Wie Sie die Funktionen "Markieren", "Archivieren" und "Löschen" verwenden: Nachrichten, die Sie markieren, sind höchstwahrscheinlich wichtiger als Nachrichten, die Sie ungeöffnet archivieren.

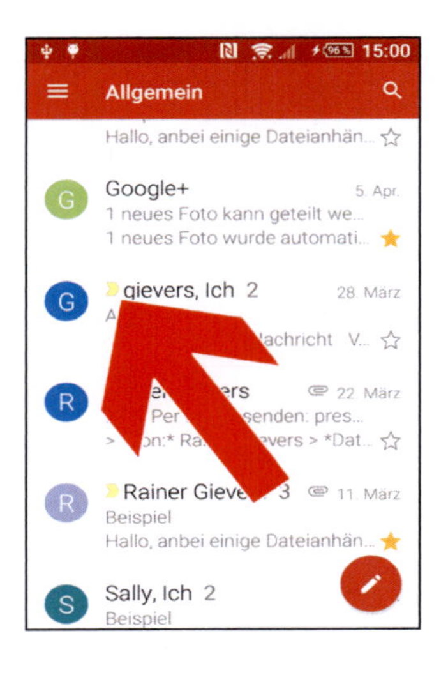

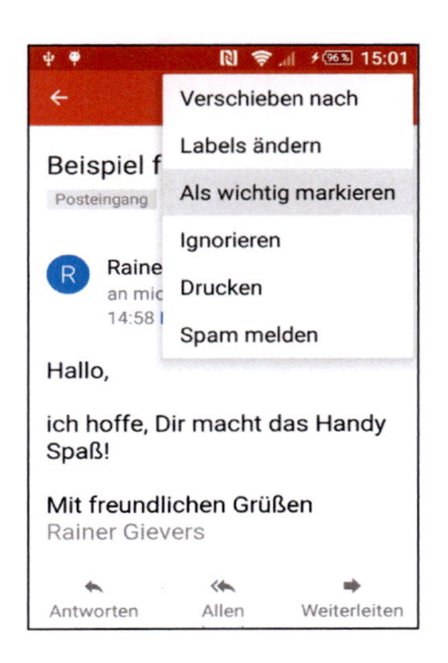

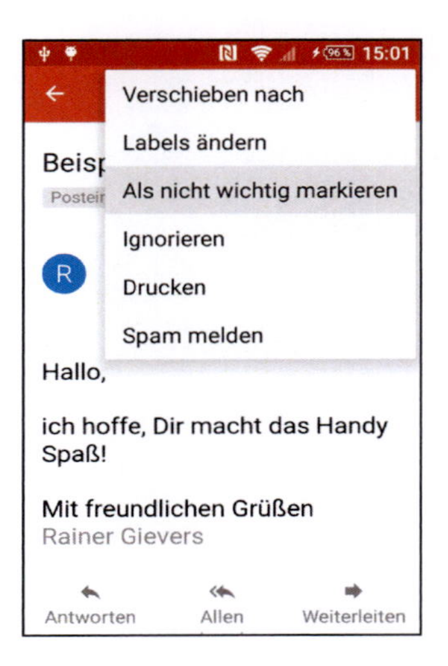

❶ Von Gmail als »wichtig« eingestufte Nachrichten erkennen Sie jeweils am gelben ⨠-Symbol in der Nachrichtenauflistung des Posteingangs.

❷❸ Über ⋮/*Als wichtig markieren*, beziehungsweise ⋮/*Als nicht wichtig markieren* in der Nachrichtenansicht nehmen Sie Einfluss auf die automatische Einordnung weiterer E-Mails vom gleichen Absender.

Wenn Sie, wie im nächsten Kapitel beschrieben, die *Art des Posteingangs* auf *Sortierter Eingang* umschalten, so zeigt Gmail beim Programmstart automatisch den sortierten Eingang mit den als wichtig eingestuften Nachrichten an.

7.2.5.a Benachrichtigung

Normalerweise erhalten Sie ja bei jeder empfangenen E-Mail eine akustische und visuelle Benachrichtigung, was schnell lästig wird. Über die Funktion »sortierter Eingang« können Sie die Benachrichtigung so einschränken, sodass Sie nur bei den von Gmail als »wichtig« eingestuften Mails einen Hinweis erhalten. Im Folgenden erfahren Sie, wie Sie den sortierten Eingang konfigurieren.

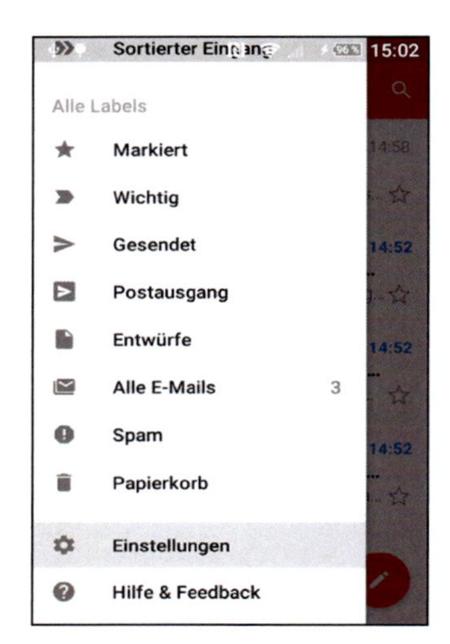

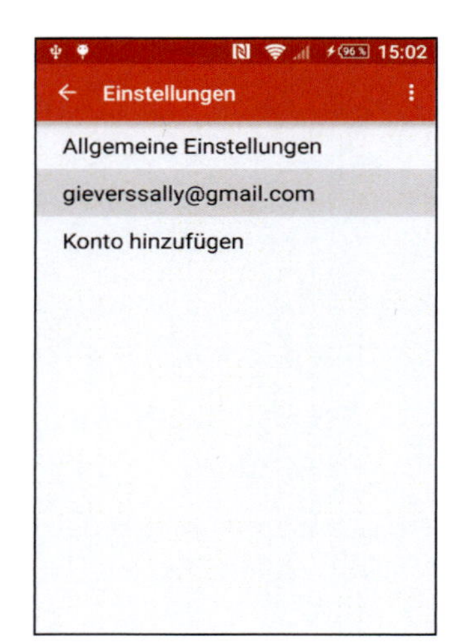

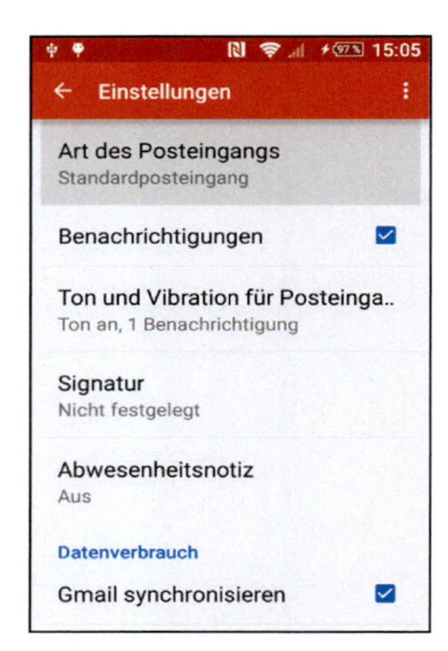

❶❷ Gehen Sie im Ausklappmenü auf *Einstellungen* und wählen Sie dann Ihr Google-Konto aus.

❸ Tippen Sie *Art des Posteingangs* an und aktivieren Sie *Sortierter Eingang*.

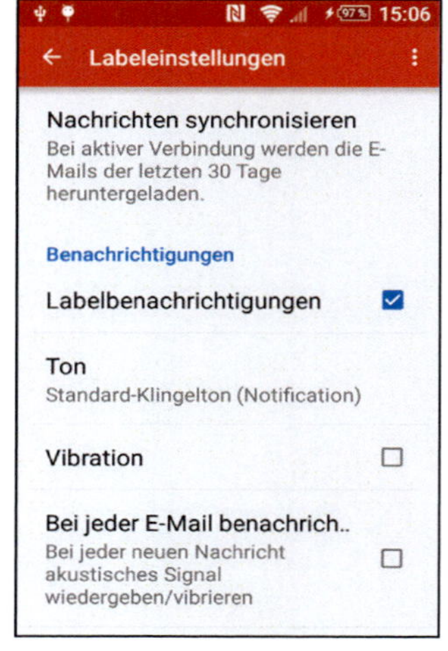

❶❷ Danach rufen Sie *Labels verwalten* auf und gehen auf *Sortierter Eingang*.

❸ Hier stellen Sie ein:

- *Label-Benachrichtigungen*: Wenn aktiv, informiert Sie Gmail in der Titelleiste über neue Mails.
- *Ton; Vibration*: Der Signalton, beziehungsweise das Vibrationssignal, mit dem Sie über neu empfangene Nachrichten informiert werden.
- *Bei jeder E-Mail benachrichtigen*: Konfiguriert, ob beim Abruf von mehreren neuen E-Mails bei jeder E-Mail einzeln die Benachrichtigung erfolgt.

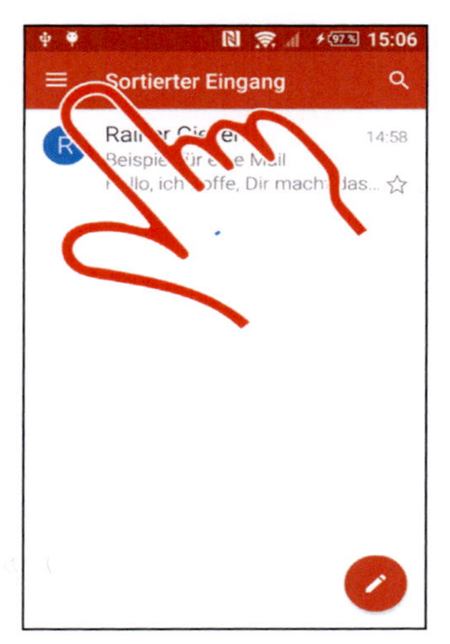

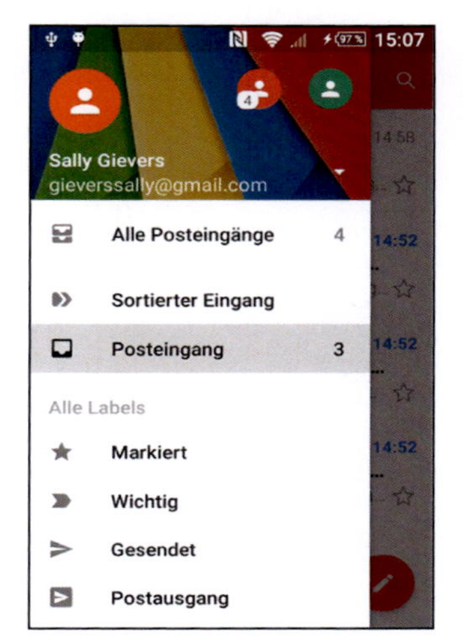

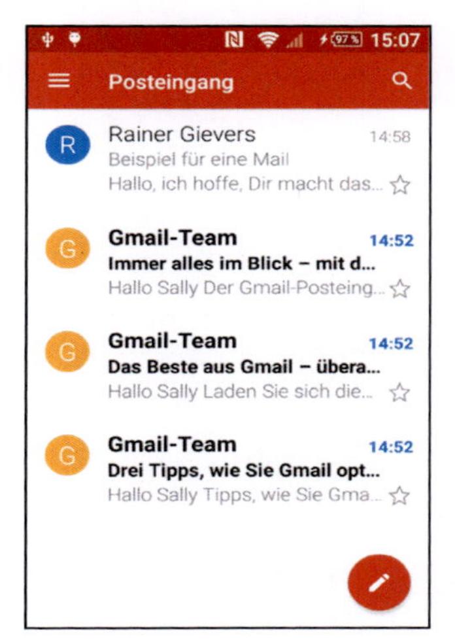

❶❷❸ Wie bereits erwähnt, zeigt Gmail nun nach dem Start immer nur den sortierten Posteingang mit den als »wichtig« erachteten Nachrichten an. Wenn Sie dagegen alle Nachrichten anzeigen möchten, rufen Sie das Ausklappmenü auf und wählen *Posteingang*.

7.2.6 Markierungen

Nachrichten, die für Sie wichtig sind, heben Sie einfach durch Markierung mit einem »Stern« hervor.

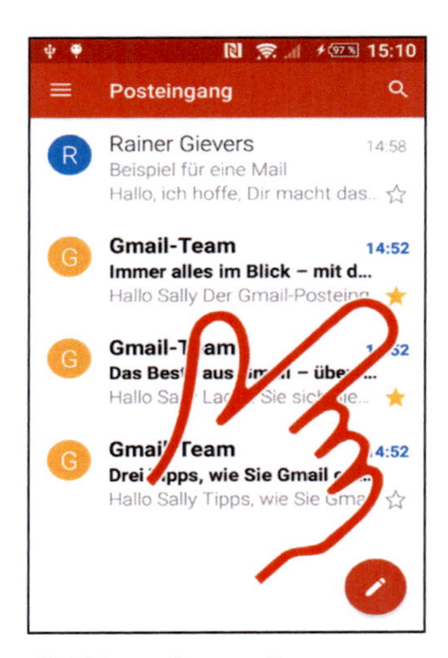

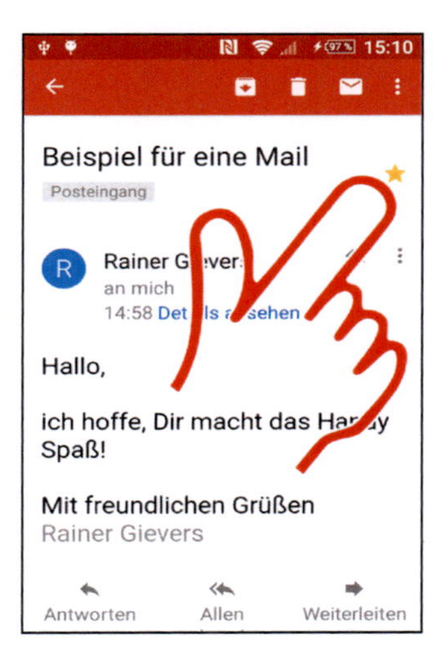

❶ Um einen Stern zu setzen, tippen Sie einfach den ausgeblendeten Stern hinter einer Nachricht an. Ein zweites Antippen deaktiviert den Stern wieder.

❷ Auch in der Nachrichtenanzeige können Sie den Stern setzen/entfernen (Pfeil).

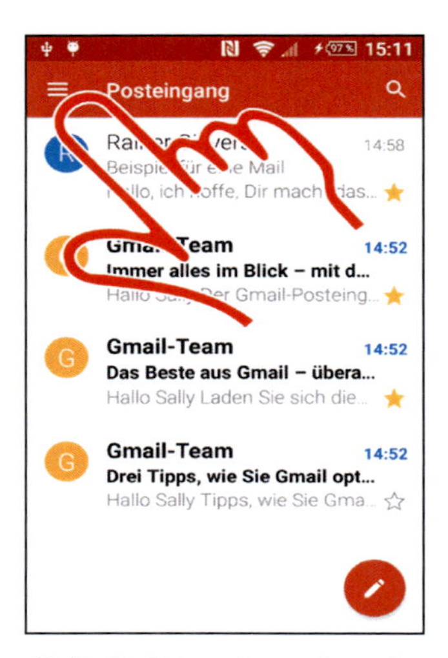

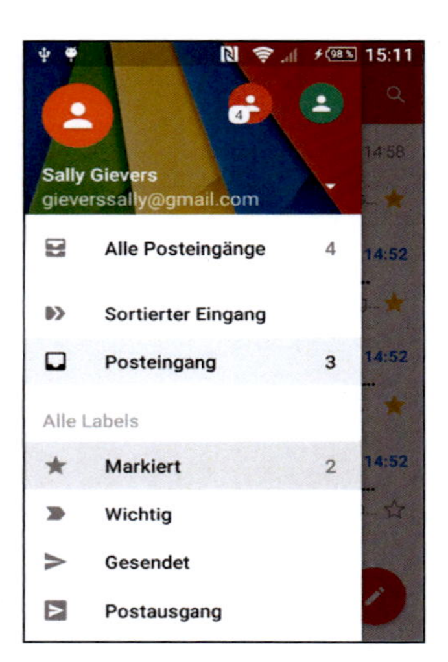

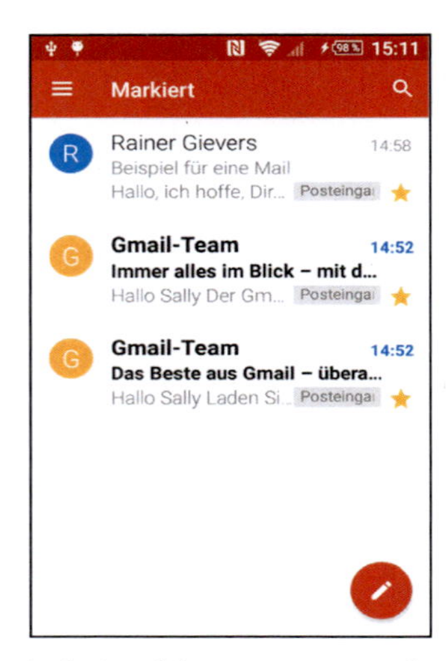

❶❷❸ Die Anzeige beschränken Sie mit *Markiert* im Label-Ausklappmenü auf die markierten Nachrichten.

7.2.7 Spam

Unter Spam versteht man unerwünschte Werbemails. Abhängig davon, ob Sie Ihre E-Mail-Adresse irgendwo mal auf einer Website hinterlassen haben oder durch Zufall ein Spam-Versender Ihre Gmail-Adresse mit Ausprobieren erraten hat, können pro Tag einige dutzend oder hundert Werbemails in Ihrem E-Mail-Konto auflaufen. Damit Ihre wichtige Kommunikation nicht im ganzen Spam untergeht, verfügt Ihr Gmail-Konto über einen automatischen Spam-Filter. Alle Spam-Mails landen dabei im *Spam*-Ordner.

Damit Google weiß, was für Sie Spam ist, müssen sie die unerwünschten Mails einzeln als Spam markieren.

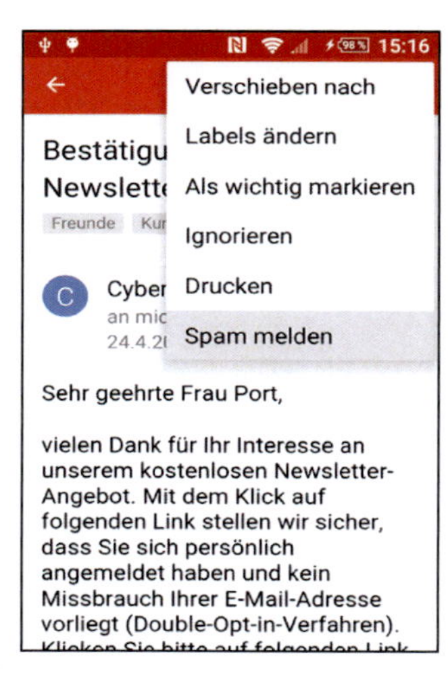

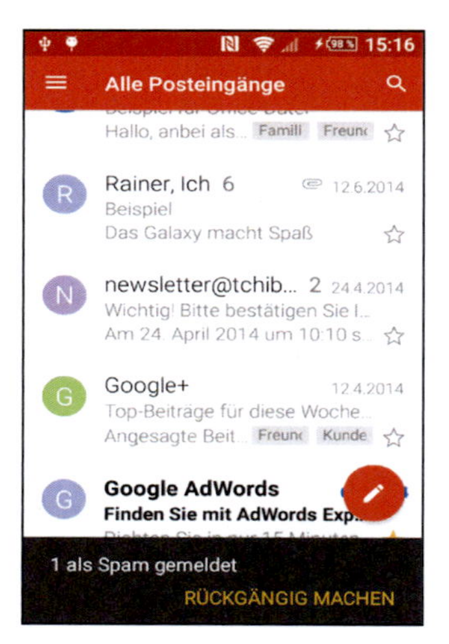

❶❷ Rufen Sie in der Nachrichtenansicht ⁝/*Spam melden* auf. Die betreffende Nachricht wird aus dem *Posteingang* entfernt und landet im *Spam*-Ordner.

Nutzen Sie ⁝/*Phishing melden*, wenn Sie eine Spam-Nachricht erhalten, mit deren Hilfe Dritte Daten wie Ihre Kreditkartennummer abfragen oder zum Aufruf einer möglicherweise gefährlichen Webseite auffordern. Beliebt sind dabei unter anderem vorgeschobene Warnungen vor Online-Kontosperrungen, weshalb man seine Kontodaten inklusive PIN eingeben müsse. Weitere nützliche Hinweise zum wichtigen Thema »Phishing« finden Sie online unter *support.google.com/mail/answer/8253*.

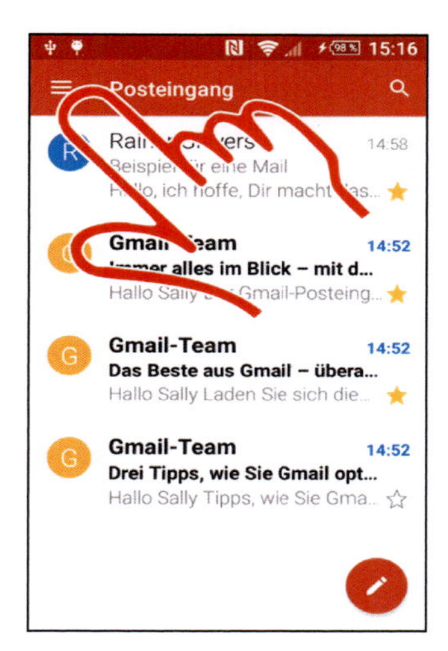

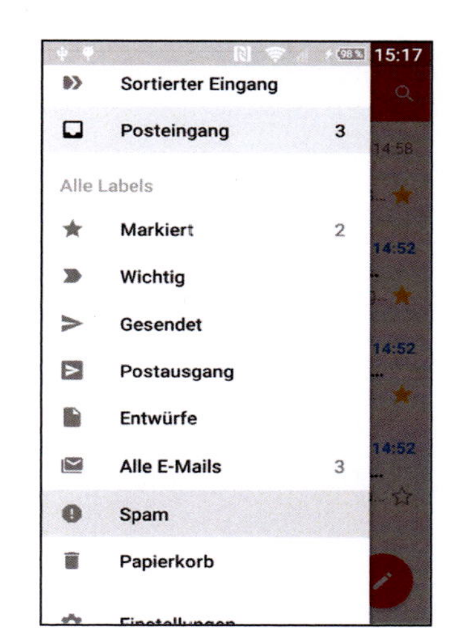

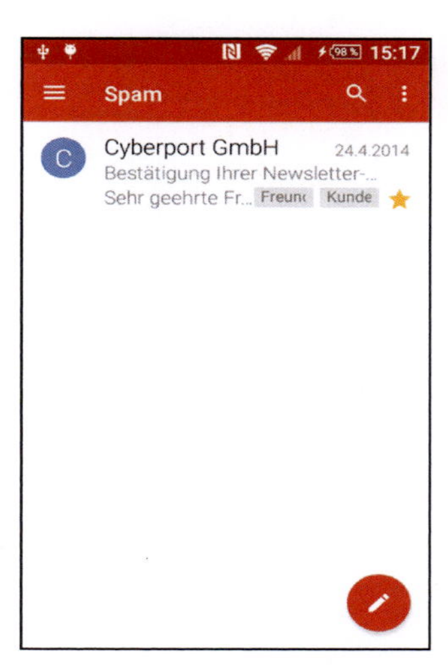

❶❷❸ So zeigen Sie den *Spam*-Ordner an: Aktivieren Sie das Label-Ausklappmenü, worin Sie *Spam* auswählen.

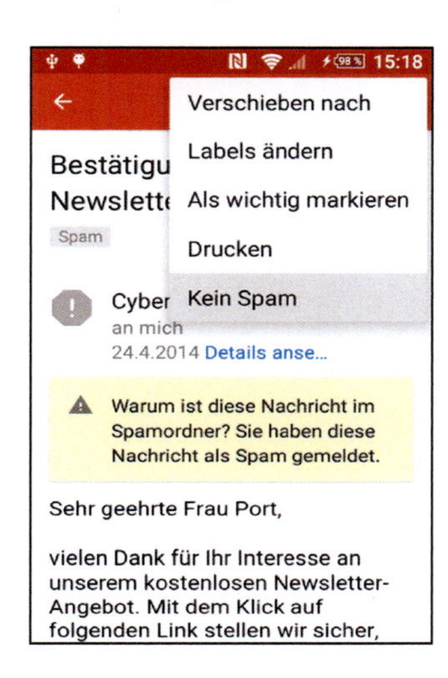

Wenn Sie meinen, dass eine Nachricht doch kein Spam ist, dann rufen gehen Sie in die Nachricht und rufen ⁝/*Kein Spam* auf.

Es ist sehr **wichtig**, dass im *Spam*-Ordner wirklich nur unerwünschte Mails enthalten sind. Gmail vergleicht nämlich eingehende Nachrichten mit denen im Spam-Ordner und ordnet sie als Spam ein, wenn eine große Ähnlichkeit besteht. Schauen Sie deshalb ab und zu mal in Ihren *Spam*-Ordner, um falsche Einordnungen wieder rückgängig zu machen.

7.2.8 Stapelvorgänge

Wenn eine Aktion, wie Label ändern, Löschen, Markierung hinzufügen, usw. auf mehrere Nachrichten anzuwenden ist, verwenden Sie die Stapelvorgänge.

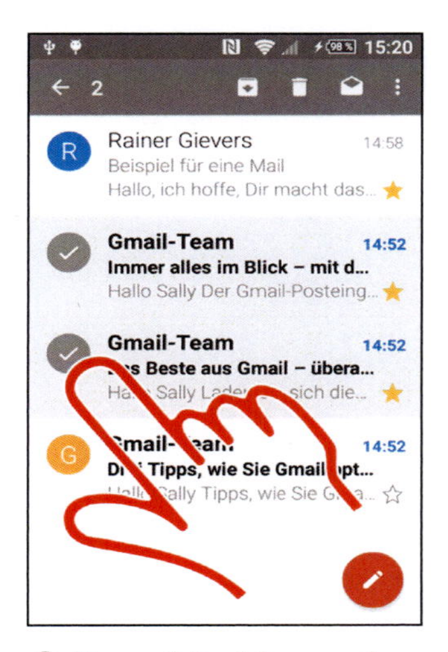

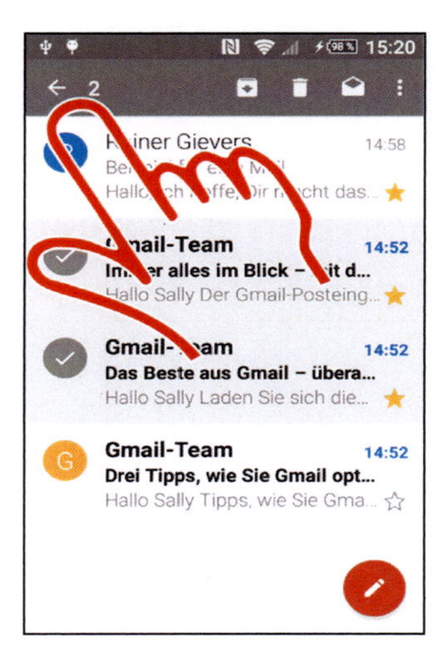

❶ Zum Markieren tippen Sie auf die bunten Kästchen vor den Nachrichten. Über die Schaltleisten am oberen Bildschirmrand können Sie dann die Nachrichten archivieren, löschen, einem Label zuweisen, auf gelesen/ungelesen setzen oder als Favoriten markieren.

❷Den Markierungsmodus verlassen Sie gegebenenfalls mit der ←-Schaltleiste (Pfeil). Alternativ betätigen Sie die ⮌-Taste.

Die Funktion »Stapelvorgänge« können Sie in den Einstellungen über *Kontrollkästchen ausblenden* deaktivieren, siehe Kapitel *7.3 Einstellungen*.

7.2.9 Wischgeste zum Archivieren

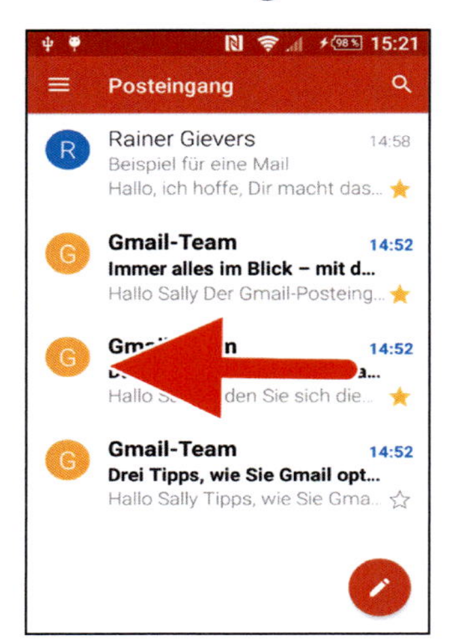

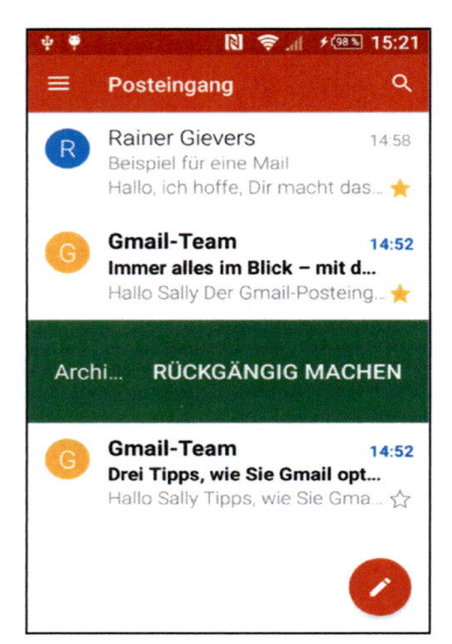

❶ Mit einer Wischgeste nach links oder rechts über einer Nachricht archivieren Sie diese.

❷ Über die *RÜCKGÄNGIG MACHEN*-Schaltleiste können Sie den Vorgang wieder zurücksetzen.

Welche Aktion die Wischgeste durchführt, legen Sie in ⁝*/Einstellungen/Allgemeine Einstellungen* fest. Gehen Sie dort auf *Gmail-Standardaktion,* bei der Sie die Wahl zwischen *Löschen* und *Archivieren* haben.

7.3 Einstellungen

7.3.1 Allgemeine Einstellungen

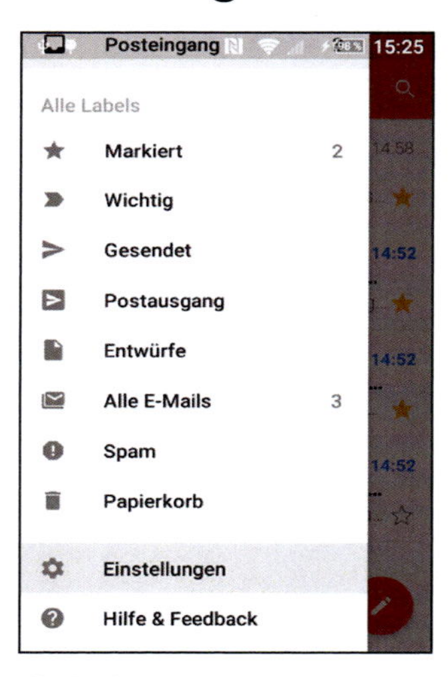

❶❷❸ Rufen Sie zunächst *Einstellungen* im Ausklappmenü auf und gehen dann auf *Allgemeine Einstellungen.*

- *Gmail-Standardaktion:* Steuert die im Kapitel *7.2.9 Wischgeste zum Archivieren* beschriebene Wischgeste. Deaktivieren Sie *Zum Archivieren wischen*, wenn Sie die Wischgeste nicht nutzen.

- *Konversationsansicht*: Wenn Sie E-Mails beantworten beziehungsweise jemand auf Ihre E-Mails antwortet, so fasst Gmail diese in einer sogenannten Konversation zusammen.
- *Aktionen beim Wischen*: Falls Sie die Wischgeste (siehe *7.2.9 Wischgeste zum Archivieren*) nicht nutzen möchten, deaktivieren Sie sie hier.
- *Bild des Absenders*: Zeigt Kontaktfotos in der Konversationsliste an.
- *Allen Antworten*: Sofern in einer beantworteten Nachricht mehrere weitere Empfänger enthalten sind, können Sie diesen mit der *Allen-Antworten*-Option neben dem ursprünglichen Empfänger ebenfalls Ihre Antwort-Mail zukommen lassen. Wir raten allerdings davon ab, *Allen Antworten* zu aktivieren, da sonst Außenstehende Ihre E-Mails erhalten könnten, die nicht für sie bestimmt sind.
- *Nachrichten automatisch anpassen*: Normalerweise zeigt die Gmail-Anwendung alle Nachrichten in Originalgröße an, sodass Sie im Nachrichtentext mit dem Finger rollen müssen. Aktivieren Sie *Nachrichten autom. anpassen*, wenn stattdessen die Nachrichten auf Bildschirmbreite verkleinert werden sollen.
- *Automatisch weiter*: Konfiguriert, wie sich Gmail verhält, wenn Sie eine Nachricht archivieren oder löschen. Standardmäßig landen Sie dann wieder in der Nachrichtenauflistung (*Konversationsliste*).

Unter *Aktionsbestätigungen:*

- *Vor Löschen bestätigen; Vor Archivieren bestätigen; Vor Senden bestätigen*: Die Aktionen Archivieren, Löschen und Senden erfolgen bei Gmail ohne Rückfrage. Falls Sie das stört, aktivieren Sie hierüber die Sicherheitsabfrage.

7.3.2 Konto-Einstellungen

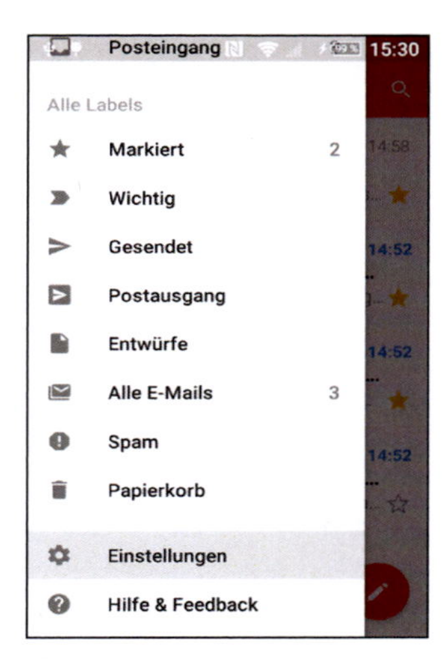

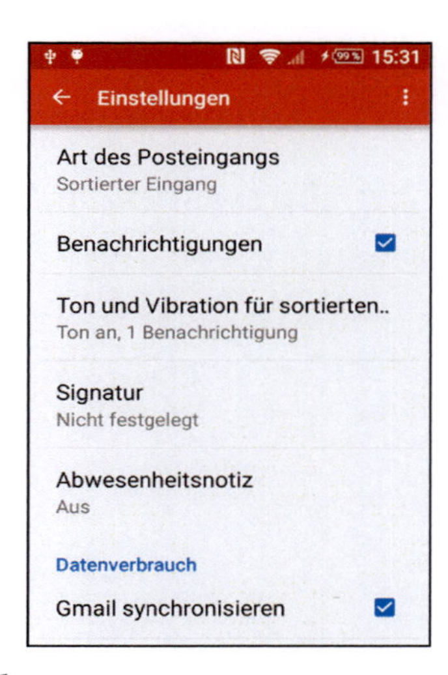

❶ Aktivieren Sie das Ausklappmenü und wählen Sie *Einstellungen*.

❷❸ Über *(Ihr Google-Konto)* konfigurieren Sie:

- *Art des Posteingangs*: Wählen Sie darin *Sortierter Eingang*, dann zeigt Gmail nicht mehr alle erhaltenen Nachrichten an, sondern nur solche, die als *Wichtig* markiert sind (siehe dazu Kapitel *7.2.5 Wichtig-Label und der sortierte Eingang*).
- *Benachrichtigungen*: Wenn neue Nachrichten empfangen wurden, meldet Gmail dies in der Titelleiste. Deaktivieren Sie *E-Mail-Benachrichtigung*, um diese Benachrichtigungen auszuschalten.

- *Ton und Vibration für Posteingang*: Benachrichtigungseinstellungen für den *Posteingang*.
- *Signatur*: Die Signatur ist ein Text, den Gmail automatisch beim Erstellen einer neuen Nachricht einfügt. Nutzen Sie sie, um den Empfängern Ihrer E-Mails auf weitere Kontaktmöglichkeiten per Telefon, oder ähnlich hinzuweisen.
- *Abwesenheitsnotiz*: Ein sehr nützliches Feature, wenn Sie mal nicht erreichbar sind und Personen, die Ihnen geschrieben haben, automatisch über Ihre Abwesenheit informieren möchten.

Unter *Datenverbrauch*:

- *Gmail synchronisieren*: Diese Schaltleiste führt Sie in die Kontenverwaltung, welche Kapitel *7.3.2 Konto-Einstellungen* beschreibt, worin Sie unter anderem den Datenabgleich mit dem Google-Konto steuern. Für die meisten Nutzer dürfte es aber keinen Sinn machen, dort den E-Mail-Abruf vom Google-Mail-Konto zu deaktivieren.
- *E-Mails: Zu synchronisierende Tage*: Legt fest, wie lange empfangene Nachrichten von der Gmail-Anwendung aufbewahrt werden. Ältere Nachrichten werden natürlich nicht gelöscht, sondern sind weiterhin über die Weboberfläche von Gmail (*mail.google.com*) im Webbrowser anzeigbar.
- *Labels verwalten*: Konfigurieren Sie die Benachrichtigungen zu den einzelnen Labels.
- *Anhänge herunterladen*: Dateianhänge sind häufig mehrere Megabyte groß, weshalb diese nur automatisch heruntergeladen werden, wenn eine WLAN-Verbindung besteht. Lassen Sie diese Option am Besten aktiviert, da sonst beim Öffnen von Dateianhängen längere Wartezeiten entstehen.
- *Bilder*: Standardmäßig lädt Gmail immer alle eingebetteten Bilder aus dem Posteingang herunter und zeigt diese an. Dies betrifft vor allem Werbe-E-Mails von Unternehmen (Newsletter, u.ä.). Sie können aber auch diese Einstellung auf *Vor dem Anzeigen erst fragen* stellen, sodass Sie die Bilderanzeige in jeder betroffenen E-Mail erst bestätigen müssen.

7.3.2.a Abwesenheitsnotiz

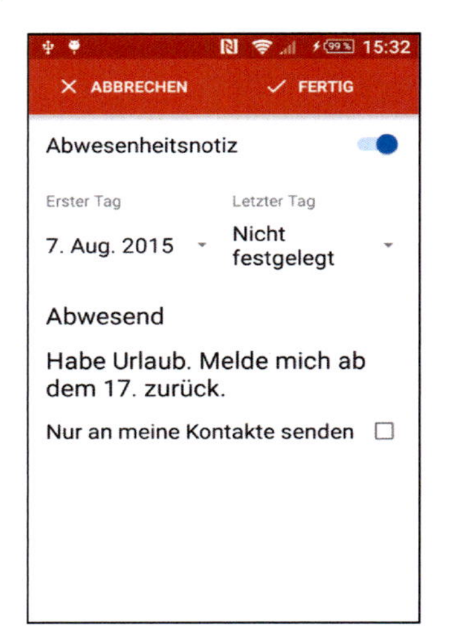

❶❷ Unter *Abwesenheitsnotiz* geben Sie einen Text ein, der während des eingestellten Zeitraums an alle E-Mail-Sender geschickt wird. Aktivieren Sie *Nur an meinen Kontakte senden*, damit nur Ihnen bekannte (im Telefonbuch gespeicherte) Kontakte die Abwesenheitsnotiz erhalten. Vergessen Sie nicht, zum Schluss die Abwesenheitsnotiz über den

Schalter oben rechts zu aktivieren!

7.4 Nutzung mehrerer E-Mail-Konten

Viele Anwender nutzen mehrere Gmail-Konten, zum Beispiel für private und berufliche Zwecke. Deshalb lassen sich mehrere Mail-Konten auf dem Galaxy verwalten.

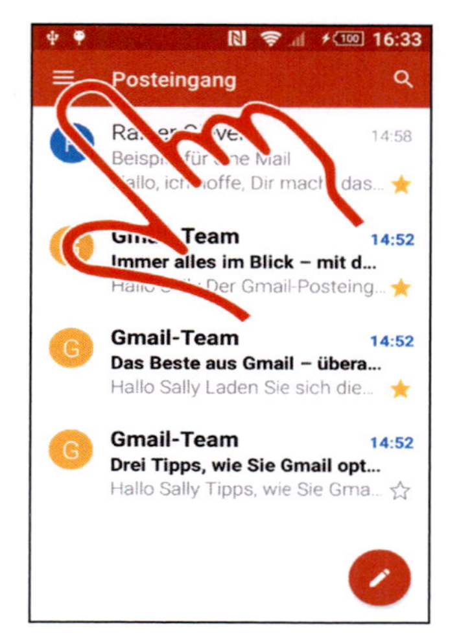

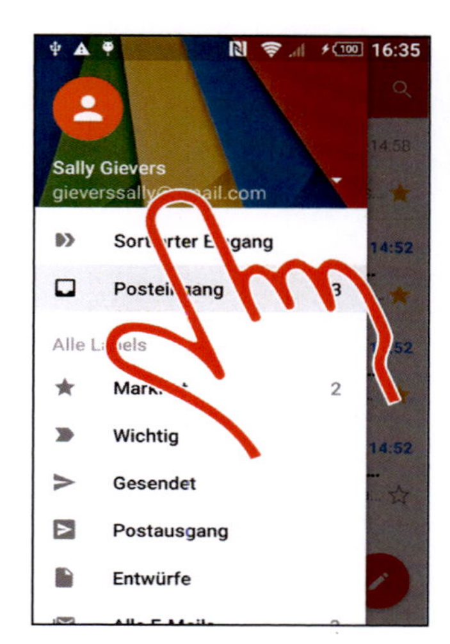

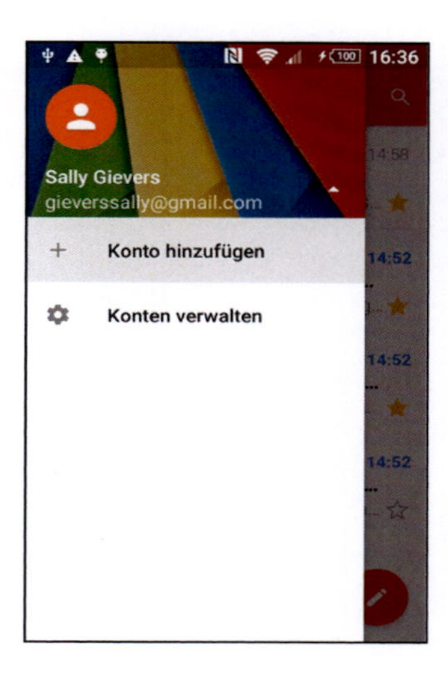

➊ Aktivieren Sie das Ausklappmenü.

➋ Tippen Sie auf den Kontonamen und gehen Sie auf *Konto hinzufügen*.

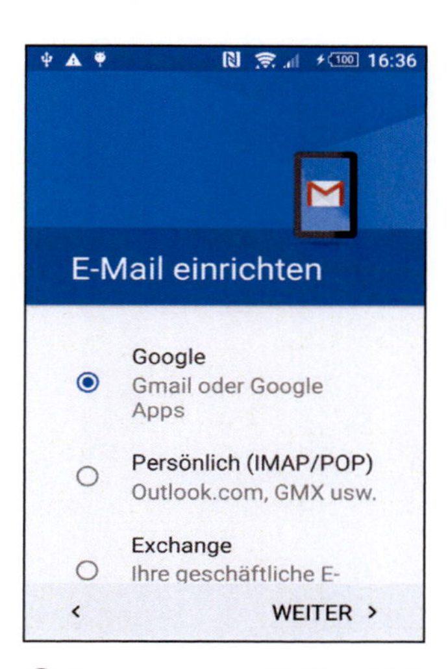

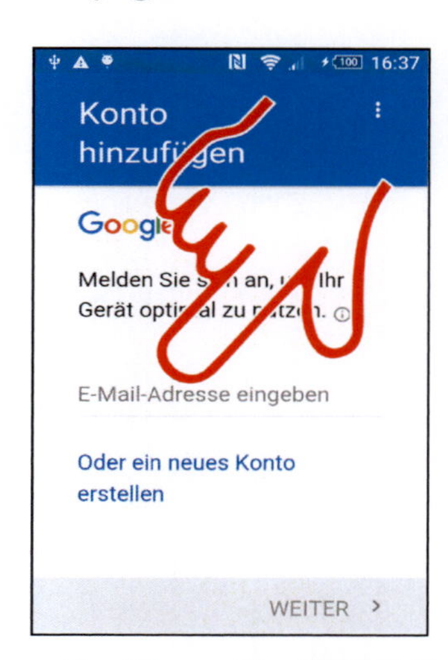

➊ In unserem Fall wählen wir *Google* für ein Gmail-Konto aus. Betätigen Sie *WEITER*.

➋ Betätigen Sie gegebenenfalls *MEHR*.

➌ Sie können nun *E-Mail-Adresse eingeben* wahlweise bereits bestehendes Google-Konto angeben oder über die Schaltleiste darunter ein neues Konto erstellen. In unserem Fall gehen Sie auf *E-Mail-Adresse eingeben.*

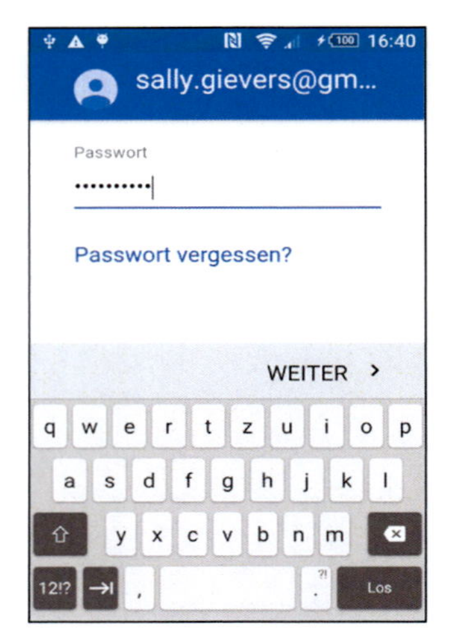

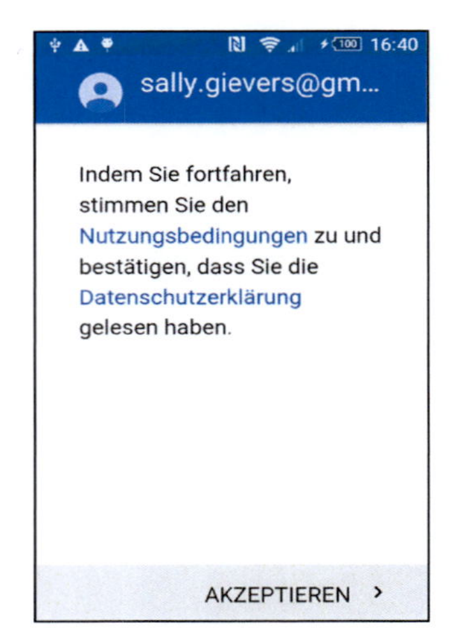

❶ Geben Sie Ihren Kontonamen ein (es reicht, nur den Namen vor dem »*@gmail.com*« einzugeben, denn der Rest wird ergänzt) und betätigen Sie *WEITER*.

❷ Erfassen Sie das Kennwort zu Ihrem Google-Konto und gehen Sie auf *WEITER*.

❸ Anschließend bestätigen Sie die Datenschutz- und Nutzungsbedingungen.

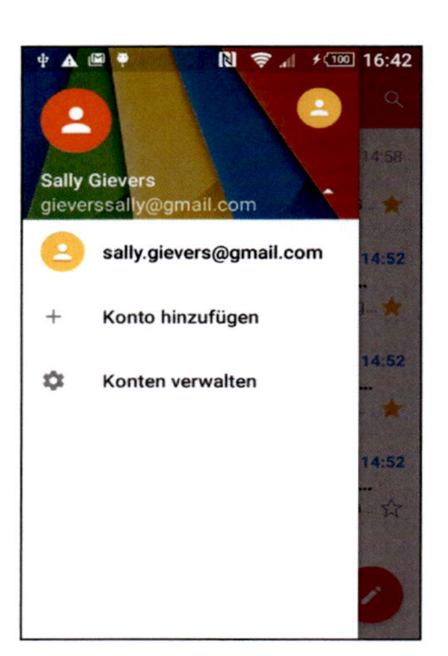

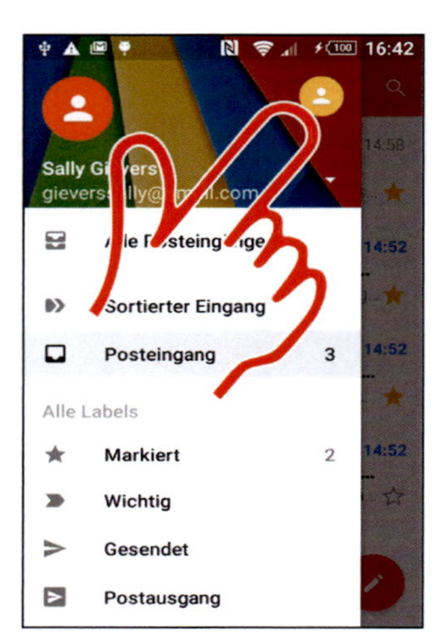

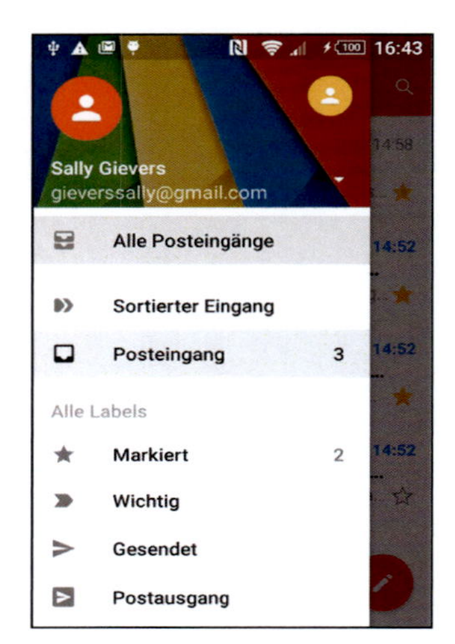

❶ Damit ist die Kontenanlage abgeschlossen und Sie befinden sich wieder in Gmail. Schließen Sie das Ausklappmenü mit der ⮌-Taste.

❷ Zwischen den Konten schalten Sie nun immer über die Schaltleisten im Ausklappmenü um.

❸ Tipp: *Alle Posteingänge* listet die E-Mails von allen E-Mail-Konten zusammen auf.

7.5 Andere E-Mail-Konten mit Gmail

Die Gmail-Anwendung wurde ursprünglich nur für den Einsatz mit dem Google-Konto und der damit verbundenen E-Mail-Adresse entwickelt.

Viele Anwender haben aber bereits eine E-Mail-Adresse, sei es von einem freien E-Mail-Anbieter wie GMX, Web.de, T-Online.de oder Outlook.com oder eine Firmen-E-Mail-Adresse.

Um alle E-Mail-Anwendungsbereiche abzudecken, hat Google deshalb der Gmail-Anwendung die Möglichkeit spediert, neben dem Gmail-Konto auch alle Ihre anderen E-Mail-Konten zu verwalten. Ob Sie davon Gebrauch machen, ist Ihnen überlassen, zumal Sie mit der im Kapitel *8 E-Mail mit Android* vorgestellten Anwendung ebenfalls bequem Ihre E-Mails abrufen.

7.5.1 E-Mail-Konto einrichten

Die nachfolgend beschriebene Vorgehensweise gilt für alle kostenlosen E-Mail-Anbieter wie Outlook.de, GMX und T-Online.

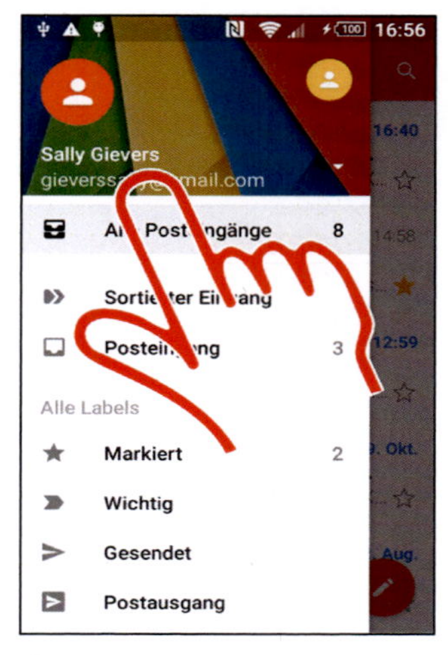

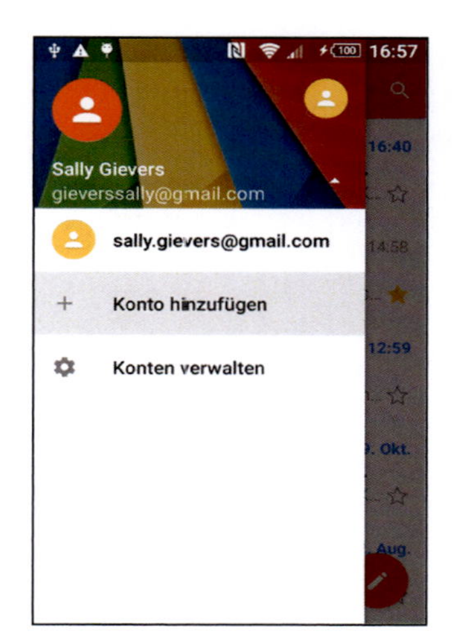

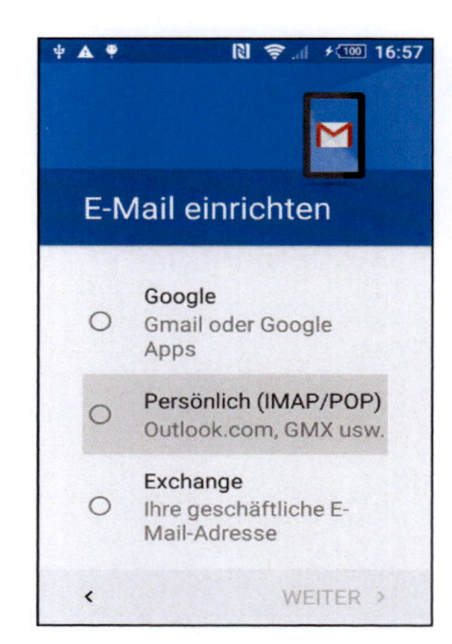

❶ Aktivieren Sie das Ausklappmenü, worin Sie auf Ihren Kontennamen tippen.

❷❸ Gehen Sie auf *Konto hinzufügen,* dann *Persönlich (IMAP/POP)* und betätigen Sie *WEITER.*

❶ Geben Sie Ihre E-Mail-Adresse und das Kennwort Ihres E-Mail-Kontos ein. Betätigen Sie *WEITER*.

❷ Erfassen Sie das Kennwort Ihres E-Mail-Kontos und betätigen Sie erneut *WEITER.* Die Einstellungen werden aus dem Internet geladen.

❸ Sie können nun unter *Synchronisierung* den automatischen Abrufintervall einstellen. 15 Minuten reichen normalerweise aus, es ist aber später jederzeit möglich, einen manuellen Abruf per Tastendruck durchzuführen.

Weitere Einstellungen:

- *Bei neuer E-Mail benachrichtigen*: Akustisches und optisches Signal bei neu empfangenen Nachrichten.
- *E-Mails dieses Kontos synchronisieren*: Muss aktiv sein, damit das Handy den Abruf durchführt.
- *Anhänge bei WLAN-Verbindung automatisch herunterladen*: Die E-Mail-Anwendung lädt E-Mail-Anhänge herunter, sofern eine WLAN-Verbindung besteht.

Ansonsten können Sie E-Mail-Anhänge von Hand herunterladen. Diese Option steht nur für Nutzer eines Outlook.com-E-Mail-Kontos zur Verfügung.

Betätigen Sie *WEITER*.

Zum Schluss können Sie noch den Kontonamen ändern, sowie den Namen, als dessen Empfänger Sie in den E-Mails erscheinen. Betätigen Sie *WEITER*, womit die Einrichtung abgeschlossen ist.

Auf dem gleichen Wege, wie Sie das E-Mail-Konto gerade angelegt haben, dürfen Sie auch weitere Konten anlegen.

7.5.2 Mehrere E-Mail-Konten in der Praxis

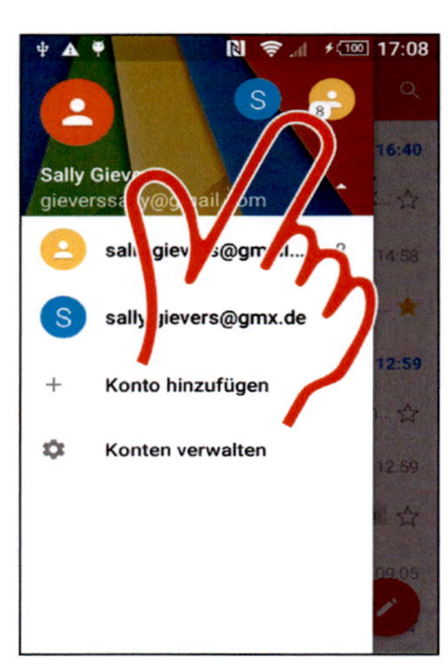

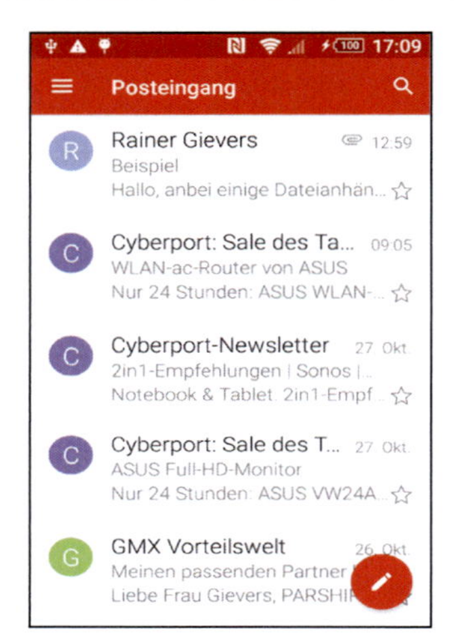

❶ So schalten Sie zwischen mehreren E-Mail-Konten um: Aktivieren Sie das Ausklappmenü und betätigen Sie eine der runden Schaltleisten am oberen Rand (Pfeil).

❷ Viele Funktionen, die Sie bereits im Zusammenhang mit Ihrem Google-Konto kennen gelernt haben, sind auch mit Ihrem eigenen E-Mail-Konto möglich, weshalb wir hier nicht noch einmal darauf eingehen.

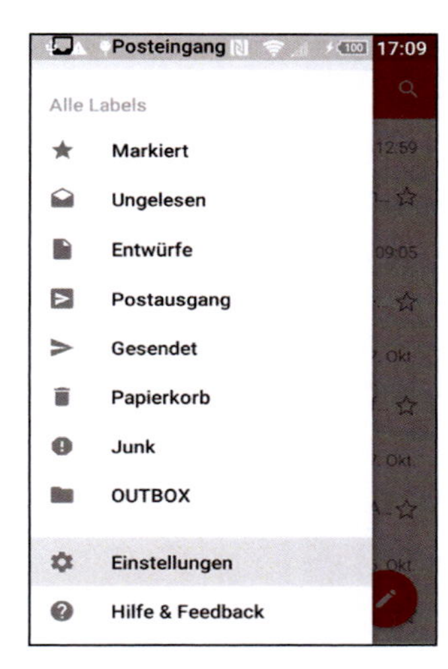

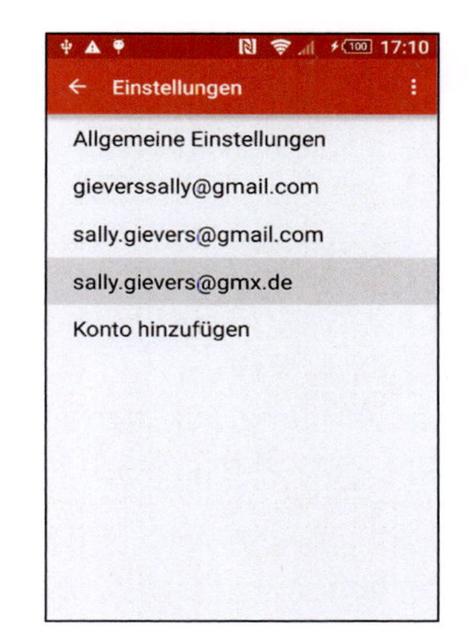

❶ Für die Konfiguration rufen Sie das Ausklappmenü auf und gehen auf *Einstellungen.*

❷ Wählen Sie das E-Mail-Konto aus.

❸ Die Parameter:

- *Kontoname*: Unter diesem Namen erscheint das Konto in der E-Mail-Anwendung.
- *Mein Name*: Erscheint als Absendername in Ihren E-Mails.
- *Signatur*: Die Signatur erscheint unter allen Ihren E-Mails. Geben Sie dort zum Beispiel Ihre Kontaktdaten ein, damit Sie E-Mail-Empfänger auch auf anderen Wegen als über E-Mail erreichen können.

Unter *Datenverbrauch*:

- *Bilder:* Stellen Sie ein ob im Nachrichtentext enthaltene Bilder sofort geladen und angezeigt werden, oder erst auf Nachfrage.
- *Synchronisationshäufigkeit*: Die Vorgabe *15 Minuten* dürfte für die meisten Nutzer ausreichend sein, zumal auch der manuelle Abruf (auf dem Bildschirm nach unten Wischen) jederzeit möglich ist.
- *Anhänge herunterladen*: Sofern eine WLAN-Verbindung besteht, lädt Gmail auch Nachrichten mit E-Mail-Anhängen komplett herunter – steht nur eine Mobilfunkverbindung zur Verfügung, so können Sie das Herunterladen aber auch manuell anstoßen.

Unter *Benachrichtigungseinstellungen:*

- *E-Mail-Benachrichtigungen*: In der Titelleiste erfolgt bei neu empfangenen Nachrichten ein Hinweis.
- *Klingelton auswählen; Vibration*: Benachrichtigungston für empfangene Nachrichten.

Unter *Servereinstellungen*:

- *Einstellungen des Eingangsservers; Einstellungen des Ausgangsservers*: Konfiguriert die Abruf- beziehungsweise Sendeeinstellungen. Hier sollten Sie nichts ändern.

8. E-Mail mit Android

Für die E-Mail-Verwaltung bringen alle Android-Handys und Tablets eine E-Mail-Anwendung mit, welche die meisten Ansprüche befriedigt. In diesem Buch haben wir uns trotzdem dazu entschlossen, eine Anwendung eines Drittanbieters vorzustellen, denn leider unterscheiden sich die mitgelieferten E-Mail-Programme bei jedem Hersteller. Würden wir also die Samsung-E-Mail-Anwendung erläutern, so müssten Besitzer eines Motorola, Sony, LG oder HTC außen vor bleiben. Mit dem hier verwendeten »TypeApp Mail« steht dagegen eine E-Mail-Anwendung zur Verfügung, die auf allen Geräten die gleiche Benutzeroberfläche bietet und noch dazu einfach zu bedienen ist.

Hinweis: Vom Autor dieses Buches sind zahlreiche Bücher zu den Handys und Tablets von Samsung und Motorola erschienen. Weitere Informationen erhalten Sie unter der Webadresse *www.das-praxisbuch.de*.

8.1 Installation

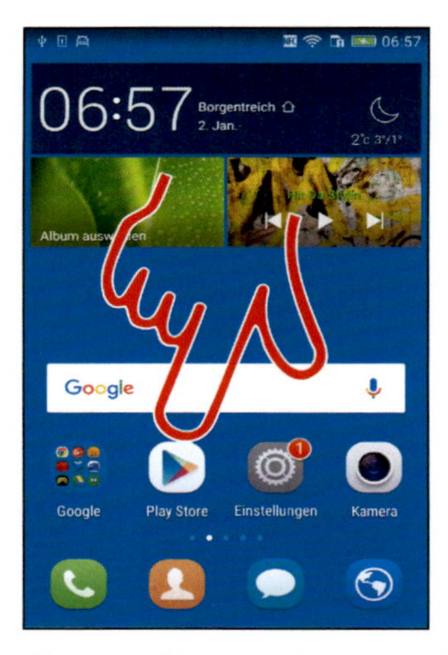

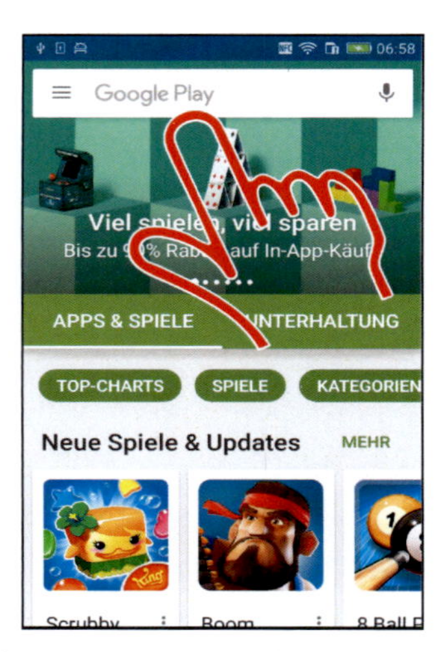

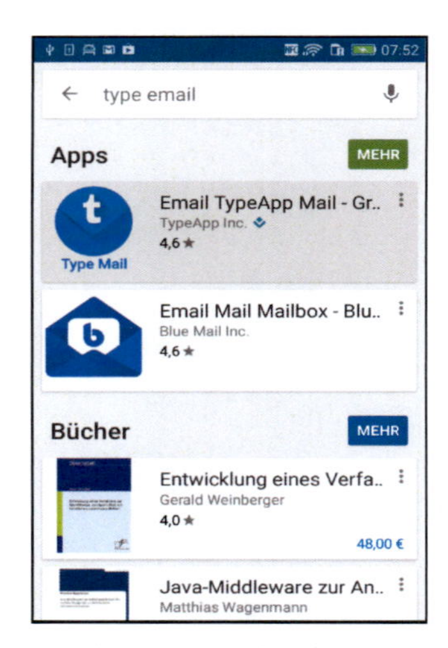

❶ Installieren Sie zunächst die TypeApp Mail-Anwendung aus dem Google Play Store. Dazu rufen Sie die *Play Store*-Anwendung aus dem Startbildschirm oder Hauptmenü auf.

❷ Tippen Sie in das Suchfeld (Pfeil).

❸ Geben Sie *type mail* oben im Suchfeld ein und wählen Sie das Suchergebnis *Email TypeApp Mail* an.

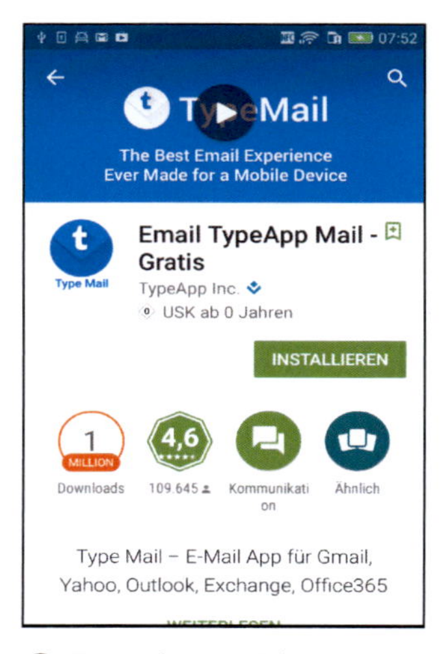

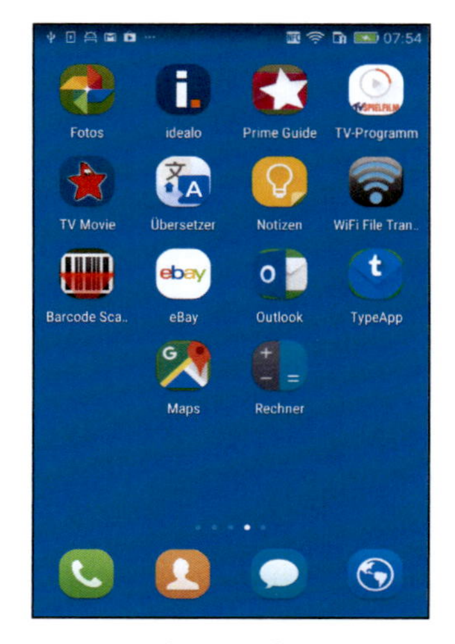

❶ Betätigen Sie *INSTALLIEREN* und im folgenden Popup *AKZEPTIEREN*. Danach können Sie die Play Store-Anwendung mit der ⮌-Taste unterhalb des Displays verlassen.

❷ Sie finden das Programm nun als *TypeApp* im Hauptmenü beziehungsweise Startbildschirm wieder, wo Sie es auch starten.

8.2 E-Mail-Einrichtung

Wenn Sie noch keine E-Mail-Adresse besitzen, legen Sie diese bitte erst, wie im Kapitel *3 E-Mail-Konto einrichten und nutzen* beschrieben, an.

Es gibt hier zwei Möglichkeiten, wie Sie Ihr Konto einrichten:

- Sofern Sie bereits eine E-Mail-Adresse bei einem kostenlosen Anbieter wie GMX, T-Online, Web.de, usw. nutzen, lesen Sie bitte ab Kapitel *8.2.1 Kostenlosen E-Mail-Anbieter (Freemail) einrichten* weiter.
- Besitzen Sie dagegen eine Website mit eigener E-Mail-Adresse oder wurde Ihnen von Ihrer Firma eine E-Mail-Adresse gestellt, ist eine automatische Einrichtung nicht möglich. Lesen Sie in diesem Fall ab Kapitel *9.4.3 E-Mail-Konto manuell einrichten* weiter.

8.2.1 Kostenlosen E-Mail-Anbieter (Freemail) einrichten

Die E-Mail-Anwendung kennt bereits die wichtigsten kostenlosen E-Mail-Dienste (Freemailer) wie beispielsweise GMX, T-Online, Yahoo, Gmail, usw. Sie brauchen für diese Anbieter nur Ihre E-Mail-Adresse und das Passwort eingeben.

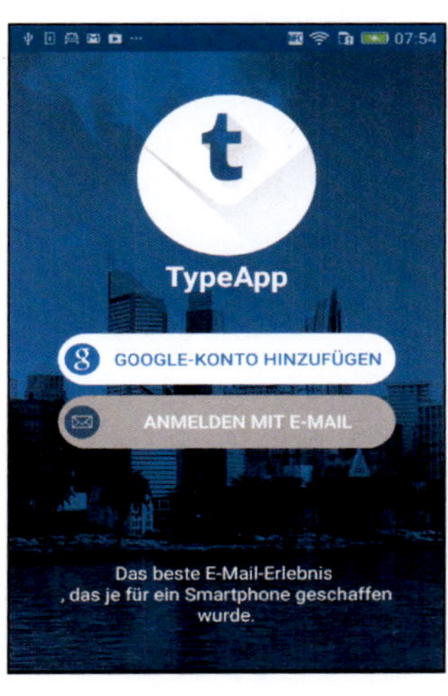

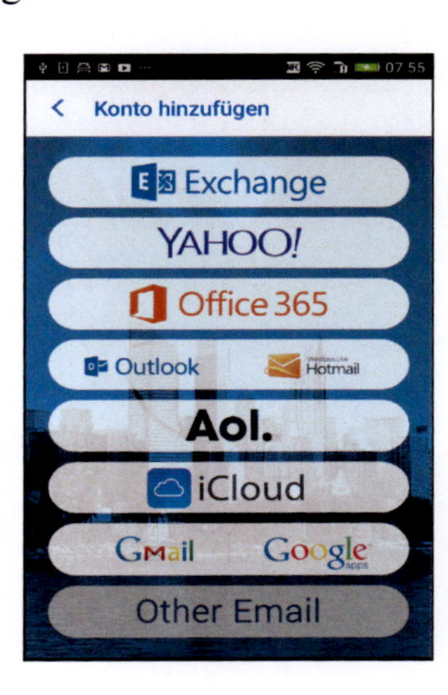

❶ Gehen Sie auf *ANMELDEN MIT E-MAIL.*

❷ Schließen Sie das eventuell eingeblendete Popup mit X (Pfeil).

❸ Wählen Sie einen der E-Mail-Anbieter aus. Da sich der im Beispiel genutzte Anbieter GMX nicht in der Liste befindet, gehen wir auf *Other Email*.

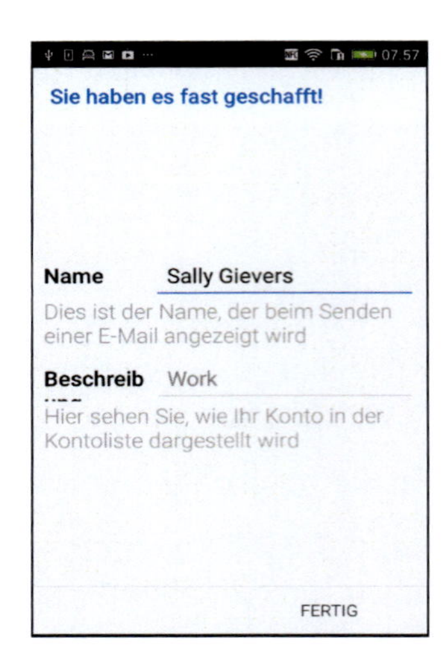

➊ Sie müssen Ihr Login (meist Ihre E-Mail-Adresse) und das zugehörige Passwort eingeben. Betätigen Sie dann *WEITER*.

➋ Erfassen Sie den Namen, unter dem Sie Ihre E-Mails verschickt werden. Damit Sie anschließend die *FERTIG*-Schaltleiste am unteren Bildschirmrand betätigen können, müssen Sie eventuell mit der ⮌-Taste unterhalb des Displays erst das Tastenfeld schließen.

➌ Nach mehrmaligem Wischen erscheint am unteren Bildschirmrand die *SCHLIESSEN*-Schaltleiste, auf die Sie gehen. Sie befinden sich nun in der E-Mail-Oberfläche.

8.2.2 Manuelle E-Mail-Einrichtung

Hier wird beschrieben, wie Sie eine E-Mail-Adresse einrichten, wenn Sie eine Website mit eigenem E-Mail-Konto nutzen.

Bitte erkundigen Sie sich bei der zuständigen Stelle, welche Einstellungen Sie vornehmen müssen. In der Regel benötigen Sie die Daten für:

- POP3-Server: Server, über den E-Mails abgeholt werden.
- SMTP-Server: Server, über den E-Mails gesendet werden.
- Login/Passwort (meistens ist das Login Ihre E-Mail-Adresse)

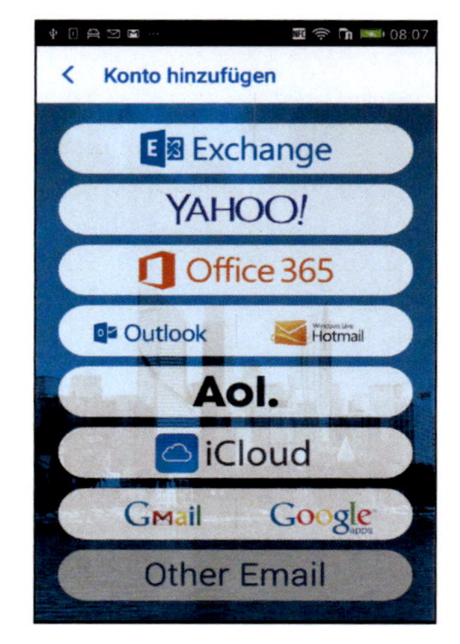

➊ Gehen Sie auf *ANMELDEN MIT E-MAIL*. Schließen Sie nun das eventuell eingeblendete Popup mit ✕ (Pfeil).

➋ Tippen Sie *Other Email* am unteren Bildschirmrand an.

❸ Geben Sie zuerst Ihre E-Mail-Adresse und das zugehörige Kennwort ein, danach deaktivieren Sie *Automatisch* und betätigen *Weiter*.

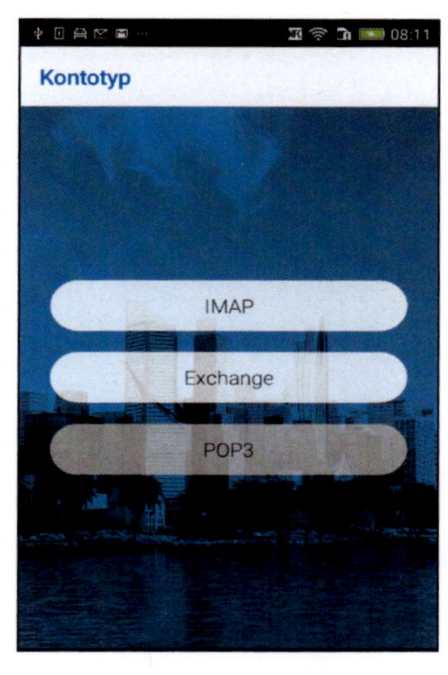

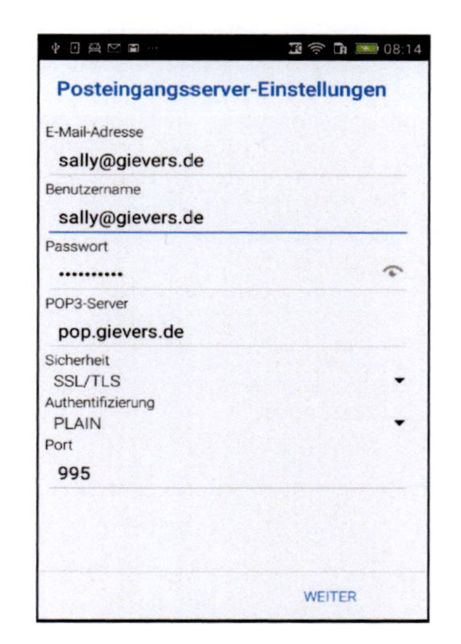

❶ Zur Auswahl stehen als Kontoart *IMAP*, *Exchange* oder *POP3*. Wie bereits erwähnt, wird POP3 von den meisten E-Mail-Anbietern unterstützt.

❷ Tippen Sie in die Eingabefelder, um gegebenenfalls Änderungen vorzunehmen (mit einer vertikalen Wischgeste rollen Sie durch die Einstellungen):

- *POP3-Server*: Der POP3-Server, über den die E-Mails abgerufen werden. Häufig verwenden die E-Mail-Dienste dazu einen Namen im Format »*pop.xxxx.de*«.
- *Sicherheit*: Viele E-Mail-Anbieter verlangen eine verschlüsselte Verbindung, weshalb Sie hier *SSL/TLS* einstellen müssen.
- *Authentifizierung*: Lassen Sie diese unverändert.
- *Port*: Über den Server-Port läuft die E-Mail-Kommunikation ab. Die Vorgabe dürfen Sie ebenfalls nicht ändern.

Betätigen Sie nun *Weiter*.

❸ Die Eingabefelder:

- *SMTP-Server*: Tragen Sie den SMTP-Server ein, der zum E-Mail-Versand genutzt wird. Meist lautet er »*smtp.xxxx.de*«.
- *Port*: Den Server-Port sollten Sie nur ändern, wenn der E-Mail-Anbieter nichts anderes vorgibt.
- *SSL*: Die Verbindung beim E-Mail-Versenden muss bei den meisten E-Mail-Anbietern verschlüsselt erfolgen, weshalb Sie *SSL/TLS* einstellen.
- *Benutzername; Passwort*: Als Vorgabe verwendet das Mail-Programm die Anmeldedaten für den Nachrichtenabruf, die Sie zuvor eingegeben hatten.

Betätigen Sie nun *WEITER*.

❶ Erfassen Sie zum Schluss noch den Namen, der als Absender in Ihren E-Mails erscheint und betätigen Sie *FERTIG*.

❷ Sie befinden sich nun in der E-Mail-Oberfläche.

8.3 E-Mail-Anwendung in der Praxis

8.3.1 E-Mail-Ordner

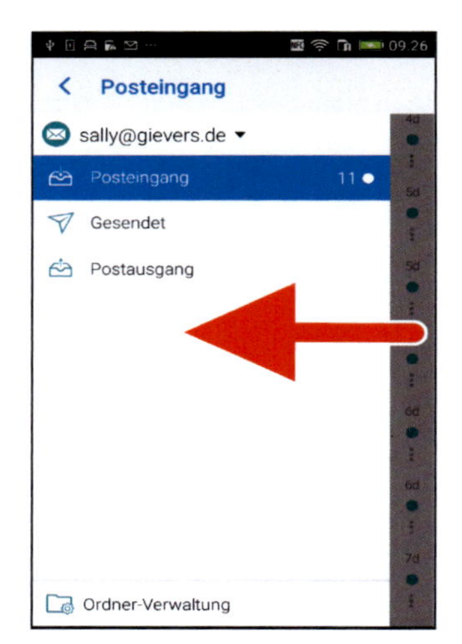

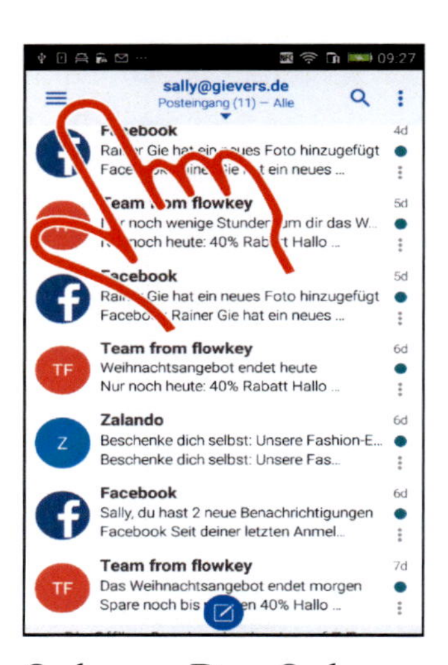

❶❷ Die Nachrichten verwaltet die E-Mail-Anwendung in Ordnern. Das Ordnermenü aktivieren Sie mit einer horizontalen Wischgeste von links außerhalb des Displays. Umgekehrt wischen Sie von rechts nach links, um das Ordnermenü zu schließen.

❸ Alternativ tippen Sie oben links in die Titelleiste.

Die Ordner:

- *Posteingang*: Neu eingegangene Nachrichten.
- *Entwürfe*: Von Ihnen als Entwurf abgelegte Nachrichten. Siehe Kapitel *8.4.1 Entwürfe*.
- *Gesendet*: Versandte Nachrichten.
- *Postausgang*: Von Ihnen erstellte Nachrichten, die noch nicht versandt sind, beispielsweise weil keine Internetverbindung besteht.

Beachten Sie, dass nur Ordner, die Sie bereits genutzt haben, angezeigt werden.

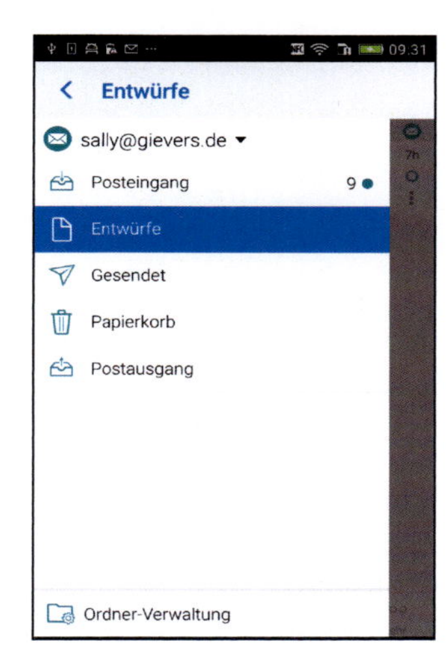

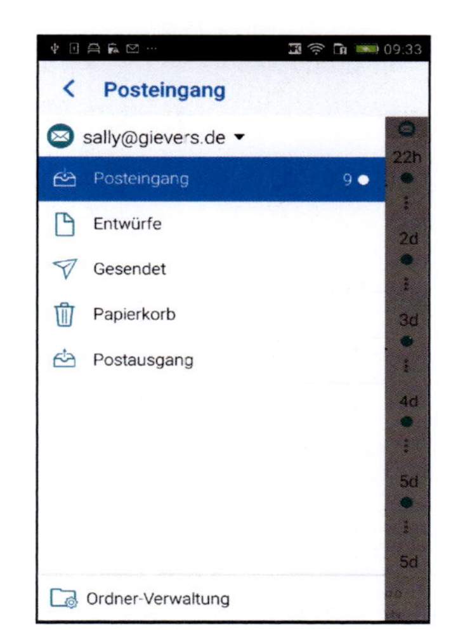

❶❷ Wenn Sie mal in einen anderen Ordner, im Beispiel *Entwürfe* gewechselt sind, kehren Sie über *Posteingang* wieder in den Ordner zurück, der alle neu empfangenen Nachrichten enthält.

8.3.2 E-Mails abrufen

❶ Für den E-Mail-Abruf führen Sie eine Wischgeste (mit dem Finger auf das Display halten und dann nach unten ziehen, anschließend loslassen) durch. Alternativ können Sie auch in den Einstellungen (siehe Kapitel *8.7 Einstellungen*) festlegen, wie häufig der automatische Mail-Abruf erfolgt.

❷ Hat der Abruf geklappt, dürfte es ungefähr so wie hier aussehen. Alle Nachrichten werden mit Absender, Empfangsdatum und Betreff anzeigt und vor jedem E-Mail-Eintrag erscheint der Anfangsbuchstabe des Absenders. Ungelesene Nachrichten sind mit Fettschrift hervorgehoben

❶❷ Tippen Sie eine Nachricht an, so wird sie angezeigt (achten Sie darauf, nicht den großen, vorangestellten Buchstaben anzutippen, weil Sie damit die Kontaktdaten anzeigen). Die ⮌-Taste unterhalb des Displays bringt Sie wieder in die Nachrichtenübersicht zurück.

8.3.3 E-Mails lesen und beantworten

❶ Tippen Sie die anzusehende E-Mail an.

❷ Häufig ist auch eine Kneifgeste möglich, bei der Sie zwei Fingern gleichzeitig auf das Display drücken und diese dann auseinander/zusammenziehen. Die Bildschirmanzeige wird dann verkleinert/vergrößert.

❸ Mit einer Wischgeste können Sie dann den angezeigten Bildschirmausschnitt verändern.

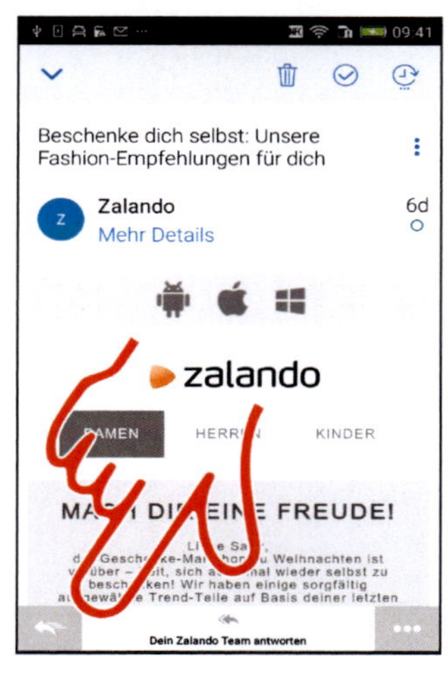

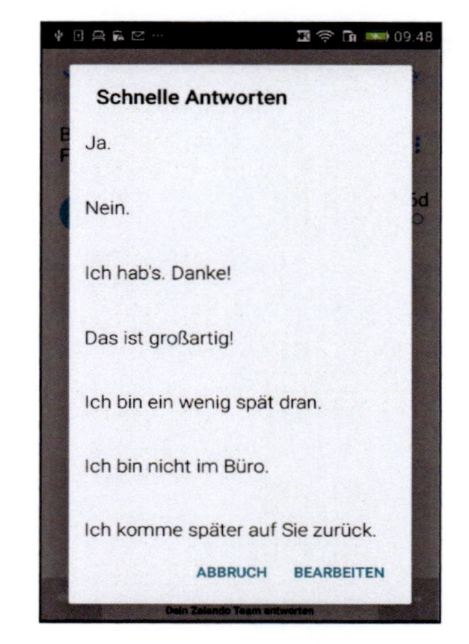

❶ Weitere Funktionen erhalten Sie über die Schaltleisten unten (Pfeil):

- ↩: Schnelle Antwort mit vorgegebenen Kurztexten (❷). Über *BEARBEITEN* fügen Sie weitere Texte hinzu beziehungsweise ändern die vorhandenen.
- *xxx antworten*: Dem Absender eine Antwort schreiben.

❸ Die Schaltleisten am oberen Bildschirmrand:

- 🗑: Nachricht löschen.
- ⊘; ⏰: Als erledigt markieren beziehungsweise Erinnerung festlegen. In diesem Buch gehen wir nicht weiter darauf ein.

8.3.4 E-Mails löschen

Von der E-Mail-Anwendung abgerufene E-Mails werden standardmäßig nicht vom Internet-E-Mail-Konto gelöscht und lassen sich somit erneut mit einem E-Mail-Programm auf dem Desktop-PC abrufen oder auf der Weboberfläche anzeigen.

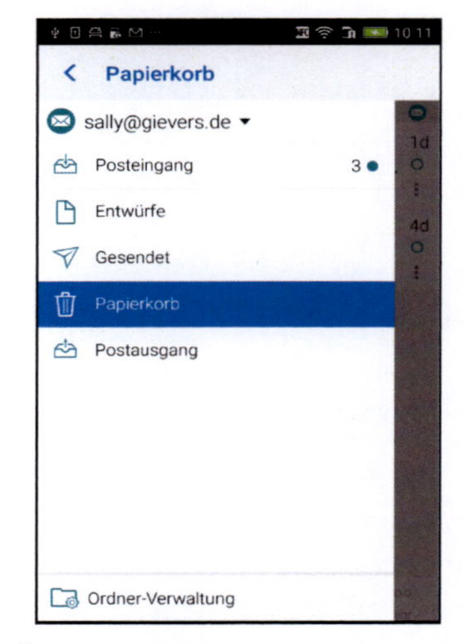

❶ Löschen Sie dagegen eine Nachricht, beispielsweise mit 🗑 in der Nachrichtenansicht, so wird sie auch aus dem E-Mail-Postfach gelöscht. Die Nachricht ist allerdings nicht sofort gelöscht, sondern landet im *Papierkorb*-Ordner.

❷❸ Sie können sich davon auch selbst überzeugen, indem Sie das Ordner-Menü aufrufen und dann auf *Papierkorb* gehen.

Der Ordnerinhalt wird angezeigt.

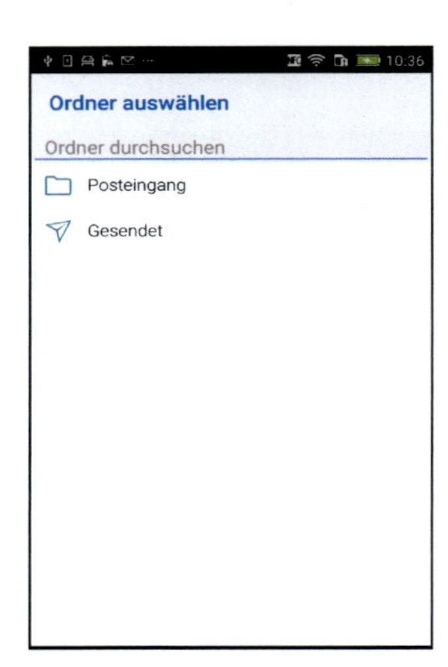

❶ So »retten« Sie gelöschte Nachrichten: Tippen und halten Sie den Finger über eine Nachricht, bis diese markiert ist. Markieren Sie gegebenenfalls weitere Nachrichten durch kurzes Antippen.

❷❸ Anschließend gehen Sie auf 🗀 (Pfeil) und wählen den Zielordner, in der Regel *Posteingang,* aus.

8.3.5 Dateianlagen

In E-Mails enthaltene Dateianlagen kann man anzeigen und weiterverarbeiten.

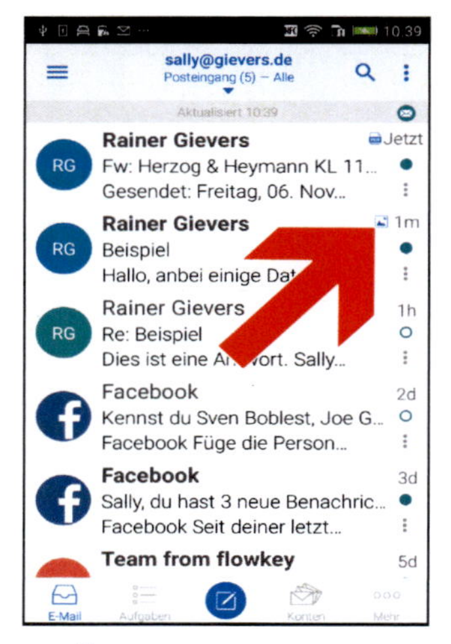

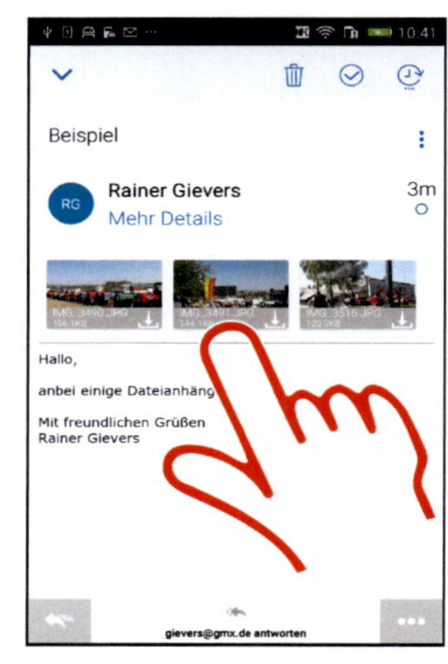

❶ Über Dateianlagen informiert ein Symbol (Pfeil) in der Nachrichtenauflistung. Tippen

Sie die Nachricht an.

❷ Bei größeren Dateianhängen müssen Sie sie die Nachricht erst vollständig herunterladen, was mit *Vollständige Nachricht herunterladen* geschieht.

❸ In der Nachricht tippen Sie kurz auf einen der Anhänge worauf dieser geöffnet und angezeigt wird.

8.3.6 Kontakte im Telefonbuch

8.3.6.a Absender ins Telefonbuch aufnehmen

Die direkte Übernahme eines E-Mail-Absenders ins Telefonbuch ist leider nicht möglich. Sie können sich aber mit einem kleinen Trick behelfen.

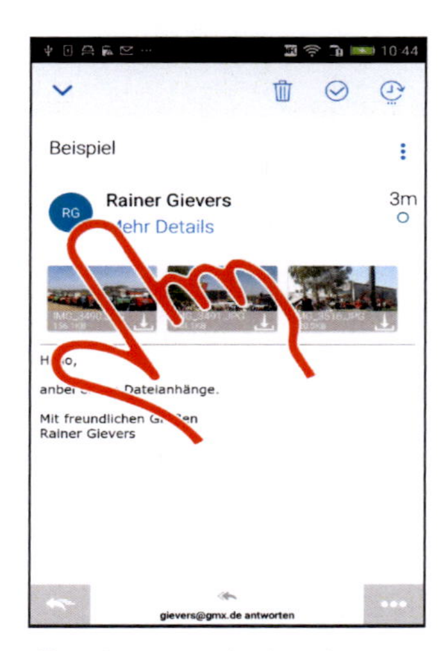

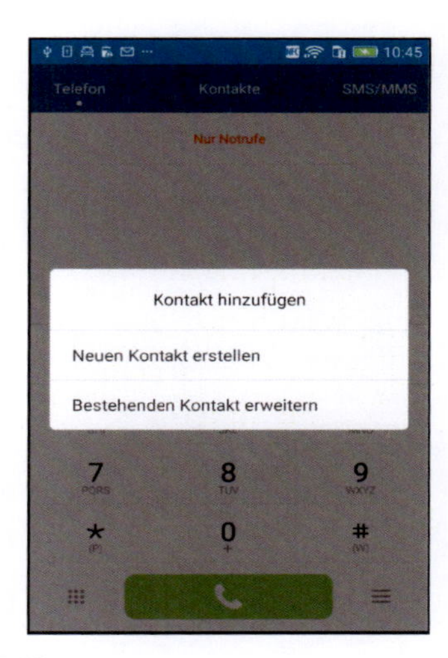

❶ Tippen Sie in einer Nachricht die runde Schaltleiste an (Pfeil).

❷ Gehen Sie auf *Hinzufügen*.

❸ Wahlweise erstellen Sie einen neuen Kontakt oder ergänzen einen bestehenden.

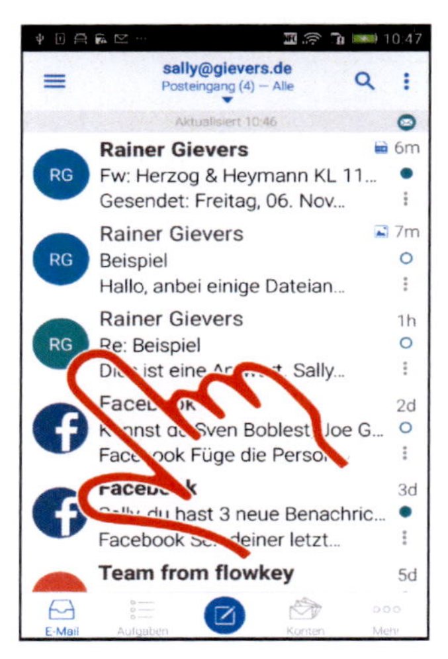

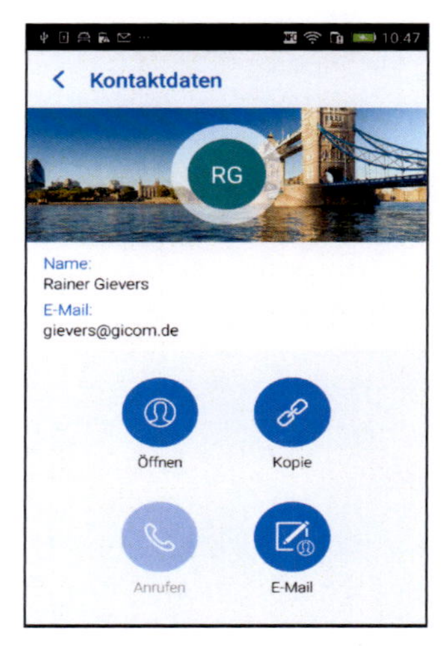

❶❷ Auch in der Nachrichtenauflistung lassen sich E-Mail-Absender ins Telefonbuch übernehmen. Tippen Sie dafür einfach vorne die runde Schaltleiste an.

> Da die Kontakte-Anwendung beziehungsweise das Telefonbuch auf jedem Android-Gerät anders bedient wird, müssen wir an dieser Stelle auf das jeweilige Gerätehandbuch verweisen.

8.4 E-Mail erstellen und senden

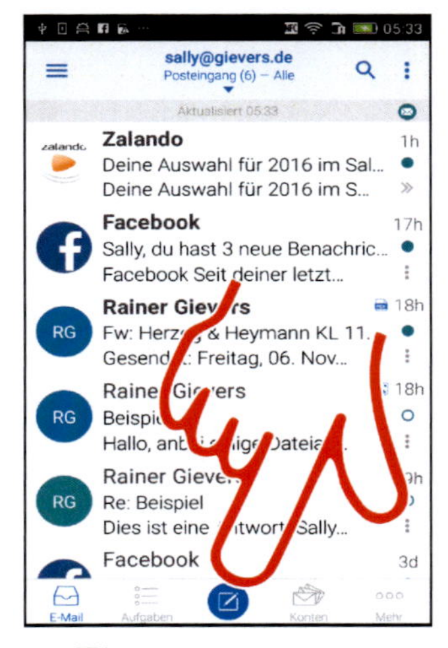

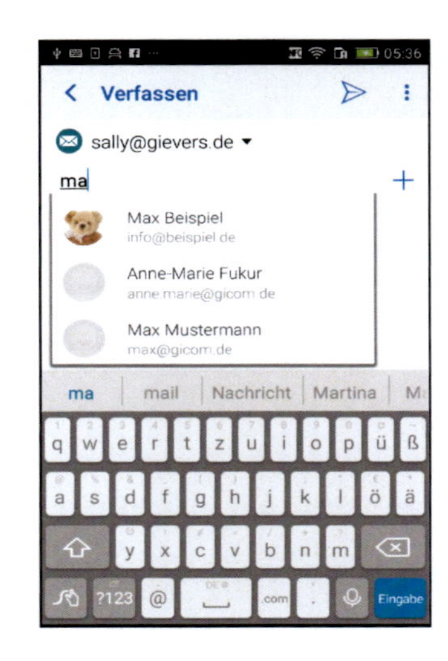

❶ (Pfeil) erstellt eine neue Nachricht.

❷ Hier sind der Empfänger, der Betreff sowie der Nachrichtentext einzugeben.

❸ Sobald Sie einige Buchstaben in das *An*-Feld eingetippt haben, öffnet sich die Empfängerliste. Sofern Sie keinen Kontakt aus dem Telefonbuch verwenden möchten, geben Sie die E-Mail-Adresse von Hand komplett selbst ein.

Für Ihre ersten Gehversuche mit der E-Mail-Anwendung dürften Sie gerne Nachrichten an die E-Mail-Adresse *sally.gievers@gmx.de* senden! Es steht keine reale Person dahinter.

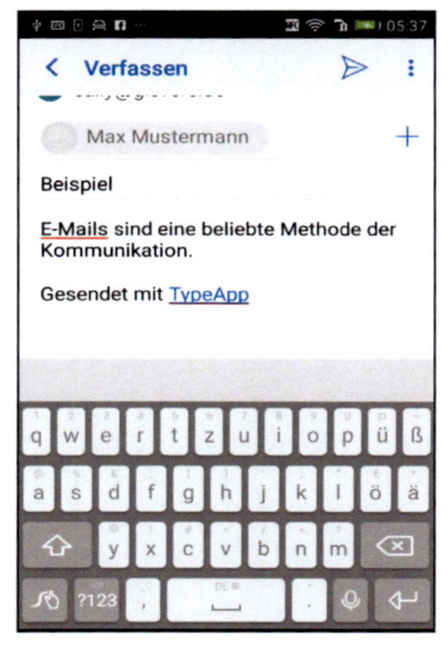

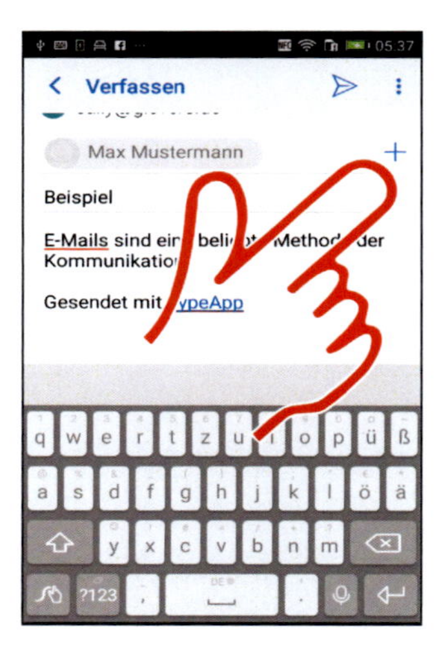

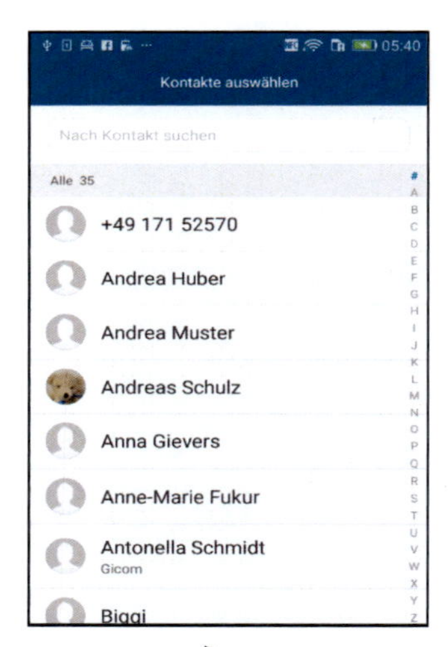

❶ Geben Sie noch Betreff und Nachrichtentext ein. Betätigen Sie nun ▷ (oben rechts). Die neue E-Mail wird sofort verschickt.

❷❸ Empfänger lassen sich übrigens auch hinzufügen, indem Sie auf + neben das *An*-Feld tippen, worauf die Kontaktauswahl erscheint. Wählen Sie dort weitere Empfänger aus.

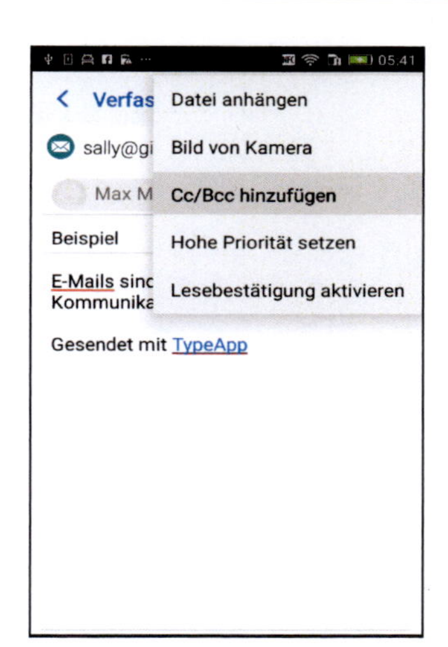

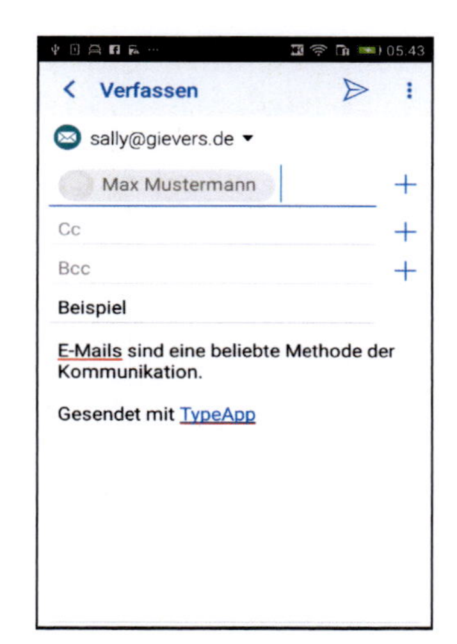

❶❷ Eine Besonderheit sind die *CC/BCC*-Eingabefelder, welche Sie über ⁝/*Cc/Bcc hinzufügen* aktivieren.

- *Cc*: Der Begriff Cc steht für »Carbon Copy«, zu deutsch »Fotokopie«. Der ursprüngliche Adressat (im *An*-Eingabefeld) sieht später die unter *Cc* eingetragenen weiteren Empfänger. Die *Cc*-Funktion ist beispielsweise interessant, wenn Sie ein Problem mit jemandem per E-Mail abklären, gleichzeitig aber auch eine zweite Person von Ihrer Nachricht Kenntnis erhalten soll.
- *Bcc*: Im *Bcc* (»Blind Carbon Copy«)-Eingabefeld erfassen Sie weitere Empfänger, wobei der ursprüngliche Adressat im *An*-Feld nicht mitbekommt, dass auch noch andere Personen die Nachricht erhalten.

8.4.1 Entwürfe

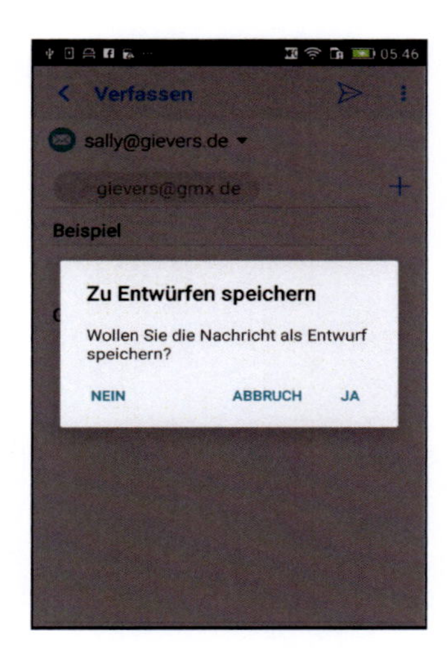

❶❷ Drücken Sie während der Nachrichteneingabe die ⮌-Taste unterhalb des Displays (meistens müssen Sie diese zweimal hintereinander betätigen, weil beim ersten Mal nur das Tastenfeld ausgeblendet wird). Wählen Sie dann *JA* aus. Die Nachricht wird als Entwurf gespeichert und die E-Mail-Anwendung kehrt in den Posteingang zurück.

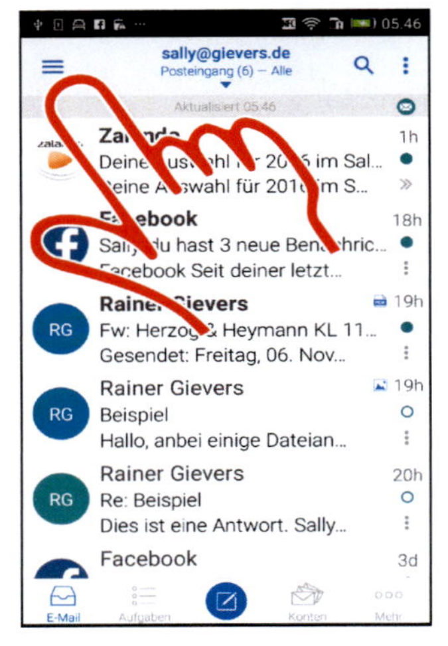

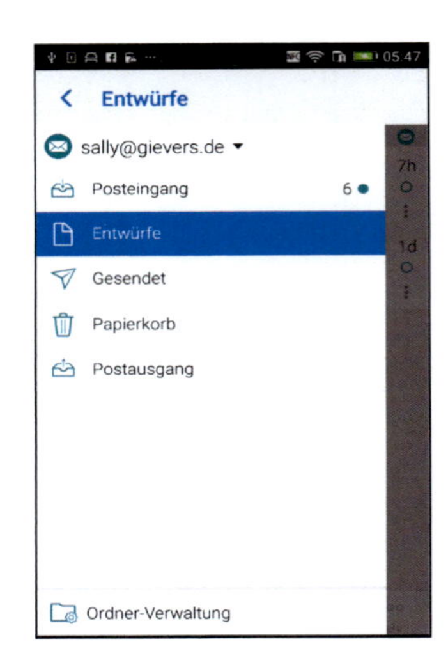

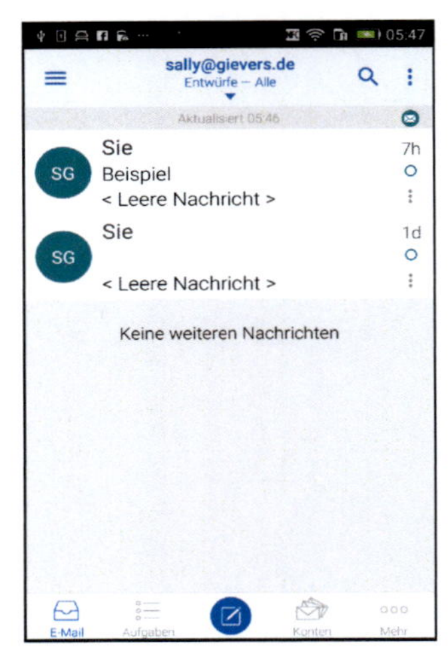

❶ Möchten Sie den Entwurf später senden, rufen Sie das Ordnermenü auf und gehen auf *Entwürfe*.

❷❸ Wählen Sie *Entwürfe* aus. Die hier abgelegten Nachrichtenentwürfe können Sie nach dem Antippen wie gewohnt bearbeiten und dann verschicken.

8.4.2 E-Mail-Anhänge

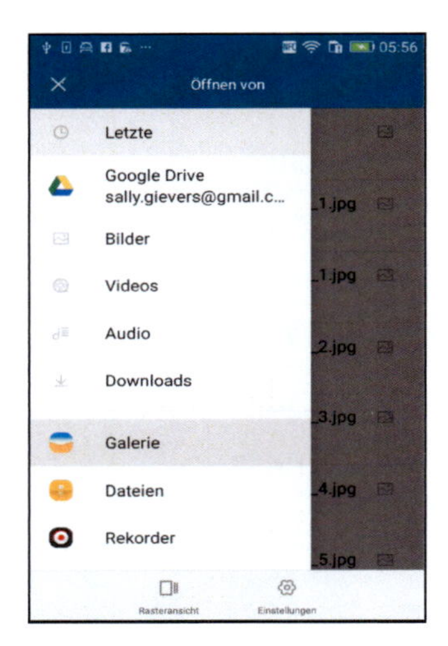

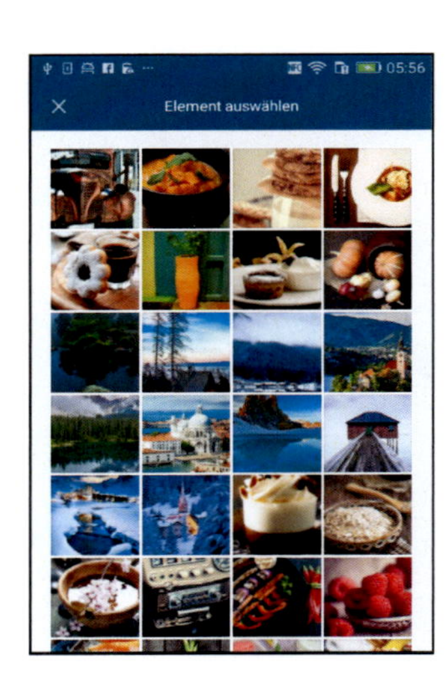

❶ Über ⋮/*Datei anhängen* fügen Sie eine beliebige Datei als Anhang hinzu.

❷ Das folgende Menü sieht bei jedem Android-Gerät etwas anders aus. Zum Beispiel verwenden Sie *Galerie*, *Album* oder *Fotos*, um ein Bild auszuwählen.

❸ Wählen Sie anschließend ein Verzeichnis und dann ein Bild aus. Je nach Android-Gerät müssen Sie den Vorgang noch mit *OK*, ✓ oder ähnlich abschließen.

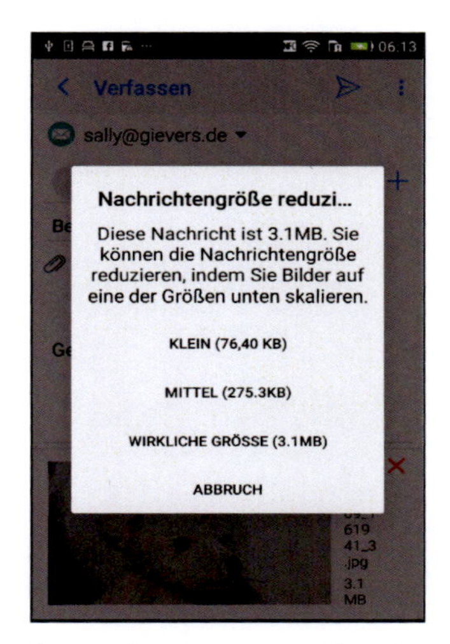

➊ Die Datei landet als Dateianhang in der E-Mail. Tippen Sie jeweils ✕ an, falls Sie sie wieder entfernen möchten.

➋ Wenn Sie den Sendevorgang mit ▷ auslösen, wird Sie die E-Mail-Anwendung eventuell fragen, ob Sie angehängte Bilder verkleinern möchten. Wählen Sie *WIRKLICHE GRÖSSE*, sofern keine Größenänderung stattfinden soll.

8.4.3 Stapelvorgänge

Wenn eine Aktion wie Löschen, in Ordner verschieben usw. auf mehrere Nachrichten anzuwenden ist, verwenden Sie die Stapelvorgänge.

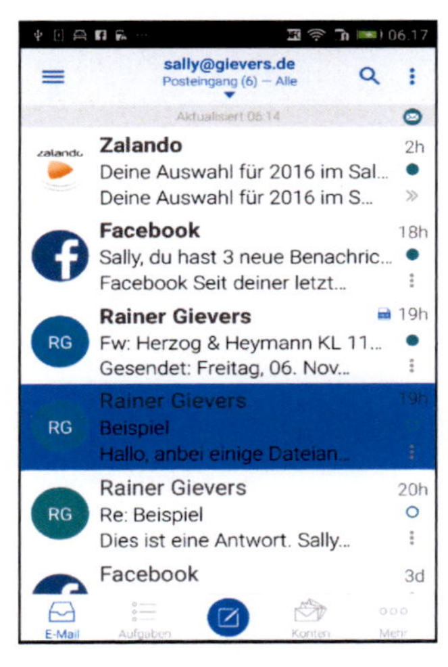

➊ So markieren Sie Nachrichten für die Stapelvorgänge: Tippen und halten Sie den Finger über einem Nachrichteneintrag (dabei nicht auf das runde Symbol vor der Nachricht tippen).

➋ Sie können nun weitere Nachrichten durch kurzes Antippen markieren. Über die Symbolleiste am unteren Bildschirmrand führen Sie dann eine Aktion aus:

- 🗀: Nachricht in einen anderen Ordner verschieben.
- 🗃: Nachricht archivieren (darauf gehen wir im Kapitel *8.6 Archivieren* ein).
- 🗑: Löscht eine Nachricht aus dem Posteingang. Siehe *9.2.4 E-Mails löschen*.
- ◎: Als gelesen markieren.

8.5 Ordner

Zwischen den einzelnen Ordnern (siehe Kapitel *8.3.1 E-Mail-Ordner*) können Sie E-Mails verschieben.

In Ihrem Anwendungsszenario dürften Sie nur selten Nachrichten verschieben. Am häufigsten vermutlich, um versehentlich gelöschte Nachrichten wieder im Posteingang herzustellen (siehe Kapitel *8.3.4 E-Mails löschen*).

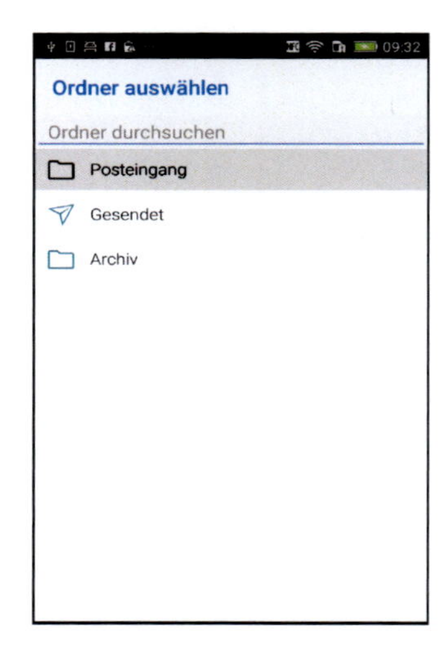

❶ So verschieben Sie E-Mails: Markieren Sie sie zunächst, wie im Kapitel *8.4.3 Stapelvorgänge* beschrieben.

❷❸ Gehen Sie auf ▭ und wählen Sie den Zielordner aus.

8.6 Archivieren

Die meisten empfangenen E-Mails werden Sie nach Kenntnisnahme wieder löschen. Manchmal möchten Sie aber auch Nachrichten aufbewahren, die Sie später noch benötigen. Damit deshalb nicht der Posteingang unübersichtlich wird, können Sie die E-Mails »archivieren«.

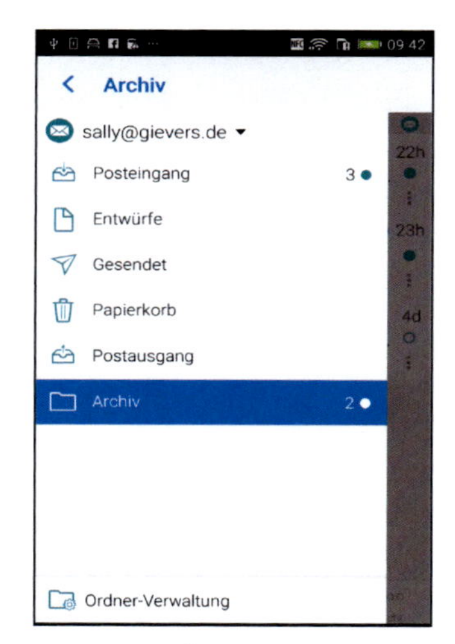

❶ Rufen Sie in der Nachrichtenansicht ⋮/*Archiv* auf. Die Nachricht ist nun archiviert und Sie befinden sich wieder im Posteingang.

❷❸ Auf die archivierten Nachrichten haben Sie in der Ordnerauswahl über *Archiv* Zugriff.

8.7 Einstellungen

8.7.1 Konto-Einstellungen

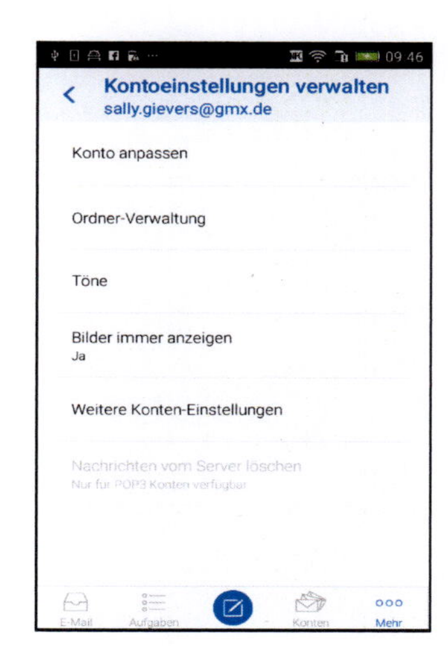

❶ Über *Konten* (Pfeil) erreichen Sie die Einstellungen.

❷❸ Tippen Sie hier auf Ihr E-Mail-Konto, um die Einstellungen vorzunehmen.

- *Konto anpassen*: Die bei der Kontoeinrichtung vorgenommenen Einstellungen. Hier brauchen Sie normalerweise nie etwas zu ändern. Bei Bedarf können Sie hier auch Ihr E-Mail-Konto aus der E-Mail-Anwendung entfernen (die E-Mails bleiben online natürlich erhalten).
- *Ordner-Verwaltung*: Unterordner für den Posteingang verwalten. Dieses Buch nicht weiter darauf ein.
- *Töne*: Signalton bei ein- und ausgehenden Nachrichten.
- *Bilder immer anzeigen*: In E-Mails eingebettete Bilder automatisch anzeigen.
- *Weitere Konto-Einstellungen*:
  - *Immer BCC selbst*: Alle Nachrichten, die Sie versenden, gehen in Kopie an Sie selber – was sich zunächst unsinnig anhört macht Sinn, wenn Sie auch einen PC/Notebook für das E-Mail-Senden nutzen. Vom Handy versendeten E-Mails tauchen dort ja nicht auf, weil nur E-Mails aus dem Posteingang geladen werden. Mit *Immer BCC selbst* landen dagegen Ihre gesendeten Nachrichten im Posteingang und sind dann auch auf dem PC/Notebook beim nächsten Nachrichtenabruf verfügbar.
  - *Im Schreibmodus immer CC/BCC zeigen*: Die im Kapitel *8.4 E-Mail erstellen und senden* beschriebenen Eingabefelder sind immer sichtbar.
  - *Hohe Wichtigkeit verwenden*: Alle Ihre Nachrichten erhalten die Markierung »Wichtig«. Bitte beachten Sie, dass nur wenige E-Mail-Programme beim Empfänger diese Markierung anzeigen.
  - *Lesebestätigung aktivieren*: Einige Absender fordern eine Lesebestätigung an.
  - *Versandte Nachrichten nicht beifügen*: Nicht dokumentierte Funktion.
  - *Im Kopfzeilen-Stil senden*: Nicht dokumentierte Funktion.

8.7.2 Weitere Einstellungen

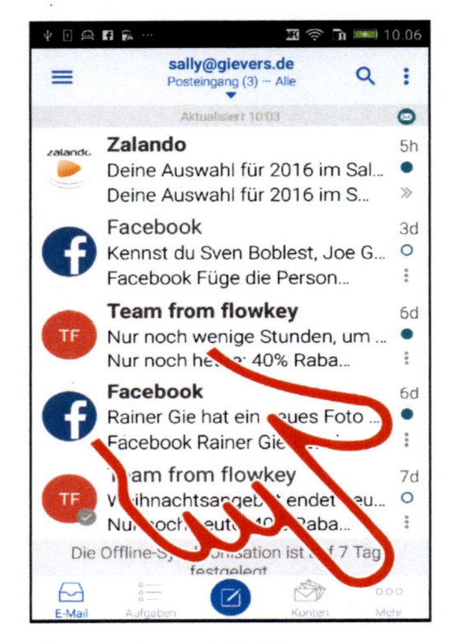

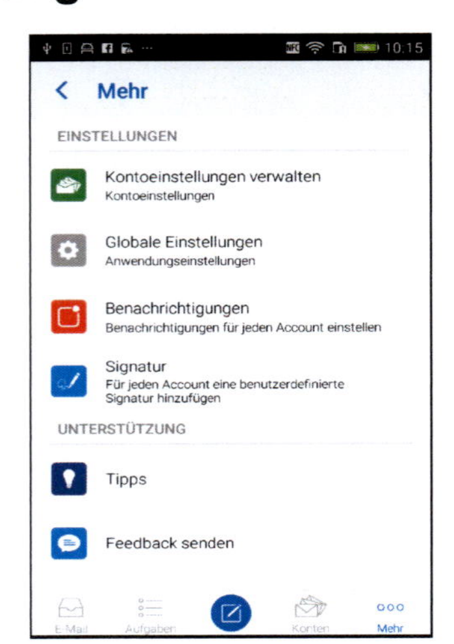

❶ *Mehr* (Pfeil) am unteren rechten Bildschirmrand ruft die allgemeinen Einstellungen auf.

❷ Die Menüs:

- *Kontoeinstellungen verwalten:* Darauf geht bereits Kapitel *8.7.1 Konto-Einstellungen* ein.
- *Globale Einstellungen*: Unter anderem Anpassung der Benutzeroberfläche und der Menüfunktionen.
- *Benachrichtigungen*: Signalton, Vibration und Benachrichtigungs-LED für neu empfangene Nachrichten einstellen.
- *Signatur*: Die Signatur erscheint unterhalb Ihrer selbst erstellten Nachrichten. Wir empfehlen, hier beispielsweise alternative Kontaktmöglichkeiten anzugeben.

8.8 Mehrere E-Mail-Postfächer nutzen

Sofern Sie mehrere E-Mail-Adressen besitzen, beispielsweise für den beruflichen und privaten Einsatz, so können Sie sie alle gleichzeitig über die E-Mail-Anwendung nutzen.

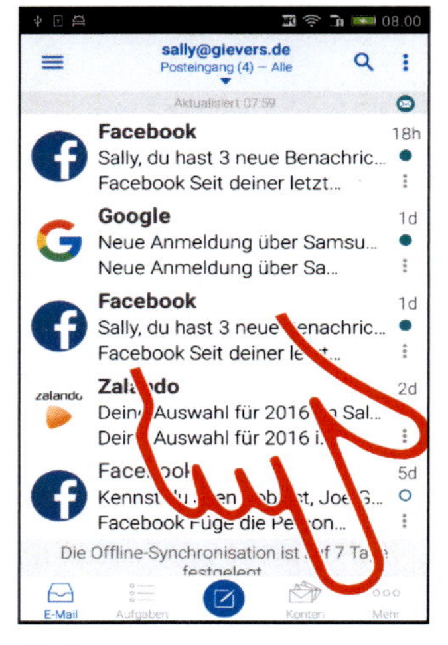

❶❷ Rufen Sie *Mehr/Kontoeinstellungen* auf.

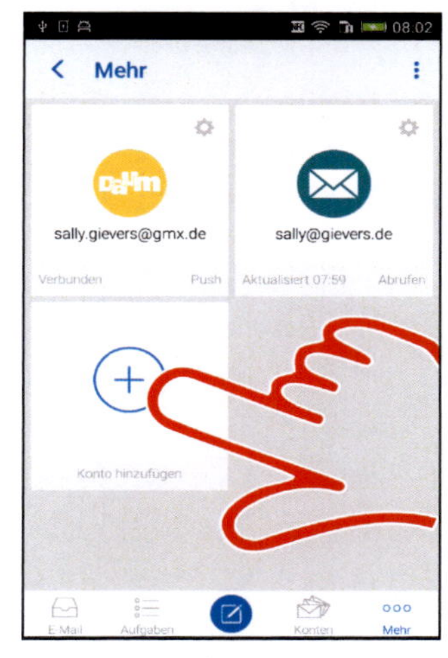

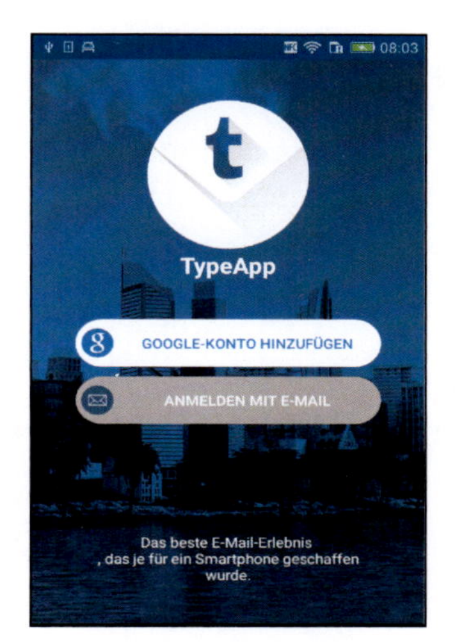

❶❷ Mit + (Pfeil) erstellen Sie ein neues Konto, wie es bereits Kapitel *8.2 E-Mail-Einrichtung* beschreibt.

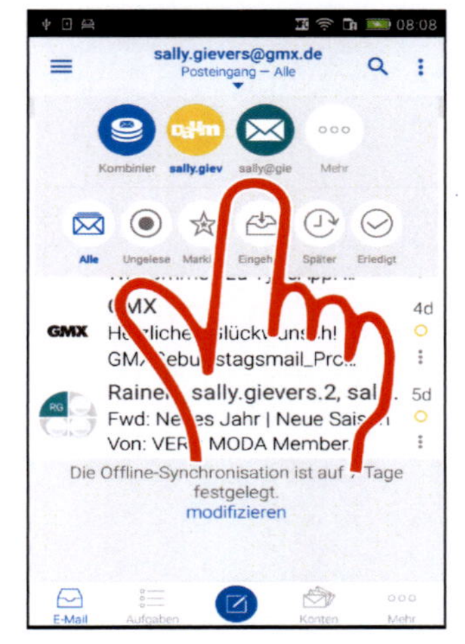

❶ Zwischen den E-Mail-Konten wechseln Sie über das Auswahlmenü am oberen Bildschirmrand.

❷ Tippen Sie das anzuzeigende Konto an. Alternativ listet *Kombiniert* die Nachrichten aller E-Mail-Konten zusammen auf.

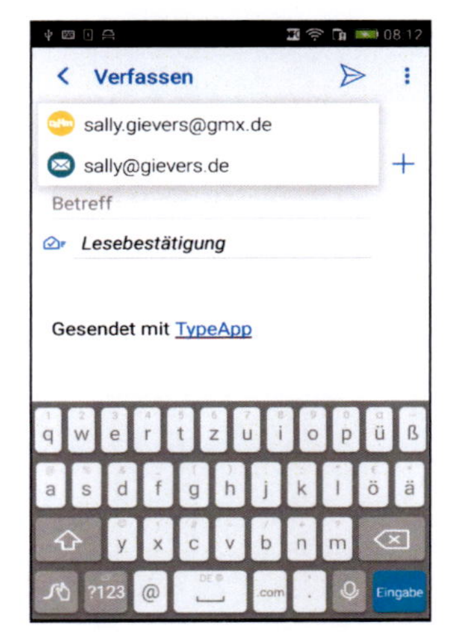

❶❷ Wenn Sie neue Nachricht schreiben oder eine Nachricht beantworten, können Sie über das Auswahlmenü (Pfeil) einstellen, von welchem E-Mail-Konto Sie sie versenden.

9. E-Mail mit iPhone

Das iPhone setzt, wie auch die Windows- und Android-Handys für den praktischen Einsatz ein Benutzerkonto voraus, welches unter anderem für die Datensicherung auf Apple-Servern genutzt wird.

9.1 Einrichtung

Sie haben Ihr iPhone frisch erworben? Beim ersten Einschalten nach dem Kauf verlangt das Gerät, dass Sie Ihr Benutzerkonto einrichten. Dabei erstellen Sie automatisch auch Ihre E-Mail-Adresse im Format *IhrName@icloud.com*. Sie benötigen sie auch für die Verwendung verschiedener Apple-Dienste, beispielsweise den Software- oder Musikkauf im Apple Store. Deshalb wird Ihre **iCloud-E-Mail**-Adresse auch als **Apple-ID** bezeichnet.

Falls Sie das Handy bereits erfolgreich nutzen, können Sie deshalb jetzt ab Kapitel *9.2 E-Mail-Anwendung in der Praxis* weiterlesen.

Sie können auch eine bereits vorhandene eigene E-Mail-Adresse – also keine iCloud-E-Mail – für die iPhone-Gerätedienste nutzen, aber dies würde in diesem Buch zu weit führen.

9.1.1 iCloud-E-Mail-Konto neu einrichten

In diesem Beispiel richten Sie ein iCloud-E-Mail-Konto beim ersten Einschalten Ihres iPhones nach dem Kauf ein.

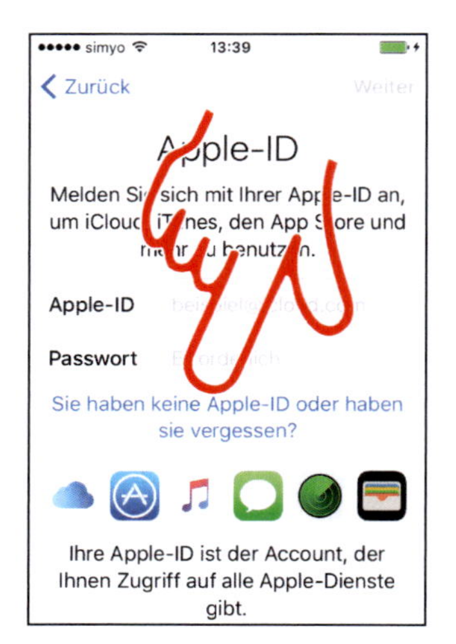

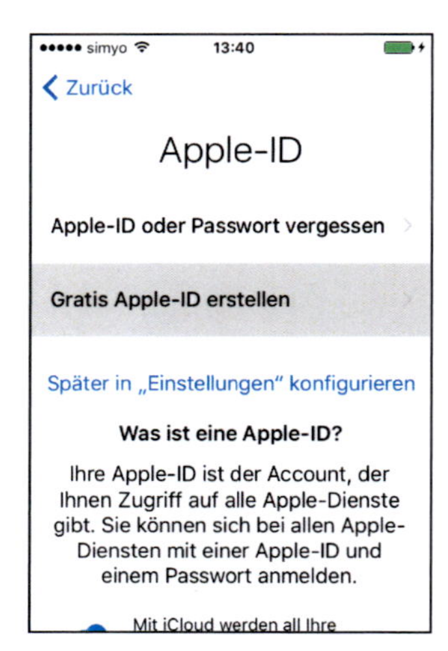

Beim ersten Start des Handys folgen Sie einfach den Anweisungen, bis Sie zur Konteneinrichtung gelangen.

❶ Im *Apps & Daten*-Bildschirm gehen Sie auf *Als neues iPhone konfigurieren.*

❷ Tippen Sie auf *Sie haben keine Apple-ID oder haben sie vergessen?*

❸ Wählen Sie *Gratis Apple-ID erstellen* aus.

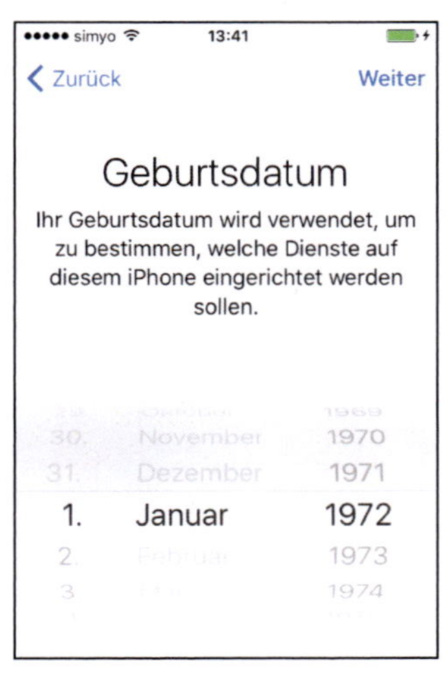

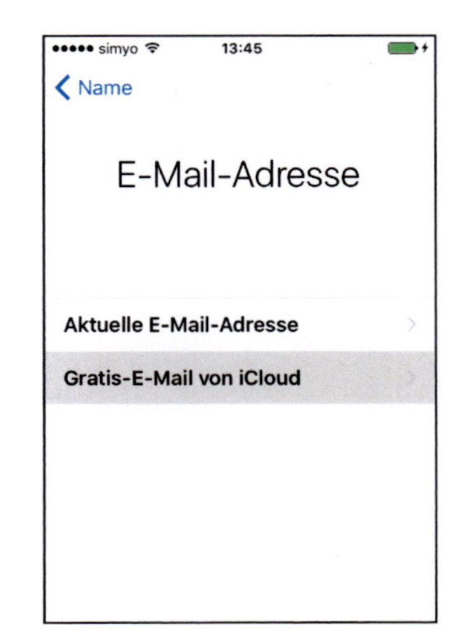

❶ Stellen Sie Ihr Geburtsdatum ein. Betätigen Sie *Weiter* (am oberen rechten Bildschirmrand).

❷ Ihren Vor- und Nachnamen geben Sie als nächstes ein. Gehen Sie auf *Weiter.*

❸ Wählen Sie *Gratis-E-Mail von iCloud.*

❶ Erfassen die den gewünschten Namen des Apple-Kontos, der gleichzeitig auch Ihre E-Mail-Adresse darstellt. Diese hat das Format *IhrName@icloud.com*. Betätigen Sie *Weiter.*

❷❸ Schließen Sie den folgenden Hinweisdialog mit *Erstellen,* anschließend erfassen Sie zweimal das gewünschte Kennwort. Betätigen Sie *Weiter.*

Die folgenden Einrichtungsbildschirme werden hier nicht beschrieben, weil Sie nichts mit der E-Mail-Handhabung zu tun haben.

> Das Geburtsdatum und die weiteren Daten benötigt Apple, damit Sie darüber gegebenenfalls Ihr Apple-Konto wieder herstellen können, falls Sie mal Ihr Kennwort oder Ihre Apple-ID vergessen haben sollten.
>
> Jedes Apple-Konto wird einmalig vergeben, weshalb Sie eventuell nicht den gewünschten Namen verwenden und etwas anderes eingeben müssen.

9.1.2 Mit dem iCloud-E-Mail-Konto anmelden

Sie besitzen bereits ein iCloud-E-Mail-Konto, weil Sie bereits mal ein Apple-Handy verwendet haben. Deshalb melden sich einfach mit Ihrem vorhandenen iCloud-E-Mail-Konto an.

Die Konto-Anmeldung erfolgt, während Sie Ihr neu erworbenes oder zurückgesetztes iPhone starten. Folgen Sie zunächst den Anweisungen, bis Sie zu den unten gezeigten Bildschirmen gelangen.

❶ Betätigen Sie im *Apps & Daten*-Bildschirm *Aus iCloud-Backup wiederherstellen.*

❷ In den Eingabefeldern erfassen Sie Ihre iCloud-E-Mail-Adresse (die gleichzeitig Ihre Apple-ID ist) und das dazugehörige Passwort, danach gehen Sie auf *Weiter.*

❸ Die folgenden Bildschirme haben nichts mit der E-Mail-Einrichtung zu tun. Folgen Sie einfach den Anweisungen.

9.2 E-Mail-Anwendung in der Praxis

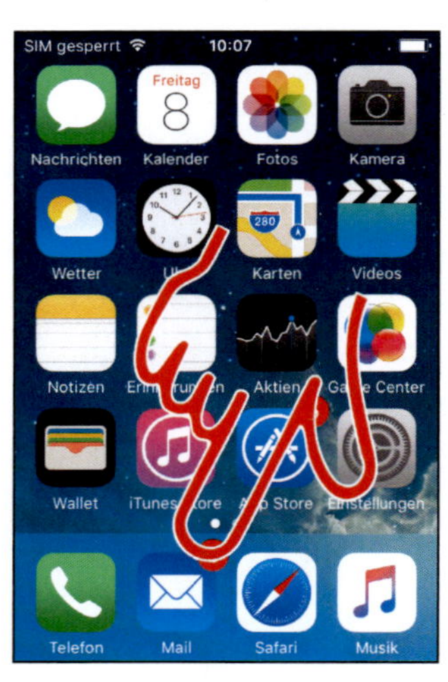

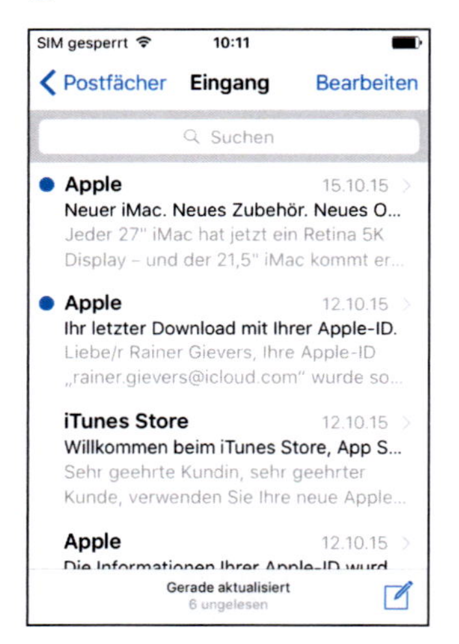

❶❷ Sie finden die E-Mail-Anwendung in der Regel am unteren Bildschirmrand (Pfeil).

9.2.1 E-Mail-Ordner

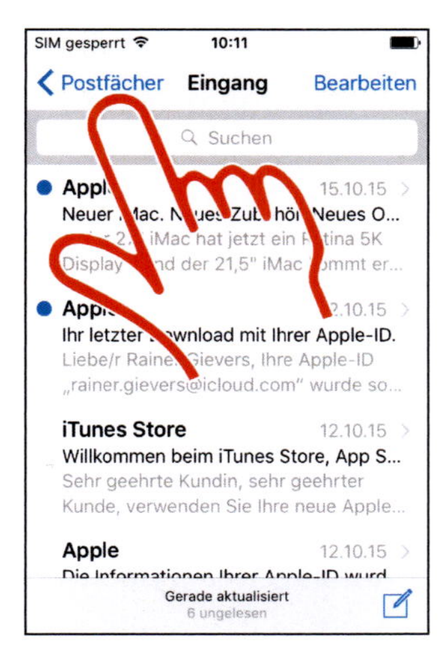

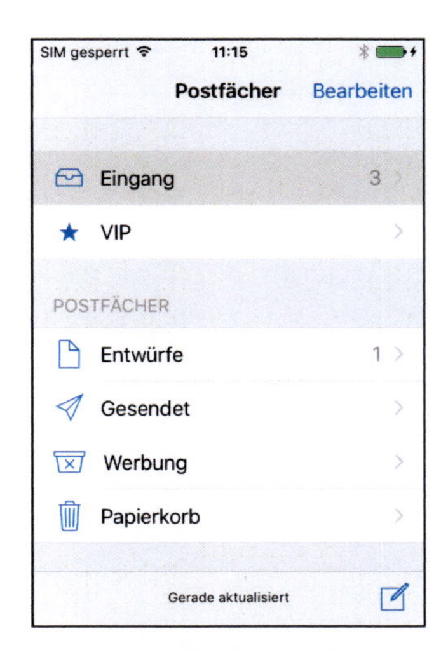

❶❷ Die Nachrichten verwaltet die E-Mail-Anwendung in Ordnern, zwischen denen man über *Postfächer* (Pfeil) umschaltet.

Die Ordner:

- *Eingang*: Hier landen alle von Ihnen empfangenen E-Mails.
- *VIP:* E-Mails von Personen, die Sie als VIP (»Very Important Person« = engl. sehr wichtige Person) markiert haben.

Abhängig davon, wie Sie die E-Mail-Anwendung nutzen, erscheinen weitere Ordner unter *POSTFÄCHER*:

- *Entwürfe:* Nachrichten, die Sie bereits vorbereitet, aber noch nicht verschickt haben. Siehe Kapitel *9.3.3 Entwürfe*.
- *Gesendet*: Von Ihnen verschickte E-Mails.
- *Werbung*: Unerwünschte Werbung (»Spam«, siehe Kapitel *4.5 Spam*) landet in diesem Ordner.
- *Papierkorb*: Von Ihnen beispielsweise aus dem Posteingang gelöschte E-Mails. Siehe Kapitel *9.2.4 E-Mails löschen*.

❸ In den Hauptbildschirm kehren Sie zurück, indem Sie wieder auf *Eingang* gehen.

Beachten Sie, dass nur diejenigen Ordner aufgelistet werden, die Sie nutzen, das heißt erst, wenn Sie zum Beispiel eine E-Mail versenden, erscheint auch der *Gesendet*-Ordner in der Auflistung.

9.2.2 E-Mails abrufen

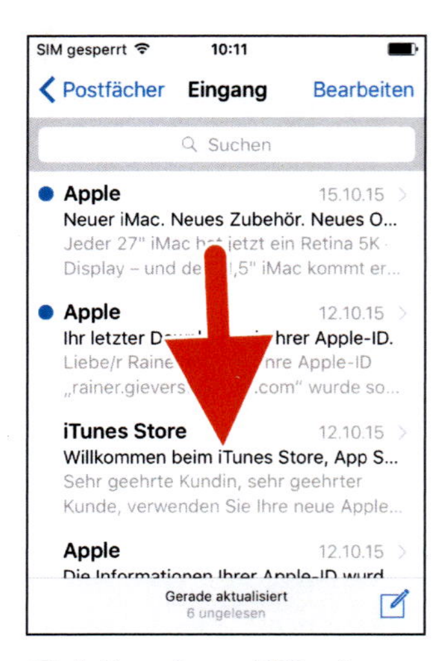

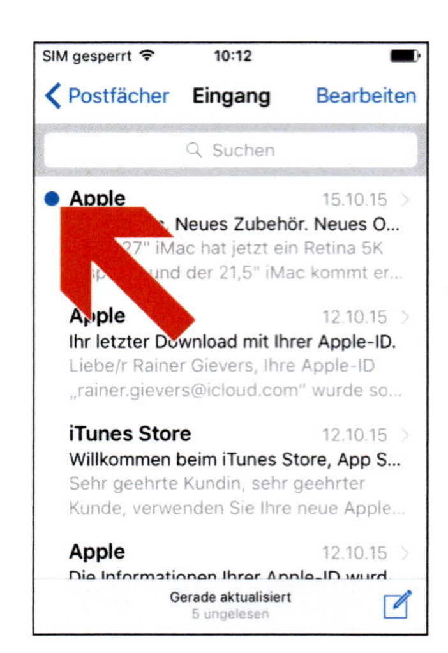

❶ Mit einer Wischgeste (Finger auf an beliebige Stelle in der Nachrichtenauflistung halten und dann nach unten ziehen) führen Sie den E-Mailabruf durch. Alternativ können Sie auch in den Einstellungen (siehe Kapitel *9.5 Konto-Einstellungen*) festlegen, wie häufig der automatische Mail-Abruf erfolgt.

❷ Hat der Abruf geklappt, dürfte es im Fenster ungefähr so wie hier aussehen. Alle Nachrichten werden mit Absender, Empfangsdatum und Betreff anzeigt. Ungelesene Nachrichten sind mit einem Punkt (Pfeil) markiert.

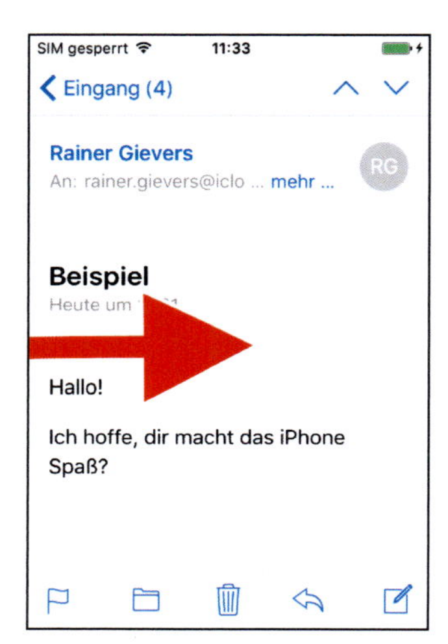

❶ Tippen Sie eine Nachricht an, so wird sie angezeigt.

❷ Wischen von links außerhalb des Displays nach rechts bringt Sie wieder in die Nachrichtenübersicht zurück. Alternativ betätigen Sie *Eingang* oben rechts.

9.2.3 E-Mails lesen und beantworten

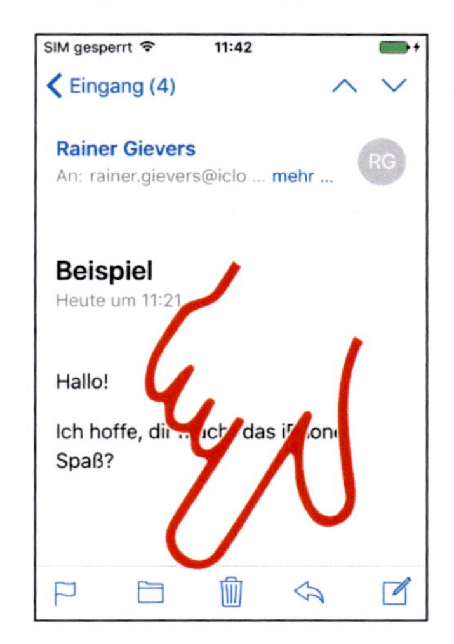

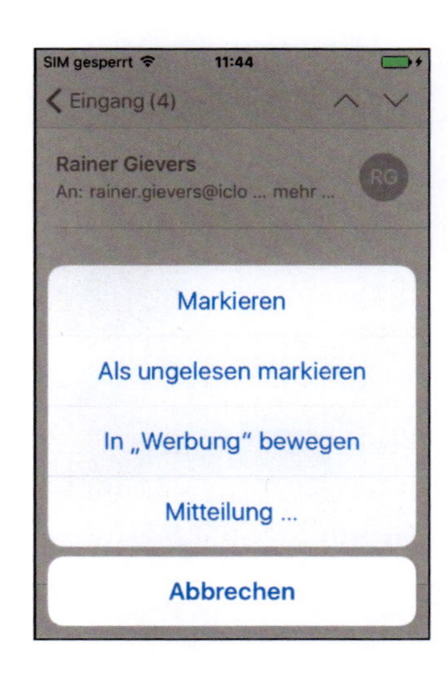

❶ Tippen Sie die anzusehende E-Mail an.

❷ Die Funktion der Schaltleisten unten (Pfeil):

- : Markierung (❸):
  - *Markieren; Nicht markieren*: Hebt die Nachricht hervor/entfernt die Hervorhebung. Siehe Kapitel *9.3.4 Markierung*.
  - *Als ungelesen markieren*
  - *In „Werbung" bewegen*: Verschiebt eine unerwünschte Nachricht in den *Werbung* (Spam)-Ordner.
  - *Mitteilung...*: Sie erhalten immer einen Hinweis, sobald weitere Nachrichten von diesem Absender eingehen.
- : In einen anderen Ordner verschieben.
- : Löscht eine Nachricht aus dem Posteingang. Siehe *9.2.4 E-Mails löschen*.
- : Das Menü fragt Sie dann, ob Sie:
  - *Antworten*: Dem Absender eine Antwort schreiben.
  - *Weiterleiten*: Den Nachrichtentext an jemand Dritten weitersenden.
  - *Drucken*: Die Nachricht auf einem Drucker ausgeben. Dieses Buch geht auf die Druckfunktion nicht ein.
- : Neue Nachricht erstellen.

 (Schaltleisten oben rechts): Zur vorherigen/nächsten Nachricht umschalten.

9.2.4 E-Mails löschen

Die Lösch-Funktion in der E-Mail-Anwendung ist eine Philosophie für sich... Empfangene E-Mails werden standardmäßig nämlich nicht vom Internet-E-Mail-Konto gelöscht und lassen sich somit erneut mit dem E-Mail-Programm auf dem Desktop-PC abrufen oder auf der Weboberfläche des E-Mail-Anbieters anzeigen.

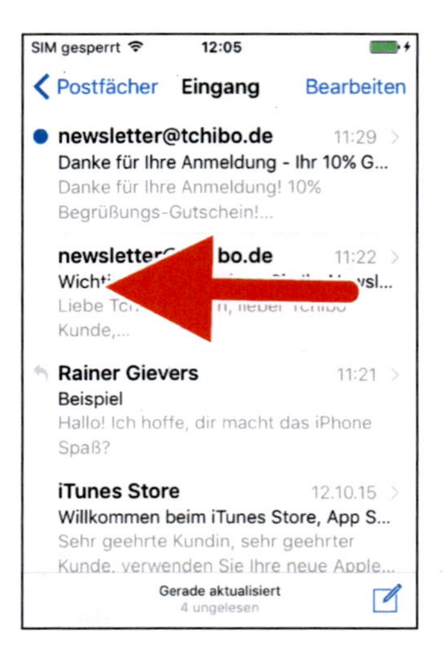

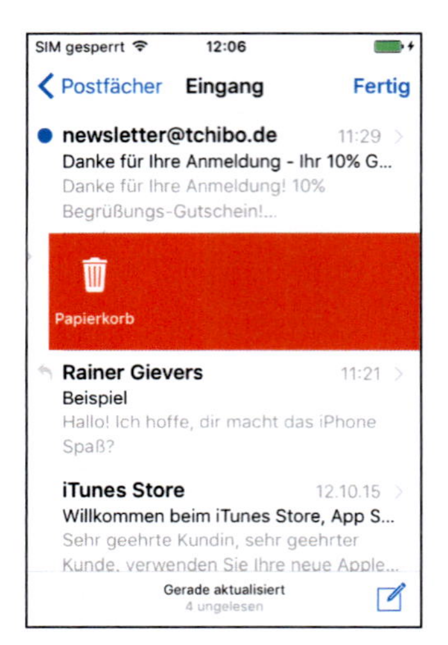

❶❷ Wischen Sie auf einer Nachricht in der E-Mail-Auflistung von rechts nach links, um sie zu löschen.

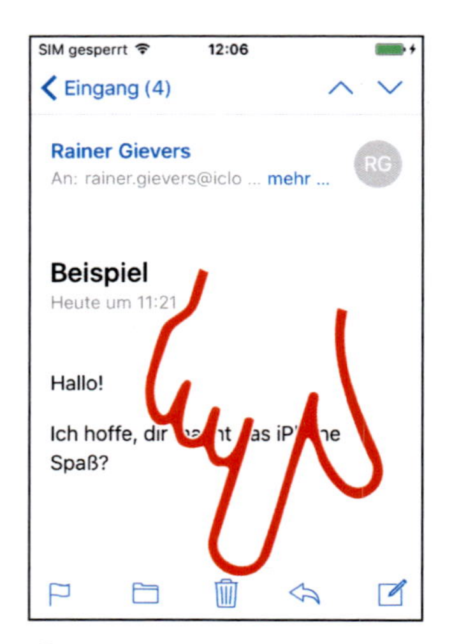

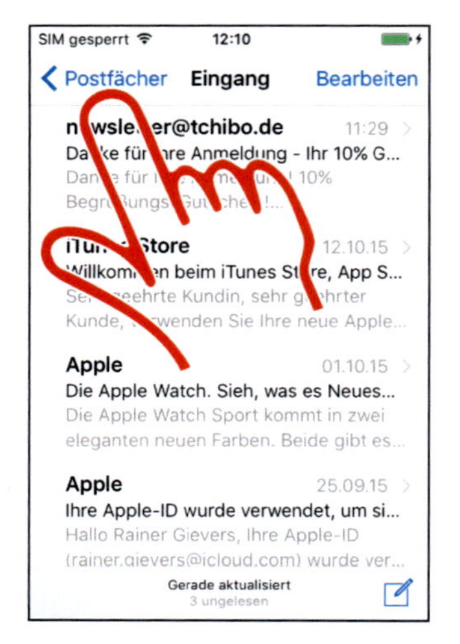

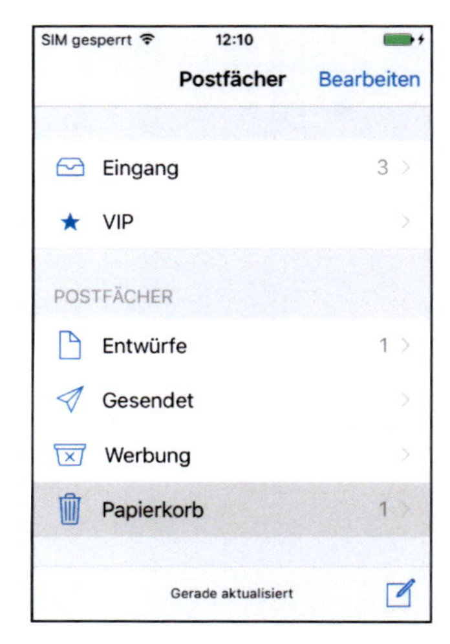

❶ Alternativ betätigen Sie 🗑 in der Nachrichtenansicht. Die Nachricht ist allerdings nicht sofort gelöscht, sondern landet im *Papierkorb*-Ordner.

❷❸ Sie können sich davon auch selbst überzeugen, indem Sie mit *Postfächer* (Pfeil) das Ordnermenü öffnen und darin auf *Papierkorb* gehen.

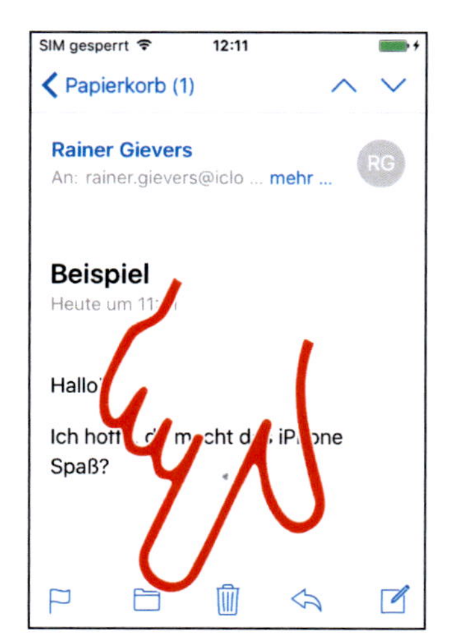

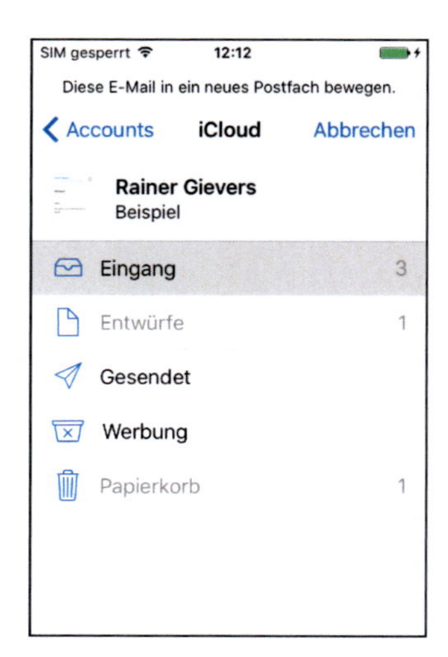

❶ So »retten« Sie eine gelöschte Nachricht: Tippen Sie sie an für die Nachrichtenansicht.

❷ Gehen Sie auf 🗀 (Pfeil).

❸ Anschließend wählen Sie *Eingang* aus.

E-Mail-Programme auf dem PC löschen standardmäßig alle empfangenen Mails vom Internet-E-Mail-Konto. Die E-Mail-Anwendung auf dem Handy erkennt das und entfernt bei sich die gelöschten Nachrichten ebenfalls. Wundern Sie sich also nicht, wenn auf dem Handy nach dem E-Mail-Abruf plötzlich Mails verschwunden sind!

9.2.5 Dateianlagen

In E-Mails enthaltene Dateianlagen kann man anzeigen und weiterverarbeiten.

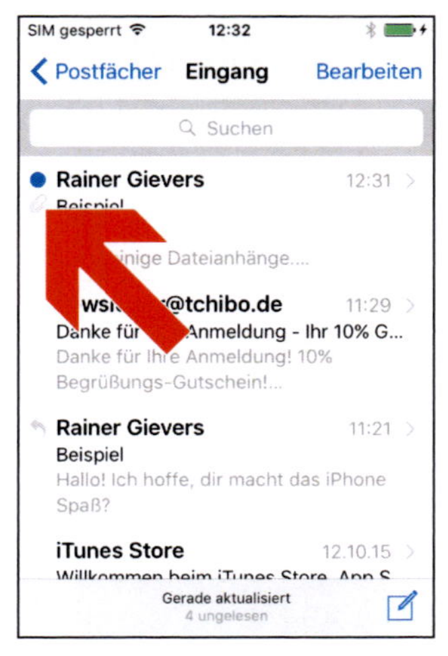

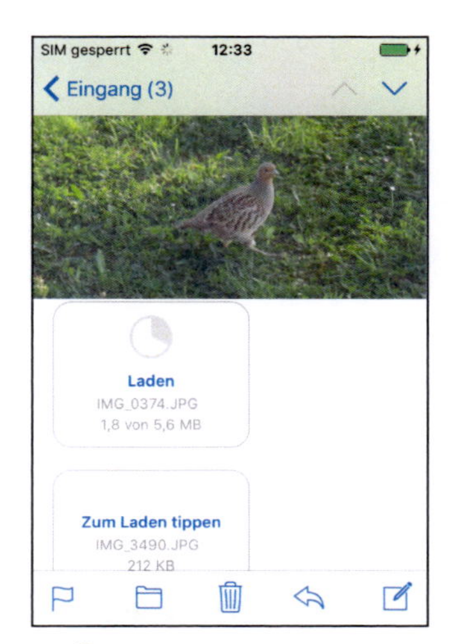

❶ Über Dateianlagen informiert 📎 (Pfeil) in der Nachrichtenauflistung.

❷ Standardmäßig lädt die E-Mail-Anwendung enthaltene Dateianhänge nicht herunter, weshalb Sie in der Nachrichtenansicht eine der Dateien antippen, worauf alle heruntergeladen werden.

❸ Tippen Sie die Dateien an, welche Sie öffnen möchten.

9.2.6 Absender ins Telefonbuch aufnehmen

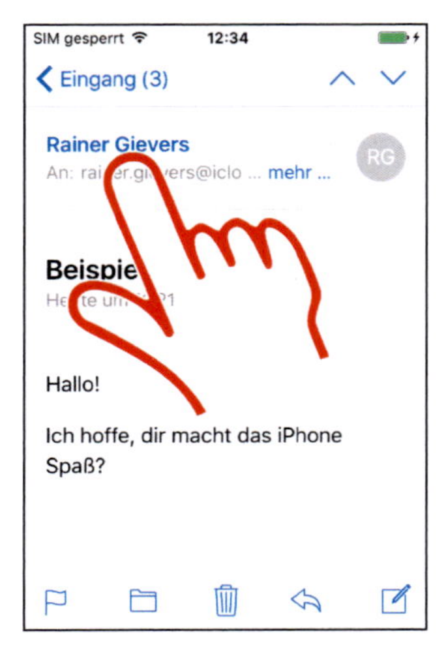

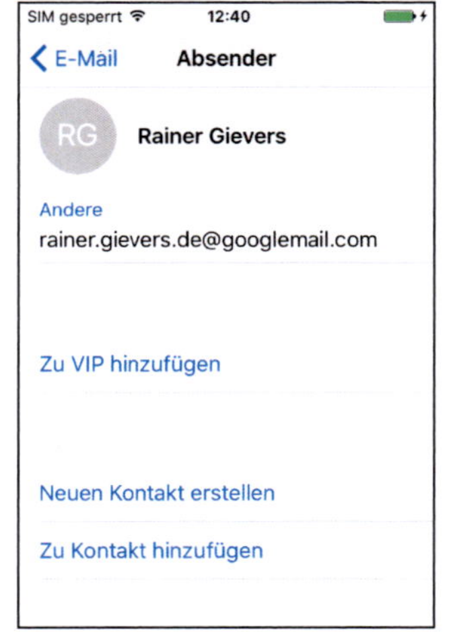

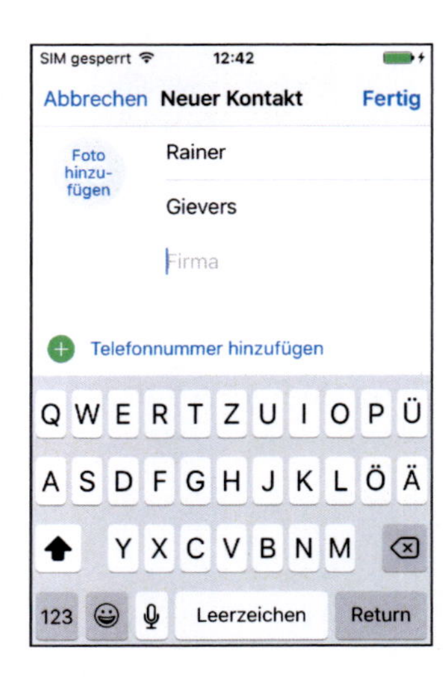

❶ Tippen Sie den Absendernamen an (Pfeil).

❷❸ Betätigen Sie *Neuen Kontakt erstellen* beziehungsweise *Zu Kontakt hinzufügen*. Sollten die beiden Schaltleisten nicht vorhanden sein, dann gibt es im Telefonbuch bereits einen Kontakt mit der E-Mail-Adresse. In diesem Fall können Sie ihn mit *Bearbeiten* aufrufen und ändern.

9.3 E-Mail erstellen und senden

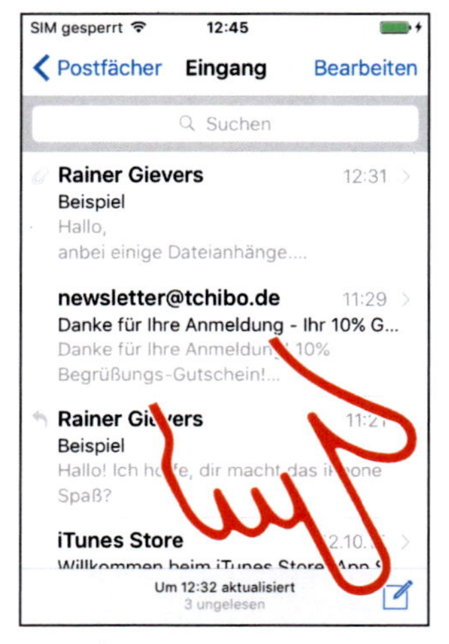

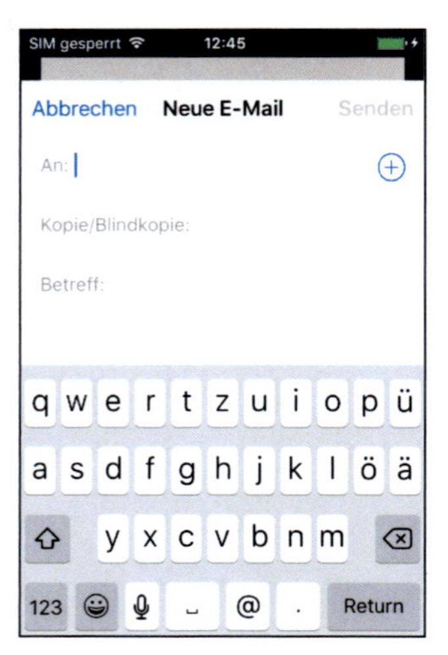

❶ [icon] erstellt eine neue Nachricht.

❷ Hier sind der Betreff, der Empfänger, sowie der Nachrichtentext einzugeben.

❸ Sobald Sie einige Buchstaben in das *An*-Feld eingetippt haben, öffnet sich die Empfängerliste. Sofern Sie keinen Kontakt aus dem Telefonbuch verwenden möchten, geben Sie die E-Mail-Adresse von Hand komplett selbst ein.

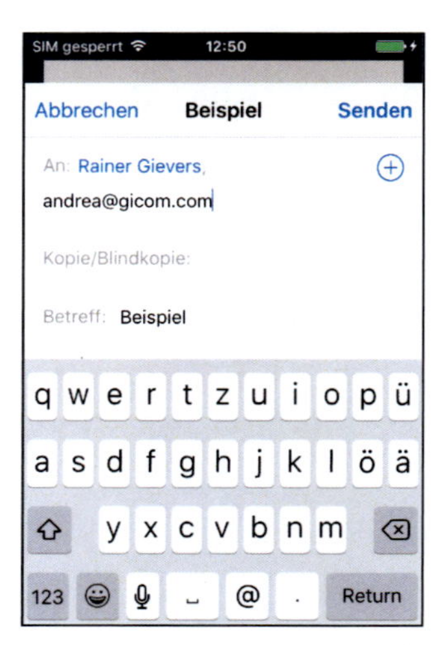

❶ Geben Sie noch Betreff und Nachrichtentext ein. Betätigen Sie nun *Senden*. Die neue E-Mail wird sofort verschickt.

❷❸ Weitere Empfänger lassen sich bei Bedarf übrigens hinzufügen, indem Sie in das *An*-Eingabefeld (Pfeil) tippen und dann einfach die Mail-Adresse, beziehungsweise den Kontaktnamen eingeben, worauf wiederum die Kontaktauswahl erscheint.

9.3.1 Dateianhang senden

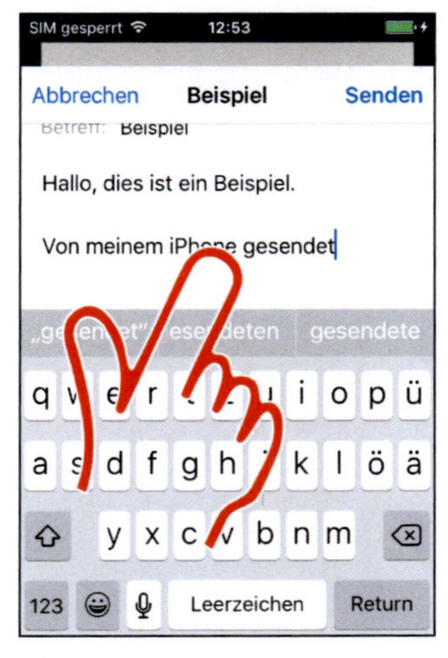

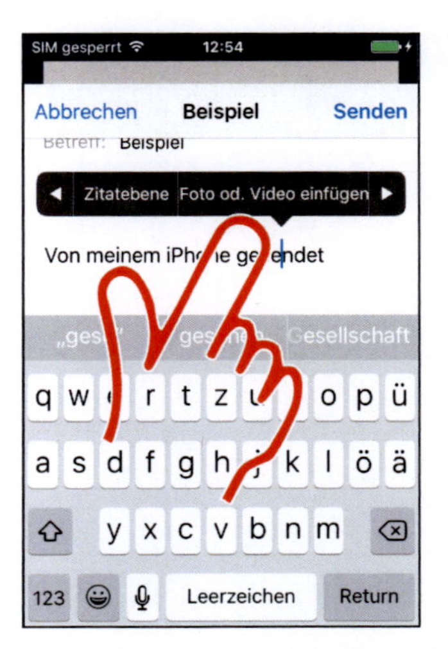

❶❷ So fügen Sie Ihrer E-Mail eine Datei als Dateianhang hinzu: Tippen und halten Sie den Finger über dem E-Mail-Text, bis das Popup erscheint. Hier betätigen Sie die ▶-Schaltleiste (Pfeil) – Achtung, es ist ein wenig Übung nötig, um diese kleine Schaltleiste wirklich mit dem Finger zu treffen.

❸ Möchten Sie ein Foto/Video senden, tippen Sie nun auf *Foto od. Video einfügen*. Für andere Dateien tippen Sie dagegen nochmals auf ▶ und betätigen *Anhang hinzufügen*.

Wir empfehlen, für den Dateiversand die Sendefunktionen in der zugehörigen Anwendung zu verwenden, zum Beispiel *Fotos* für den Bilderversand.

9.3.2 Kopie/Blindkopie

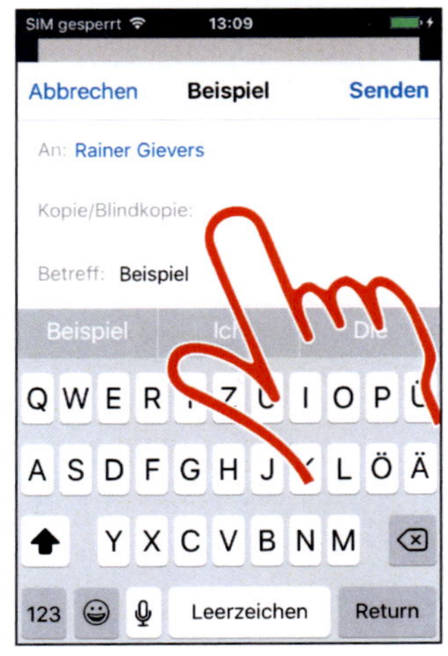

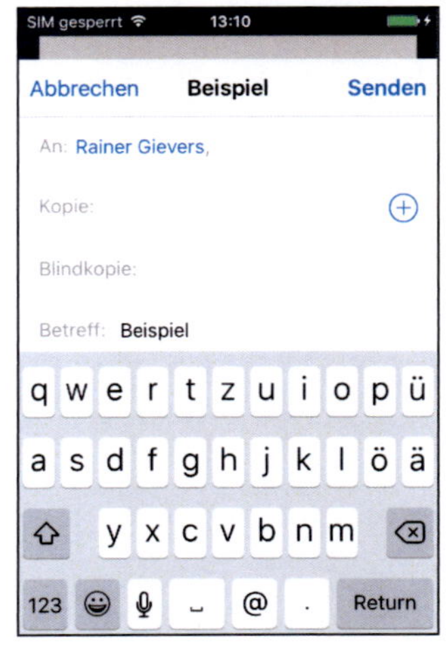

❶❷ Eine Besonderheit sind die *Kopie/Blindkopie*-Eingabefelder, die Sie durch Tippen in *Kopie/Blindkopie* (Pfeil) aktivieren:

- *Kopie*: Der ursprüngliche Adressat (im *An*-Eingabefeld) sieht später die weiteren Empfänger. Die Kopie-Funktion ist beispielsweise interessant, wenn Sie ein Problem mit jemandem per E-Mail abklären, gleichzeitig aber auch eine zweite Person von Ihrer Nachricht Kenntnis erhalten soll.
- *Blindkopie*: Hier erfassen Sie weitere Empfänger, wobei der ursprüngliche Adressat im *An*-Feld nicht mitbekommt, dass auch noch andere Personen die Nachricht erhalten.

9.3.3 Entwürfe

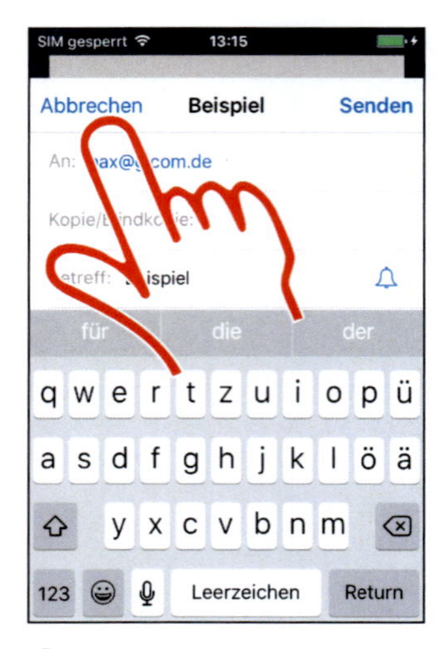

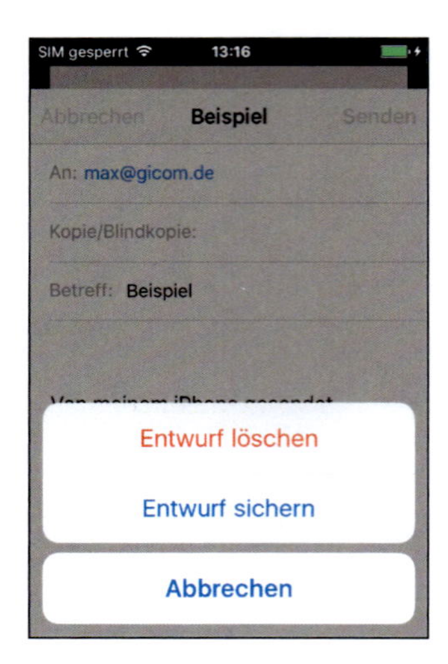

➊ Betätigen Sie während der Nachrichtenerstellung die *Abbrechen*-Schaltleiste (Pfeil).

➋ Sie erhalten nun die Möglichkeit, Ihre Nachricht mit *Entwurf löschen* zu verwerfen oder mit *Entwurf sichern* für den späteren Versand zu sichern.

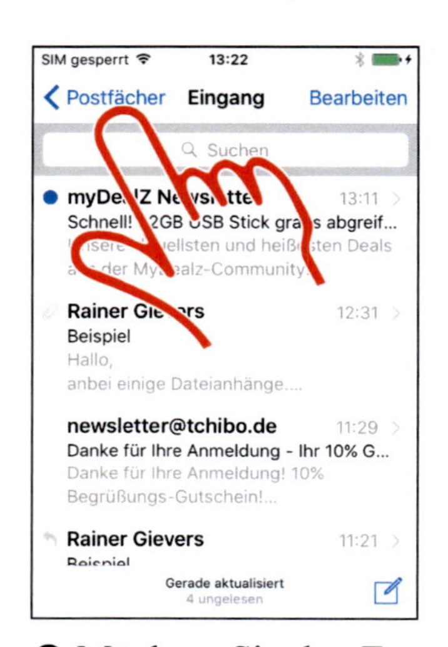

➊ Möchten Sie den Entwurf später senden, rufen Sie mit *Postfächer* das Ordnermenü auf und gehen auf *Entwürfe.*

➋➌ Die hier abgelegten Nachrichtenentwürfe können Sie nach dem Antippen wie gewohnt bearbeiten und dann verschicken.

9.3.4 Markierung

Sie können Nachrichten, die in irgendeiner Weise wichtig sind, mit einer Markierung versehen, um sie später schneller wiederzufinden.

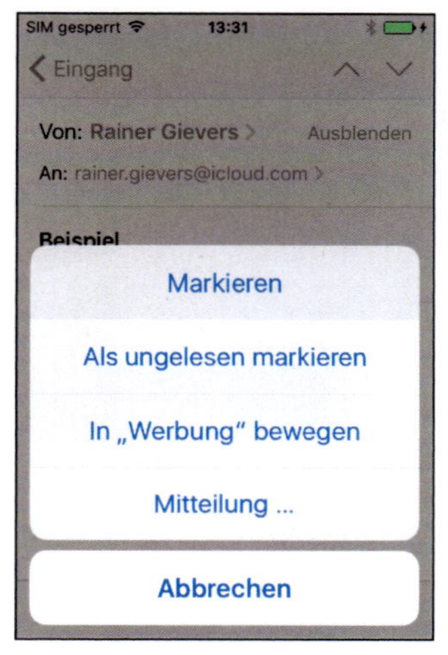

❶ In der Nachrichtenansicht betätigen Sie ⚐ (Pfeil).

❷ Wählen Sie *Markieren* aus.

❸ In der Nachrichtenansicht sowie Nachrichtenauflistung wird die E-Mail mit einem orangen Punkt hervorgehoben. Zum Entfernen der Markierung betätigen Sie ⚐ erneut und gehen auf *Nicht markieren*.

9.3.5 Stapelvorgänge

Wenn eine Aktion wie Löschen, Markierung hinzufügen, usw. auf mehrere Nachrichten anzuwenden ist, verwenden Sie die Stapelvorgänge.

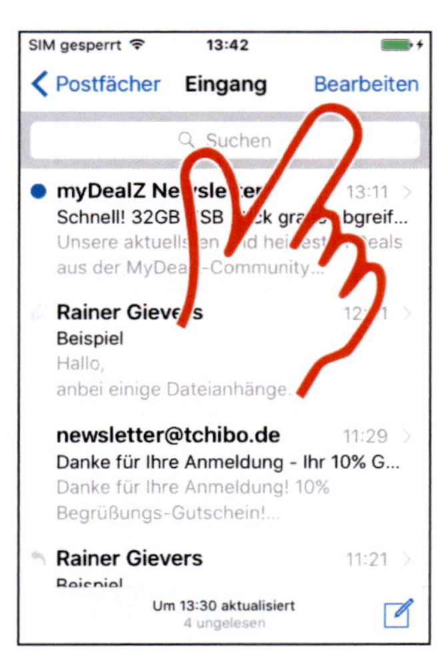

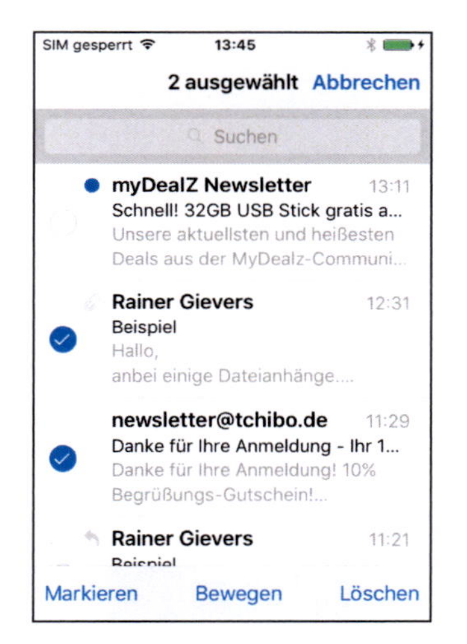

❶ Betätigen Sie *Bearbeiten*.

❷ Aktivieren Sie die Abhakkästchen, indem Sie einfach die jeweiligen Nachrichten kurz antippen. Über die Schaltleisten am unteren Bildschirmrand können Sie:

- *Markieren* (❸):
  - *Markieren; Nicht markieren*: Hebt die Nachricht hervor/entfernt die Hervorhebung. Siehe Kapitel *9.3.4 Markierung*.
  - *Als ungelesen markieren*
  - *In „Werbung" bewegen*: Verschiebt eine unerwünschte Nachricht in den *Werbung* (Spam)-Ordner.
- *Bewegen*: Nachrichten in einen anderen E-Mail-Ordner verschieben.
- *Löschen*

9.4 Mehrere Konten verwalten

Neben Ihrem iCloud-E-Mail-Konto verwaltet die Mail-Anwendung auch »fremde« Konten, zum Beispiel von sogenannten Freemailern wie GMX und T-Online, aber auch sogenannte Domain-E-Mail-Konten (Format *IhrName@IhreDomain.de*).

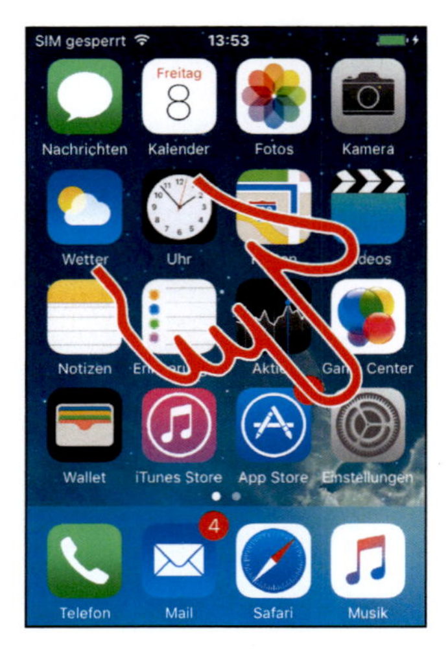

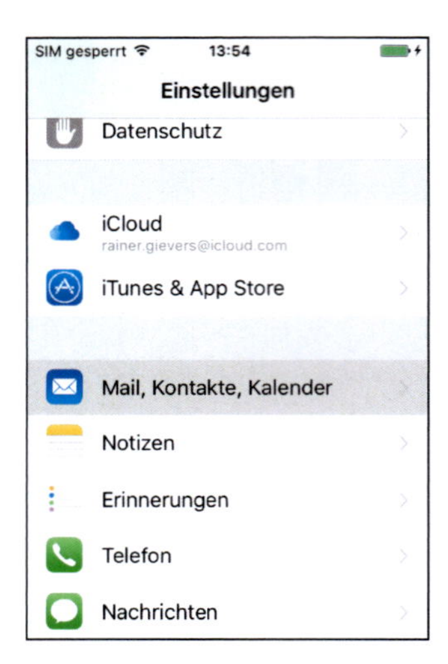

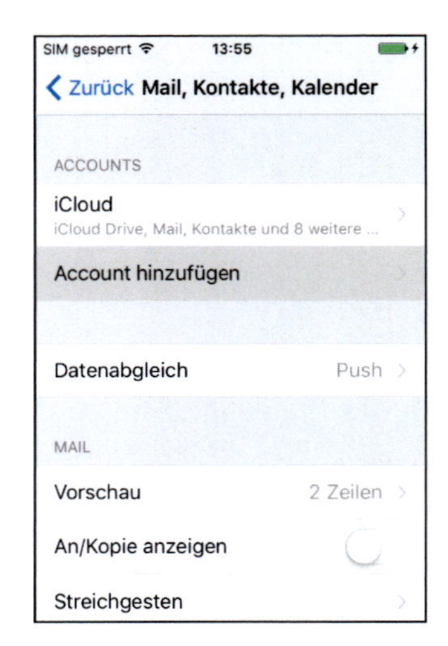

❶ Rufen Sie im Startbildschirm Ihres iPhones die *Einstellungen*-Anwendung auf.

❷❸ Gehen Sie auf *Mail, Kontakte,Kalender/Account hinzufügen.* Anschließend richten Sie, wie in den nächsten Kapiteln beschrieben, Ihr E-Mail-Konto ein.

9.4.1 Zwischen E-Mail-Konten umschalten

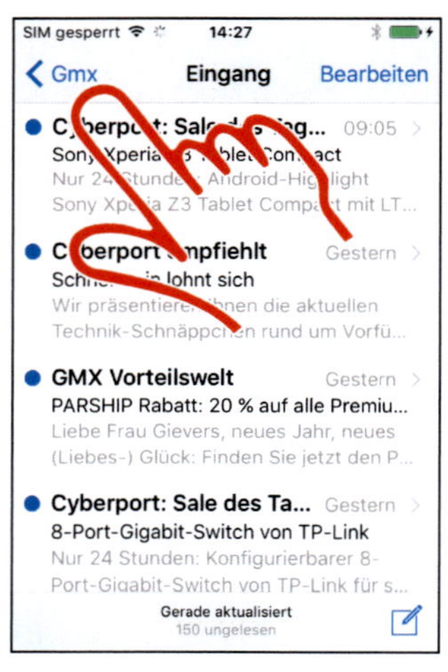

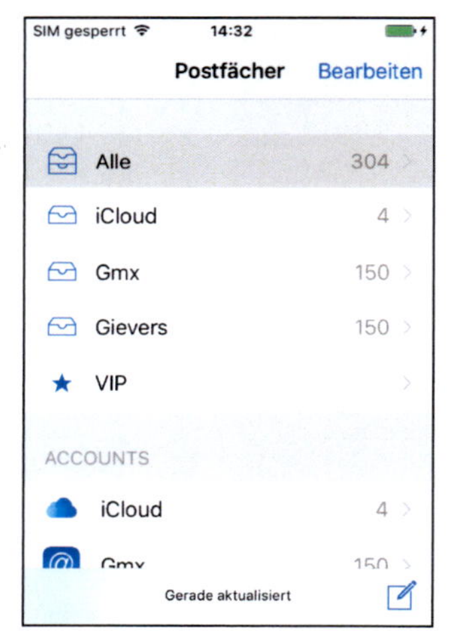

❶ So schalten Sie zwischen den E-Mail-Konten in der Mail-Anwendung um: Rufen Sie mit der Schaltleisten oben rechts das Ordnermenü auf.

❷❸ Wählen Sie das E-Mail-Konto aus, dessen Posteingang anzuzeigen ist. Es ist natürlich ziemlich mühselig, wenn Sie immer über das Ordnermenü zwischen den E-Mail-Konten umschalten müssen. Deshalb gibt es den sogenannten kombinierten Posteingang, bei dem die Nachrichten aus allen E-Mail-Konten zusammen aufgelistet werden. Sie aktivieren Ihn über *Alle* in der Ordnerauswahl

9.4.2 E-Mail-Konto für Freemail-Anbieter einrichten

Die E-Mail-Anwendung kennt bereits die wichtigsten kostenlosen E-Mail-Dienste, die man auch als Freemail-Anbieter bezeichnet. Dazu gehören unter anderem GMX, Web.de und T-Online. Sie brauchen für diese Anbieter nur Ihre E-Mail-Adresse und das Passwort eingeben.

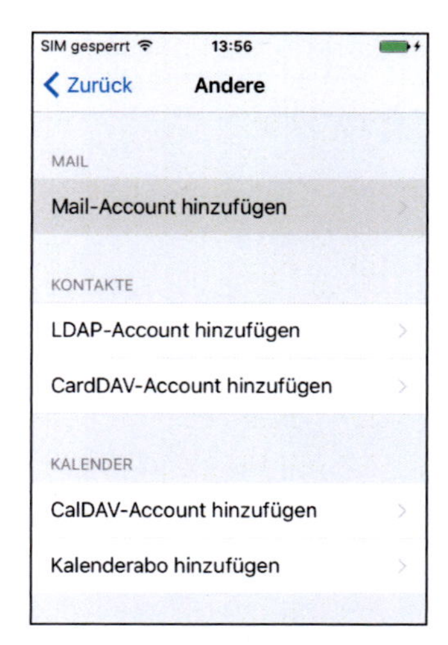

❶ Sofern Sie Yahoo Mail, Google Gmail oder Outlook.com nutzen, wählen Sie den entsprechenden Eintrag im Menü aus. Für GMX, T-Online, usw. gehen Sie dagegen in der Liste auf *Andere*.

❷ Wählen Sie nun *Mail-Account hinzufügen* aus.

❸ Im Beispiel wird ein E-Mail-Konto für den kostenlosen E-Mail-Anbieter GMX eingerichtet: Geben Sie Ihren Namen, Ihre E-Mail-Adresse und das Kennwort Ihres E-Mail-Kontos ein. Betätigen Sie *Weiter*.

Das E-Mail-Konto ist damit eingerichtet und Sie befinden sich wieder in den Einstellungen.

9.4.3 E-Mail-Konto manuell einrichten

Hier wird beschrieben, wie Sie eine E-Mail-Adresse einrichten, wenn Sie eine Website mit eigenem E-Mail-Konto besitzen.

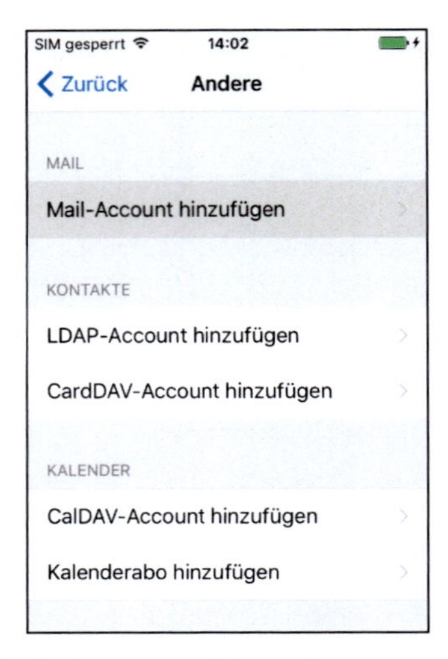

❶❷ Gehen Sie auf *Andere/Mail-Account hinzufügen.*

❸ Geben Sie Ihren Namen, Ihre E-Mail-Adresse und das Kennwort Ihres E-Mail-Kontos ein. Betätigen Sie *Weiter*.

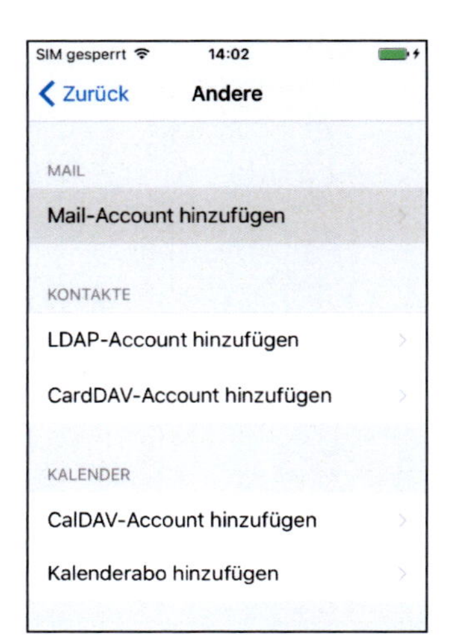

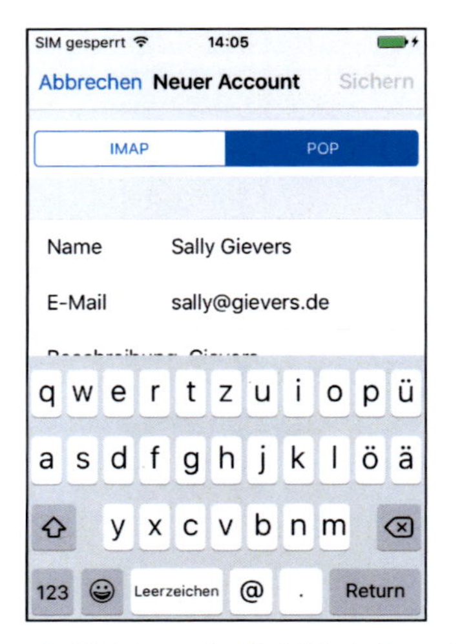

❶ Stellen Sie oben den Kontotyp ein: Zur Auswahl stehen *POP3* und *IMAP4*. In der Regel sollten Sie *POP3* einstellen, weil IMAP4 nicht von allen E-Mail-Anbietern unterstützt wird. Nachteile ergeben Sie daraus für den Standard-Nutzer keine.

Erfassen Sie nun folgende Daten:

- *Name*: Dieser erscheint als Absender in den von Ihnen versandten Nachrichten.
- *E-Mail*: Wurde bereits von Ihnen im vorherigen Bildschirm eingegeben.
- *Beschreibung*: Der Name, unter dem das Konto in der Windows-Mail-Anwendung angezeigt wird.

Unter *SERVER FÜR EINTREFFENDE E-MAILS*:

- *Hostname*: Der Server, über den die E-Mails abgerufen werden. Häufig verwenden die E-Mail-Dienste dazu einen Namen im Format »*pop.xxxx.de*«.
- *Benutzername*: Der Name (»Login«), mit dem Sie sich beim E-Mail-Anbieter einloggen. In den meisten Fällen ist dies Ihre E-Mail-Adresse.
- *Kennwort*: Das Passwort zum E-Mail-Konto.

Unter *SERVER FÜR AUSGEHENDE MAILS*:

- *Hostname*: Der Server, über den Ihre E-Mails verschickt werden, hat meistens das Format »*smtp.xxxxx.de*«

- *Benutzername; Passwort*: In den meisten Fällen entsprechen die für den E-Mail-Versand benötigten Zugangsdaten denen für den Abruf. Sie können die beiden Felder daher leer lassen.

Schließen Sie den Vorgang mit *Sichern* ab.

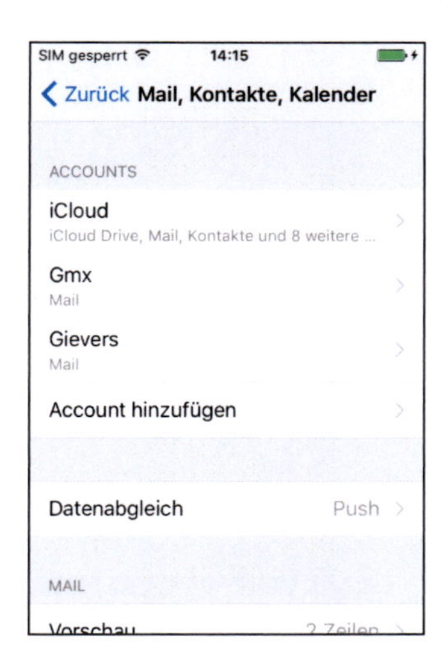

Das E-Mail-Konto ist eingerichtet und Sie befinden sich wieder in den *Einstellungen*.

9.5 Konto-Einstellungen

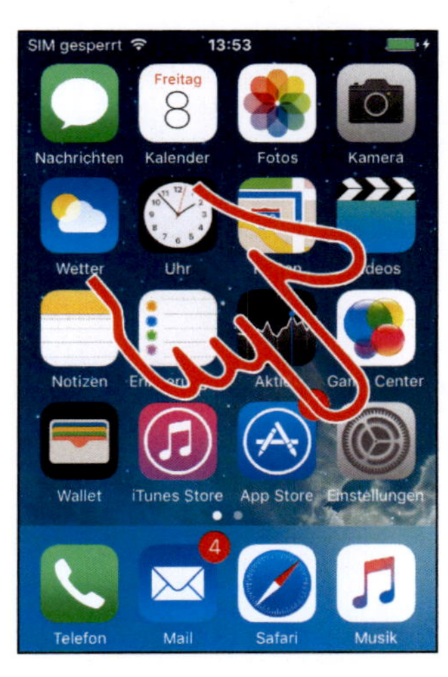

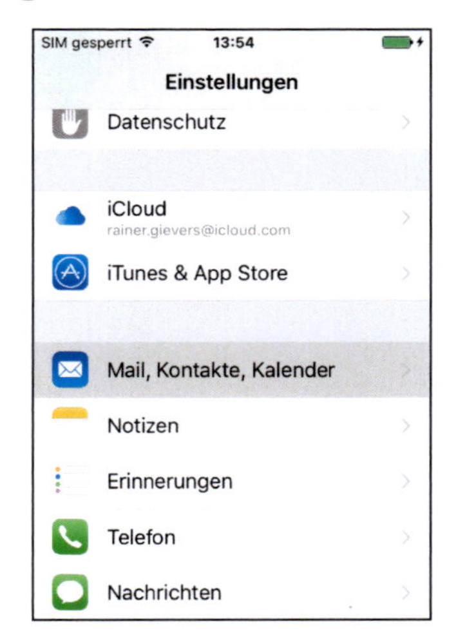

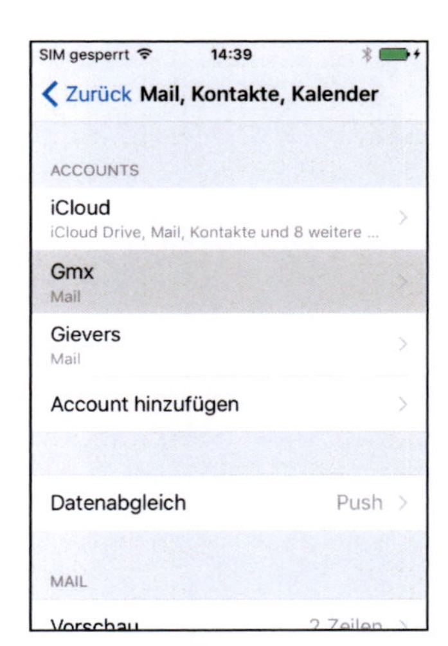

❶ Rufen Sie im Startbildschirm Ihres iPhones die *Einstellungen*-Anwendung auf.

❷ Gehen Sie auf *Mail, Kontakte, Kalender*.

❸ Wählen Sie eines der E-Mail-Konten aus, das Sie bearbeiten möchten.

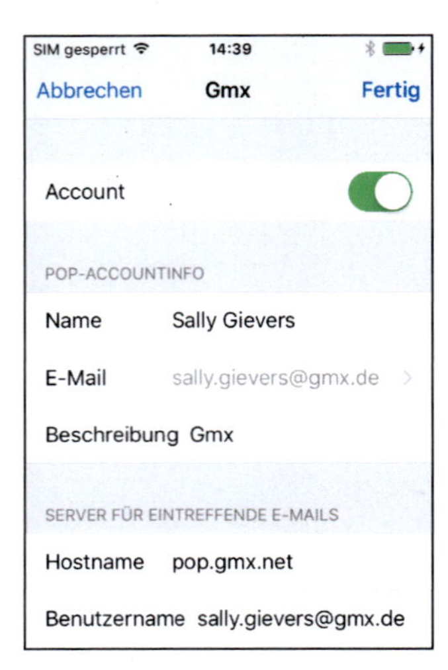

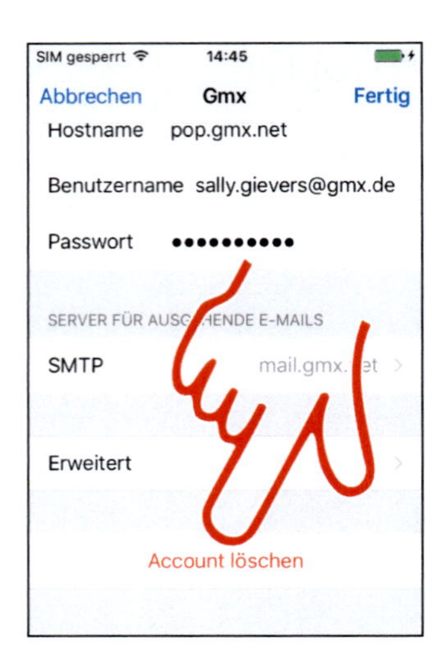

Verwenden Sie *Account,* um das E-Mail-Konto zu deaktivieren, falls Sie es mal für einige Zeit nicht benötigen. Die weiteren Kontodaten haben wir bereits im Kapitel *9.1 Einrichtung* im Rahmen der Kontoeinrichtung vorgestellt.

Account löschen entfernt das E-Mail-Konto vom Gerät. Die im E-Mail-Konto enthaltenen Nachrichten bleiben aber erhalten und lassen sich bei erneuter Kontenanlage wieder abrufen.

9.6 Allgemeine Einstellungen

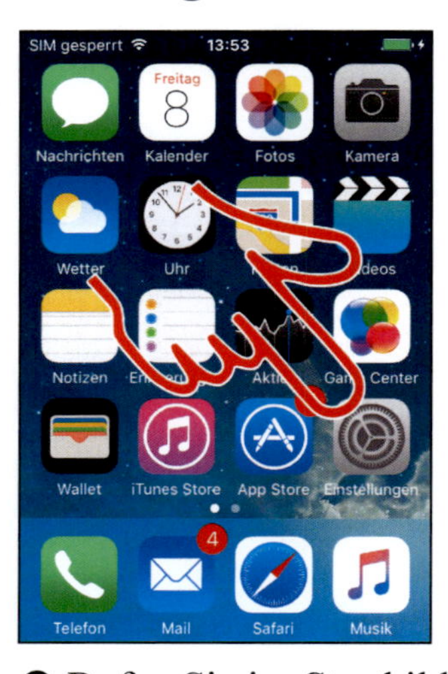

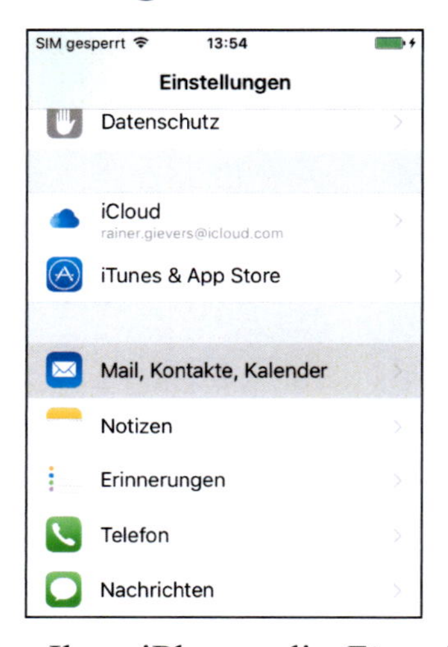

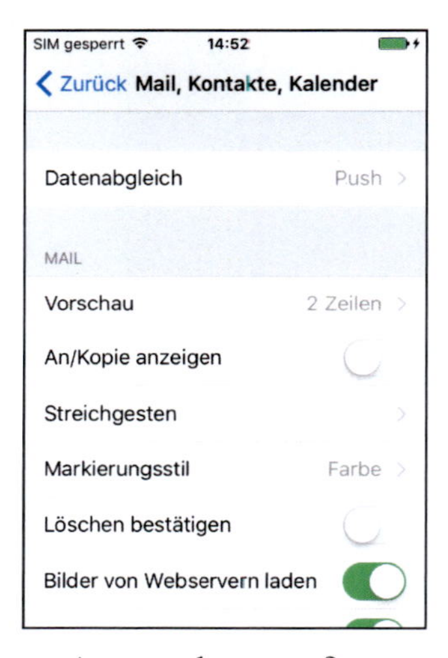

❶ Rufen Sie im Startbildschirm Ihres iPhones die *Einstellungen*-Anwendung auf.

❷ Gehen Sie auf *Mail, Kontakte, Kalender*.

❸ Neben den Kontoeinstellungen, auf die bereits das vorherige Kapitel *9.5 Konto-Einstellungen* eingeht, legen Sie hier auch das Verhalten der Mail-Anwendung fest:

- *Datenabgleich*: Legt fest, wie von den E-Mail-Konten die Nachrichten abgerufen werden. Darauf gehen wir weiter unten noch ein.
- *Vorschau*: In der Nachrichtenauflistung zeigt die Mail-Anwendung jeweils zwei Zeilen des E-Mail-Textes an. Sie können aber auch keine oder bis zu 5 Zeilen anzeigen lassen.
- *An/Kopie anzeigen*: Blendet den Empfänger in der Nachrichtenauflistung mit ein.
- *Streichgesten*: Welche Aktion die Mail-Anwendung beim Wischen über einer Nachricht nach links/rechts durchführt.
- *Markierungsstil*: Design der im Kapitel *9.3.4 Markierung* vorgestellten Mar-

kierungen festlegen.

- *Löschen bestätigen*: Bei jedem Löschen einer Nachricht erfolgt eine Sicherheitsabfrage.
- *Bilder von Webservern laden*: In vielen E-Mails (besonders bei Newslettern) sind Bilder eingebaut. Falls Sie nur eine langsame Internetverbindung oder nur ein begrenztes Datenvolumen bei Ihrem Mobilfunkvertrag haben, sollten Sie *Bilder von Webservern laden* deaktivieren. Bilder lassen sich dann nachträglich über eine Schaltleiste nachträglich herunterladen.
- *Nach Konversation:* Soll Ihre Antworten im Posteingang mit anzeigen. In unseren Tests hat dies aber nicht funktioniert.
- *Blindkopie an mich*: Während alle im E-Mail-Konto empfangenen Nachrichten auch auf anderen Geräten, beispielsweise auf einem PC abrufbar sind, ist dies für gesendete Nachrichten nicht der Fall. Deshalb können Sie die Option *Blindkopie an mich* aktivieren. Künftig tauchen dann die gesendeten Nachrichten auch im Postfach auf.
- *Adressen markieren*: E-Mail-Adressen, die nicht eine bestimmte Endung enthalten, werden markiert.
- *Zitatebene erhöhen*: In E-Mail-Antworten den zitierten Text einrücken.
- *Signatur*: Die Signatur erscheint automatisch unter allen Ihren Nachrichten.

10. Stichwortverzeichnis

Weitere Bücher des Autors

Vom Technik-Journalisten Rainer Gievers sind zahlreiche Bücher zum Thema Mobile Computing erschienen. Eine Inhaltsübersicht und Bestellmöglichkeiten finden Sie auf unserer Website *www.das-praxisbuch.de*. Sie können die Bücher über die jeweilige ISBN auch direkt bei Ihrem lokalen Buchhändler bestellen.

Allgemeine Themen:

- Das Praxisbuch E-Mail für Senioren
  ISBN: 978-3-938036-93-8
- Das Praxisbuch Online-Shopping für Einsteiger
  ISBN: 978-3-945680-22-3
- Das Praxisbuch Fotobearbeitung für Einsteiger
  ISBN: 978-3-945680-16-2
- Das Praxisbuch Google-Anwendungen
  ISBN: 978-3-945680-10-0
- Das Praxisbuch Chromebook
  ISBN: 978-3-945680-04-9

Handys und Tablets:

- Das Praxisbuch Samsung Galaxy S3 Neo
  ISBN: 978-3-938036-91-4
- Das Praxisbuch Samsung Galaxy S3
  ISBN 978-3-938036-56-3
- Das Praxisbuch Samsung Galaxy Tab 4
  ISBN: 978-9-38036-89-1
- Das Praxisbuch Samsung Galaxy Tab 3
  Teil 1: ISBN 978-9-38036-71-6
  Teil 2: ISBN 978-9-38036-62-3
- Das Praxisbuch Samsung Galaxy S5
  Teil 1: ISBN 978-9-38036-85-3
  Teil 2: ISBN 978-9-38036-86-0
- Das Praxisbuch Samsung Galaxy S5 Mini
  ISBN: 978-3-938036-95-2
- Das Praxisbuch Samsung Galaxy S4 Mini
  ISBN 978-9-38036-66-2
- Das Praxisbuch Samsung Galaxy S3 Mini
  ISBN 978-9-38036-62-4
- Das Praxisbuch Sony Xperia Z5 Compact
  ISBN: 978-3-945680-24-7
- Das Praxisbuch Sony Xperia Z3 Compact
  ISBN: 978-3-945680-06-3
- Das Praxisbuch Sony Xperia Z1 Compact
  ISBN: 978-3-945680-01-8